二十一世纪普通高等院校实用规划教材 经济管理系列

税务管理
(第2版)

董根泰 主 编
黄益朝 副主编

清华大学出版社
北京

内 容 简 介

本书是高等院校税务、财政、会计等经济管理类专业学生学习税务管理基本理论知识和具体实务的教材。本书针对大学生就业多元化特征，从税务机关和企业两个不同的角度分析了现代税务管理的原则和思路，详细介绍了税务登记、账簿和凭证管理、发票管理、纳税申报、税款征收、税源监控、纳税检查、税务违法行为及法律责任、税务行政处罚与税务行政救济、纳税服务与风险管理等方面的具体规定。

本书各章均附有小结与习题，部分章节提供了较丰富的案例，便于教学和自学。与第 1 版相比，本版进行了较大幅度的修订，最显著的特点是按照最新的税收征管政策进行了修订，并增加了二维码，读者可以通过扫描二维码，进行延展阅读、观看教学视频、查阅相关的政策法规规定、了解更多案例背景、下载相关资源等。

本书适合高等院校税收学、财政学、会计学等经管类本科专业作为税务管理课程的教学用书，也可作为其他人员学习税务管理知识的参考书。

本书封面贴有清华大学出版社防伪标签，无标签者不得销售。
版权所有，侵权必究。举报: 010-62782989, beiqinquan@tup.tsinghua.edu.cn。

图书在版编目(CIP)数据

税务管理/董根泰主编. —2 版. —北京: 清华大学出版社，2020.7(2024.8 重印)
二十一世纪普通高等院校实用规划教材.经济管理系列
ISBN 978-7-302-55900-9

Ⅰ. ①税… Ⅱ. ①董… Ⅲ. ①税收管理—中国—高等学校—教材 Ⅳ. ①F812.423

中国版本图书馆 CIP 数据核字(2020)第 107285 号

责任编辑: 陈冬梅
封面设计: 刘孝琼
责任校对: 吴春华
责任印制: 杨 艳

出版发行: 清华大学出版社
  网 址: https://www.tup.com.cn, https://www.wqxuetang.com
  地 址: 北京清华大学学研大厦 A 座 **邮 编:** 100084
  社 总 机: 010-83470000 **邮 购:** 010-62786544
  投稿与读者服务: 010-62776969, c-service@tup.tsinghua.edu.cn
  质量反馈: 010-62772015, zhiliang@tup.tsinghua.edu.cn
  课件下载: https://www.tup.com.cn, 010-62791865

印 装 者: 三河市铭诚印务有限公司
经 销: 全国新华书店
开 本: 185mm×260mm **印 张:** 19.75 **字 数:** 480 千字
版 次: 2011 年 8 月第 1 版 2020 年 8 月第 2 版 **印 次:** 2024 年 8 月第 5 次印刷
定 价: 49.80 元

产品编号: 075377-01

第 2 版前言

习近平总书记在中国共产党第二十次全国代表大会上的报告中明确指出，要办好人民满意的教育，全面贯彻党的教育方针，落实立德树人根本任务，培养德智体美劳全面发展的社会主义建设者和接班人，加快建设高质量教育体系，发展素质教育，促进教育公平。本教材在编写过程中深刻领会党对高校教育工作的指导意见，认真执行党对高校人才培养的具体要求。

本书第 1 版自 2011 年 8 月面市以来，受到广大读者的好评，其间经过了多次印刷。几年前，出版社曾多次与编者沟通，希望早日修订再版。由于《中华人民共和国税收征收管理法》的修订工作一直在进行中，编者一直寄希望于《中华人民共和国税收征收管理法》修订工作完成后再修订本书。

尽管《中华人民共和国税收征收管理法》的修订工作至今仍未完成，但由于我们所面临的政治、经济等制度环境已经发生了翻天覆地的变化，所以，编者决定提前对《税务管理》一书进行修订。一是我国近年来推行"放管服"改革优化营商环境，税收征管制度发生了很大变化；二是我国国税地税征管体制改革平稳落地，逐步构建起优化、高效、统一的税收征管体系；三是我国全面"营改增"改革后，营业税已经彻底退出历史舞台，原教材中有关营业税的内容需要删除、修改；四是减税降费政策出台，增值税、企业所得税纳税申报政策也发生了重大变化；五是随着共建"一带一路"倡议的不断推进，我国纳税人"走出去"的步伐明显加快，税收征管合作机制也有了新发展。这些制度环境的改变，形成了本书修订再版的直接基础。

触发本书修订的另一个原因是本书已获得浙江省普通高校"十三五"新形态教材立项。所谓新形态教材，最大特征是将教材与互联网技术相结合，实现信息技术与教育教学的深度融合。为了实现纸质教材与教学资源数字化最大限度的结合，本书在修订时进行了有益尝试。与上一版相比，本次修订再版有以下变化。

第一，增加了大量的二维码，为读者自主学习提供多样性的学习素材。这些素材包括一些具体政策规定、延展阅读材料、视频教学材料等。

第二，对部分章节的内容进行了较大幅度的修改。内容变动最大的是第二、三、六、九章，变动较大的是第一、四、五、十、十一章，变动较小的是第七、八章，新增了第十二章。

本书仍由浙江财经大学财政税务学院董根泰担任主编，国家税务总局浙江省税务局黄益朝任副主编。各章的编写和修订工作分工如下：董根泰负责第一、三、四、七、八、九、十、十一章；黄益朝负责第二、五、六、十二章。全书由董根泰负责总纂。

在本书的编写过程中，参考和引用了相关专家、学者的论文和教材，在此深表谢意！特别要感谢浙江财经大学财政税务学院院长司言武教授、王绪强副教授、税务系主任张帆副教授，以及浙江财经大学东方学院税务系主任朱计老师为本课程教学所录制的教学视频。我们相信，这些教学视频的引入将为本书增添一道亮丽的风景线。

  由于编者的水平有限，书中难免存在纰漏之处，恳请广大读者、同行和专家提出宝贵意见，以便在再次修订时完善。

编　者

第1版前言

20世纪80年代，我国高等院校陆续设立了财政、税务等专业，与此同时，税务管理课程诞生并延续至今，这充分说明税务管理课程具有强大的生命力。税务管理课程担负着培养经济管理类专业学生税收征管基础知识的重任，并受到越来越多经济管理类专业学生的青睐。

税务机关的税务管理课程首先对税务管理的定义、内容做了介绍，分析了我国现行税法管理体制，概括了税务机关的税务管理原则和纳税主体的税务管理原则。然后，主要讲授税收程序法的相关内容，如税务登记、账簿凭证管理、发票管理、纳税申报、税款征税、纳税检查、纳税服务、税务行政处罚、税务行政救济和司法救济、税务代理等法律法规的具体内容。学生在学习本课程中反映最多的问题主要集中在以下两个方面：一是觉得本课程的内容过于法条化，理解起来比较困难，更不要说灵活应用了；二是觉得本课程的内容过于专业化，主要是为进入税务机关的人员提供知识储备，而对进入企事业单位的人员来说，似乎作用不大。对于这两个问题，未必完全客观，但也不无一定的道理，至少应该有改进的余地。对此，我们也在不断思考如何解决上述问题。

我们在总结多年的税务管理课程教学经验的基础上，编写了这本《税务管理》教材。本书的主要特色是加强应用能力的培养。这主要从两个方面进行了尝试：一是在讲解税收征管制度具体规定的基础上，穿插了大量的税法案例和实训案例，让学生对所学知识有更多的感性认识和思考；二是以《中华人民共和国税收征收管理法》及其实施细则等现行法律法规的规定为依据，不仅从税务机关角度介绍税收征管制度的具体规定，也从纳税人、扣缴义务人等角度对税收征管制度、纳税管理知识等进行了介绍，以满足经济管理类专业学生就职企事业单位所需知识的需要。

本书由浙江财经学院财政与公共管理学院税务系董根泰担任主编。全书分为十二章，其中董根泰负责第一、三、四、六、七、八、十、十二章的编写，国家税务总局浙江省地方税务局征收管理处黄益朝负责第二、五、九、十一章的编写。全书由董根泰负责总纂。

本书在写作过程中，得到浙江财经学院财政税务学与公共管理学院领导和税务系各位同人的大力支持，本书作为浙江省省级精品课程建设的成果之一，凝聚了课程主持人沈玉平的部分思想和智慧，也参考了许多不同版本的税务管理教材，从许多谋面或尚未谋面的编者那里借鉴了一些有益的做法，在此一并表示感谢！

由于编者水平有限，错误或不当之处在所难免，诚恳欢迎大家批评指正，并提出宝贵的意见。

编　者

目 录

第一章 税务管理概述 ... 1

第一节 税务管理的概念 ... 1
一、税务管理的定义 ... 1
二、税务管理的属性 ... 2
三、税务管理的作用 ... 3
四、税务管理的法律依据 ... 5

第二节 税务管理的内容 ... 6
一、税务机关的税收管理 ... 6
二、企业的税务管理 ... 6

第三节 税收管理体制 ... 7
一、税收管理体制的定义及其作用 ... 7
二、我国现行税收管理体制——分税制 ... 8

第四节 税务管理的原则 ... 13
一、税务机关实施税收管理应遵循的原则 ... 13
二、纳税主体对涉税事项实施管理应遵循的原则 ... 15

本章小结 ... 19
复习思考题 ... 20
延展阅读 ... 20

第二章 税收基础管理 ... 21

第一节 税务登记 ... 21
一、税务登记的概念 ... 21
二、税务登记的办理期限 ... 21
三、税务登记证的内容和用途 ... 22
四、税务登记办理的具体要求 ... 22
五、违反税务登记管理的法律责任 ... 25
六、商事登记制度改革 ... 26

第二节 账簿、凭证管理 ... 31
一、账簿、凭证的概念 ... 31
二、账簿、凭证管理制度 ... 32
三、违反账簿、凭证管理的法律责任 ... 33

第三节 发票管理 ... 34
一、发票概述 ... 34
二、发票印制管理 ... 34
三、发票领用管理 ... 35
四、发票的开具与保管 ... 38
五、发票代开及作废 ... 40
六、发票验旧缴销 ... 42
七、增值税电子发票公共服务平台 ... 43
八、增值税发票综合服务平台 ... 43
九、发票检查制度 ... 43
十、对违反发票管理规定的行为的处罚 ... 45

第四节 纳税信用管理 ... 48
一、信用等级评定 ... 48
二、诚信激励和联合惩戒 ... 49

第五节 税收法律文书 ... 52
一、税收法律文书的定义 ... 52
二、税收法律文书的送达方式 ... 52
三、税收法律文书的生效规定 ... 53

本章小结 ... 53
复习思考题 ... 53
延展阅读 ... 54

第三章 纳税申报 ... 55

第一节 纳税申报的意义和一般规定 ... 55
一、纳税申报的意义 ... 55
二、纳税申报的基本要求 ... 56
三、纳税申报的受理与审核 ... 57
四、延期纳税申报 ... 58
五、违反纳税申报的法律责任 ... 58

第二节 增值税纳税申报 ... 59
一、增值税纳税期限与纳税地点的规定 ... 59
二、一般纳税人增值税纳税申报 ... 60

三、小规模纳税人增值税纳税申报 ... 70
第三节 企业所得税纳税申报 ... 73
　　一、企业所得税纳税申报的种类 ... 73
　　二、《企业所得税年度纳税申报表（A 类）》的填写实例 ... 74
本章小结 ... 94
复习思考题 ... 94
延展阅读 ... 95

第四章 税款征收 ... 96

第一节 税款征收与缴库 ... 96
　　一、税款征收的概念 ... 96
　　二、税款征收方式 ... 97
　　三、税款缴库方式 ... 98
　　四、税收票证管理 ... 99
第二节 税款征收措施 ... 101
　　一、核定税额征收 ... 101
　　二、纳税担保措施 ... 101
　　三、税收保全措施 ... 106
　　四、税收强制执行措施 ... 108
　　五、离境清税制度 ... 109
　　六、滞纳金制度 ... 110
　　七、税款的补缴与追征 ... 110
　　八、税款优先执行制度 ... 111
　　九、税款的退还 ... 111
　　十、处置大额资产报告制度 ... 112
　　十一、合并分立清税制度 ... 112
　　十二、代位权和撤销权 ... 112
　　十三、欠税公告制度 ... 113
　　十四、对未办理税务登记和临时经营的税款征收 ... 114
　　十五、税务机关依法征缴入库 ... 115
　　十六、关联企业业务往来的税收调整 ... 115
第三节 延期纳税和减免税 ... 118
　　一、延期纳税 ... 118
　　二、减免税管理 ... 119
本章小结 ... 120
复习思考题 ... 120
延展阅读 ... 120

第五章 税源监控 ... 122

第一节 税源监控的一般规定 ... 122
　　一、税源监控的定义 ... 122
　　二、税源监控的原则 ... 122
　　三、税源监控的分类 ... 123
　　四、重点税源监控 ... 123
第二节 税收核定 ... 124
　　一、税收核定的定义 ... 124
　　二、税收核定的对象与范围 ... 125
　　三、税收核定的方法 ... 125
　　四、税收核定的分类 ... 126
　　五、企业所得税的核定征收 ... 126
第三节 涉税信息提供 ... 129
　　一、涉税信息提供的意义 ... 129
　　二、涉税信息提供的途径 ... 129
　　三、涉税保密信息的管理 ... 129
第四节 纳税评估 ... 131
　　一、纳税评估的概念 ... 131
　　二、纳税评估的分类 ... 132
　　三、纳税评估的内容 ... 132
　　四、纳税评估的主要流程 ... 132
　　五、纳税评估的指标 ... 135
　　六、纳税评估的方法 ... 137
本章小结 ... 142
复习思考题 ... 143
延展阅读 ... 143

第六章 纳税服务与风险管理 ... 144

第一节 纳税服务 ... 144
　　一、纳税服务的定义 ... 144
　　二、纳税服务的基本原则 ... 144
　　三、纳税服务的主要内容 ... 145
　　四、权益保护服务 ... 145
　　五、办税服务厅 ... 149
　　六、电子税务局 ... 151
　　七、12366 纳税服务平台 ... 152
　　八、纳税服务投诉管理 ... 153

第二节 涉税专业服务 156
　一、涉税专业服务的定义 156
　二、涉税专业服务的业务范围 156
　三、税务师事务所行政登记 157
　四、涉税鉴证业务 158
　五、非涉税鉴证业务 161
第三节 税收风险管理 163
　一、税收风险管理概述 163
　二、税收风险管理的基本内容 163
　三、大企业税收风险分析应对 164
第四节 税务风险管理 165
　一、风险管理概述 165
　二、税务风险管理的组织 166
　三、税务风险管理的程序 167
　四、税收筹划 169
本章小结 170
复习思考题 171
延展阅读 171

第七章 纳税检查概论 172

第一节 纳税检查概述 172
　一、纳税检查的概念 172
　二、纳税检查的意义 173
　三、纳税检查的依据 174
第二节 纳税检查的基本内容、程序和方法 175
　一、纳税检查的基本内容 175
　二、纳税检查工作的基本程序 176
　三、纳税检查的基本方法 183
第三节 纳税检查权限和相关要求 186
　一、纳税检查权限 186
　二、纳税检查的基本要求 187
　三、纳税检查的法律责任 187
　四、纳税检查的证据规范 188
本章小结 190
复习思考题 190
延展阅读 190

第八章 会计资料检查方法 191

第一节 会计凭证的检查方法 191
　一、原始凭证的检查 191
　二、记账凭证的检查 192
第二节 会计账簿的检查方法 193
　一、总分类账簿的检查 193
　二、明细分类账簿的检查 193
　三、日记账簿的检查 194
　四、备查账簿的检查 195
第三节 会计报表的检查方法 195
　一、会计报表检查的一般方法 195
　二、资产负债表的检查 196
　三、利润表的检查 201
本章小结 202
复习思考题 203
延展阅读 203

第九章 税种检查实务 204

第一节 增值税检查 204
　一、增值税会计核算及其检查 204
　二、对增值税纳税人的检查 207
　三、对增值税扣缴义务人的检查 209
　四、对承租或承包经营的检查 209
　五、对销售额的检查 211
　六、对兼营行为的检查 212
　七、对混合销售行为的检查 213
　八、对增值税视同销售行为的
　　　检查 214
　九、对以旧换新、还本销售的
　　　检查 217
　十、对增值税税率和征收率的
　　　检查 217
　十一、对增值税纳税义务发生
　　　　时间的检查 219
　十二、对进项税额的检查 221
　十三、对进项税额转出的检查 222
　十四、对增值税抵扣凭证的检查 222
第二节 企业所得税检查 224
　一、对企业所得税纳税人的检查 224
　二、对企业所得税税率的检查 226

三、对企业收入总额的检查 227
四、对准予扣除项目金额的检查 232
五、对应纳税所得额及应纳税额的
　　检查 235
本章小结 237
复习思考题 237
延展阅读 238

第十章　税务违法行为及法律责任 239

第一节　偷税及其法律责任 239
一、偷税的定义 239
二、偷税行为的主要特征 239
三、偷税的行政处罚 239
四、逃税罪的定义 239
五、逃税罪的构成要件 240
六、逃税罪的刑事责任 240

第二节　抗税及其法律责任 241
一、抗税的定义 241
二、抗税行为的特征 242
三、抗税的行政处罚 242
四、抗税罪的定义 242
五、抗税罪的构成要件 242
六、抗税罪的刑事责任 242

第三节　骗取出口退税及其法律责任 243
一、骗取出口退税的定义 243
二、对骗取出口退税的行政处罚 243
三、骗取出口退税罪的定义 243
四、骗取出口退税罪的构成要件 244
五、骗取出口退税罪的刑事责任 244

第四节　逃避追缴欠税及其法律责任 245
一、逃避追缴欠税的定义 245
二、逃避追缴欠税的行为特征 245
三、逃避追缴欠税的处罚 246
四、逃避追缴欠税罪的概念 246
五、逃避追缴欠税罪的构成要件 246
六、逃避追缴欠税罪的刑事责任 246

第五节　其他税务违法行为及其法律
　　　　责任 247
一、纳税人、扣缴义务人及其他

单位的其他税务违法行为及其
法律责任 247
二、税务机关、税务人员的税务
违法行为及其法律责任 249
本章小结 250
复习思考题 251
延展阅读 251

第十一章　税务行政处罚与税务行政
　　　　　救济 252

第一节　税务行政处罚 252
一、税务行政处罚概述 252
二、税务行政处罚的程序 254

第二节　税务行政复议 258
一、税务行政复议的概念 258
二、税务行政复议的基本原则 259
三、税务行政复议的受理范围 261
四、税务行政复议的形式 262
五、税务行政复议的管辖 262
六、税务行政复议的参加人 263
七、税务行政复议的程序 265
八、税务行政复议决定的执行 273

第三节　税务行政诉讼 273
一、税务行政诉讼的概念及特点 273
二、税务行政诉讼的基本原则 274
三、税务行政诉讼的受案范围 276
四、税务行政诉讼的管辖 276
五、税务行政诉讼的程序 278

第四节　税务行政赔偿 282
一、税务行政赔偿概述 282
二、税务行政赔偿的程序 283
三、税务行政赔偿的方式与费用
　　标准 286
本章小结 288
复习思考题 288
延展阅读 288

第十二章　国际税收管理 290

第一节　国际税收管理概述 290

一、国际税收的定义 290
二、国际税收管理的目标 290
三、国际税收管理的基本原则 290
第二节 非居民纳税人税收管理 291
一、非居民纳税人的定义 291
二、非居民纳税人税收管理事项
　　分类 291
三、非居民纳税人享受税收协定
　　待遇管理 291
第三节 税收情报交换与CRS协议
　　　 实施 292
一、税收情报交换的定义 292
二、税收情报交换的种类与范围 292
三、税收情报交换的管理程序 293
四、CRS协议实施 294

第四节 BEPS与特别纳税调整 295
一、税基侵蚀和利润转移 295
二、特别纳税调整 296
第五节 我国"走出去"企业税收
　　　 管理 298
一、"走出去"企业的定义 298
二、"走出去"企业税收管理的
　　内容 298
三、中国税收居民身份证明管理 300
四、"一带一路"税收征管
　　合作机制 301
本章小结 302
复习思考题 302
延展阅读 302

参考文献 303

第一章 税务管理概述

学习目标：通过本章的学习，主要了解税务管理的定义、属性、作用，税务管理的主要内容，税收管理体制的内容，税务管理的原则。

关键概念：税务管理　税收管理体制　税务管理原则

第一节 税务管理的概念

一、税务管理的定义

税务管理有广义和狭义之分。广义的税务管理是指相关的主体对其税收事项进行管理的总称，具体包括由作为征税主体①的税务机关进行的税收管理和由作为纳税主体的纳税人对本企业涉税事项的管理。狭义的税务管理仅指税收管理，即以税务机关为主体实施的对税收分配活动的全过程进行决策、计划、组织、协调和监督的一种管理活动，如相关的税收法律、法规、规章和规范性文件的起草，税收计划的制订、税务机构的设置、税务人员的调配、税收工作的协调、对税务机构和税务人员的监督、对纳税人和扣缴义务人的监督等。

从上述定义可以看出，税务管理和税收管理存在以下一些差异。

在管理主体上，税务管理的主体可以是税务机关，也包括对自身涉税事务进行管理的纳税人等；而税收管理的主体通常是税务机关。

在管理范围上，税务管理的范围不仅包括税务机关实施税收管理的范围，而且包括纳税人、扣缴义务人等对自身涉税义务实施的管理；而税收管理仅包括前者。

在管理手段上，税务管理不仅包括税务机关依法实施的税收管理，如对纳税人教育、税务机关绩效管理等，而且也包括纳税人、扣缴义务人除依法纳税以外的管理手段，如对企业办税人员的激励；而税收管理仅包括前者。

在管理方法上，税务管理不仅包括税务机关依法实施的税收管理，如对实施特别纳税调整等，而且也包括纳税人、扣缴义务人除依法纳税以外的管理方法，如通过在境外设立控股子公司来达到减轻企业税负等税务筹划方法；而税收管理仅包括前者。

本书采用广义的税务管理定义，主要基于以下几个方面的考虑：一是传统的税务管理一般都局限于狭义的税务管理定义，即税收管理定义，基本上是以税务机关这一征税主体作为主线展开的，几乎未涉及纳税主体应该如何管理其涉税业务。二是我国税收制度和税收征管程序日趋复杂，纳税人、扣缴义务人面临的税收问题也日趋复杂，有必要在教材中安排部分章节来讲授纳税主体如何自我管理好涉税事务。三是一些大公司已经成立了相关的机构专门来管理自身的涉税事务，这说明目前社会上存在着这方面的人才需求。四是大

---

① 征税主体是经过国家法定授权，代表国家行使征税职责的以税务机关为主的征税机关，包括各级税务机关、海关和财政机关。

学生的就业多元化使然。税务、财政、会计专业，甚至其他经管类专业，每年都有不同比例的毕业生进入企业从事财会工作或涉税工作，这部分学生在校期间一般会学习"税务管理"这门课程，如果本课程仅仅讲授税务机关应该如何进行税务管理，很少甚至不讲纳税人如何管理涉税事务，不仅不利于学生能力和素质的培养，而且也不利于本课程的建设和发展。因此，本书采用广义的税务管理定义，试图将税收征纳双方的税务管理内容融为一体。

税务管理一般属于税法的范畴。税法又称税收制度，而税收制度同样也有广义和狭义之分。广义的税收制度包括税收实体法和税收程序法两部分内容。税收实体法是规定税收法律关系主体的实体权利和义务(或者职责、职权)的法律规范的总称，其主要内容包括纳税主体、征税客体、计税依据、税目、税率、减免税等。税收实体法实际上属于狭义的税收制度(仅指各税种的法律规范)，它是国家向纳税人行使征税权和纳税人负担纳税义务的要件，只有具备这些要件时，纳税人才负有纳税义务，国家才能向纳税人征税。税收程序法有别于税收实体法。它是指以国家税收活动中所发生的程序关系为调整对象的税法，是规定税务机关征税权行使程序和纳税人(或扣缴义务人)纳税义务(或扣缴义务)履行程序的法律规范的总称。其内容主要包括税收确定程序、税收征收程序、税收检查程序和税务争议的解决程序等。税务管理实际上属于税收程序法范畴。为了加强税收征收管理，规范税收征收和缴纳行为，保障国家税收收入，保护纳税人的合法权益，促进经济和社会发展，我国于 1992 年第七届全国人大常委会第 27 次会议审议通过了《中华人民共和国税收征收管理法》，并于 1993 年 1 月 1 日开始实施。1995 年第八届全国人民代表大会常务委员会第 12 次会议通过了个别条款的修改。2001 年第九届全国人民代表大会常务委员会第 21 次会议再次进行了修订。

二、税务管理的属性

税务管理具有管理的一般属性。按照《世界大百科全书》的解释，"管理就是对工商企业、政府机关、人民团体，以及其他各种组织的一切活动的指导。它的目的是要使每一行为或决策有助于实现既定的目标"。管理是一门科学，同时也是一门艺术。

税务管理作为管理学的一个分支，具有管理的一般职能，如决策、计划、组织、协调和监督。按照新公共管理理论，社会可以分为两个不同的领域，分别是公共部门和私人部门。公共部门包括那些属于"国家"或"政府"的组织行为，但是"公共部门"的概念比"国家""政府"更加宽泛，所有层级的所有政府行为、公共财政，以及公共管制，都蕴含在公共部门的概念中。①公共部门之外的是私人部门，个体和私人经济是私人部门的主体。因此，笔者认为，狭义的税务管理属于公共部门管理的范畴，而纳税主体的自我管理涉税事务的组织行为，则应该属于私人部门管理的范畴。

税务管理作为税收学的一个分支，具有税收程序法和收入再分配的功能。税收程序法的功能主要表现在为征纳双方提供行为准则，为公诉人提供判定税务机关在征税过程中程序是否违法的准则，为审判机关对税案进行审判提供审判准则等。税务管理虽然主要是规

---

① [英]简·莱恩著. 新公共管理[M]. 赵成根，等，译. 北京：中国青年出版社，2004：2.

定程序，如税收征收程序、税收检查程序和税务争议的解决程序，离开税收程序法，纳税人的纳税遵从情形将不容乐观。据统计，2016 年全国税务稽查部门查补收入达 1 914 亿元。

税收制度与税务管理的关系如图 1-1 所示。

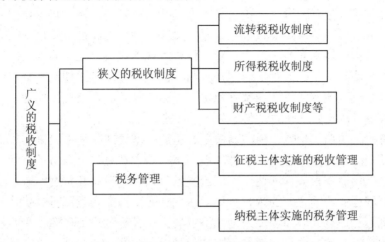

图 1-1　税收制度与税务管理的关系

三、税务管理的作用

(一)保障税收实体法得到有效实施

税务管理作为税收程序法的主要组成部分，对税收实体法的实施起着保障作用。从逻辑上说，税收实体法本身并不能自动得以实施。关于这一点，可以个人所得税法为例加以说明。我国个人所得税法规定，在中国境内有住所，或者无住所而在境内居住满一年的个人，从中国境内和境外取得的所得，应当按照规定缴纳个人所得税。尽管我国个人所得税法等税收实体法对个人所得税这一税种的纳税人、课税对象、税率、税基、纳税环节、纳税期限等都作了规定，但是对个人所得税征收、管理、稽查等则通常纳入税收程序法范围，由税务机关组织相关人员实施。通过对那些逃避缴纳个人所得税的纳税人进行查处来提高纳税人的税收遵从观念；通过对那些欠缴个人所得税的纳税人进行追缴和加收滞纳金、罚款，甚至移交司法机关追究刑事责任等手段，全面地保障个人所得税法的有效实施。

(二)保证税收职能得以实现

税收职能一般归纳为三个：一是聚财职能，二是调控职能，三是监督职能。

由于税收分配是一种无偿分配，税收收入又具有及时、充裕、稳定、可靠的特点，因此，税收一直都是政府财政收入的主要来源。多年来，我国国家财政收入的 90%以上都是通过税收筹集的。税收的财政收入职能决定了税收在财政中的重要地位。首先，税收是财政最重要、最稳定的收入来源。税收分配具有无偿性、固定性、强制性的特点，收入可靠稳定，也无须像国债收入那样还要偿还。而多税种、多税目、多层次、全方位的课税制度，为广泛地聚集财政资金提供了条件；税款按年、按月、按旬甚至按日征收，均匀入库，也有利于财力调度，满足日常的财政支出。其次，税收有利于规范政府与企业之间的财政分配关系。在市场经济条件下，税收是政府参与企业利益分配的最基本的分配方式。税收分配，不仅有利于政企分开，而且有利于企业进行公平竞争。最后，多税种、多层次的税源分布，有利于各级政府之间的财源分享，如今分税制已成为世界通行的财政管理体制模式。税务管理通过税务登记对纳税人、扣缴义务人进行有效监督；通过自主申报和税务机关提供优质服务，大大提高了税收征收效率；通过税收计划管理和征收管理，保证国家预算的实现；通过税务检查堵塞漏洞，防止和减少税收收入的流失，在实现税收的财政收入职能中有着特殊的重要意义。税务管理通过建立与社会主义市场经济体制和分税制相适应的管理体制，保证中央与地方各级政府都有稳定、充裕的财政收入来源。由此可见，要实现税收的财政收入职能，税务管理的存在是确定无疑的。①

　　税收具有独特的调控功能。税收调控主要是通过增税或减税手段来实现的。增税在总量上具有紧缩效应，在结构上表现为抑制性调节；减税在总量上具有扩张效应，在结构上则表现为鼓励性调节。税务管理通过税制的制定、调整、改革和贯彻实施，从微观上调节不同类型、不同行业的纳税人的税收负担，达到社会资源的合理配置和优化，从宏观上对整个国民经济运行进行调节和控制，为经济发展提供公平竞争的环境，为经济稳定发展创造条件。具体来讲，就是改革和设置不同的税种以规定调节的领域；设计不同的征税对象和税目来确定调节的广度；设计或调整税率以实现调节的深度；采取切实有效的征收管理措施来防止税收流失，如实行纳税评估、加强税务稽查等。因此，要实现税收的调控职能，税务管理的存在和加强是非常必要的。

　　税收具有监督职能。税收无论是筹集财政资金还是调控经济，都有一个对税收分配过程乃至整个社会经济生活进行全面监督的问题。这种监督主要是对纳税人、扣缴义务人生产经营活动的监督。税务管理主要通过税收征收、管理、稽查等活动来实现税收对企业经济活动的监督。在社会主义市场经济条件下，企业虽然是自主经营、自负盈亏，但必须依法纳税。税法对与企业涉税事务相关的税务登记、账簿和凭证管理、发票使用与管理、纳税申报、税款缴纳、纳税检查、纳税评估、税务行政处罚等均有明确规定，从而形成了对企业生产经营的收入管理、成本核算、税前扣除等进行有效的监督和控制。通过打击非法经营和查处税收违法行为，规范纳税人、扣缴义务人的行为，提高纳税人、扣缴义务人的税收遵从制度；通过税收信息的产生、传递和处理，反映国民经济的动态及趋势，使税收成为监督和观察国民经济动态的窗口；通过进出口税收管理，保护和发展国内生产，开展特别纳税调整，维护国家税收权益。因此，税务管理有助于实现税收监督职能。

(三)保障税收分配过程中征纳双方的权利与义务得以实现

　　从财政角度看，税收是一种收入分配关系，国家取得财政收入的直接目的是实现国家的职能。在社会主义市场经济条件下，中央与地方、国家与企业、国家与劳动者之间，虽然有着根本利益的一致性，但仍然存在一些具体的利益矛盾，特别是税收这种分配形式，它是国家凭借政治权力的强制性、无偿性课征的，因此体现在分配上的具体利益矛盾就显得更为明显和突出。为了正确处理税收分配中的各种利益关系，使这种分配活动达到协调和统一，兼顾各方的利益，就需要有一种行政权威来进行统一的决策、计划、组织、协调

---

① 李大明. 税务管理[M]. 北京：中国财政经济出版社，1995：16～17.

和监督,这种行政权威就是税务管理。

国家征税与纳税人纳税在形式上表现为利益分配关系,但经过法律明确其双方的权利与义务后,这种关系实质上已上升为一种特定的法律关系,即税收法律关系,具体是指由税法确认和保护的在国家征税机关与纳税人之间基于税法事实而形成的权利和义务关系。税收法律关系中的权利和义务即构成税收法律关系的内容,包括征税主体的权力与义务和纳税主体的权利与义务两个方面。作为税务管理重要的法律依据之一的《中华人民共和国税收征收管理法》和《中华人民共和国税收征收管理法实施细则》对征税主体的权力与义务和纳税主体的权利与义务都有明确的规定。

1. 征税主体的权力和义务

税务机关的权力与义务更多地体现为税务机关的职权和职责,包括税务机关及其工作人员在税收征收管理中的权力与义务。为了代表国家行使征税权,发挥好税收筹集收入、调控经济和监督的职能,法律必然要赋予征税主体在税收征收管理中的具体权力,如税收行政立法权、税务管理权、税务检查权、税收优先权、税务处罚权等。税务机关行使的征税权是国家行政权力的有机组成部分,这种权力不能由行使机关任意放弃或转让。同时,根据有权力必有义务和责任的原则,征税主体在享有法律赋予的权力之时,还必须履行法律所规定的义务和职责。具体而言,包括依法征收税款,不得违反法律、法规的规定开征、停征、多征或者少征税款,提前征收、延缓征收或者摊派税款;必须严格按照法定权限和程序实施税收征管,不得违反法律、法规的规定滥用权力,不得侵害纳税人的合法权益。职权与职责必须对等,征税主体的权力是税法有效实施的保障,征税主体的义务是其实施权力的必然要求,也是纳税主体行使权力和履行义务的重要保证,征税主体在享有国家权力的同时必须履行义务,并承担相应的责任。

2. 纳税主体的权利和义务

我国税法规定,纳税主体在享有法律赋予的知情权、保密权、依法申请税收优惠权、依法申请延期申报纳税权、税收救济权、检举权等权利的同时,也必须履行法律所规定的依法诚信纳税、接受税务管理和税务检查等方面的义务。

依法治税的原则要求税务机关按照税法规定进行税务管理,同时,也要求纳税人、扣缴义务人按照税法规定正确履行纳税义务、扣缴义务。唯有如此,才能保障税收分配过程中征、纳双方的权利与义务得以实现。

四、税务管理的法律依据

税务管理的法律依据可以分为税收程序法和税收实体法。

税收程序法主要包括《中华人民共和国税收征收管理法》和《中华人民共和国税收征收管理法实施细则》《中华人民共和国刑事诉讼法》《中华人民共和国行政处罚法》《中华人民共和国行政复议法》《税务行政复议规则》(国家税务总局令第 21 号)、《中华人民共和国行政诉讼法》《中华人民共和国行政赔偿法》《中华人民共和国发票管理办法》《增值税专用发票使用规定》(国税发〔2006〕156 号)、《税务登记管理办法》(国家税务总局令第 7 号公布,国家税务总局令第 36 号、第 44 号、第 48 号修改)、《中华人民共和国立法法》

《特别纳税调整实施办法(试行)》(国税发〔2009〕2号)等法律、法规、规章以及规范性文件。

除上述关于程序是否公正的税收程序法外,在税务管理过程中,不可避免地会遇到如何确定纳税义务、如何正确计算相关的税款、纳税地点的确定等问题,这就离不开税收实体法的相关法律。税收实体法主要包括《中华人民共和国企业所得税法》《中华人民共和国企业所得税法实施条例》《中华人民共和国个人所得税法》《中华人民共和国个人所得税法实施条例》等,在此不一一列举。

1-1 税务管理的概念_batch.mp4

欢迎观看税务管理概念的教学视频,请扫二维码。

第二节 税务管理的内容

一、税务机关的税收管理

从国家征税角度来看,税收管理的具体内容包括税收法制管理、税收征收管理、税收计会统管理、税务行政管理。

(1) 税收法制管理包括税收立法管理、税收执法管理和税收司法管理。税收立法工作由国家立法机关负责,国家税务总局组织税法草案的起草工作,参与税收立法;税收执法工作由各级税务机关承担;税收司法工作由国家司法机关来执行。

(2) 税收征收管理是指税务机关依据税法的规定对纳税人、扣缴义务人实施管理,督促其申报纳税,组织税款入库的管理活动。它具体包括税务登记管理、发票管理、纳税申报管理、税款征收管理、减免免税及退税管理、税收票证管理、税源管理(包括纳税评估)、纳税服务、税务检查、纳税档案资料管理等。税收征收管理是税收执法工作的核心。

(3) 税收计会统管理主要包括税收计划管理、税收会计管理、税收统计管理。

(4) 税务行政管理又称税务组织管理,是对税务机关内部的机构设置和人员配备进行的管理。它具体包括税务机构的设置管理、征收机关的组织与分工管理、税务工作的程序管理、税务人员的组织建设与思想建设管理、对税务人员的监督与考核、税务行政复议与诉讼的管理。

二、企业的税务管理

从纳税的角度看,企业税务管理的主要内容包括纳税实务管理、税收筹划与风险管理、税务争议管理三大内容。

纳税实务管理包括税务登记、税务登记证的使用和保管、发票管理、会计凭证和账簿管理、纳税申报、税款缴纳、税收减免申报、退税管理、税收抵免、延期申报、延期纳税、税收自查、税前扣除等审批手续的办理等。

税收筹划与风险管理包括企业节税筹划、重要经营活动或重大项目的税务管理(经营决策的税务筹划和管理、投资决策的税务筹划和管理、筹资决策的税务筹划和管理、技术开发的税务筹划和管理、企业营销的税务筹划和管理)、商务合同的税务管理、税务会计管理、企业薪酬福利的税务管理、税务咨询、税务检查的应对等。

税务争议管理包括税务行政处罚听证申请和参与、税务行政复议申请与跟踪、税务行政诉讼申请和办理、税务行政赔偿申请和办理等。

因此,企业进行税务管理时,可结合生产经营特点和内部税务风险管理的要求设立税务管理机构和岗位,明确岗位的职责和权限;组织结构复杂的企业,可根据需要设立税务管理部门或岗位。①

欢迎观看税务管理内容的教学视频,请扫描二维码。

1-2 税务管理的内容_batch.mp4

第三节 税收管理体制

一、税收管理体制的定义及其作用

(一)税收管理体制的定义

税收管理体制是划分中央与地方政府以及地方政府之间税收收入和税收管理权限的制度,是国家经济管理体制和财政管理体制的重要组成部分。

税收管理权限包括建立税收制度的权限和执行税收制度的权限。其主要内容有:①税收立法权,即制定和颁布税法的权限;②税收法律、法规的解释权,即对税收法律、法规内容的解释和制定实施细则的权限;③税种的开征、停征权,即决定开征什么税种、停征什么税种的权限;④税目、税率的调整权,即决定税目增减和税率升降的权限;⑤税收的加征和减免权,即制定税收加征和减免规定以及审批加征和减免的权限;⑥税收的检查权;⑦税收的行政处罚权。

由于我国国家政权是按行政区域建立起来的,税收是各级政府财政收入的最主要形式,因而客观上存在着国家政权内部各级政府之间如何划分税收收入和税收管理权限的问题。对这些问题所制定的规范性制度,就是税收管理体制的内容。我国目前的税收管理体制主要遵循的是1994年实施的中央地方分税制。

(二)税收管理体制的作用

各级政府关于税收收入和税收管理权限的划分,是税收管理体制的核心内容。因此,科学地确定税收管理体制,对于规范中央与地方政府之间的分配关系、调动中央和地方政府管理税收的积极性、正确制定和实施国家的各项税收政策等都有重要作用。

1. 有利于规范中央与地方政府之间的分配关系

税收是一种利益分配,由于中央政府和地方政府是不同的利益主体,因而,中央与地方政府之间关于税收收入的分配,同样存在着一定的利益矛盾。从历史来看,1950—1979年,我国财政体制"统收统支"特征明显,中央对地方政府的收入控制能力极强,税收管理立法权大多数时期集中于中央,全国性税种基本由中央立法、中央统管,只有在个别时期或者对较小税种的税收政策调整权才下放至地方;至于税收收入归属权,名义上设置了

---

① 国家税务总局关于印发《大企业税务风险管理指引(试行)》的通知(国税发〔2009〕90号)。

中央税和地方税，但真正成为地方税的，也只有部分地区开征的土特产税和其他个别税种。在全国范围内开征的税种，所取得的收入或全由中央统收统支，或由中央与地方按不同的财政管理体制实行分成。税收征管执法权也由隶属于财政部门下的税务部门统一执行。税收管理体制所表现出的特点正是计划经济在税收上的体现。即便如此，这样的税收管理体制在规范中央与地方政府之间的分配关系上仍然起到了一定的作用。1980—1993年，我国财政体制处于"分灶吃饭"的阶段，"分级包干制"成了这一时期最大的特征。在这一时期，地方政府财力大增。从1994年开始，我国财政实行了分税制，中央与地方政府之间关于税收收入和税收管理权限的划分更加清晰，中央与地方政府之间的分配关系得到进一步的规范和稳定。

2. 有利于调动中央和地方政府管理税收的积极性

税收管理体制关系到中央和地方政府之间的利益分配大局，中央和地方政府对税收管理体制极为关注。从历史来看，即使是在财政"统收统支"的阶段，我国税收管理权限也在不断地变化。1949—1958年，税权高度集中。1958—1960年，税收管理权全面下放。1961—1970年，税收管理权适当上收。1973—1976年，税政管理权继续下放。1977年，税收管理权再次上收。在财政"分灶吃饭"的阶段和财政分税制以来，税收管理权总体来看是属于继续下放的，中央与地方政府关于税收收入的分配基本上遵循了一定的标准，分配是比较规范的。1994年，实行"分税制"以后，中央与地方在管理税收方面进行了改革，在省(自治区、直辖市、计划单列市等)以下建立了地方税务系统。实践证明，税收管理体制越合理，中央与地方政府关于税收收入和税收管理权限的划分越清晰，中央与地方政府都能具有相对独立的权限和相应的经济利益，就越有利于调动中央与地方政府管理税收的积极性。但是，由于分设两个税务系统，不仅给纳税人带来了税收遵从成本的上升，而且带来了部分业务的税收征管口径不一问题。2018年，省(自治区、直辖市、计划单列市等)以下两套税务机构终于实现了完全统一。

3. 有利于正确制定和实施国家的各项税收政策

国家的税收政策关系到国家财政收入、宏观调控、收入分配、就业等诸多社会经济大事。税收管理体制不仅包括税收收入分配，也包括税收管理权限的划分。税收立法权和税收执法权是税收管理权限的重要组成部分。合理的税收管理体制，有利于中央与地方政府及时制定合理的税收政策，如面对多变的国际经济环境，我国政府多次调整了出口退税政策，对稳定国内经济起到了较好的作用。同时，合理的税收管理体制，对于中央与地方政府正确贯彻执行国家的各项税收政策创造了良好机制，如2008年出台了企业所得税收入分配中的跨地区经营汇总纳税的"就地预缴"政策，大大提高了地方政府对非"总部经济"的支持力度，为缩小地区差距起到了一定的作用。国家的各项税收政策得到有效实施，将对宏观经济调控起到很好的作用，为纳税人创造较为平等的竞争环境。

二、我国现行税收管理体制——分税制

我国的税收管理体制，是财政管理体制的重要内容。我国现行税收管理体制实行的是财政分税制。分税制是指在国家各级政府之间明确划分事权及支出范围的基础上，按照事

权和财权相统一的原则，结合税种的特性，划分中央与地方的税收管理权限和税收收入，并辅之以转移支付的预算管理体制模式。分税制是市场经济国家普遍实行的一种制度，这是按照市场经济的原则和公共财政的理论确立的，是处理中央与地方政府财政分配关系比较好的办法。

需要指出的是，分税制中有关各级政府之间划分事权及支出范围、转移支付等不属于本课程的内容，在此不加以介绍。本书仅对分税制以及与税收管理密切相关的一些内容加以介绍。

(一)税收立法权的划分

1. 税收立法权划分的种类

税收立法权是制定、修改、解释或废止税收法律、法规、规章和规范性文件的权力。税收立法权的明确有利于保证国家税法的统一制定和贯彻执行，充分、准确地发挥各级权力机关管理税收的职能作用，防止各种越权自定章法、随意减免税收现象的发生。它包括两方面的内容：一是什么机关有税收立法权，二是各级机关的税收立法权是如何划分的。

税收立法权的划分可按以下不同的方式进行。

第一，可以按照税种类型的不同进行划分。如按流转税类、所得税类、财产税类进行划分。

第二，可以根据税种的基本要素进行划分。任何税种都是由几个税制要素构成的，如纳税人、征税对象、税目、税基、税率、纳税环节、纳税期限、纳税地点等。理论上可以将税种的某些税制要素，如税基和税率的立法权授予某级政府，而将其他税制要素的立法权授予另一级政府。但在实践中，这种做法并不多见。

第三，可以根据税收执法的级次来划分。立法权可以给予某级政府，行政上的执行权给予另一级政府，这是一种传统的划分方法，能适用于任何类型的立法权。根据这种模式，有关纳税主体、税基和税率的基本法规的立法权放在中央政府，具体的税收实施规定的立法权给予较低级政府。因此，需要指定不同级政府制定不同级次的法律。我国的税收立法权的划分就属于此种类型。

2. 我国税收立法权划分的现状

根据《中华人民共和国立法法》规定，中央地方分税制下的税收立法权划分如下。

第一，中央税、中央与地方共享税以及全国统一实行的地方税的立法权集中在中央，以保证中央政令统一，维护全国统一市场和企业平等竞争。其中，中央税是指维护国家权益、实施宏观调控所必需的税种，具体包括消费税、关税、车辆购置税、海关代征增值税和消费税等。中央和地方共享税是指同经济发展直接相关的主要税种，具体包括增值税、企业所得税、个人所得税、证券交易印花税。地方税具体包括营业税、资源税、土地增值税、印花税、城市维护建设税、城镇土地使用税、房产税、车船税、耕地占用税、契税等。

第二，依法赋予地方适当的地方税收立法权。我国地域辽阔，地区间经济发展水平很不平衡，经济资源包括税源都存在着较大差异，这种状况给全国统一制定税收法律带来了一定的难度。因此，随着分税制改革的进行，有前提地、适当地给地方下放一些税收立法权，使地方可以根据自己特有的税源开征新的税种，有利于促进地方经济的发展。这样，既有利于地方因地制宜地发挥当地的经济优势，同时也便于同国际税收惯例对接。

具体地说，我国税收立法权划分的层次如下。

(1) 全国性税种的立法权，即包括全部中央税、中央与地方共享税和在全国范围内征收的地方税税法的制定、公布和税种的开征、停征权，属于全国人民代表大会及其常务委员会。

(2) 经全国人民代表大会及其常务委员会授权，全国性税种可先由国务院以"条例"或"暂行条例"的形式发布施行。经过一段时期后，再行修订并通过立法程序，由全国人民代表大会及其常务委员会正式立法。

(3) 经全国人民代表大会及其常务委员会授权，国务院有税法的解释权，有制定税法实施细则、增减税目和调整税率的权力。

(4) 省级人民代表大会及其常务委员会根据本地区经济发展的具体情况和实际需要，在不违背国家统一税法，不影响中央的财政收入，不妨碍我国统一市场的前提下，开征全国性税种以外的地方税种的税收立法权。税法的公布，税种的开征、停征，由省级人民代表大会及其常务委员会统一规定，所立税法在公布实施前须报全国人民代表大会常务委员会备案。

(5) 经国务院授权，国务院税务主管部门(财政部、国家税务总局和海关总署)有制定税收部门规章的权力，即有税收条例的解释权和制定税收条例实施细则的权力。

(6) 经省级人民代表大会及其常务委员会授权，省级人民政府有本地区地方税法的解释权和制定税法实施细则、增减税目、调整税率的权力，也可在上述规定的前提下，制定一些税收征收办法，还可以在全国性地方税条例规定的幅度内，确定本地区适用的税率或税额。

(二)税务机构设置

根据我国经济和社会发展及实行分税制财政管理体制的需要，1994年分税制改革后，税务机构设置是中央政府设立国家税务总局(正部级)，省及省以下税务机构分为国家税务局和地方税务局两个系统。

国家税务总局对国家税务局系统实行机构、编制、干部、经费的垂直管理，协同省级人民政府对省级地方税务局实行双重领导。

(1) 国家税务局系统包括省、自治区、直辖市国家税务局，地区、地级市、自治州、盟国家税务局，县、县级市、旗国家税务局，税务分局、税务所。税务分局、税务所是县级国家税务局的派出机构。

省级国家税务局是国家税务总局直属的正厅(局)级行政机构，是本地区主管国家税收工作的职能部门，负责贯彻执行国家的有关税收法律、法规和规章，并结合本地实际情况制定具体实施办法。局长、副局长均由国家税务总局任命。

(2) 地方税务局系统包括省、自治区、直辖市地方税务局，地区、地级市、自治州、盟地方税务局，县、县级市、旗地方税务局，征收分局、税务所。省以下地方税务局实行垂直管理为主的管理体制，即地区(市)、县(市)地方税务局的机构设置、干部管理、人员编制和经费开支均由所在省(自治区、直辖市)地方税务局垂直管理。同时，省以下地方税务局也要接受同级政府的领导。

省级地方税务局是省级人民政府所属的主管本地区地方税收工作的职能部门，一般为正厅(局)级行政机构，实行地方政府和国家税务总局双重领导，以地方政府领导为主的管理体制。

国家税务总局对省级地方税务局的领导，主要体现在税收政策、业务的指导和协调，对国家统一的税收制度、政策的监督，组织经验交流等方面。

2018年7月，中共中央办公厅、国务院办公厅印发了《国税地税征管体制改革方案》，明确了国税地税征管体制改革的指导思想、基本原则和主要目标，提出了改革的主要任务及实施步骤、保障措施，并就抓好组织实施提出工作要求。

2018年6月15日，31个省(自治区、直辖市)和5个计划单列市的国税局和地税局正式合并并统一挂牌，国税地税征管体制改革迈出阶段性关键一步。2018年7月5日，全国各市级国税局、地税局合并，535个市级新税务局集中统一挂牌并对外履行职责。2018年7月20日，中国县乡国税、地税机构正式合并，所有县级和乡镇新税务机构统一挂牌。至此，全国省市县乡四级税务机构分步合并和相应挂牌工作全部完成。

自2019年1月1日起，将基本养老保险费、基本医疗保险费、失业保险费、工伤保险费、生育保险费等各项社会保险费交由税务部门统一征收。

(三)税收收入的划分

国务院《关于实行分税制财政管理体制的决定》规定了中央与地方关于税收收入的划分。我国的税收收入分为中央固定收入、地方固定收入和中央与地方共享收入。

国发〔2001〕37号文件规定，除铁路运输、国家邮政、中国工商银行、中国农业银行、中国银行、中国建设银行、国家开发银行、中国农业发展银行、中国进出口银行以及海洋石油天然气企业缴纳的所得税继续作为中央收入外，其他企业所得税和个人所得税收入由中央与地方按比例分享。2002年，所得税收入中央分享50%，地方分享50%；2003年，所得税收入中央分享60%，地方分享40%；自2003年以后，分享比例根据实际收入情况再行考虑(到目前为止，分享比例仍维持在2003年的标准)。因此，从2002年开始，企业所得税不再完全按照企业隶属关系来划分收入归属，企业所得税、个人所得税实际上成了中央与地方的共享税。

现将中央固定收入、地方固定收入和中央与地方共享收入介绍如下。

(1) 中央固定收入包括：关税、海关代征的增值税和消费税、国内消费税以及车辆购置税等。

(2) 地方固定收入包括：城镇土地使用税、固定资产投资方向调节税①、房产税、城市房地产税②、车船使用税、车船使用牌照税①、印花税、屠宰税(绝大多数地区现已停征)、筵

---

① 中共中央(中发〔1999〕12号)决定自2000年起暂停征收固定资产投资方向调节税。

② 《财政部、国家税务总局关于对外资企业及外籍个人征收房产税有关问题的通知》(财税〔2009〕3号)规定，根据2008年12月31日国务院发布的第546号令，自2009年1月1日起，废止《中华人民共和国城市房地产税暂行条例》。自2009年1月1日起，对外资企业及外籍个人的房产征收房产税，在征税范围、计税依据、税率、税收优惠、征收管理等方面按照《中华人民共和国房产税暂行条例》(国发〔1986〕90号)及有关规定执行。至此，我国城市房地产税完全与房产税并轨了。

席税(绝大多数地区现已停征)、农(牧)业税、对农业特产收入征收的农业税②、耕地占用税、契税、遗产和赠予税(到目前为止尚未开征)、土地增值税等。

(3) 中央与地方共享收入包括以下内容。

① 增值税(不含进口环节由海关代征的部分)：中央分享75%，地方分享25%。

② 营业税：铁道部、各银行总行、各保险总公司集中缴纳的部分归中央政府，其余部分归地方政府。

③ 企业所得税：2001年之前，按隶属关系划分征管范围、划分收入归属；2002年以后，除少数企业的所得税为中央独享外，多数企业的企业所得税为中央与地方共享。

④ 个人所得税：自2002年以后，除储蓄存款利息所得的个人所得税(现已停征)外，其余部分的分享比例与企业所得税相同。

⑤ 资源税：海洋石油企业缴纳的部分归中央政府，其余部分归地方政府。

⑥ 证券交易印花税：证券交易印花税收入的97%归中央政府，其余3%和其他印花税收入归地方政府。

⑦ 城市维护建设税：铁道部、各银行总行、各保险总公司集中缴纳的部分归中央政府，其余部分归地方政府。

2012年1月1日开始，我国率先在上海进行"营改增"试点，此后试点工作陆续在全国范围内铺开。为了调动地方政府"营改增"试点的积极性，财政部、央行和国税总局联合发布《关于营业税改征增值税试点有关预算管理问题的通知》(财预〔2013〕275号)，明确规定营改增试点期间收入归属保持不变，原归属地方的营业税收入，改征增值税后仍全部归属地方，改征增值税税款滞纳金、罚款收入也全部归属地方。

2016年5月1日，实施全面"营改增"(将建筑业、房地产业、金融业和生活服务业也纳入增值税征收范围)后，营业税正式退出历史舞台。国务院出台了调整中央与地方增值税收入划分过渡方案的政策。③ 该政策规定，①以2014年为基数核定中央返还和地方上缴基数；②所有行业企业缴纳的增值税均纳入中央和地方共享范围；③中央分享增值税的50%；④地方按税收缴纳地分享增值税的50%；⑤中央上划收入通过税收返还方式给地方，确保地方既有财力不变；⑥中央集中的收入增量通过均衡性转移支付分配给地方，主要用于加大对中西部地区的支持力度。

2019年9月，国务院对外公布《实施更大规模减税降费后调整中央与地方收入划分改革推进方案》(国发〔2019〕21号)，主要改革措施包括：①保持增值税"五五分享"比例稳定；②调整完善增值税留抵退税分担机制；③后移消费税征收环节并稳步下划地方。

欢迎观看税务管理体制的教学视频，请扫描二维码。

1-3 税务管理体制_batch.mp4

---

① 《中华人民共和国车船税暂行条例》已于2006年12月27日国务院第162次常务会议通过，自2007年1月1日起施行。至此，车船使用税和车船使用牌照税并轨为车船税。

② 2005年12月29日十届全国人民代表大会常务委员会第十九次会议决定：第一届全国人民代表大会常务委员会第九十六次会议于1958年6月3日通过的《中华人民共和国农业税条例》自2006年1月1日起废止。中国的农业税、牧业税、农业特产税就此退出历史舞台。

③ 国发〔2016〕26号。

第四节 税务管理的原则

根据税务管理的定义，税务管理包括税务机关进行的税收管理和由纳税主体对本企业涉税事项实施的管理。因此，本节也从两个不同的角度阐述税务管理的原则。

一、税务机关实施税收管理应遵循的原则

1. 依法治税的原则

税收是国家通过法律的形式参与社会产品或国民收入分配的活动。税收法律主义原则不仅体现在税收需要立法，而且还体现在执法和司法过程中也应该依法治税。税法是国家法律的重要组成部分，国家通过制定税法来规定纳税人的纳税义务，同时也要求税务机关严格执行国家的税收法律，秉公执法。依法治税原则是指税收管理活动必须做到依法办税。具体来讲，要做到以下三点：一是加强税收法制建设，做到"有法可依，违法必究"；二是不断增强公民税收法制观念和纳税意识，提高纳税遵从度；三是提高税务机关和税务人员的执法能力和执法水平，切实做到"依法治税"。

2. 统一领导、分级管理的原则

我国是一个地域辽阔、人口众多的国家，政府层级也较多。按照"一级政府，一级财政"的原则，存在中央、省级、市级、县级、乡级五级财政。我国税收立法权主要集中于中央，而全国各地经济发展水平差异较大，这些都给税收管理工作带来许多困难。"统一领导、分级管理"是我国税收管理工作长期遵循的一条行之有效的重要原则。其具体内涵是指在税收管理活动中，必须坚持中央对税收工作的集中统一管理，事关全国、事关宏观经济稳定的一系列税收政策的立法权应由中央掌握。在此前提下，应该充分赋予地方政府一定的立法权，以发挥地方各级政府因地制宜地管理税收的积极性和主动性。目前，我国地方税体系极不完善，地方政府的财力与其承担的事权尚有一定的缺口，分级管理尚待加强。

3. 组织收入与促进经济发展相结合的原则

近年来，税收收入的增长幅度明显快于经济增长，产生了种种非议。当然，这个问题极其复杂，专家学者已经给出不同的解释。有的认为主要是加强税收征管所致，有的认为主要是经济发展所致，有的认为主要是统计口径不同所致，有的则认为是上述多个方面共同作用所致。理论告诉我们，经济决定税收，税收反过来又影响经济。税收的最终来源是社会再生产过程中创造的社会产品或国民收入，国民经济的发展是税收收入不断增长的根基和源泉。因此，促进经济发展，就等于开辟了税源，这是税收管理工作的出发点和归宿。税收是用来满足公共需要的，促进社会福利改善，而经济发展的终极目标也是增进社会福利。因此，税收收入增长不一定是坏事，但其前提条件是税收要真正用于公共需要，否则，税收收入的增长幅度明显快于经济增长，不管其原因如何，都不是一件好事。

4. 信息管税的原则

我国税务管理当局在总结古今中外税收管理的先进经验的基础上，提出并践行"以纳税申报和优化服务为基础，以计算机网络为依托，集中征收，重点稽查，强化管理"这一税收征管模式。这一征管模式强调了以信息管理为纽带将税务机关与纳税人、税务机关内部各部门、不同纳税人之间的信息整合起来，以实现"阳光底下无罪恶"。信息经济学关于"信息不对称"的理论较好地揭示了纳税人之所以偷税的根源就在于税务机关对纳税人的生产经营信息掌握不够，出现严重的"信息不对称"所导致。

税收精细化管理既是目标也是手段，税收要实现精细化管理，光靠人海战术恐怕难以实现，其出路也在于加强信息化建设。我国目前税收管理还比较粗放，对纳税人的管理比较粗线条，给纳税人有机可乘。这不仅会造成税收流失，而且也不利于国家获取详细的税收信息，给国家制定科学的宏观调控政策增加了难度。

对于税收管理中存在的偷税、骗税等问题，只有当税务机关能够掌握纳税人生产经营足够的信息后，这些问题才会迎刃而解。因此，要实现税收精细化管理的目标，信息管税的原则必须坚持。

5. 专业管理与群众管理相结合的原则

专业管理是指必须设置专门的管理、征收、稽查等部门，并配备专业人员进行管理。目前，我国的税收管理机关主要包括税务、财政和海关三个部门，并配备了大量的专业人员从事税收管理工作。群众管理是指协税单位和个人在税务机关的指导下，他们有权利和义务维护国家的税收权益。《中华人民共和国税收征收管理法》中明确规定，"任何单位和个人都有权检举违反税收法律、行政法规的行为。收到检举的机关和负责查处的机关应当为检举人保密。税务机关应当按照规定对检举人给予奖励"，"地方各级人民政府应当依法加强对本行政区域内税收征收管理工作的领导或者协调，支持税务机关依法执行职务，依照法定税率计算税额，依法征收税款。各有关部门和单位应当支持、协助税务机关依法执行职务"，"税务机关依法查询从事生产、经营的纳税人开立账户的情况时，有关银行和其他金融机构应当予以协助"，"税务机关依法进行税务检查时，有权向有关单位和个人调查纳税人、扣缴义务人和其他当事人与纳税或者代扣代缴、代收代缴税款有关的情况，有关单位和个人有义务向税务机关如实提供有关资料及证明材料"等，这些都说明了税收管理的群众管理是有法律依据的。同时，由于我国是一个"以票管税"特征明显的国家，发票作为合法凭证之一往往其作用被强化了，因此，纳税人索要发票，往往可以强化对销售方或提供劳务方开具合法票据的监督，这也就强化了群众管理的机制。

当然，就目前的状况而言，群众管理还不能够替代税收机关的专业管理，税务机关的专业管理也无法替代群众管理，必须走专业管理和群众管理相结合的路子。

6. 效率原则

税务管理的效率原则是指以较小的人力、物力和财力投入来取得较好的管理效果。税收效率通过税收成本与税收收益的比率衡量，第一层次是税收的行政效率，第二层次是税收的经济效率,第三层次是税收的社会生态效率。[1]税收成本是指税收管理过程中的耗费,它包括征收机关的人员经费、办公用具或设施的支出以及征税过程中各项措施所支付的代价等征收费用,也包括纳税人为缴纳税款所花费的各项支出,如申报、计算税款、聘请税务代理等支付的费用。税收成本率比较全面地反映了一个国家或地区税收管理水平的高低,反映了税收管理效率的高低。而征税成本率则相对只能部分地反映税收管理效率的高低,因为征税费用和运作费用在不同的税收管理模式下是可以相互转化的,如税务机关办事效率低下,往往会增加纳税人的运作费用,当然,此时税收总收入也可能受到一定的影响。税收成本率与征税成本率的计算公式为

$$税收成本率 = \frac{税收成本}{税收总收入} \times 100\%$$

$$征税成本率 = \frac{征税成本(或征税费用)}{税收总收入} \times 100\%$$

因此,讲求效率原则,不仅要降低征税成本率,更应该降低税收成本率。

二、纳税主体对涉税事项实施管理应遵循的原则

1. 依法纳税原则

《中华人民共和国宪法》第 56 条规定:"中华人民共和国公民有依照法律纳税的义务。"

《中华人民共和国税收征收管理法》第 63 条规定:"纳税人伪造、变造、隐匿、擅自销毁账簿、记账凭证,或者在账簿上多列支出或者不列、少列收入,或者经税务机关通知申报而拒不申报或者进行虚假的纳税申报,不缴或者少缴应纳税款的,是偷税。对纳税人偷税的,由税务机关追缴其不缴或者少缴的税款、滞纳金,并处不缴或者少缴的税款百分之五十以上五倍以下的罚款;构成犯罪的,依法追究刑事责任。扣缴义务人采取前款所列手段,不缴或者少缴已扣、已收税款,由税务机关追缴其不缴或者少缴的税款、滞纳金,并处不缴或者少缴的税款百分之五十以上五倍以下的罚款;构成犯罪的,依法追究刑事责任。"

【案例 1-1】依法纳税是义务 公司偷税受惩处[2]

某县建材公司,经税务机关通知其申报纳税而拒不申报,偷税数额 9 万余元。2005 年 4 月 22 日,该县人民法院以偷税罪判处该公司罚金 10 万元,公司经理王某免予刑事处罚。

被告人王某于 2001 年年初任该建材公司经理期间,公司建造商品住宅楼一栋,2001 年 6 月投入使用。该楼房除少部分用于本单位职工自住外,大部分住房对外出售,截至 2003 年 3 月共销售不动产营业收入 190 余万元,应纳税款 10 万余元。2001 年 12 月已纳税 1 万元,剩余税款 9 万余元,经该县地税局于 2003 年 3 月、5 月两次书面通知其申报纳税,被告人王某接到通知后拒不申报。鉴于该公司已涉嫌偷税罪,该县地税局遂将该公司偷税行为移交县检察院,由检察院提起公诉。

---

[1] 杨斌. 治税的效率和公平——宏观税收管理理论与方法的研究[M]. 北京:经济科学出版社,1999:228.

[2] 程远景,等. http://hnfy.chinacourt.org/public/detail.php?id=48731.

县法院经审理认为，被告单位县建材公司，经税务机关通知纳税申报而拒不申报，偷税数额9万余元，且占应纳税额的90.3%，其行为已构成偷税罪。被告人王某系直接负责的主管人员，其行为已构成偷税罪。鉴于被告单位的经营状况和诉讼代表人以及被告人王某在审理中认罪态度较好，犯罪情节轻微，依照《中华人民共和国刑法》有关条款之规定，遂作出上述判决。

2. 利润最大化原则

追求利润最大化是企业财务管理的目标之一。企业取得经营收入或其他收入，通常需要依法纳税，否则，将受到法律的制裁。而企业纳税必然要减少其税后利润，从一定程度上来讲，纳税和税后利润是一对矛盾。如何处理好这对矛盾，是管理涉税事务首先需要考虑的问题。

追求利润最大化，需要处理好短期利益和长期利益的关系。企业在确立何种组织形式上，通常会考虑税收因素，例如，个人独资企业不需要缴纳企业所得税，只需要缴纳个人所得税，但有限责任公司则需要缴纳企业所得税和个人所得税。这是税收筹划最基本的内容。但是，如果从企业长远来看，个人独资企业属于无限责任，其融资行为会受到很大的限制，不利于企业的发展壮大，对于发展前景较好的企业则不宜采用这种形式，而应该采用私营有限责任公司的形式。

追求利润最大化，还需要处理好局部利益和整体利益的关系。作为一个企业，既有采购，又有销售等环节；既有总部，又有分支机构；既要缴纳流转税，又要缴纳所得税等。在这么一个复杂的系统中，要遵循整体最优的原则，从全局出发去管理涉税事务，否则，就达不到利润最大化的目标。

3. 专业化管理原则

我国的税收制度变化频繁，企业的涉税事项极其复杂，会计与税法差异较大，需要具有较好税收知识素养的专业人才才能胜任管理涉税事务这一工作。企业涉税事务的管理是一个事关企业效益的工作，一个训练有素的专业人士可能会给企业节省不少税收，而一个不懂税收业务的管理者可能会使企业多缴税款或者遭受税务处罚。少缴税款与做错账相比，前者要面临处罚，后者可以通过账务调整更正错误。从这个角度讲，管理企业涉税事务更需要专业人士来负责。

4. 全程管理、全员参与原则

企业涉税事务不仅仅是财务人员或者办税人员的职责，还与企业其他部门的工作息息相关。例如，某公司采取"买一送一"的促销活动，开票人员据实开票。按照现行税收政策规定，企业所得税不需要多缴纳，但增值税要多缴纳。如果该公司采取商业折扣方式销售，在发票上注明总价是由两件商品构成的，而不是赠送，则不存在多缴增值税的问题。再如，企业销售部门在销售商品同客户签订销售合同时，应该注意如何才能延后纳税义务发生时间。再比如采购部门在签订采购合同时应该如何索取合法的发票以减轻本企业的纳税义务等。全员参与的目的是尽量减轻企业的纳税义务，可以避免经济业务发生后再由财务人员通过"账务处理"来规避税收，殊不知，这样的行为恰恰属于偷税。因此，全员参与原则可以减轻财务人员做账的"负担"。

第一章 税务管理概述

5. 事前筹划原则

企业纳税筹划最大的特点是事前筹划。企业经营活动一经发生,企业的纳税义务就随之产生,若纳税人觉得税负太重,想作任何筹划都是徒劳的。因为此时才进行减免税负的筹划已经太晚,纳税义务已经不可避免,如果人为地将纳税义务灭失,如更改原有的一些单证、业务履行的时间、地点、计价方式或编制虚假业务,都是一种违法行为,肯定经不起税务部门的检查。只有在经营行为发生之前,对整个预案进行预测和通盘考虑后作出决策,然后按最有利的方案去操作,才可能避免企业承受较大的成本和负担。

【案例 1-2】从赣州市首例徇私舞弊不征、少征税款案看企业的税务管理①

2005 年 11 月 14 日,由我所办理的赣州市首例徇私舞弊不征、少征税款案在赣州市章贡区人民法院公开宣判:被告人贾某犯徇私舞弊不征、少征税款罪,判处有期徒刑六年;被告人雷某犯徇私舞弊不征、少征税款罪,判处有期徒刑六年。通过本案,可以清楚地看出,我们赣州市的部分公司、企业在税务管理方面存在一定的漏洞。本文试图通过这个案件,指出这些漏洞,并寻找一些解决的途径。

一、征税模式

(1) 根据《中华人民共和国税收征收管理法》的规定,对纳税人的征税模式分为两种:一是查账征收,即按其实际营业额和不同行业的税种税率据实征收,适用的对象是有固定的经营场所,建立了正规账目,有银行账号,并进行了税务登记的公司、企业等。二是核定征收,即由税务机关根据企业的规模、经营活动的综合要素进行调查后由税务机关确定其营业额,按照固定的营业额向其征收税收,适用的对象是账目不健全或无能力建账,但进行了税务登记的单位、个人。

(2) 在建筑行业,主要涉及房地产建设单位、施工单位等公司、企业。它们基本上都有固定的经营场所,建立了正规的账目,开立了银行账号,进行了税务登记。因此,它们的税收基本上是查账征收。本案中,赣州市华城建设综合开发公司、赣州海新房地产开发有限公司、赣南地质调查大队、赣州锦华房地产开发有限公司、赣州汽运房地产开发经营有限公司等房地产建设单位,税务机关对这些单位都是进行查账征收的。根据《中华人民共和国税收征收管理法》第十九条之规定,这些建设单位都必须按照有关法律、行政法规和国务院财政、税务主管部门的规定设置账簿,根据合法、有效凭证记账,进行核算。它们进行房地产建设,需要支付工程款给施工单位,按照法律规定,就应当获取合法有效的付款凭证。同理,赣州市工程建设总公司、赣州市林业工程公司、江西鑫业工程公司、江西省地质工程集团公司、南昌铁路第二建筑工程公司、赣州市第二建筑工程公司、赣州汇丰建设工程有限公司等房地产施工单位,进行了房地产工程项目施工,收取建设单位支付的工程款,应当制作收款凭证,即给建设单位出具合法有效的付款凭证。因为税收机关是依据纳税人、扣缴义务人合法有效的账目凭证进行征税的。

(3) 根据《中华人民共和国税收征收管理法》第 20 条第 2 款 "纳税人、扣缴义务人的财务、会计制度或者财务、会计处理办法与国务院或者国务院财政、税务主管部门有关税收的规定抵触的,依据国务院或者国务院财政、税务主管部门有关税收的规定计算应纳税

---

① 朱烈桂. http://china.findlaw.cn/lawyers/article/d3458.html.

款、代扣代缴和代收代缴税款"之规定，税务机关有权调整不符合税法的会计账簿，计算公司、企业应纳税款。建设单位、施工单位如果具有下列情形之一，税务机关有权核定其应纳税额：①依照法律、行政法规的规定可以不设置账簿的；②依照法律、行政法规的规定应当设置账簿但未设置的；③擅自销毁账簿或者拒不提供纳税资料的；④虽设置账簿，但账目混乱或者成本资料、收入凭证、费用凭证残缺不全，难以查账的；⑤发生纳税义务，未按照规定的期限办理纳税申报，经税务机关责令限期申报，逾期仍不申报的；⑥纳税人申报的计税依据明显偏低，又无正当理由的。

(4) 一家公司、企业，要想在市场经济中劈波斩浪，稳健运行，做大做强，就必须高度重视税务机关的征税模式。查账征收对公司、企业有百益而无一害，核定征收将会使公司、企业信誉荡然无存，利润无法预测。税务机关采用查账的方式征收税收，公司、企业就必须依照国务院或者国务院财政、税务主管部门有关税收的规定进行财务、会计处理。

二、发票管理

(1) 根据《中华人民共和国发票管理办法》的规定，发票是指在购销商品、提供或者接受服务以及从事其他经营活动中，开具、收取的收付款凭证。在国内印制、领购、开具、取得和保管发票的单位和个人，都适用该办法。另外，依法办理税务登记的单位和个人，在领取税务登记证件后，可以向主管税务机关申请领购发票。需要临时使用发票的单位和个人，可以直接向税务机关申请办理，也就是到税务机关的办税大厅发票窗口申请零星开票。在办税大厅发票窗口申请零星开票时，首先由开票人从发票保管员处领出发票，然后由纳税人先缴税，开出完税证，最后由开票人根据完税凭证开具发票。开具发票应当按照规定的时限、顺序、逐栏、全部联次一次性如实开具，并加盖单位财务印章或者发票专用章。发票上应注明完税证号码，完税证上也应注明发票号码。发票开出后，发票存根联和完税证存根联应一并交回发票保管员进行核对，确保金额及税款足额入库。

(2) 本案中，被告人雷某正是利用自己集保管、开票于一身的职权，采取擅自降低或者减免税率，单页开具"大头小尾"的发票的手段，为纳税人零星开具建筑安装业税务发票。被告人雷某的行为导致国家流失 1 167 858.71 元。

(3) 公司、企业应当在领取税务登记证件后，向主管税务机关领购发票。申领发票时，应当提出购票申请，提供经办人身份证明、税务登记证件或者其他有关证明，以及财务印章或者发票专用章的印模，经主管税务机关审核后，发给发票领购簿。领购发票的公司、企业凭发票领购簿核准的种类、数量以及购票方式，向主管税务机关领购发票。公司、企业对外发生经营业务收取款项时，应当向付款方开具发票；发生支付款项时，应当要求收款方出具发票。开具发票时，应当全部联次一次性如实开具，不得单页开具，不得开具发票联、存根联金额不一致的发票。已经开具的发票存根联和发票登记簿，应当保存 5 年，保存期满，报经税务机关查验后销毁。

三、纳税申报和税收征收

(1) 根据《中华人民共和国税收征收管理法》的规定，纳税人、扣缴义务人必须依照法律、行政法规规定或者税务机关依照法律、行政法规的规定确定的申报期限、申报内容如实办理纳税申报，报送纳税申报表、财务会计报表以及税务机关根据实际需要要求纳税人报送的其他纳税资料。从事生产、经营的纳税人、扣缴义务人未按照规定的期限缴纳或者解缴税款，纳税担保人未按照规定的期限缴纳所担保的税款，由税务机关责令限期缴纳，逾期仍未缴纳的，经县以上税务局(分局)局长批准，税务机关可以采取强制执行措施，将未缴税款和滞纳金一并执行。

(2) 本案中，十几家建设单位、施工单位所使用的 25 份建筑安装业发票应征税款 1 758 114.71 元，被告人贾某、雷某根据这些发票仅向纳税人收取税款 590 256 元，不征、少征税款 1 167 858.71 元。根据税收征收管理法的规定，税务机关可以责令这些公司、企业缴纳税款和滞纳金。

(3) 公司、企业应当依法申报纳税。公司、企业可以直接到税务机关办理纳税申报，也可以按照规定采取邮寄、数据电文或者其他方式办理申报、报送事项。公司、企业因故不能按期办理纳税申报，经税务机关核准，可以延期申报。公司、企业如果未按照规定缴纳税款的，税务机关除责令限期缴纳外，从滞纳税款之日起，按日加收滞纳税款万分之五的滞纳金。纳税人发生纳税义务，未按照规定的期限办理纳税申报，经税务机关责令限期申报，逾期仍不申报的，税务机关有权核定其应纳税额。相反，公司、企业依法及时纳税，可以获得国家税务机关的纳税信誉企业称号。这将给公司、企业带来良好的社会效益和经济效益。

欢迎观看税务管理原则的教学视频，请扫描二维码。

1-4 税务管理的原则_batch.mp4

本 章 小 结

广义的税务管理是指相关的主体对其税收事项进行管理的总称，具体包括由作为征税主体的税务机关进行的税收管理和由作为纳税主体的纳税人对本企业涉税事项的管理。狭义的税务管理仅指税收管理，即以税务机关为主体实施的对税收分配活动的全过程进行决策、计划、组织、协调和监督的一种管理活动，如相关的税收法律、法规、规章和规范性文件的起草，税收计划的制订、税务机构的设置、税务人员的调配、税收工作的协调、对税务机构和税务人员的监督、对纳税人和扣缴义务人的监督等。

税务管理作为管理学的一个分支，具有管理的一般职能，如决策、计划、组织、协调和监督。税务管理作为税收学的一个分支，具有税收程序法和收入再分配的功能。

税务管理保障税收实体法得到有效实施，保证税收职能得以实现，保障税收分配过程中征纳双方的权利与义务得以实现。税务管理的法律依据可以分为税收程序法和税收实体法。从国家征税角度看，税收管理的具体内容包括税收法制管理、税收征收管理、税收计会统管理、税务行政管理。从纳税的角度看，企业税务管理的主要内容包括纳税实务管理、税收筹划与风险管理、税务争议管理。

税收管理体制是划分中央与地方政府以及地方政府之间税收收入和税收管理权限的制度，是国家经济管理体制和财政管理体制的重要组成部分。我国现行税收管理体制实行的是财政分税制。分税制是指在国家各级政府之间明确划分事权及支出范围的基础上，按照事权和财权相统一的原则，结合税种的特性，划分中央与地方的税收管理权限和税收收入，并辅之以转移支付的预算管理体制模式。

税务机关实施税收管理应遵循依法治税、统一领导和分级管理、组织收入与促进经济发展相结合、信息管税、专业管理与群众管理相结合、效率等原则。纳税主体对涉税事项实施管理应遵循依法纳税、利润最大化、专业化管理、全程管理和全员参与、事前筹划等原则。

复习思考题

1. 什么是税务管理？税务管理的作用有哪些？
2. 税务管理包括哪些内容？
3. 什么是税收管理体制？
4. 简述我国税收立法权划分的现状。
5. 简述我国税收征管范围的划分。
6. 简述我国税收收入的划分。
7. 税收管理的原则有哪些？
8. 简述纳税主体对涉税事项实施管理应遵循的原则。

延展阅读

1. 税务管理组织及其职能的国际比较研究，请参阅秦愿，刘申锋. 税务管理组织及其职能的国际比较研究——基于国家结构形式的视角[J]. 财政监督，2019(21)：84-89. (见二维码)

2. 当代中国治税思想研究，请参阅马国强. 当代中国治税思想：理论研究与实践总结——庆祝中华人民共和国成立70周年[J]. 税务研究，2019(10)：15-23. (见二维码)

3. 简化税收遵从和税收征管数字化研究，请参阅黄权辉. 简化税收遵从和税收征管数字化[J]. 国际税收，2019(07)：17-21. (见二维码)

4. 大企业税收治理研究，请参阅陈艳. 大企业税收治理模式：国际借鉴与初步构想[J]. 税务研究，2019(08)：108-114. (见二维码)

5. 关于税收管理数字化研究，请参阅陈新. 税收管理数字化[J]. 国际税收，2019(07)：8-16.

1.1 税务管理组织及其职能的国际比较研究.pdf

1.2 当代中国治税思想_理论研究与实践_省略__庆祝中华人民共和国成立70周年_马国强.pdf

1.3 简化税收遵从和税收征管数字化_黄权辉.pdf

1.4 大企业税收治理模式_国际借鉴与初步构想_陈艳.pdf

1.5 税收管理数字化_陈新.pdf

第一章 税务管理概述.ppt

第二章 税收基础管理

学习目标：通过本章的学习，主要了解税务登记的概念和作用，掌握税务登记、账簿和凭证管理制度、发票管理制度、纳税信用管理制度，熟悉税收法律文书的相关知识。

关键概念：税务登记 账簿 凭证 发票 纳税信用管理 税收法律文书

第一节 税 务 登 记

一、税务登记的概念

税务登记是税收征收管理的首要环节和基础工作，是税务机关对纳税人的基本情况及生产经营项目进行登记管理的一项基本制度，也是纳税人开始纳入税务机关监督管理的一项证明。根据法律、法规的规定具有应税收入、应税财产或应税行为的各类纳税人，都应依照有关规定办理税务登记。它的意义在于：有利于税务机关了解纳税人的基本情况，掌握税源，加强征收与管理，防止漏管漏征，建立税务机关与纳税人之间正常的工作联系，强化税收政策和法规的宣传，增强纳税意识等。

根据《中华人民共和国税收征收管理法》及其实施细则和《税务登记管理办法》，我国的税务登记制度主要包括设立登记、变更登记、注销登记以及停(复)业登记、报验管理、非正常户处理等内容。目前，我国全面推行"多证合一、一照一码"的商事登记模式。

二、税务登记的办理期限

税务登记的具体办理期限如下。

(1) 企业，企业在外地设立的分支机构和从事生产、经营的场所，个体工商户和从事生产、经营的事业单位(以下统称从事生产、经营的纳税人)应当自领取营业执照之日起 30 日内，向生产、经营地或者纳税义务发生地的主管税务机关申报办理税务登记，如实填写税务登记表，并按照税务机关的要求提供有关证件和资料。

(2) 纳税人税务登记内容发生变化的，应当自工商行政管理机关或者其他机关办理变更登记之日起 30 日内，持有关证件向原税务登记机关申报办理变更税务登记；纳税人税务登记内容发生变化，不需要到工商行政管理机关或者其他机关办理变更登记的，应当自发生变化之日起 30 日内，持有关证件向原税务登记机关申报办理变更税务登记。

(3) 纳税人发生解散、破产、撤销以及其他情形，依法终止纳税义务的，应当在向工商行政管理机关或者其他机关办理注销登记前，持有关证件向原税务登记机关申报办理注销税务登记；按照规定不需要在工商行政管理机关或者其他机关办理注销登记的，应当自有关机关批准或者宣告终止之日起 15 日内，持有关证件向原税务登记机关申报办理注销税务登记。

(4) 纳税人因住所、经营地点变动，涉及改变税务登记机关的，应当在向工商行政管理机关或者其他机关申请办理变更或者注销登记前或者住所、经营地点变动前，向原税务登记机关申报办理注销税务登记，并在30日内向迁达地税务机关申报办理税务登记。

(5) 纳税人被工商行政管理机关吊销营业执照或者被其他机关予以撤销登记的，应当自营业执照被吊销或者被撤销登记之日起15日内，向原税务登记机关申报办理注销税务登记；纳税人在办理注销税务登记前，应当向税务机关结清应纳税款、滞纳金、罚款，缴销发票、税务登记证件和其他税务证件。

欢迎观看 2-1 税务登记的教学视频，请扫描二维码。

2-1 税务登记_batch.mp4

三、税务登记证的内容和用途

(一)税务登记证的内容

税务登记证的主要内容包括：纳税人名称、税务登记代码、法定代表人或负责人、生产经营地址、登记类型、核算方式、生产经营范围(主营、兼营)、发证日期、证件有效期等。

(二)税务登记证的用途

纳税人办理下列事项时，必须提供税务登记证。
(1) 开立银行账户；
(2) 申请代开发票；
(3) 领购发票。

纳税人办理其他税务事项时，应当出示税务登记证件或者加载统一社会信用代码的营业执照等，经税务机关核准相关信息后办理手续。

四、税务登记办理的具体要求

(一)设立税务登记

(1) 企业，企业在外地设立的分支机构和从事生产、经营的场所，个体工商户和从事生产、经营的事业单位(以下统称从事生产、经营的纳税人)，向生产、经营所在地税务机关申报办理税务登记。

① 从事生产、经营的纳税人领取工商营业执照的，应当自领取工商营业执照之日起30日内申报办理税务登记，税务机关发放税务登记证及副本。

② 从事生产、经营的纳税人未办理工商营业执照但经有关部门批准设立的，应当自有关部门批准设立之日起30日内申报办理税务登记，税务机关发放税务登记证及副本。

③ 从事生产、经营的纳税人未办理工商营业执照也未经有关部门批准设立的，应当自纳税义务发生之日起30日内申报办理税务登记，税务机关发放临时税务登记证及副本。

④ 有独立的生产经营权、在财务上独立核算并定期向发包人或者出租人上交承包费或租金的承包承租人，应当自承包承租合同签订之日起30日内，向其承包承租业务发生地税务机关申报办理税务登记，税务机关发放临时税务登记证及副本。

⑤ 境外企业在中国境内承包建筑、安装、装配、勘探工程和提供劳务的，应当自项

目合同或协议签订之日起 30 日内，向项目所在地税务机关申报办理税务登记，税务机关发放临时税务登记证及副本。

上述规定以外的其他纳税人，除国家机关、个人和无固定生产、经营场所的流动性农村小商贩外，均应当自纳税义务发生之日起 30 日内，向纳税义务发生地税务机关申报办理税务登记，税务机关发放税务登记证及副本。

(2) 纳税人在申报办理税务登记时，应当根据不同情况向税务机关如实提供以下证件和资料。

① 工商营业执照或其他核准执业证件。

② 有关合同、章程、协议书。

③ 组织机构统一代码证书。

④ 法定代表人或负责人或业主的居民身份证、护照或者其他合法证件。

其他需要提供的有关证件、资料，由省、自治区、直辖市税务机关确定。

(3) 纳税人在申报办理税务登记时，应当如实填写税务登记表。

(4) 纳税人提交的证件和资料齐全且税务登记表的填写内容符合规定的，税务机关应当日办理并发放税务登记证件。纳税人提交的证件和资料不齐全或税务登记表的填写内容不符合规定的，税务机关应当场通知其补充改正或重新填报。

(二)变更税务登记

(1) 纳税人下列税务登记内容发生变化的，应当办理变更登记。

单位名称、法定代表人或者业主姓名及其居民身份证、护照或者其他合法证件的号码；住所、经营地点；登记类型；核算方式；生产经营方式；生产经营范围；注册资金(资本)、投资总额；生产经营期限；财务负责人、联系电话；国家税务总局确定的其他有关事项。

(2) 纳税人应当向原税务登记机关申报办理变更税务登记。

(3) 变更登记期限及申报办理所需证件具体如下。

① 纳税人已在工商行政管理机关办理变更登记的，应当自工商行政管理机关变更登记之日起 30 日内，向原税务登记机关如实提供下列证件、资料，申报办理变更税务登记：工商登记变更表；纳税人变更登记内容的有关证明文件；税务机关发放的原税务登记证件(登记证正、副本和登记表等)；其他有关资料。

② 纳税人按照规定不需要在工商行政管理机关办理变更登记，或者其变更登记的内容与工商登记内容无关的，应当自税务登记内容实际发生变化之日起 30 日内，或者自有关机关批准或者宣布变更之日起 30 日内，持下列证件到原税务登记机关申报办理变更税务登记：纳税人变更登记内容的有关证明文件；税务机关发放的原税务登记证件(登记证正、副本和税务登记表等)；其他有关资料。

(4) 纳税人提交的有关变更登记的证件、资料齐全的，应如实填写税务登记变更表，符合规定的，税务机关应当日办理；不符合规定的，税务机关应通知其补正。

(5) 税务机关应当于受理当日办理变更税务登记。纳税人税务登记表和税务登记证中的内容都发生变更的，税务机关按变更后的内容重新发放税务登记证件；纳税人税务登记表的内容发生变更而税务登记证中的内容未发生变更的，税务机关不重新发放税务登记证件。

(三)停业、复业登记

(1) 实行定期定额征收方式的个体工商户需要停业的,应当在停业前向税务机关申报办理停业登记。纳税人的停业期限不得超过一年。

(2) 纳税人在申报办理停业登记时,应如实填写停业复业报告书,说明停业理由、停业期限、停业前的纳税情况和发票的领、用、存情况,并结清应纳税款、滞纳金、罚款。税务机关应收存其税务登记证件及副本、发票领购簿、未使用完的发票和其他税务证件。

(3) 纳税人在停业期间发生纳税义务的,应当按照税收法律、行政法规的规定申报缴纳税款。

(4) 纳税人应当于恢复生产经营之前,向税务机关申报办理复业登记,如实填写《停业复业报告书》,领回并启用税务登记证件、发票领购簿及其停业前领购的发票。

(5) 纳税人停业期满不能及时恢复生产经营的,应当在停业期满前到税务机关办理延长停业登记,并如实填写《停业复业报告书》。

(四)注销登记

(1) 注销条件、法定期限及登记地点的相关规定如下。

① 纳税人发生解散、破产、撤销以及其他情形,依法终止纳税义务的,应当在向工商行政管理机关或者其他机关办理注销登记前,持有关证件和资料向原税务登记机关申报办理注销税务登记;按规定不需要在工商行政管理机关或者其他机关办理注册登记的,应当自有关机关批准或者宣告终止之日起15日内,持有关证件和资料向原税务登记机关申报办理注销税务登记。

② 纳税人被工商行政管理机关吊销营业执照或者被其他机关予以撤销登记的,应当自营业执照被吊销或者被撤销登记之日起15日内,向原税务登记机关申报办理注销税务登记。

③ 纳税人因住所、经营地点变动,涉及改变税务登记机关的,应当在向工商行政管理机关或者其他机关申请办理变更、注销登记前,或者住所、经营地点变动前,持有关证件和资料,向原税务登记机关申报办理注销税务登记,并自注销税务登记之日起30日内向迁达地税务机关申报办理税务登记。

④ 境外企业在中国境内承包建筑、安装、装配、勘探工程和提供劳务的,应当在项目完工、离开中国前15日内,持有关证件和资料,向原税务登记机关申报办理注销税务登记。

(2) 纳税人办理注销税务登记前,应当向税务机关提交相关证明文件和资料,结清应纳税款、多退(免)税款、滞纳金和罚款,缴销发票、税务登记证件和其他税务证件,经税务机关核准后,办理注销税务登记手续。

(五)扣缴税务登记

(1) 法定期限:自扣缴义务人的扣缴义务发生之日起30日内。
(2) 登记地点的规定具体如下。

① 已办理税务登记的扣缴义务人，应当向税务登记地税务机关申报办理扣缴税款登记。

② 根据税收法律、行政法规的规定可不办理税务登记的扣缴义务人，应当向机构所在地税务机关申报办理扣缴税款登记。

(3) 税务机关应当场审核扣缴义务人填报的登记表格、提供的证件和资料，对提供的证件、资料齐全且表格填写符合规定的，税务机关应当日办理，发给扣缴税款登记证件(对已办理税务登记的扣缴义务人，在其税务登记证件上登记扣缴税款事项，不再发给扣缴税款登记证件)；对提供的证件、资料不齐全或表格填写不符合规定的，税务机关应通知其补正。

(六)跨区域涉税事项报验管理

为了维持税收属地入库原则，解决跨区域经营纳税人的税收收入及征管职责在机构所在地与经营地之间划分的问题，国家税务总局创新跨区域涉税事项报验管理制度，明确了跨区域涉税事项报验管理有关事项。

(1) 纳税人跨省(自治区、直辖市和计划单列市)临时从事生产经营活动的，向机构所在地的税务机关填报《跨区域涉税事项报告表》。

(2) 纳税人跨区域经营合同延期的，可以向经营地或机构所在地的税务机关办理报验管理有效期限延期手续。

(3) 跨区域报验管理事项的报告、报验、延期、反馈等信息，通过信息系统在机构所在地和经营地的税务机关之间传递，实时共享。

(4) 纳税人首次在经营地办理涉税事宜时，向经营地的税务机关报验跨区域涉税事项。

(5) 纳税人跨区域经营活动结束后，应当结清经营地税务机关的应纳税款以及其他涉税事项，向经营地的税务机关填报《经营地涉税事项反馈表》。经营地的税务机关核对《经营地涉税事项反馈表》后，及时将相关信息反馈给机构所在地的税务机关。纳税人不需要另行向机构所在地的税务机关反馈。

(6) 机构所在地的税务机关要设置专岗，负责接收经营地的税务机关反馈信息，及时以适当方式告知纳税人，并适时对纳税人已抵减税款、在经营地已预缴税款和应预缴税款进行分析、比对，发现疑点的，及时推送至风险管理部门或者稽查部门组织应对。

纳税人在省(自治区、直辖市和计划单列市)内跨县(市)临时从事生产经营活动的，是否实施跨区域涉税事项报验管理由各省(自治区、直辖市和计划单列市)税务机关自行确定。

欢迎观看税务登记证的内容和用途的教学视频，请扫描二维码。

2-2 税务登记内容、用途及其要求_batch.mp4

五、违反税务登记管理的法律责任

(1) 纳税人未按照规定的期限申报办理税务登记、变更或者注销登记的，由税务机关责令限期改正，可以处 2000 元以下的罚款；情节严重的，处 2000 元以上 1 万元以下的罚款。

(2) 纳税人不办理税务登记的，由税务机关责令限期改正；逾期不改正的，经税务机关提请，由工商行政管理机关吊销其营业执照。

(3) 纳税人未按照规定使用税务登记证件，或者转借、涂改、损毁、买卖、伪造税务登记证件的，处2000元以上1万元以下的罚款；情节严重的，处1万元以上5万元以下的罚款。

(4) 纳税人未按照规定办理税务登记证件验证或者换证手续的，由税务机关责令限期改正，可以处2000元以下的罚款；情节严重的，处2000元以上1万元以下的罚款。

(5) 扣缴义务人未按照规定办理扣缴税款登记的，税务机关应当自发现之日起3日内责令限期改正，并可处以1000元以下的罚款。

(6) 银行和其他金融机构未依照税收征管法的规定在从事生产、经营的纳税人的账户中登录税务登记证件号码，或者未按规定在税务登记证件中登录从事生产、经营的纳税人的账户账号的，由税务机关责令限期改正，处2000元以上2万元以下的罚款；情节严重的，处2万元以上5万元以下的罚款。

欢迎观看税务登记法律责任的教学视频，请扫描二维码。

2-3 违反税务登记管理的处罚标准 _batch.mp4

六、商事登记制度改革

(一) 身份信息报告

2017年，国务院办公厅出台了关于加快推进"多证合一"改革的指导意见，明确规定，新设立企业领取由市场监督管理部门核发加载法人和其他组织统一社会信用代码的营业执照后，无须再次进行税务登记，不再领取税务登记证，在首次办理涉税事宜时，应当对身份信息进行确认、补充或更正。身份信息，是指纳税人、扣缴义务人自成立之日起就具备的自然属性信息，如纳税人名称、登记注册类型、注册地址、生产经营地址、总分机构、投资人信息等。身份信息报告包含纳税人身份信息确认、纳税人(扣缴义务人)身份信息报告、自然人自主报告身份信息、扣缴义务人报告自然人身份信息。

1. 纳税人身份信息确认

已实行"多证合一、一照一码"和"两证整合"登记模式的纳税人，首次办理涉税事宜时，对市场监督管理等登记部门已采集或者已变更的信息进行确认。纳税人身份信息确认包括：一照一码户登记信息确认、两证整合个体工商户登记信息确认、一照一码户信息变更、两证整合个体工商户信息变更。

(1) 一照一码户登记信息确认。

① 新设立登记的企业、农民专业合作社(以下统称"企业")领取由市场监督管理部门核发加载法人和其他组织统一社会信用代码的营业执照后，无须再次进行税务登记，不再领取税务登记证。

② 企业首次办理涉税事宜时，税务机关依据市场监督管理部门共享的登记信息制作《"多证合一"登记信息确认表》，提醒纳税人对其中不全的信息进行补充，对不准确的信息进行更正，对需要更新的信息进行补正。

③ 对于市场监管部门登记已采集信息，税务机关不再重复采集；其他必要涉税基础

信息,可在企业办理有关涉税事宜时,及时采集,陆续补齐。在完成相关信息采集后,企业凭加载统一社会信用代码的营业执照可代替税务登记证使用。

④ 税务部门与民政部门之间能够建立省级统一的信用信息共享交换平台、政务信息平台、部门间数据接口并实现登记信息实时传递的,可以参照企业"多证合一"的做法,对已取得统一社会信用代码的社会组织纳税人进行"多证合一"登记模式改革试点,由民政部门受理申请,只发放标注统一社会信用代码的社会组织(社会团体、基金会、民办非企业单位)法人登记证,赋予其税务登记证的全部功能,不再另行发放税务登记证件。

(2) 两证整合个体工商户登记信息确认。

① 新设立的个体工商户由市场监督管理部门核发一个加载法人和其他组织统一社会信用代码的营业执照,纳税人首次办理涉税事项时,主管税务机关通过外部信息交换系统获取个体工商户登记表单信息及确认其他税务管理信息。

② 对于市场监管部门已采集信息,税务机关不再重复采集;其他必要涉税基础信息,可在个体工商户办理有关涉税事宜时,及时进行补充确认。

(3) 一照一码户信息变更。

① 一照一码户市场监管部门信息发生变更。一照一码户市场监管部门登记信息发生变更,向市场监督管理部门申报办理变更登记,市场监督管理部门完成信息变更后将变更信息共享至省级信息交换平台,税务机关接收市场监管部门变更信息,经确认后更新税务系统内纳税人对应信息。

② 一照一码户非市场监管部门登记信息发生变更。一照一码户生产经营地、财务负责人等非市场监管部门登记信息发生变化时,向主管税务机关申报变更。主管税务机关应将变更后的生产经营地、财务负责人等信息即时共享至信息交换平台。

(4) 两证整合个体工商户信息变更。

① 两证整合个体工商户市场监督管理部门发起的变更。两证整合个体工商户《个体工商户税务登记信息采集表》中有关信息发生变化的,该个体工商户应向市场监督管理部门申报信息变更。市场监督管理部门完成信息变更后将变更信息共享至外部信息交换系统,税务机关通过外部信息交换系统获取市场监督管理部门的变更信息,确认后进行变更。

② 两证整合个体工商户税务部门发起的变更。两证整合个体工商户登记信息发生变更,经纳税人申请,也可由税务机关进行变更;税务机关在日常管理过程中发现两证整合个体工商户登记信息发生变更,可以依职权对纳税人登记信息进行变更,并经纳税人签字确认。

③ 纳税人名称、纳税人识别号,业主姓名,经营范围不能由税务部门发起变更。

2. 纳税人(扣缴义务人)身份信息报告与变更

(1) 不适用"多证合一""两证整合"的纳税人,满足以下情形的纳税人应办理纳税人(扣缴义务人)身份信息报告。

① 取得统一社会信用代码,但批准部门为除市场监督管理部门之外其他有关部门批准设立的(如社会团体,律师事务所);

② 因经营地址变更等原因,注销后恢复开业的;

③ 有独立的生产经营权、在财务上独立核算并定期向发包人或者出租人上交承包费或租金的承包承租人;

④ 境外企业在中国境内承包建筑、安装、装配、勘探工程和提供劳务的；
⑤ 从事生产、经营的纳税人，应经有关部门批准设立但未经有关部门批准的；
⑥ 非境内注册居民企业收到居民身份认定书的。

(2) 根据税收法律、行政法规的规定负有扣缴税款义务的扣缴义务人，应当办理扣缴税款登记的。

(3) 上述纳税人(扣缴义务人)身份信息发生变化的也通过该事项办理。

3. 自然人自主报告身份信息

以自然人名义纳税的中国公民、外籍人员和港、澳、台地区人员申请办理自然人信息报告。自然人纳税人应向税务机关报告与纳税有关的基本信息，其中包括本人基本身份信息、身份属性信息、相关基础信息、家庭信息、财产信息以及其他基础信息。自然人报送基础信息的方式包括自然人由本人向税务机关报送和由扣缴义务人代为向税务机关报送两种。

(1) 基础信息报告。

① 自然人(或委托代理人)到税务机关填写《个人所得税基础信息表(B 表)》，生成自然人基础信息档案。自然人基础信息发生变化时，由自然人(或委托代理人)填写《个人所得税基础信息表(B 表)》申请变更。

② 对于首次报送信息的纳税人，税务机关采集纳税人信息，纳税人完成实名身份信息验证后由税务机关赋予纳税人识别号。根据《中华人民共和国个人所得税法》第九条的规定：纳税人有中国公民身份号码的，以中国公民身份号码为纳税人识别号；纳税人没有中国公民身份号码的，由税务机关赋予其纳税人识别号。

③ 自然人向税务机关报送身份信息时，因特殊原因无法完成正常信息报送，由税务机关办税服务厅特定岗位人员进行处理。特殊原因主要包括以下情形：如因生僻字、与公安信息比对不通过等问题导致校验不通过；身份证件信息不符合规则，无法进行采集；不持有居民身份证而持其他有效证件的中国大陆公民，如军官等；取得应税所得但未入境的外籍人员等。

④ 自然人以后可凭采集的身份证件向税务机关提出申请查询、打印纳税人识别号，税务机关通过纸质或电子的形式向纳税人提供电子纳税人识别号卡。

(2) 专项附加扣除信息报告。

① 享受子女教育、继续教育、住房贷款利息或者住房租金、赡养老人专项附加扣除的纳税人，应向税务机关报送《个人所得税专项附加扣除信息表》(以下简称《扣除信息表》)，由税务机关采集相关家庭成员、房屋、受教育情况等基本信息。相关信息发生变化的，应及时向税务机关报告。

② 纳税人选择在扣缴义务人发放工资、薪金所得时享受专项附加扣除的，首次享受时应当填写并向扣缴义务人报送《扣除信息表》；纳税年度中间相关信息发生变化的，纳税人应当更新《扣除信息表》相应栏次，并及时报送给扣缴义务人。更换工作单位的纳税人，需要由新任职、受雇扣缴义务人办理专项附加扣除的，应当在入职的当月，填写并向扣缴义务人报送《扣除信息表》。

③ 纳税人次年需要由扣缴义务人继续办理专项附加扣除的，应当于每年 12 月对次年享受专项附加扣除的内容进行确认，并报送至扣缴义务人。

④ 纳税人选择在汇算清缴申报时享受专项附加扣除的,应当填写并向汇缴地主管税务机关报送《扣除信息表》。

4. 扣缴义务人报告自然人身份信息

(1) 基础信息报告。

① 扣缴义务人首次向纳税人支付所得时,应当按照纳税人提供的纳税人识别号等基础信息填写《个人所得税基础信息表(A 表)》,并于次月扣缴申报时向税务机关报送。扣缴义务人对纳税人向其报告的相关基础信息变化情况,应当于次月扣缴申报时向税务机关报送。

② 税务机关为纳税人建立自然人档案,并为符合条件的纳税人赋予纳税人识别号。自然人可凭已采集的身份证件向税务机关提出申请查询、打印纳税人识别号,税务机关通过纸质或电子的形式向纳税人提供电子纳税人识别号卡。

③ 扣缴义务人向税务机关报送纳税人身份信息时,如因特殊原因无法完成正常信息报送,可到税务机关办税服务厅进行办理。特殊原因主要包括:如因生僻字、与公安信息比对不通过等问题导致校验不通过;身份证件信息不符合规则,无法进行采集;不持有居民身份证的而持其他有效证件的中国大陆公民,如军官等;取得应税所得但未入境的外籍人员等。

(2) 专项附加扣除信息报送。

① 享受子女教育、继续教育、住房贷款利息或者住房租金、赡养老人专项附加扣除的纳税人,应向税务机关报送《扣除信息表》,由税务机关采集相关家庭成员、房屋、受教育情况等基本信息。

② 纳税人选择在扣缴义务人发放工资、薪金所得时享受专项附加扣除的,首次享受时应当填写并向扣缴义务人报送《扣除信息表》;纳税年度中间相关信息发生变化的,纳税人应当更新《扣除信息表》相应栏次,并及时报送给扣缴义务人。更换工作单位的纳税人,需要由新任职、受雇扣缴义务人办理专项附加扣除的,应当在入职的当月,填写并向扣缴义务人报送《扣除信息表》。

③ 纳税人次年需要由扣缴义务人继续办理专项附加扣除的,应当于每年 12 月对次年享受专项附加扣除的内容进行确认,并报送至扣缴义务人。纳税人未及时确认的,扣缴义务人于次年 1 月起暂停扣除,待纳税人确认后再行办理专项附加扣除。

④ 扣缴义务人应当将纳税人报送的专项附加扣除信息,在次月办理扣缴申报时一并报送至主管税务机关。

(3) 个人股东变动情况报告。

被投资单位发生个人股东变动或者个人股东所持股权变动的,扣缴义务人应当在次月 15 日内向主管税务机关报送含有股东变动信息的《个人所得税基础信息表(A 表)》及股东变更情况说明。企业发生股权交易及转增股本等事项后,应在次月 15 日内,将股东及其股权变化情况、股权交易前原账面记载的盈余积累数额、转增股本数额及扣缴税款情况报告主管税务机关。

(二)税务注销

税务注销是指纳税人、扣缴义务人由于法定的原因终止纳税义务、扣缴义务时,持有关证件和资料向主管税务机关申报办理税务注销手续。2018 年 9 月,针对企业"注销难"问题,国家税务总局制发了《关于进一步优化办理企业税务注销程序的通知》(税总发〔2018〕

149号),推行清税证明免办、即办服务,创新推出"承诺制"容缺办理,简化资料和流程。为进一步优化税务执法方式,改善税收营商环境,国家税务总局下发了《关于深化"放管服"改革 更大力度推进优化税务注销办理程序工作的通知》(税总发〔2019〕64号),自2019年7月1日起执行,有关税务注销具体包括以下5个事项。

1. 一照一码户清税申报

(1) 已实行"多证合一、一照一码"登记模式的企业办理注销登记,须先向税务主管机关申报清税,填写《清税申报表》,税务机关受理后,进行清税,限时办理。清税完毕后根据清税结果向纳税人出具《清税证明》,并将信息共享到交换平台。

(2) 税务机关应当分类处理纳税人清税申报,扩大即时办结范围。根据企业经营规模、税款征收方式、纳税信用等级指标进行风险分析,对风险等级低的当场办结清税手续;对于存在疑点情况的,企业也可以提供税务中介服务机构出具的鉴证报告。

(3) 税务机关在核查、检查过程中发现涉嫌偷、逃、骗、抗税或虚开发票的,或者需要进行纳税调整等情形的,办理时限自然中止。

(4) 过渡期间未换发"多证合一、一照一码"营业执照的企业申请注销,税务机关按照原规定办理。

(5) 被调查企业在税务机关实施特别纳税调查调整期间申请变更经营地址或者注销税务登记的,税务机关在调查结案前原则上不予办理税务变更、注销手续。

2. 两证整合个体工商户清税申报

(1) 已领取统一社会信用代码的个体工商户申请注销登记前,应当先向主管税务机关申报清税,填报《清税申报表》。税务机关受理后,进行清税,限时办结。清税完毕后根据清税结果向纳税人出具《清税证明》。未领取加载统一社会信用代码营业执照的个体工商户申请注销登记,不适用该事项。

(2) 对已领取加载统一社会信用代码营业执照,未在税务机关启用统一社会信用代码的个体工商户,需要《清税证明》的,主管税务机关通过外部信息交换系统获取市场监督管理部门推送的有关表单信息,确认登记信息,进行税务管理,办理清税事宜。

3. 注销税务登记(不适用实施"一照一码""两证整合"的纳税人)

纳税人发生以下情形的,向主管税务机关申报办理注销税务登记。

(1) 纳税人发生解散、破产、撤销以及其他情形,依法终止纳税义务的。

(2) 按规定不需要在市场监督管理部门或者其他机关办理注销登记的,但经有关机关批准或者宣告终止的。

(3) 纳税人被市场监督管理部门吊销营业执照或者被其他机关予以撤销登记的。

(4) 境外企业在中国境内承包建筑、安装、装配、勘探工程和提供劳务的,项目完工、离开中国的。

(5) 外国企业常驻代表机构驻在期届满、提前终止业务活动的。

(6) 非境内注册居民企业经确认终止居民身份的。

4. 税务注销即时办理

(1) 对向市场监管部门申请一般注销的纳税人,税务机关在为其办理税务注销时,进一步落实限时办结规定。对未处于税务检查状态、无欠税(滞纳金)及罚款、已缴销增值税专用发票及税控专用设备,且符合下列情形之一的纳税人,优化即时办结服务,采取"承诺制"容缺办理,即纳税人在办理税务注销时,若资料不齐,可在其作出承诺后,税务机关即时出具清税文书。

① 纳税信用级别为 A 级和 B 级的纳税人;
② 控股母公司纳税信用级别为 A 级的 M 级纳税信用纳税人;
③ 省级人民政府引进人才或经省级以上行业协会等机构认定的行业领军人才等创办的企业;
④ 未纳入纳税信用级别评价的定期定额个体工商户;
⑤ 未达到增值税纳税起征点的纳税人。

(2) 对符合即办条件但有未结事项的,纳税人可签署《即办〈清税证明〉承诺书》,税务机关即时出具《清税证明》,将纳税人状态设置为"清算";纳税人不选择"承诺制"容缺办理的,税务机关制作《税务事项通知书》(未结事项告知书)。若纳税人符合即办条件且无未结事项的,税务机关即时出具《清税证明》,将纳税人状态设置为"注销"。

(3) 未办理过涉税事宜的纳税人,主动到税务机关办理清税的,税务机关可根据纳税人提供的营业执照即时出具清税文书。

(4) 办理过涉税事宜但未领用发票、无欠税(滞纳金)及罚款的纳税人,主动到税务机关办理清税,资料齐全的,税务机关即时出具清税文书;资料不齐的,可采取"承诺制"容缺办理,在其作出承诺后,即时出具清税文书。

(5) 经人民法院裁定宣告破产的纳税人,持人民法院终结破产程序裁定书向税务机关申请税务注销的,税务机关即时出具清税文书,按照有关规定核销"死欠"。

5. 注销扣缴税款登记

(1) 未办理税务登记的扣缴义务人发生解散、破产、撤销以及其他情形,依法终止扣缴义务的,或者已办理税务登记的扣缴义务人未发生解散、破产、撤销以及其他情形,未依法终止纳税义务,仅依法终止扣缴义务的,应当持有关证件和资料向原税务登记机关申报办理注销扣缴税款登记。

(2) 已办理税务登记的扣缴义务人发生解散、破产、撤销以及其他情形,依法终止纳税义务的,申请注销税务登记时,不需单独提出注销扣缴税款登记申请,税务机关在注销扣缴义务人税务登记的同时注销扣缴义务人扣缴税款登记。

第二节 账簿、凭证管理

一、账簿、凭证的概念

(一)账簿

账簿是纳税人、扣缴义务人连续地记录各种经济业务的账册或簿籍,包括总账、明细账、日记账及其他各种辅助账簿,其外在形式可分为订本式、活页式、卡片式。

1. 按性质和用途分类,账簿可分为总账、明细账、日记账和辅助账

总账也称总分类账簿,是指根据总账科目开设的账户,用来分类登记全部经济业务,提供资产、负债情况以及费用、成本、收入、成果等总括核算的分类账簿。

明细账也称明细分类账簿，是指根据总账科目所属的二级科目或明细科目开设账户，用来分类登记某一类经济业务，提供明细核算资料的分类账簿。

日记账也称序时账簿，是指对各项经济业务按其发生或完成的先后顺序进行登记的账簿，如现金日记账、银行存款日记账等。

辅助账又称备查账，是对日记账和分类账簿中不能记载或记载不全的经济业务进行补充登记的账簿，如租入、租出固定资产登记簿，代销商品登记簿等。

2. 按外在形式分类，账簿可分为订本账、活页账和卡片账

订本账，是将账页固定装订成册的账簿。这种账簿可避免账页散失，防止损抽账页，易于归档保管。因此，一般规定总分类账簿和现金日记账、银行存款日记账等采用订本账。

活页账，是将账页装订在账夹中的账簿。这种账簿可根据需要增加账页，便于记账工作的分工，但易于散失或被抽损。这种账簿在使用前要连续编号，登记使用完后装订成册。明细分类账多为活页账。

卡片账，是将账卡装在账卡箱中的账簿。其特点是比较灵活，可根据需要增添、调整，但也易于散失。比较常见的是固定资产卡片式明细账。

(二)凭证

凭证是纳税人用来记录经济业务，明确经济责任，并据以登记账簿的书面证明，即会计凭证。会计凭证按其填制程序和用途可分为原始凭证和记账凭证。

原始凭证，是指在经济业务发生时所取得或填制的会计凭证。

记账凭证，是指由会计人员根据审核无误的合法原始凭证，按其内容根据会计科目和复式记账方法，加以归类整理，并据以确定会计分录和登账的凭证。

二、账簿、凭证管理制度

(一)账簿设置制度

(1) 从事生产、经营的纳税人应当自领取营业执照或者发生纳税义务之日起15日内，按照国家有关规定设置总账、明细账、日记账以及其他辅助性账簿，其中总账、日记账应当采用订本式。扣缴义务人应当自税收法律、行政法规规定的扣缴义务发生之日起10日内，按照所代扣、代收的税种，分别设置代扣代缴、代收代缴税款账簿。

(2) 纳税人、扣缴义务人采用电子计算机记账的，如果会计制度健全，能够通过计算机正确、完整计算其收入和所得或者代扣代缴、代收代缴税款情况的，其计算机输出的完整的书面会计记录，可视同会计账簿。如果会计制度不健全，不能通过电子计算机正确、完整地反映其收入和所得或者代扣代缴、代收代缴税款情况的，应当建立总账及与纳税或者代扣代缴、代收代缴税款有关的其他账簿。

(二)纳税人财务、会计制度备案制度

从事生产、经营的纳税人应当自领取税务登记证件之日起15日内，将其财务、会计制

度或者财务、会计处理办法报送主管税务机关备案。纳税人使用计算机记账的，应当在使用前将会计电算化系统的会计核算软件、使用说明书及有关资料报送主管税务机关备案。

(三)税务会计核算制度

(1) 纳税人、扣缴义务人按照有关法律、行政法规和国务院财政、税务主管部门的规定设置账簿，根据合法、有效的凭证记账，进行核算。

(2) 纳税人、扣缴义务人的财务、会计制度或者财务、会计处理办法与国务院或者国务院财政、税务主管部门有关税收的规定抵触的，依照国务院或者国务院财政、税务主管部门有关税收的规定计算应纳税款、代扣代缴和代收代缴税款。

(3) 纳税人执行的财务、会计制度或办法与税收规定不一致或相抵触的，依照有关税收规定计算纳税。

(四)账簿、凭证保管制度

(1) 会计人员在年度结束后，应将各种账簿、凭证和有关资料按顺序装订成册，统一编号、归档保管。

(2) 纳税人的账簿(包括收支凭证粘贴簿、进销货登记簿)、会计凭证、报表和完税凭证及其他有关涉税资料，除法律、行政法规另有规定外，应当保存 10 年。保存期满需要销毁时，应当按照规定编制销毁清册，报单位负责人批准，由资料保管部门和会计部门共同销毁。

(3) 账簿、会计凭证、完税凭证及其他有关资料不得伪造、变造或者擅自损毁。

三、违反账簿、凭证管理的法律责任

(1) 纳税人有下列行为之一的，由税务机关责令限期改正，可以处 2000 元以下的罚款；情节严重的，处 2000 元以上 1 万元以下的罚款。

① 未按规定设置、保管账簿或者保管记账凭证和有关资料的。

② 未按规定将财务、会计制度或者财务、会计处理办法和会计核算软件报送税务机关备查的。

(2) 扣缴义务人未按照规定设置、保管代扣代缴、代收代缴税款账簿或者保管代扣代缴、代收代缴税款记账凭证及有关资料的，由税务机关责令限期改正，可以处 2000 元以下的罚款；情节严重的，处 2000 元以上 5000 元以下的罚款。

(3) 未经税务机关指定，任何单位、个人不得印制完税凭证；完税凭证不得转借、倒卖、变造或者伪造。非法印制、转借、倒卖、变造或者伪造完税凭证的，由税务机关责令改正，处 2000 元以上 1 万元以下的罚款；情节严重的，处 1 万元以上 5 万元以下的罚款；构成犯罪的，依法追究刑事责任。

欢迎观看账簿、凭证管理的教学视频，请扫描二维码。

2-4 账簿、凭证管理_batch.mp4

第三节 发票管理

一、发票概述

发票，是指在购销商品、提供或者接受服务以及从事其他经营活动中，开具、取得的用于摘记经济业务活动并具有税源监控功能的收付款(商事)凭证。它是财务会计核算的重要原始凭证之一，也是税收征管和税务检查的一项重要依据。

(一)发票的联次

发票的基本联次为三联，即每组发票由三联组成，第一联为存根联，第二联为发票联，第三联为记账联。其中，存根联由收款方或开票方留存备查；发票联由付款方或受票方作为付款原始凭证；记账联由收款方或开票方作为记账原始凭证。省以上税务机关可根据发票管理情况以及纳税人经营业务需要，增减发票联以外的其他联次，并确定其用途。

(二)发票的基本内容

发票的基本内容包括：发票的名称、发票代码和号码、联次及用途、客户名称、开户银行及账号、商品名称或经营项目、计量单位、数量、单价、大小写金额、开票人、开票日期、开票单位(个人)名称(章)等。省以上税务机关可根据经济活动以及发票管理需要，确定发票的具体内容。

二、发票印制管理

发票印制管理是发票管理的基础环节，在整个发票管理过程中具有很重要的地位。为强化对发票印制的管理，国家税务总局确立了以下基本印制制度。

1. 实行准印证制度

国家税务总局和各省、自治区、直辖市税务局应当按照集中印制、统一管理的原则，严格审查印制发票企业应当具备下列条件：取得印刷经营许可证和营业执照；设备、技术水平能够满足印制发票的需要；有健全的财务制度和严格的质量监督、安全管理、保密制度。税务机关应当以招标方式确定印制发票的企业，并发给发票准印证。发票准印证由国家税务总局统一监制，省税务局核发。

2. 采用发票防伪专用品

印制发票应当使用国务院税务主管部门确定的全国统一的发票防伪专用品。禁止非法制造发票防伪专用品。全国统一的发票防伪措施由国家税务总局确定，省税务局可以根据需要增加本地区的发票防伪措施，并向国家税务总局备案。发票防伪专用品应当按照规定专库保管，不得丢失。次品、废品应当在税务机关监督下集中销毁。

3. 套印全国统一发票监制章

发票应当套印全国统一发票监制章。全国统一发票监制章是税务机关管理发票的法定标志，其形状、规格、内容、印色由国家税务总局规定。全国统一发票监制章的式样和发票版面印刷的要求，由国家税务总局规定。发票监制章由省、自治区、直辖市税务机关制作。禁止伪造发票监制章。发票实行不定期换版制度，全国范围内发票换版由国家税务总局确定；省、自治区、直辖市范围内发票换版由省税务局确定。发票换版时，应当进行公告。

4. 限制发票印制地

各省、自治区、直辖市内的单位和个人使用的发票，除增值税专用发票外，应当在本省、自治区、直辖市内印制；确有必要到外省、自治区、直辖市印制的，应当由省、自治区、直辖市税务机关商印制地省、自治区、直辖市税务机关同意，由印制地省、自治区、直辖市税务机关确定的企业印制。增值税专用发票，由国务院税务主管部门确定的企业印制；其他发票，按照国务院税务主管部门的规定，由省、自治区、直辖市税务机关确定的企业印制。禁止私自印制、伪造、变造发票。禁止在境外印制发票。

5. 必须严守管理规定

印制发票的企业，应当按照税务机关批准的式样和数量印制发票；按照税务机关的统一规定，建立发票印制管理制度和保管措施，对发票监制章和发票防伪专用品的使用和管理实行专人负责制度。发票应当使用中文印制。民族自治地方的发票，可以加印当地一种通用的民族文字。有实际需要的，也可以同时使用中外两种文字印制。印制发票企业印制完毕的成品应当按照规定验收后专库保管，不得丢失。废品应当及时销毁。

三、发票领用管理

发票的领用是用票单位和个人取得发票的必经程序。对发票的领用加以规制，不仅能更好地方便用票单位和个人取得和使用发票，而且也有利于防止和减少发票的流失，从而有利于加强税收征管，维护税收秩序，防止和减少经济犯罪。已办理税务登记的单位和个人，可以根据自己的生产经营需要到税务机关领用发票，包括发票领用、发票票种核定、发票退票、印制有本单位名称发票、发票担保、解除发票担保六项业务内容。

(一)发票领用

已办理税务登记的单位和个人，在向主管税务机关办理发票领用手续后，可以按税务机关确认的发票种类、数量、开票限额以及领用方式，到税务机关申请领用发票。

(1) 纳税人报送资料齐全、符合法定形式的，领用发票，在领用簿上打印领用记录，将实物发票交给纳税人。

① 辅导期增值税一般纳税人专用发票的领用实行按次限量控制，主管税务机关可根据纳税人的经营情况核定每次专用发票的供应数量，但每次发放专用发票数量不得超过 25 份。辅导期纳税人领用的专用发票未使用完而再次领用的，主管税务机关发放专用发票的份数不得超过核定的每次领用专用发票份数与未使用完的专用发票份数的差额。辅导期纳税人 1 个月内多次领用专用发票的，应从当月第二次领用专用发票起，按照上一次已领用并开具的专用发票销售额的 3%预缴增值税，未预缴增值税的，主管税务机关不得向其发放

专用发票。预缴增值税时，纳税人应提供已领用并开具的专用发票记账联，主管税务机关根据其提供的专用发票记账联计算应预缴的增值税。

② 纳税信用 A 级的纳税人可一次领取不超过 3 个月的增值税发票用量，纳税信用 B 级的纳税人可一次领取不超过 2 个月的增值税发票用量。以上两类纳税人生产经营情况发生变化，需要调整增值税发票用量，手续齐全的，按照规定即时办理。

③ 对于存在以下几种监控情况的纳税人，领用发票时进行提醒，后续开展跨区域税收风险协作管理：法定代表人或业主存在关联非正常户且信用等级较低的纳税人；法定代表人或业主存在关联欠税纳税人；由信用等级为 D 级或严重税收失信的纳税人的法定代表人或业主注册登记或者负责经营的纳税人。

(2) 纳税人报送资料不齐全或不符合法定形式的，制作《税务事项通知书》(补正通知)，一次性告知纳税人需补正的内容。

(3) 依法不属于本机关职权或本业务受理范围的，制作《税务事项通知书》(不予受理通知)，告知纳税人不予受理的原因。

(二)发票票种核定

纳税人办理了税务登记后需要领用发票的，应当向主管税务机关申请办理发票领用手续。主管税务机关根据领用单位和个人的经营范围和规模，确认领用发票的种类、数量、开票限额以及领用方式。有条件的地区，可探索设计相关模型，分析纳税人行业、规模、从业人数、经营范围、注册资本等信息，自动核定或调整纳税人的发票用量及开票限额。

税务人员对纳税人的用票申请，应当按照以下规定进行确认。

(1) 外出经营的纳税人，需领用经营地发票。

(2) 辅导期增值税一般纳税人专用发票的领用实行按次限量控制，主管税务机关可根据纳税人的经营情况核定每次专用发票的供应数量，但每次领用专用发票数量不得超过 25 份。一般纳税人申请增值税专用发票最高开票限额不超过 10 万元的，主管税务机关不需事前进行实地查验。可在此基础上适当扩大不需事前实地查验的范围，实地查验的范围和方法由各省税务机关确定。

(3) 对使用增值税发票管理系统的纳税人，为保证其在网络出现故障时仍能正常开票，税务机关可对其设定离线开票时限和离线开具发票总金额(设定标准及方法由各省、自治区、直辖市和计划单列市税务局确定)。

(4) 增值税起征点以下的存量小规模纳税人，可暂继续使用现有方式开具发票。

(5) 2019 年 3 月 1 日起,将小规模纳税人自行开具增值税专用发票试点范围由住宿业、鉴证咨询业、建筑业、工业、信息传输、软件和信息技术服务业，扩大至租赁和商务服务业，科学研究和技术服务业，居民服务、修理和其他服务业。上述 8 个行业小规模纳税人(以下称"试点纳税人")发生增值税应税行为，需要开具增值税专用发票的，可以自愿使用增值税发票管理系统自行开具。

(6) 对自行开具增值税专用发票的小规模纳税人，可对其进行增值税专用发票票种核定、最高开票限额、离线开票时长、离线开票总金额等设置。自行开具增值税专用发票的纳税人可同时正常领取增值税普通发票。

2020 年 2 月 1 日起，增值税小规模纳税人(其他个人除外)发生增值税应税行为，需要开具增值税专用发票的,可以自愿使用增值税发票管理系统自行开具。

(7) 门票、过路(过桥)费发票、定额发票、客运发票继续使用。

(8) 加强对风险纳税人的发票发放管理。对以下几类纳税人,主管税务机关可以严格控制其增值税专用发票(以下简称专用发票)的发放数量及最高开票限额。

① "一址多照"、无固定经营场所的纳税人。

② 信用等级评价为 D 级或严重税收失信的纳税人。

③ 其法人或财务负责人曾任非正常户或走逃失联企业的法人或财务负责人的纳税人。

④ 其他税收风险等级较高的纳税人。

对上述纳税人,主管税务机关可暂不允许其离线开具发票,新办理一般纳税人登记的纳税人(特定纳税人除外)纳入管理系统的前 3 个月内也应在线开具发票。

(9) 纳税人销售其取得的不动产,自行开具或者税务机关代开增值税发票时,使用六联增值税专用发票或者五联增值税普通发票。纳税人办理产权过户手续需要使用发票的,可以使用增值税专用发票第六联或者增值税普通发票第三联。

(10) 选择使用增值税电子发票的纳税人,税务机关通过增值税电子发票系统将电子发票的号段赋予纳税人。

(11) 对已办理发票票种核定的纳税人,申请重新核定其使用的发票种类、单次(月)领用数量和开票限额(不包括专票限额),也通过本业务实现。

(三)发票退票

纳税人因发票印制质量、发票发放错误、纳税人领票信息电子数据丢失、税控设备故障等原因需要将已领用的空白发票退回的,税务机关为纳税人办理退票。

(四)印制有本单位名称发票

用票单位可以向税务机关申请使用印有本单位名称的发票,税务机关依据《中华人民共和国发票管理办法》第十五条的规定,确认印有该单位名称发票的种类和数量。

(1) 纳税人报送资料齐全、符合法定形式的,录入并保存《印有本单位名称发票印制表》。税务机关应当在 5 个工作日内确认用票单位使用印有该单位名称发票的种类和数量,并向发票印制企业下达《发票印制通知书》。

(2) 纳税人报送资料不齐全或不符合法定形式的,制作《税务事项通知书》(补正通知),一次性告知纳税人需补正的内容。

(3) 依法不属于本机关职权或本业务受理范围的,制作《税务事项通知书》(不予受理通知),告知纳税人不予受理的原因。

(五)发票担保

税务机关对外省、自治区、直辖市来本辖区从事临时经营活动的单位和个人领用发票的,可以要求其提供保证人或者根据所领购发票的票面限额以及数量交纳不超过 1 万元的保证金,并限期缴销发票。

(1) 对提供保证人的，保证人必须是在中国境内具有担保能力的公民、法人或者其他经济组织。保证人同意为领用发票的单位和个人提供担保的，应当填写担保书。担保书的内容包括：担保对象、范围、期限和责任以及其他有关事项。担保书须经购票人、保证人和税务机关签字盖章后方为有效。

(2) 缴纳保证金的，税务机关应开具资金往来结算票据。

(3) 提供保证人或者缴纳保证金的具体范围由省税务局规定。

(六)解除发票担保

外省、自治区、直辖市来本辖区从事临时经营活动的单位和个人申请领用发票时提供了保证人或者缴纳了保证金的，在按期缴销发票后，解除保证人的担保义务或者退还保证金；未按期缴销发票的，由保证人或者以保证金承担法律责任。所称由保证人或者以保证金承担法律责任，是指由保证人缴纳罚款或者以保证金缴纳罚款。担保方式属于保证人担保时，制发《税务事项通知书》(解除发票担保通知)。

四、发票的开具与保管

(一)发票的开具

(1) 销售商品、提供服务以及从事其他经营活动的单位和个人，对外发生经营业务收取款项的，收款方应向付款方开具发票；收购单位和扣缴义务人支付个人款项时，由付款方向收款方开具发票。

(2) 填开发票的单位和个人必须在发生经营业务确认营业收入时开具发票，未发生经营业务一律不准开具发票。

(3) 单位和个人在开具发票时，必须做到按号码顺序填开，填写项目齐全，内容真实，字迹清楚，全部联次一次打印，内容完全一致，并在发票联和抵扣联加盖发票专用章。任何单位和个人不得有下列虚开发票行为：①为他人、为自己开具与实际经营业务情况不符的发票；②让他人为自己开具与实际经营业务情况不符的发票；③介绍他人开具与实际经营业务情况不符的发票。

(4) 安装税控装置的单位和个人，应当按照规定使用税控装置开具发票，并按期向主管税务机关报送开具发票的数据。使用非税控电子器具开具发票的，应当将非税控电子器具使用的软件程序说明资料报主管税务机关备案，并按照规定保存、报送开具发票的数据。

(5) 开具发票应当使用中文。民族自治地方可以同时使用当地通用的一种民族文字。

(6) 开具发票后，如发生销货退回需开红字发票的，必须收回原发票并注明"作废"字样或取得对方有效证明；开具发票后，如发生销售折让的，必须在收回原发票并注明"作废"字样后重新开具销售发票或取得对方有效证明后开具红字发票。

(7) 除国务院税务主管部门规定的特殊情形外，发票限于领购单位和个人在本省、自治区、直辖市内开具，但省、自治区、直辖市税务机关可以规定跨市、县开具发票的办法。

(8) 任何单位和个人应当按照发票管理的规定使用发票，不得有下列行为：①转借、转让、介绍他人转让发票、发票监制章和发票防伪专用品；②知道或者应当知道是私自印制、伪造、变造、非法取得或者废止的发票而受让、开具、存放、携带、邮寄、运输；③拆本使用发票；④扩大发票使用范围；⑤以其他凭证代替发票使用。

(9) 开具发票的单位和个人应当建立发票使用登记制度，设置发票登记簿，并定期向主管税务机关报告发票的使用情况。

【案例2-1】虚开发票被判刑①

被告单位清水源化工(宜昌)有限公司(以下简称"清水源公司")，统一社会信用代码914205003164400104，住所地宜昌市伍家岗区伍临路33号6栋703室。

2014年11月至2017年6月，被告单位"清水源公司"法定代表人邓东平、财务负责人张伟，为了多列支成本、费用，达到少缴纳企业所得税的目的，在没有任何真实交易关系的情况下，通过丘某(另案处理)购买增值税普通发票，凭空虚开发票214份，虚开金额共计7676502.70元，少缴企业所得税1910951.73元。

2017年5月17日，公安机关传唤被告人张伟，其如实供述了犯罪事实。同年5月22日，被告人邓东平向公安机关投案，并如实供述了犯罪事实。2017年8月15日，被告单位向宜昌市国家税务局补缴税款1910951.73元、滞纳金182880.97元，共计2093832.70元。

经湖北省宜昌市伍家岗区人民法院一审审理，判决如下。

一、被告单位清水源化工(宜昌)有限公司犯虚开发票罪，判处罚金人民币10万元，于判决生效后十日内缴纳。

二、被告人邓东平犯虚开发票罪，判处有期徒刑二年，缓刑三年，并处罚金人民币80000元。

三、被告人张伟犯虚开发票罪，判处有期徒刑二年，缓刑三年，并处罚金人民币50000元。

(二)发票的保管

发票保管的首要任务是保障发票的安全、发票数量的完整无缺和发票质量的完好状态。发票管理办法及其实施细则中规定了发票保管制度。发票保管的基本要求如下。

(1) 专人保管制度。用票单位和个人要由专人保管空白发票，要建立严格的发票领购制度。

(2) 专柜保管制度。用票单位和个人领购的发票要设立专柜进行保管，确保发票的安全，做到防盗、防潮、防火、防霉变、防虫蛀鼠咬等，不得擅自损毁。

(3) 专账登记和定期盘点制度。对于领购的发票还应设立专门的账、表进行登记，实行定期盘点，做到账账、账表、账实相符。

(4) 已开具的发票存根联和发票登记簿，应当保存5年。保存期满，报经税务机关查验后销毁。

(5) 妥善保管发票，不得丢失。发票丢失，应于丢失当日书面报告主管税务机关，并在报刊和电视等传播媒介上公告声明作废。

(6) 对于开具发票过程中出现的作废发票，应当在发票上加盖"作废"戳记，重新开具发票，不得在开错的发票上涂改。开错的"作废"发票必须全部联次妥善保管，粘贴在原发票存根上，不得私自销毁，以备查核。

---

① 该案件来源于中国裁判文书网。

(7) 由于发票统一换版或政策变化等原因造成发票作废的，在规定的过渡期内，新旧版发票可以同时使用，到期后，旧版发票全部作废，由税务机关组织全面清理和收缴，收缴完毕以后，指定专人集中保管，并登记造册，按规定统一集中销毁。

欢迎观看发票管理的相关规定的教学视频，请扫描二维码。

2-5 发票管理的相关规定_batch.mp4

五、发票代开及作废

发票代开及作废，是指由税务机关根据收款方(或提供劳务服务方)的申请，依照法规、规章以及其他规范性文件的规定，代为向付款方(或接受劳务服务方)开具发票以及作废代开发票的行为。发票代开及作废包括代开增值税专用发票、代开增值税普通发票和代开发票作废三项业务内容。

(一)代开增值税专用发票

已办理税务登记且未选择自行开具增值税专用发票的小规模纳税人(包括个体经营者)，以及国家税务总局确定的其他可予代开增值税专用发票的纳税人发生增值税应税行为、需要开具增值税专用发票时，可向其主管税务机关申请代开。

(1) 增值税纳税人申请代开增值税专用发票时，应填写《代开增值税发票缴纳税款申报单》，到主管税务机关税款征收岗位按增值税专用发票上注明的税额全额申报缴纳税款。

(2) 代开专用发票遇有填写错误、销货退回或销售折让等情形的，按照专用发票有关规定处理。税务机关代开专用发票时填写有误的，应及时在防伪税控代开发票系统中作废，重新开具。代开专用发票后发生退票的，税务机关应按照增值税一般纳税人作废或开具负数专用发票的有关规定进行处理。对需要重新开票的，税务机关应同时进行新开票税额与原开票税额的清算，多退少补；对无须重新开票的，按规定退还增值税纳税人已缴的税款或抵顶下期正常申报税款。

(3) 税务机关为小规模纳税人代开专用发票需要开具红字专用发票的，比照一般纳税人开具红字专用发票的办法处理，信息表第二联交代开税务机关。

(4) 增值税小规模纳税人销售其取得的不动产以及其他个人出租不动产，购买方或承租方不属于其他个人的，纳税人缴纳增值税后可以向税务机关申请代开增值税专用发票。对于具备增值税专用发票安全保管条件、可连通网络、税务机关可有效监控代征税款及代开发票情况的政府部门等单位，县(区)以上税务机关经评估后认为风险可控的，可以同意其代征税款并代开增值税专用发票。

(5) 增值税小规模纳税人(其他个人除外)发生增值税应税行为，需要开具增值税专用发票的，可以自愿使用增值税发票管理系统自行开具。选择自行开具增值税专用发票的小规模纳税人，税务机关不再为其代开增值税专用发票。

(6) 接受税务机关委托代征税款的保险企业，向个人保险代理人支付佣金费用后，可代个人保险代理人统一向主管税务机关申请汇总代开增值税普通发票或增值税专用发票。代开增值税发票时，应向主管税务机关出具个人保险代理人的姓名、身份证号码、联系方式、付款时间、付款金额、代征税款的详细清单。主管税务机关为个人保险代理人汇总代开增值税发票时,应在备注栏内注明"个人保险代理人汇总代开"字样。

(7) 未选择自行开具增值税专用发票的货物运输业小规模纳税人,在境内提供公路或内河货物运输服务,需要开具增值税专用发票的,在税务登记地、货物起运地、货物到达地或运输业务承揽地(含互联网物流平台所在地)中任何一地,就近向税务机关申请代开专用发票。

(二)代开增值税普通发票

税务机关依据纳税人申请,为符合代开条件的单位和个人开具增值税普通发票。不能自开增值税普通发票的小规模纳税人销售其取得的不动产,以及其他个人出租不动产,可以向税务机关申请代开增值税普通发票。对于具备增值税普通发票安全保管条件、可连通网络、税务机关可有效监控代征税款及代开发票情况的政府部门等单位,县(区)以上税务机关经评估后认为风险可控,可以同意其代征税款并代开增值税普通发票。

(1) 对纳税人申请开具的发票属于需预缴税款的,发票代开人员确认纳税人已按申报单上的税额缴纳税款后,为纳税人代开增值税普通发票,加盖税务机关代开发票专用章,并将相应联次交给纳税人。

(2) 按照现行政策规定适用差额征税办法缴纳增值税,且不得全额开具增值税发票的(财政部、税务总局另有规定的除外),通过差额征税开票功能,录入含税销售额(或含税评估额)和扣除额,系统自动计算税额和不含税金额,备注栏自动打印"差额征税"字样,发票开具不应与其他应税行为混开。

(3) 提供建筑服务,应在发票的备注栏注明建筑服务发生地县(市、区)名称及项目名称。

(4) 销售不动产,应在发票"货物或应税劳务、服务名称"栏填写不动产名称及房屋产权证书号码(无房屋产权证书的可不填写),"单位"栏填写面积单位,备注栏注明不动产的详细地址。

(5) 出租不动产,应在备注栏注明不动产的详细地址。

(6) 个人出租住房适用优惠政策减按1.5%征收,通过征收率减按1.5%缴款开票功能,录入含税销售额,自动计算税额和不含税金额,发票开具不应与其他应税行为混开。2019年1月1日起,其他个人采取一次性收取租金的形式出租不动产,取得的租金收入可在对应的租赁期内平均分摊,分摊后月租金收入不超过10万元(2019年1月1日前月租金收入不超过3万元)的,在代开普通发票时,可以免征增值税。

(7) 税务机关代开增值税发票时,"销售方开户行及账号"栏填写税收完税凭证字轨及号码或系统税票号码(免税代开增值税普通发票可不填写)。

(8) 税务机关为跨县(市、区)提供不动产经营租赁服务、建筑服务的小规模纳税人(不包括其他个人),代开增值税发票时,在发票备注栏中自动打印"YD"字样。

(9) 申请代开发票经营额达不到省、自治区、直辖市税务机关确定的按次起征点的,只代开发票,不征税。根据代开发票记录,属于同一申请代开发票的单位和个人,在一个纳税期内累计开票金额达到按月起征点的,应在达到起征点的当次一并计算征税。

(10) 保险企业代个人保险代理人申请汇总代开增值税发票时,应向主管税务机关出具个人保险代理人的姓名、身份证号码、联系方式、付款时间、付款金额、代征税款的详细清单。保险企业应将个人保险代理人的详细信息,作为代开增值税发票的清单,随发票入账。主管税务机关为个人保险代理人汇总代开增值税发票时，应在备注栏内注明"个人保险代理人汇总代开"字样。

(三)代开发票作废

税务机关为纳税人代开发票后，发生销货退回或销售折让、开票有误、应税服务中止等情形，如已跨月，则应按照增值税一般纳税人开具负数专用发票的有关规定进行处理；如未跨月，在收回全部联次后，符合条件的直接按作废处理。如果纳税人发生销货退回或销售折让的，必须在收回原发票并注明"作废"字样后重新开具销售发票或取得对方有效证明后开具红字发票。

六、发票验旧缴销

发票验旧缴销是指已领用发票的纳税人，应当按照税务机关的规定报告发票使用情况，税务机关应当按照规定进行查验、缴销处理，包括发票验(交)旧、存根联数据采集、海关缴款书核查申请、发票缴销四项业务内容。

(一)发票验(交)旧

(1) 单位和个人领用发票时，应当按照税务机关的规定报告发票使用情况，税务机关应当按照规定对已开具发票存根联(记账联)、红字发票和作废发票进行查验，检查发票的开具是否符合有关规定。取消增值税发票(包括增值税专用发票、增值税普通发票和机动车销售统一发票)和定额发票等非税控发票的手工验旧。

(2) 税务机关应利用增值税发票税控系统报税数据，通过信息化手段实现增值税发票验旧工作。

(二)存根联数据采集

(1) 存根联数据采集，包括税控装置开具的增值税专用发票、增值税普通发票、机动车销售统一发票存根联数据采集及非税控电子器具开具的普通发票存根联数据采集，还包括税控发票红字发票明细信息以及每张红字发票对应的《信息表》编号等存根联数据的采集。

(2) 通过采集的存根联数据，如果属于增值税抵扣凭证，会作为发票稽核的存根联发票数据，在一定时间内与发票抵扣联数据进行发票稽核。

(三)海关缴款书核查申请

(1) 对于稽核比对结果为不符、缺联的海关缴款书，纳税人应于产生稽核结果的180日内，持海关缴款书原件向主管税务机关申请数据修改或者核对，逾期的其进项税额不予抵扣。属于纳税人数据采集错误的，数据修改后再次进行稽核比对；不属于数据采集错误的，纳税人可向主管税务机关申请数据核对，主管税务机关会同海关进行核查。

(2) 主管税务机关在收到纳税人数据核对申请书的7个工作日内，向税款入库地直属海关发出《海关缴款书委托核查函》，同时附海关缴款书复印件；税款入库地海关收到委托核查函后，在30日内以《海关缴款书核查回复函》回复发函税务机关。对海关回函结果为"有一致的入库信息"的海关缴款书，主管税务机关应及时以《海关缴款书核查结果通知书》通知纳税人申报抵扣税款。

(3) 2020年2月1日起，经核查，海关缴款书票面信息与纳税人实际进口货物业务一致的，纳税人登录选择确认平台查询、选择用于申报抵扣或出口退税的海关缴款书信息。

(四)发票缴销

纳税人有下列其他情况的，应当自相关情况发生之日，向主管税务机关申请办理发票缴销手续。

(1) 纳税人跨区域经营活动结束，应当向经营地税务机关结清税款、缴销发票。

(2) 开具发票的单位和个人应当在办理变更或者注销税务登记的同时，办理发票和发票领用簿的变更、缴销手续。

(3) 税务机关进行发票换版时，应对纳税人领用尚未填开的空白发票进行缴销。

(4) 开具发票的单位和个人应当按照税务机关的规定存放和保管发票，不得擅自损毁。已开具的发票存根联和发票领用簿，应当保存五年。保存期满，报经税务机关查验后对缴销发票实物销毁。

(5) 一般纳税人注销税务登记，应将结存未用的纸质增值税专用发票送交主管税务机关。主管税务机关应缴销其增值税专用发票，在纸质专用发票监制章处按"V"字剪角作废，同时作废相应的专用发票数据电文，被缴销的纸质专用发票应退还纳税人。

七、增值税电子发票公共服务平台

增值税电子发票公共服务平台是为满足纳税人便捷开具电子发票的需求，解决个别第三方平台收费不规范、信息安全难以保证等问题而建立的。纳税人通过增值税电子发票公共服务平台开具的增值税电子普通发票，属于税务机关监制的发票，采用电子签名代替发票专用章，其法律效力、基本用途、基本使用规定等与增值税普通发票相同。

八、增值税发票综合服务平台

为了进一步优化税收营商环境，深化税务系统"放管服"改革，便利纳税人开具和使用增值税发票，我国税务系统建立了增值税发票综合服务平台，为纳税人提供发票用途确认、风险提示、信息下载等服务。纳税人取得增值税专用发票、机动车销售统一发票、收费公路通行费增值税电子普通发票后，如需用于申报抵扣增值税进项税额或申请出口退税、代办退税，应当登录增值税发票综合服务平台确认发票用途。

九、发票检查制度

发票的检查是税务机关对相关单位和个人执行发票管理规定的情况予以监督、核查的活动，它是发票管理的重要组成部分。

(一)税务机关的权力与义务

1. 税务机关在发票检查方面的权力

(1) 检查印制、领用、开具、取得、保管和缴销发票的情况。
(2) 调出发票并查验。
(3) 查阅、复制与发票有关的凭证、资料。
(4) 向当事各方询问与发票有关的问题和情况。
(5) 在查处发票案件时,对与案件有关的情况和资料,可以记录、录音、录像和复制。
(6) 税务机关如果对被检查人从境外取得的与纳税有关的发票或者凭证有异议,则可要求其提供境外公证机构或者注册会计师的确认证明,经税务机关审核认可后,方可作为计账核算的凭证。
(7) 税务机关在发票检查中需要核对发票存根联与发票联填写情况时,有权向持有发票或者发票存根联的单位发出发票填写情况核对卡,要求其如实填写,并按期报回。

2. 税务机关在发票检查方面的义务

税务机关进行发票检查时,应当出示税务检查证。
税务机关需要将已开具的发票调出查验时,应当向被检查人开具发票换票证。税务机关需要调出空白发票查验时,应当开具收据,经查无问题时应当及时发还。

(二)被检查人的权利与义务

1. 被检查人在发票检查方面的权利

(1) 对于无税务检查证的检查人员,被检查人有权拒绝其检查。
(2) 在税务机关将已开具的发票调回查验时,被检查人有权要求其开具发票换票证;对税务机关调出空白发票查验的,有权要求其开具收据,并要求其在查无问题时及时发还。

2. 被检查人在发票检查方面的义务

(1) 接受税务机关依法进行的检查,如实反映情况,提供有关资料,不得拒绝、隐瞒。
(2) 在税务机关对从境外取得的发票等有异议时,应提供境外公证机构或者注册会计师的确认证明。
(3) 持有发票或发票存根联的单位,应如实填写税务机关发出的发票情况核对卡,并按期报回。

(三) 发票真伪的鉴定

用票单位和个人有权申请税务机关对发票的真伪进行鉴别。收到申请的税务机关应当受理并负责鉴别发票的真伪;鉴别有困难的,可以提请发票监制税务机关协助鉴别。在伪造、变造现场以及买卖地、存放地查获的发票,由当地税务机关鉴别。

十、对违反发票管理规定的行为的处罚

(一)对违反发票管理规定的行为的行政处罚

1. 对日常违反发票管理行为的行政处罚

违反发票管理的规定,有下列情形之一的,由税务机关责令改正,可以处 1 万元以下的罚款;有违法所得的予以没收。

(1) 应当开具而未开具发票,或者未按照规定的时限、顺序、栏目,全部联次一次性开具发票,或者未加盖发票专用章的。

(2) 使用税控装置开具发票,未按期向主管税务机关报送开具发票的数据的。

(3) 使用非税控电子器具开具发票,未将非税控电子器具使用的软件程序说明资料报送主管税务机关备案,或者未按照规定保存、报送开具发票的数据的。

(4) 拆本使用发票的。

(5) 扩大使用发票范围的。

(6) 以其他凭证代替发票使用的。

(7) 跨规定区域开具发票的。

(8) 未按照规定缴销发票的。

(9) 未按照规定存放和保管发票的。

2. 对违反空白发票管理规定的行为的行政处罚

跨规定的使用区域携带、邮寄、运输空白发票,以及携带、邮寄或者运输空白发票出入境的,由税务机关责令改正,可以处 1 万元以下的罚款;情节严重的,处 1 万元以上 3 万元以下的罚款;有违法所得的予以没收。

3. 对丢失发票或擅自损毁发票的行为的行政处罚

丢失发票或擅自损毁发票的,由税务机关责令改正,可以处 1 万元以下的罚款;情节严重的,处 1 万元以上 3 万元以下的罚款;有违法所得的予以没收。

4. 对虚开发票或非法代开发票的行为的行政处罚

违反发票管理规定虚开发票的,或非法代开发票的,由税务机关没收违法所得;虚开或非法代开金额在 1 万元以下的,可以并处 5 万元以下的罚款;虚开或非法代开金额超过 1 万元的,并处 5 万元以上 50 万元以下的罚款;构成犯罪的,依法追究刑事责任。

5. 对违反发票防伪规定的行为的行政处罚

私自印制、伪造、变造发票,非法制造发票防伪专用品,伪造发票监制章的,由税务机关没收违法所得,没收、销毁作案工具和非法物品,并处 1 万元以上 5 万元以下的罚款;情节严重的,并处 5 万元以上 50 万元以下的罚款;对印制发票的企业,可以并处吊销发票准印证;构成犯罪的,依法追究刑事责任。

6. 对其他的发票违法行为的行政处罚

(1) 转借、转让、介绍他人转让发票、发票监制章和发票防伪专用品的,由税务机关

处 1 万元以上 5 万元以下的罚款；情节严重的，处 5 万元以上 50 万元以下的罚款，有违法所得的予以没收。

(2) 知道或者应当知道是私自印制、伪造、变造、非法取得或者废止的发票而受让、开具、存放、携带、邮寄、运输的，由税务机关处 1 万元以上 5 万元以下的罚款；情节严重的，处 5 万元以上 50 万元以下的罚款，有违法所得的予以没收。

7. 对导致税款流失的发票违法行为的行政处罚

违反发票管理法规，导致其他单位或者个人未缴、少缴或者骗取税款的，由税务机关没收非法所得，可以并处未缴、少缴或者骗取的税款 1 倍以下的罚款。

对违反发票管理法规情节严重构成犯罪的，税务机关应当书面移送司法机关处理。

8. 对税务人员的发票管理违法行为的行政处罚

税务人员利用职权之便，故意刁难印制、使用发票的单位和个人，或者有违反发票管理法规行为的，依照国家有关规定给予行政处分；构成犯罪的，依法追究刑事责任。

> **【案例 2-2】土菜馆借用发票被处罚**①
>
> 金华市郊一土菜馆开业才 7 天，但因借用发票等违章行为，被金华市地税局江南分局依法处以罚款 1800 元。
>
> 位于金华市郊的某土菜馆于 2010 年 6 月 15 日开业，由于开业前未及时办理税务登记手续，开业后又急需使用饮食业发票，于是就向亲戚朋友要了一些在其他酒店消费时取得的饮食业发票，进行重复使用。
>
> 6 月 22 日，江南分局地税工作人员上门催促办理税务登记证时发现了这一问题，地税工作人员对其进行税收政策宣传，并没收了这些违章发票，后转由分局稽核评税科处理。
>
> 该局稽核人员与土菜馆负责人约谈后核实，该土菜馆在开业后的七天内，共向亲朋好友讨要了 66 份金额共计 1.18 万元的发票，面额为 50 元、100 元、500 元三种。由于发现及时，该土菜馆只使用了几份发票，其余未使用的 60 多份发票被分局地税工作人员收缴。该地税局根据《中华人民共和国发票管理办法》第 36 条和金华市地税局《关于进一步明确地方税收违法行为处罚标准的通知》第 19 条的规定进行处罚。但鉴于土菜馆开业不久，分局依法予以从轻罚款，并督促业主及时办理了税务登记证和购领发票的手续。

(二)对发票犯罪行为的刑事处罚

1. 虚开专用发票罪

虚开增值税专用发票或者虚开用于骗取出口退税、抵扣税款的其他发票，是指有为他人虚开、为自己虚开、让他人为自己虚开、介绍他人虚开行为之一的，处 3 年以下有期徒刑或者拘役，并处 2 万元以上 20 万元以下罚金；虚开的税款数额较大或者情节严重的，处 3 年以上 10 年以下有期徒刑，并处 5 万元以上 50 万元以下罚金；虚开的税款数额巨大或者有其他特别严重情节的，处 10 年以上有期徒刑或者无期徒刑，并处 5 万元以上 50 万元以

---

① http://www.acview.net/3/03/04/02/2495.html。

下罚金或者没收财产。

单位犯该罪的,对单位判处罚金,并对其直接负责的主管人员和其他直接责任人员,处 3 年以下有期徒刑或者拘役;虚开税款数额较大或者有其他严重情节的,处 3 年以上 10 年以下有期徒刑;虚开的税款数额特别巨大或者有其他特别严重情节的,处 10 年以上有期徒刑或者无期徒刑。

2. 伪造、出售伪造的增值税专用发票罪

伪造或者出售伪造的增值税专用发票的,处 3 年以下有期徒刑、拘役或者管制,并处 2 万元以上 20 万元以下罚金;数额较大或者有其他严重情节的,处 3 年以上 10 年以下有期徒刑,并处 5 万元以上 50 万元以下罚金;数额巨大或者有其他特别严重情节的,处 10 年以上有期徒刑或者无期徒刑,并处 5 万元以上 50 万元以下罚金或者没收财产。

伪造并出售伪造的增值税专用发票,数额特别巨大,情节特别严重,严重破坏经济秩序的,处无期徒刑或者死刑,并处没收财产。

单位触犯上述罪行的,将对单位判处罚金,并对其直接负责的主管人员和其他直接责任人员,处 3 年以下有期徒刑、拘役或者管制;数额较大或者有其他严重情节的,处 3 年以上 10 年以下有期徒刑;数额巨大或者有其他特别严重情节的,处 10 年以上有期徒刑或者无期徒刑。

3. 非法出售增值税专用发票罪

非法出售增值税专用发票的,处 3 年以下有期徒刑、拘役或管制,并处 2 万元以上 20 万元以下罚金;数额较大的,处 3 年以上 10 年以下有期徒刑,并处 5 万元以上 50 万元以下罚金;数额巨大的,处 10 年以上有期徒刑或者无期徒刑,并处 5 万元以上 50 万元以下罚金或者没收财产。

4. 非法购买增值税专用发票或者购买伪造的增值税专用发票罪

非法购买增值税专用发票或者购买伪造的增值税专用发票的,处 2 年以下有期徒刑或者拘役,并处或者单处 2 万元以上 20 万元以下罚金。

5. 伪造、擅自制造或者出售伪造、擅自制造用于骗取出口退税、抵扣税款发票罪

伪造、擅自制造或者出售伪造、擅自制造用于骗取退税、抵税的发票的,处 3 年以下有期徒刑、拘役或管制,并处 2 万元以上 20 万元以下罚金;数额巨大的,处 3 年以上 7 年以下有期徒刑,并处 5 万元以上 50 万元以下罚金;数额特别巨大的,处 7 年以上有期徒刑,并处 5 万元以上 50 万元以下罚金或者没收财产。

非法出售可以用于骗取出口退税、抵扣税款发票的,按上述规定处罚。

6. 伪造、擅自制造或者出售伪造、擅自制造的其他发票罪

伪造、擅自制造或者出售伪造、擅自制造其他发票的,处 2 年以下有期徒刑、拘役或管制,并处或者单处 1 万元以上 5 万元以下罚金;情节严重的,处 2 年以上 7 年以下有期徒刑,并处 5 万元以上 50 万元以下罚金。

非法出售其他发票的,按上述规定处罚。

7. 非法出售发票罪

非法出售发票罪，是指违反发票管理规定，非法出售各种不能用于出口退税、抵扣税款的发票的行为。非法出售各种不能用于出口退税、抵扣税款的发票的，处2年以下有期徒刑、拘役或者管制，并处或者单处1万元以上5万元以下罚金；情节严重的，处2年以上7年以下有期徒刑，并处5万元以上50万元以下罚金。

【案例2-3】6起特大发票违法犯罪案件曝光，请扫描二维码。

欢迎观看发票违法行为法律责任的教学视频，请扫描二维码。

【案例2-3】.docx

2-6 对违反发票管理规定的行为的处罚_1_batch.mp4

第四节 纳税信用管理

纳税信用管理，是指税务机关对纳税人的纳税信用信息开展的采集、评价、确定、发布和应用等活动。纳税信用管理制度的建立有利于促进纳税人诚信自律，提高税法遵从度，推进社会信用体系建设。

国家税务总局主管全国纳税信用管理工作。省以下税务机关负责所辖地区纳税信用管理工作的组织和实施。纳税信用管理应当遵循客观公正、标准统一、分级分类、动态调整的原则。我国纳税信用级别设A、B、M、C、D五级，A为纳税信用最高等级，D为纳税信用最低等级。

一、信用等级评定

(一)纳税信用年度评价

(1) 税务机关纳税信用信息采集。纳税信用信息采集是指税务机关对纳税人纳税信用信息的记录和收集。省级税务机关负责制订年度评价方案，税收征管信息系统会根据纳税信用评价指标的要求自动采集相关数据，各级税务机关完成评价指标人工采集和评价指标人工细分工作。

(2) 纳税信用评价。省级税务机关启动评价工作，税收征管信息系统根据年度评价指标自动采集纳税信用信息，生成评价指标，并由省级税务机关传递给纳税人的主管税务机关。

(3) 评价结果确认。主管税务机关负责部分指标的人工采集和人工细分，并对省级税务机关传递的纳税信用评价指标进行确认。可逐户进行，也可批量进行。主管税务机关对扫描结果有异议的可对具体指标扣分情况进行调整，并填写调整意见，上报审核。

(4) 审核。对接收的确认结果进行审核；不同意确认结果的可予以退回并说明原因。

(5) 评价结果发布。主管税务机关对审核通过的结果，按照发布原则进行结果发布。

(二)纳税信用动态调整

(1) 因税务检查等发现纳税人以前评价年度存在直接判为 D 级情形的，主管税务机关应调整其相应评价年度纳税信用级别为 D 级，并记录动态调整信息，该 D 级评价不保留至下一年度。对税务检查等发现纳税人以前评价年度存在需扣减纳税信用评价指标得分情形的，主管税务机关暂不调整其相应年度纳税信用评价结果和记录。

(2) 税务机关按月采集纳税信用评价信息时，发现纳税人出现纳税信用评价年度之中信用评价指标出现扣分且将影响评价级别下降的情形的，可通过邮件、短信、微信等方式，通知、提醒纳税人。

(3) 主管税务机关按月开展纳税信用级别动态调整工作。

(4) 主管税务机关完成动态调整工作后，于次月月初 5 个工作日内将动态调整情况层报至省级税务机关备案，并发布 A 级纳税人变动情况通告。省级税务机关据此更新税务网站公布的纳税信用评价信息，于每月上旬将 A 级纳税人变动情况汇总报送税务总局(纳税服务司)。

(5) 纳税信用年度评价结果发布前，主管税务机关发现纳税人在评价年度存在动态调整情形的，应调整后再发布评价结果。

(6) 由于复评、动态调整等原因需要调整 A 级名单的，应发布变化情况通告，及时更新公告栏、公布栏内容，并层报税务总局(纳税服务司)。

(三)纳税信用补充评价

纳税人因涉嫌税收违法被立案查处尚未结案的；被审计、财政部门依法查出税收违法行为，税务机关正在依法处理，尚未办结的；已申请税务行政复议、提起行政诉讼尚未结案的原因未参加当年评价的，待上述情形解除或对当期未予评价有异议的，可填写《纳税信用补评申请表》，向主管税务机关申请补充评价。作出评价的税务机关应按规定开展纳税信用补评工作。自受理申请之日起 15 个工作日内完成补评工作，并向纳税人反馈纳税信用评价信息或提供评价结果的自我查询服务。

(四)纳税信用复评

纳税人对纳税信用评价结果有异议的，可在纳税信用评价结果确定的当年内，填写《纳税信用复评申请表》，向主管税务机关申请复评。主管税务机关自受理申请之日起 15 个工作日内完成复评工作，并向纳税人反馈纳税信用复评信息或提供复评结果的自我查询服务。

二、诚信激励和联合惩戒

税务机关按照守信激励、失信惩戒的原则，对不同信用级别的纳税人实施分类服务和管理。

(一)激励与管理措施

(1) 对纳税信用评价为 A 级的纳税人，税务机关予以下列激励措施。

① 主动向社会公告年度 A 级纳税人名单；
② 一般纳税人可单次领取 3 个月的增值税发票用量，需要调整增值税发票用量时即时办理；
③ 普通发票按需领用；
④ 连续 3 年被评为 A 级信用级别(简称 3 连 A)的纳税人，除享受以上措施外，还可以由税务机关提供绿色通道或专门人员帮助办理涉税事项；
⑤ 税务机关与相关部门实施的联合激励措施，以及结合当地实际情况采取的其他激励措施。

(2) 对纳税信用评价为 B 级的纳税人，税务机关实施正常管理，适时进行税收政策和管理规定的辅导，并视信用评价状态变化趋势选择性地提供本办法第 29 条的激励措施。

(3) 对纳税信用评价为 C 级的纳税人，税务机关应依法从严管理，并视信用评价状态变化趋势选择性地采取本办法第 32 条的管理措施。

(4) 对纳税信用评价为 M 级的企业，税务机关适时进行税收政策和管理规定的辅导。

(5) 对纳税信用评价为 D 级的纳税人，税务机关应采取以下措施。
① 公开 D 级纳税人及其直接责任人员名单，对直接责任人员注册登记或者负责经营的其他纳税人纳税信用直接判为 D 级；
② 增值税专用发票领用按辅导期一般纳税人政策办理，普通发票的领用实行交(验)旧供新、严格限量供应；
③ 加强出口退税审核；
④ 加强纳税评估，严格审核其报送的各种资料；
⑤ 列入重点监控对象，提高监督检查频次，发现税收违法违规行为的，不得适用规定处罚幅度内的最低标准；
⑥ 将纳税信用评价结果通报相关部门，建议在经营、投融资、取得政府供应土地、进出口、出入境、注册新公司、工程招投标、政府采购、获得荣誉、安全许可、生产许可、从业任职资格、资质审核等方面予以限制或禁止；
⑦ D 级评价保留两年，第三年纳税信用不得评价为 A 级；
⑧ 税务机关与相关部门实施的联合惩戒措施，以及结合实际情况依法采取的其他严格管理措施。

(二)联合惩戒

为推动形成褒扬诚信、惩戒失信的强大合力，国家发展改革委、税务总局等 20 多个部门于 2014 年签署了《关于对重大税收违法案件当事人实施联合惩戒措施的合作备忘录》，就对重大税收违法案件当事人实施联合惩戒措施达成一致意见。

1. 联合惩戒对象

联合惩戒对象为税务机关公布的重大税收违法案件信息中所列明的当事人。当事人为自然人的，惩戒的对象为当事人本人；当事人为企业的，惩戒的对象为企业及其法定代表人、负有直接责任的财务负责人；当事人为其他经济组织的，惩戒的对象为其他经济组织及其负责人、负有直接责任的财务负责人；当事人为负有直接责任的中介机构及从业人员的，惩戒的对象为中介机构及其法定代表人或负责人，以及相关从业人员。

2. 联合惩戒措施

对联合惩戒对象可以实施下列惩戒措施。

(1) 强化税务管理，通报有关部门。纳税信用级别直接判为 D 级，适用《纳税信用管理办法(试行)》关于 D 级纳税人的管理措施。

(2) 阻止出境。对欠缴查补税款的当事人，在出境前未按照规定结清应纳税款、滞纳金或者提供纳税担保的，税务机关可以通知出入境管理机关阻止其出境。

(3) 限制担任相关职务。因税收违法行为，触犯刑事法律，被判处刑罚，执行期满未逾五年的当事人，由工商行政管理等部门限制其担任企业的法定代表人、董事、监事及经理。

(4) 金融机构融资授信参考。对公布的重大税收违法案件信息，税务机关可以通报银监会、中国人民银行征信中心及其他依法成立的征信机构，供金融机构对当事人融资授信参考使用，进行必要限制。

(5) 禁止部分高消费行为。对税务机关申请人民法院强制执行的行政处罚案件的当事人，由执行法院依法纳入失信被执行人名单，采取禁止乘坐飞机、列车软卧和动车等高消费惩戒措施。

(6) 通过企业信用信息公示系统向社会公示。县级以上税务机关通过企业信用信息公示系统向社会公示重大税收违法案件信息。

(7) 限制取得政府供应土地。由国土资源管理部门根据税务机关公布的重大税收违法案件信息，对当事人在确定土地出让、划拨对象时予以参考，进行必要限制。

(8) 强化检验检疫监督管理。公布的重大税收违法案件当事人，直接列为出入境检验检疫信用 D 级，实行限制性管理措施。

(9) 禁止参加政府采购活动。对公布的重大税收违法案件当事人，在一定期限内禁止参加政府采购活动。

(10) 禁止适用海关认证企业管理。对公布的重大税收违法案件当事人，不予适用海关认证企业管理。

(11) 限制证券期货市场部分经营行为。

(12) 限制保险市场部分经营行为。对于重大税收违法案件信息中所列明的当事人，不得作为保险公司(含保险集团、控股公司)、保险资产管理公司股东；对于因税收违法行为，触犯刑事法律，被判处刑罚的当事人，以及不诚实纳税、存在偷税漏税行为的当事人，限制担任保险公司董事、监事和高级管理人员。

(13) 禁止受让收费公路权益。对公布的重大税收违法案件当事人，不得受让收费公路权益。

(14) 限制政府性资金支持。对公布的重大税收违法案件当事人，限制政府性资金支持。

(15) 限制企业债券发行。对公布的重大税收违法案件当事人，在一定期限内限制其发行企业债券。

(16) 限制进口关税配额分配。对公布的重大税收违法案件当事人，在有关商品进口关税配额分配中予以限制。

(17) 通过主要新闻网站向社会公布。国家税务总局在门户网站公布重大税收违法案件信息的同时，通过主要新闻网站向社会公布。

(18) 其他。对公布的重大税收违法案件信息当事人，相关市场监管部门和社会组织在行政许可、强制性产品认证、授予荣誉等方面予以参考，进行必要的限制或者禁止。

欢迎观看纳税信用管理的教学视频，请扫描二维码。

纳税信用管理_batch.mp4

第五节　税收法律文书

税务机关作出对纳税人、扣缴义务人以及其他利害关系人的权利义务产生重大影响的税收征管行为的，应当以税收法律文书的形式告知纳税人以及其他直接利害关系人。

一、税收法律文书的定义

税收法律文书是书面记载税务机关和纳税主体的具体权利和义务的具有法律约束力的要式文书。税收法律文书的格式由国家税务总局制定。

二、税收法律文书的送达方式

为保证纳税人以及其他主体知悉税收征管行为的内容及对其权利义务所产生的影响，税务机关应当向纳税人以及其他直接利害关系人以书面的形式予以告知，这样才能产生法律效力。如果未送达法律文书，应视为不成立，不能对相关人产生法律效力。

1. 直接送达与留置送达

送达税收法律文书，应当直接送交受送达人。受送达人是公民的，应当由本人直接签收；本人无法签收的，应交其同住成年家属或所在单位负责人签收。

受送达人是法人或其他组织的，应当由法人、法定代表人、其他组织的主要负责人或者该法人、组织的财务负责人、负责收件的人签收。受送达人有代理人的，可以送交其代理人签收。

受送达人或者上述其他签收人拒绝签收税务文书的，送达人应当在送达回证上注明拒收理由和日期，并由送达人和见证人签名或者盖章，将税务文书留在受送达人处，即视为送达。

2. 委托送达与邮寄送达

直接送达税收法律文书有困难的，可以委托其他有关机关或者其他单位代为送达或邮寄送达。

3. 公告送达

同一送达事项的受送达人众多或采用其他送达方式无法送达的，税务机关可以公告送达税务文书。

4. 电子送达

国家税务总局《税务文书电子送达规定(试行)》自 2020 年 4 月 1 日起施行。电子送达，是指税务机关通过电子税务局等特定系统向纳税人、扣缴义务人(简称"受送达人")送达电子版式税务文书。受送达人同意采用电子送达的，签订《税务文书电子送达确认书》(包括电子送达的文书范围、效力、渠道和其他需要明确的事项)。受送达人需要纸质税务文书的，可以通过特定系统自行打印，也可以到税务机关办税服务厅打印。

三、税收法律文书的生效规定

税收法律文书，自送达之日起生效。

(1) 直接或者委托送达税收法律文书的，以签收人或者见证人在送达回证上的签收或注明的收件日期为送达日期。

(2) 邮寄送达税收法律文书的，以挂号函件回执上注明的收件日期为送达日期。

(3) 税务机关公告送达税务文书，自公告之日起满 30 日，即视为送达。

(4) 税务机关采用电子送达方式送达税务文书的，以电子版式税务文书到达电子税务局等特定系统受送达人端的日期为送达日期，特定系统自动记录送达情况。其中，部分税务文书不适用电子送达方式，具体包括：一是从文书种类上，税务处理决定书、税务行政处罚决定书(不含简易程序处罚)、税收保全措施决定书、税收强制执行决定书、阻止出境决定书等文书暂不适用电子送达；二是从执法类型上，税务稽查、税务行政复议等过程中使用的税务文书暂不适用电子送达。

【案例 2-4】文书送达引发的税务行政诉讼案，请扫描二维码。

【案例 2-4】.docx

本 章 小 结

本章主要介绍了税务登记，账簿、凭证管理，发票管理，纳税信用管理和税收法律文书等。这些内容共同构成了税收的基础管理或税收管理的起点。

税务登记是税务机关对纳税人的基本情况及生产经营项目进行登记管理的一项基本制度，也是纳税人开始纳入税务机关监督管理的一项证明。账簿、凭证管理和发票管理是税务机关监督纳税人生产经营情况的一种手段，也是反映纳税人是否产生纳税义务的主要标志之一。纳税信用管理是指税务机关对纳税人的纳税信用信息开展的采集、评价、确定、发布和应用等活动。税收法律文书是书面记载税务机关和纳税主体的具体权利和义务的具有法律约束力的要式文书。税收法律文书送达有严格要求。

复习思考题

1. 什么是税务登记？税务登记的作用有哪些？
2. 纳税人如何办理身份信息报告？
3. 纳税人发生哪些情况应办理变更税务登记？
4. 纳税人发生哪些情况应办理税务注销？

5. 账簿设置和保管的要求有哪些？
6. 什么是发票？如何正确开具发票？
7. 发票犯罪行为的种类有哪些？
8. 纳税信用等级 A 类纳税人有哪些激励措施？D 类纳税人有哪些惩戒措施？
9. 什么是税收法律文书？如何正确送达税收法律文书？

延 展 阅 读

1. 区块链的"互联网+税务"创新探索——以深圳市税务局的实践为例[J]. 税务研究，2019(01)：68～73.（见二维码）
2. 李荣辉. 区块链电子发票的实践之路[J]. 中国税务，2019(06)：60～61.（见二维码）
3. 《关于对重大税收违法案件当事人实施联合惩戒措施的合作备忘录》（见二维码）

基于区块链的_互联网_税务_创新探索.pdf

区块链电子发票的实践之路_李荣辉.pdf

联合惩戒措施的合作备忘录.pdf

第二章 税收基础管理.ppt

第三章 纳税申报

学习目标：通过本章的学习，主要了解纳税申报的意义和一般规定、增值税纳税申报和企业所得税纳税申报。通过对纳税申报的基本要求、纳税申报的受理与审核、延期纳税申报、纳税申报的法律责任的学习，掌握纳税申报的基本要领。通过对增值税纳税申报的学习，掌握一般纳税人和小规模纳税人的增值税纳税申报。通过对企业所得税纳税申报的学习，掌握企业所得税年度纳税申报表填写的基本技能。

关键概念：纳税申报　延期纳税申报　增值税纳税申报　企业所得税纳税申报

第一节 纳税申报的意义和一般规定

一、纳税申报的意义

纳税申报是指纳税人、扣缴义务人按照法律、行政法规的规定，在申报期限内就纳税事项向税务机关书面申报的一种制度。

世界各国普遍推行纳税申报制度，我国也不例外。实践证明，实行纳税申报制度，对于实现税收的强制性，明确税收法律责任，加强税收征管、提高税收征管效率具有非常重要的意义。

1. 有利于实现税收的强制性

强制性是税收的三大特征之一。税收的强制性是通过税收法律得以实现的。税收法律规定纳税人、扣缴义务人具有纳税申报的义务，这有利于实现税收的强制性。

2. 有利于明确税收法律责任

税收法律规定纳税人、扣缴义务人具有如实纳税申报的义务，不正确履行这种义务，将受到相应的法律制裁。这就从根本上解决了税收征纳双方责任难以划清的问题，如虚假纳税申报的责任将完全由纳税人或扣缴义务人承担。

3. 有利于加强税收征管、提高税收征管效率

我国曾经实行过"一员进厂，各税统管"的保姆式专管员制度，纳税人的一切纳税事项均由税收专管员一手操办。这种征管模式不仅暴露出税收征管员制度的腐败，而且造成了税收法律责任不清，甚至制约了纳税人依法纳税观念的形成。实行纳税申报制度，除了有利于明确税收法律责任外，还可以将税务人员从烦琐的纳税事务中解脱出来，转向强化税收征管和税务稽查的工作中去，从而有利于加强税收征管和提高征管效率。

二、纳税申报的基本要求

(一)纳税申报的主体

1. 纳税人

纳税人必须依照法律、行政法规的规定或者税务机关依照法律、行政法规的规定确定的申报期限、申报内容如实办理纳税申报，报送纳税申报表、财务会计报表以及税务机关根据实际需要要求纳税人报送的其他纳税资料。

纳税人在纳税期内没有应纳税款的，也应当按照规定办理纳税申报。

纳税人享受减税、免税待遇的，在减税、免税期间应当按照规定办理纳税申报。

2. 扣缴义务人

扣缴义务人必须依照法律、行政法规的规定或者税务机关依照法律、行政法规的规定确定的申报期限、申报内容如实报送代扣代缴、代收代缴税款报告表以及税务机关根据实际需要要求扣缴义务人报送的其他有关资料。

(二)纳税申报的方式

1. 到办税大厅申报、邮寄申报、数据电文申报或者其他方式申报

《中华人民共和国税收征收管理法》(以下简称《税收征收管理法》)第 26 条规定，纳税人、扣缴义务人可以直接到税务机关办理纳税申报或者报送代扣代缴、代收代缴税款报告表，也可以按照规定采取邮寄、数据电文或者其他方式办理上述申报、报送事项。

纳税人采取邮寄方式办理纳税申报的，应当使用统一的纳税申报专用信封，并以邮政部门的收据作为申报凭据。邮寄申报以寄出的邮戳日期为实际申报日期。

数据电文方式，是指税务机关确定的电话语音、电子数据交换和网络传输等电子方式。纳税人采取电子方式办理纳税申报的，应当按照税务机关规定的期限和要求保存有关资料，并定期书面报送主管税务机关。

经税务机关批准，纳税人、扣缴义务人采取数据电文方式办理纳税申报的，其申报日期以税务机关计算机网络系统收到该数据电文的时间为准。采取数据电文方式办理纳税申报的纳税人、扣缴义务人，其与数据电文相对应的纸质申报资料的报送期限由主管税务机关确定。

随着我国电子税务局建设方兴未艾，越来越多的涉税事项可以通过电子税务局(网上办税服务厅)办理，包括纳税申报事项，让纳税人"多跑网路、少跑马路"。

2. 自行申报和代理申报

按纳税申报表、代扣(收)代缴税款报告表的填报人不同，纳税申报可以划分为自行申报和代理申报两种方式。

(1) 自行申报，是指由纳税人、扣缴义务人自行填写纳税申报表、代扣(收)代缴税款报告表，自行办理申报手续的一种申报方式。

(2) 代理申报，是指纳税人、扣缴义务人委托具有代理执业资格的税务代理人代为填

写纳税申报表、代扣(收)代缴税款报告表，代为办理申报手续的一种申报方式。

3. 简易申报、简并征期

实行定期定额缴纳税款的纳税人，可以实行简易申报、简并征期等申报纳税方式。

简易申报，是指实行定期定额缴纳税款的纳税人在法律、行政法规规定的期限或者在税务机关依照法律、行政法规的规定确定的期限内缴纳税款的，税务机关可以视同申报；简并征期是指实行定期定额缴纳税款的纳税人，经税务机关批准，可以采取将纳税期限合并为按季、半年、年的方式缴纳税款，具体期限由省级税务机关根据具体情况确定。

(三)纳税申报的内容

1. 纳税申报表、代扣(收)代缴税款报告表

纳税人、扣缴义务人的纳税申报或者代扣代缴、代收代缴税款报告表的主要内容包括：税种、税目，应纳税项目或者应代扣代缴、代收代缴税款项目，计税依据，扣除项目及标准，适用税率或者单位税额，应退税项目及税额、应减免税项目及税额，应纳税额或者应代扣代缴、代收代缴税额，税款所属期限、延期缴纳税款、欠税、滞纳金等。

2. 应报送的证件、资料

纳税人办理纳税申报时，应当如实填写纳税申报表，并根据不同的情况相应报送下列有关证件、资料。

(1) 财务会计报表及其说明材料。

(2) 与纳税有关的合同、协议书及凭证。

(3) 税控装置的电子报税资料。

(4) 外出经营活动税收管理证明和异地完税凭证。

(5) 境内或者境外公证机构出具的有关证明文件。

(6) 税务机关规定应当报送的其他有关证件、资料。

扣缴义务人办理代扣代缴、代收代缴税款报告时，应当如实填写代扣代缴、代收代缴税款报告表，并报送代扣代缴、代收代缴税款的合法凭证以及税务机关规定的其他有关证件、资料。

(四)纳税申报的期限

纳税期限作为税制要素之一，《税收征收管理法》规定纳税人和扣缴义务人应当依照法定的期限办理纳税申报。法定期限是指法律、行政法规明确规定的，或税务机关依照法律、行政法规的规定期限确定的申报期限。两种期限具有同等的法律效力。

三、纳税申报的受理与审核

(一)纳税申报的受理和审核的主体

纳税申报的受理和审核一般应由税务机关的征收部门负责和实施。

(二)纳税申报的受理和审核的基本规定

征收部门接到纳税人或扣缴义务人报送的纳税申报表或代扣代缴、代收代缴税款报告表后,应按规定办理受理、签收手续,并对申报资料的合规性进行审核。

(1) 税收征收部门对申报内容进行逻辑审核,主要审核税种、税目、税率和计税依据填写是否完整、正确,税额计算是否准确,附送资料是否齐全等。审核中发现纳税人申报的税种、税目与税收征管信息系统中记录的税种登记内容不一致时,要查明原因。如因纳税人填写错误,要求其改正;如因纳税人生产经营或取得收入项目发生了变化,应先对税种登记内容进行修改,然后受理申报。

(2) 税收征收部门对照税收征管信息系统中的纳税人税务登记资料、定期定额核定资料,审核其名称、电话、地址、银行账号等是否与税收征管信息系统登记的内容相符,如发现应由征收部门变更的内容有变化的,应要求纳税人提供变更依据,及时在计算机上更改,同时将变更依据归档;如变更内容属税务登记分局管理范围的,应敦促纳税人到税务登记分局办理变更手续,并将变更依据复印件移交登记分局。

(3) 对未申报纳税人进行催报。征收期过后,税收征收部门应将税收征管信息系统中生成的《逾期未申报清单》转送相关部门,由相关部门根据相关规定催促纳税人申报。纳税人按照催报文书的规定期限进行纳税申报的,主管税务机关征收部门按照直接申报程序受理申报,并按规定处以罚款;纳税人未在催报文书规定的限期内办理纳税申报的,主管税务机关应在 3 个工作日内将在限期内未办理纳税申报的业户清单、无法送达的《责令限期改正通知书》及其他有关催报记录资料移交主管税务机关检查部门处理。

四、延期纳税申报

纳税人、扣缴义务人不能按期办理纳税申报或者报送代扣代缴、代收代缴税款报告表的,经税务机关核准,可以延期申报。经核准延期纳税申报的,应当在纳税期内按照上期实际缴纳的税额或者税务机关核定的税额预缴税款,并在核准的延期期限内办理税款结算。

纳税人、扣缴义务人按照规定的期限办理纳税申报或者报送代扣代缴、代收代缴税款报告表确有困难,需要延期的,应当在规定的期限内向税务机关提出书面的延期申请,经税务机关核准,在核准的延期期限内办理。

纳税人、扣缴义务人因不可抗力,不能按期办理纳税申报或者报送代扣代缴、代收代缴税款报告表的,可以延期办理;但是,应当在不可抗力情形消除后立即向税务机关报告。税务机关应当查明事实,予以核准。

五、违反纳税申报的法律责任

纳税人发生纳税义务,未按照规定的期限办理纳税申报,经税务机关责令限期申报,逾期仍不申报的,税务机关有权核定其应纳税额。

《税收征收管理法》第 62 条规定:"纳税人未按照规定的期限办理纳税申报和报送纳税资料的,或者扣缴义务人未按照规定的期限向税务机关报送代扣代缴、代收代缴税款报告表和有关资料的，由税务机关责令限期改正，可以处二千元以下的罚款；情节严重的，可以处二千元以上一万元以下的罚款。

《税收征收管理法》第63条规定："纳税人伪造、变造、隐匿、擅自销毁账簿、记账凭证，或者在账簿上多列支出或者不列、少列收入，或者经税务机关通知申报而拒不申报或者进行虚假的纳税申报，不缴或者少缴应纳税款的，是偷税。对纳税人偷税的，由税务机关追缴其不缴或者少缴的税款、滞纳金，并处不缴或者少缴的税款百分之五十以上五倍以下的罚款；构成犯罪的，依法追究刑事责任。

扣缴义务人采取前款所列手段，不缴或者少缴已扣、已收税款，由税务机关追缴其不缴或者少缴的税款、滞纳金，并处不缴或者少缴的税款百分之五十以上五倍以下的罚款；构成犯罪的，依法追究刑事责任。"

《税收征收管理法》第64条第1款规定："纳税人、扣缴义务人编造虚假计税依据的，由税务机关责令限期改正，并处五万元以下的罚款。"

《税收征收管理法》第64条第2款规定："纳税人不进行纳税申报，不缴或者少缴应纳税款的，由税务机关追缴其不缴或者少缴的税款、滞纳金，并处不缴或者少缴的税款百分之五十以上五倍以下的罚款。"根据国税函〔2009〕326号的规定，纳税人该种情形不进行纳税申报造成不缴或少缴应纳税款的情形不属于偷税、抗税、骗税的，其追征期按照《税收征收管理法》第52条规定的精神，一般为三年，特殊情况可以延长至五年。

国税发〔2003〕53号规定，纳税人未按规定期限办理纳税申报和报送纳税资料的，按照《税收征收管理法》第62条的有关规定处罚；纳税人经税务机关通知申报而拒不申报或者进行虚假的纳税申报，不缴或者少缴应纳税款的，按偷税处理，并按《税收征收管理法》第63条的有关规定处罚；纳税人不进行纳税申报，不缴或者少缴应纳税款的，按《税收征收管理法》第64条的有关规定处罚。

第二节　增值税纳税申报

一、增值税纳税期限与纳税地点的规定

(一)纳税期限的规定

增值税的纳税期限分别为1日、3日、5日、10日、15日、1个月或者1个季度。纳税人的具体纳税期限，由主管税务机关根据纳税人应纳税额的大小分别核定；不能按照固定期限纳税的，可以按次纳税。

纳税人以1个月或者1个季度为1个纳税期的，自期满之日起15日内申报纳税；以1日、3日、5日、10日或者15日为1个纳税期的，自期满之日起5日内预缴税款，于次月1日起15日内申报纳税并结清上月应纳税款。

扣缴义务人解缴税款的期限，依照上述规定执行。

纳税人进口货物，应当自海关填发海关进口增值税专用缴款书之日起15日内缴纳税款。

纳税人应按月进行纳税申报，申报期为次月1日起至15日止，遇最后一日为法定节假日的，顺延1日；在每月1日至15日内有连续3日以上法定休假日的，按休假日天数顺延。

(二)纳税地点的规定

(1) 固定业户应当向其机构所在地的主管税务机关申报纳税。总机构和分支机构不在同一县(市)的，应当分别向各自所在地的主管税务机关申报纳税；经国务院财政、税务主管部门或者其授权的财政、税务机关批准，可以由总机构汇总向总机构所在地的主管税务机关申报纳税。

(2) 关于固定业户到外县(市)销售货物或者应税劳务的纳税地点问题。《中华人民共和国增值税暂行条例》规定，固定业户到外县(市)销售货物或者劳务应当向其机构所在地的主管税务机关报告外出经营事项，并向其机构所在地的主管税务机关申报纳税；未报告的，应当向销售地或者劳务发生地的主管税务机关申报纳税；未向销售地或者劳务发生地的主管税务机关申报纳税的，由其机构所在地或居住地的主管税务机关补征税款。

但从2017年10月30日起，我国税收征管正式实施创新跨区域涉税事项报验管理制度。一是将"外出经营活动税收管理"更名为"跨区域涉税事项报验管理"；二是纳税人跨区域经营前不再开具相关证明，改为填报《跨区域涉税事项报告表》；三是取消跨区域涉税事项报验管理的固定有效期，改按跨区域经营合同执行期限作为有效期限；四是实行跨区域涉税事项报验管理信息电子化。

(3) 非固定业户销售货物或者应税劳务，应当向销售地或者劳务发生地的主管税务机关申报纳税；未向销售地或者劳务发生地的主管税务机关申报纳税的，由其机构所在地或者居住地的主管税务机关补征税款。

(4) 根据财税〔2016〕36号文件规定，其他个人提供建筑服务，销售或者租赁不动产，转让自然资源使用权，应向建筑服务发生地、不动产所在地、自然资源所在地的主管税务机关申报纳税。

(5) 进口货物，应当向报关地海关申报纳税。

(6) 扣缴义务人应当向其机构所在地或者居住地的主管税务机关申报缴纳其扣缴的税款。

二、一般纳税人增值税纳税申报

(一)纳税申报的资料

纳税人进行纳税申报必须实行电子信息采集。使用防伪税控系统开具增值税专用发票的纳税人必须在抄报税成功后，方可进行纳税申报。

1. 必报资料

《增值税纳税申报表》(适用于增值税一般纳税人)(简称为"主表")(见表3-1)、《增值税纳税申报表附列资料(一)》《增值税纳税申报表附列资料(二)》(见表3-2和表3-3)。主表是增值税一般纳税人申报增值税必须填报的。表3-2是增值税一般纳税人申报增值税时就其销售情况及销项税额进行明细说明，表3-3是增值税一般纳税人申报增值税时就其进项税额进行明细说明。

2. 条件报送

《增值税纳税申报表附列资料(三)》《增值税纳税申报表附列资料(四)》(见表3-4和

表 3-5)和《增值税减免税申报明细表》等。

《增值税纳税申报表附列资料(三)》的报送条件为销售服务、不动产和无形资产,在确定服务、不动产和无形资产销售额时,按照有关规定可以从取得的全部价款和价外费用中扣除价款的一般纳税人。简言之,有差额纳税的纳税人需报送本表。

《增值税纳税申报表附列资料(四)》的报送条件为发生增值税税控系统专用设备费用和技术维护费的纳税人,需要预缴税款的纳税人以及适用加计抵减政策的纳税人填写。一般纳税人发生增值税税控系统专用设备费用和技术维护费的,按规定享受的增值税减征税额也在表中反映。

《增值税减免税申报明细表》的报送条件为享受增值税减免税的纳税人需要填报,包括小规模纳税人。

3. 备查资料

(1) 已开具的增值税专用发票和普通发票存根联。
(2) 符合抵扣条件并且在本期申报抵扣的增值税专用发票抵扣联。
(3) 海关进口货物完税凭证、运输发票、购进农产品普通发票的复印件。
(4) 收购凭证的存根联或报查联。
(5) 代扣代缴税款凭证存根联。
(6) 主管税务机关规定的其他备查资料。

备查资料是否需要在当期报送,由各省级国家税务局确定。

(二)纳税申报资料的管理

1. 对增值税纳税申报必报资料的管理

纳税人在纳税申报期内,应及时将全部必报资料的电子数据报送主管税务机关,并在主管税务机关按照税法规定确定的期限内(具体时间由各省级国家税务局确定),将要求报送的纸质的必报资料(具体份数由省一级国家税务局确定)报送主管税务机关,税务机关签收后,一份退还纳税人,其余留存。

2. 对增值税纳税申报备查资料的管理

纳税人在月度终了后,应将备查资料认真整理并装订成册。

(1) 开具的电脑版增值税专用发票,包括防伪税控系统开具的增值税专用发票的存根联,应按开票顺序号码每 25 份装订一册,不足 25 份的按实际开具份数装订。
(2) 对属于扣税凭证的单证,根据取得的时间顺序,按单证种类每 25 份装订一册,不足 25 份的按实际份数装订。
(3) 装订时,必须使用税务机关统一规定的《征税/扣税单证汇总簿封面》(以下简称《封面》),并按规定填写封面内容,由办税人员和财务人员审核签章。启用《封面》后,纳税人可不再填写原增值税专用发票的封面内容。
(4) 纳税人开具的普通发票及收购凭证在其整本使用完毕的当月,加装《封面》。
(5) 《封面》的内容包括纳税人单位名称、本册单证份数、金额、税额、本月此种单证总册数及本册单证编号、税款所属时间等,具体格式由各省一级国家税务局制定。

一般纳税人增值税纳税申报表填报说明，请扫描二维码。

增值税一般纳税人申报表填写说明.docx

(三)一般纳税人纳税申报实例

【案例3-1】

某企业为增值税一般纳税人，主要从事产品的生产与销售，税务机关核定其增值税纳税期限为1个月。2019年11月有关资料和纳税申报资料的填写如下。

(1) "应交税金——应交增值税"明细账期初借方余额50 000元。

填写2019年11月的《增值税纳税申报表》(一般纳税人适用)，应将该数据直接填入该表第13栏的"上期留抵税额"栏目中。这一数据应该与2019年10月的《增值税纳税申报表》(一般纳税人适用)第20栏"期末留抵税额""一般项目"下的"本月数"一致。

(2) 2019年11月，取得商品销售价税合计565 000元，开具增值税专用发票，销售额500 000元，销项税额65 000元。

该项业务的填写方法如下：该业务属于销售情况，需先填销售情况明细表。金额500 000元、税额65 000元分别填入《增值税纳税申报表附列资料(一)》(见表3-2)的第1栏"13%税率的货物及加工修理修配劳务"和"开具增值税专用发票"下的第1列、第2列。

(3) 2019年11月，提供旅游服务取得价税合计1060 000元，开具了普通发票。与此同时，支付给境外接团企业和其他单位的住宿费、餐饮费、签证费、门票费，取得符合规定的凭证，金额600 000元。

该项业务的填写方法如下：该业务也属于提供服务，需先填销售情况明细表。金额1 000 000元、税额60 000元分别填入《增值税纳税申报表附列资料(一)》(见表3-2)的第5栏"6%税率"和"开具其他发票"项目下第3列、第4列。由于涉及服务扣除项目问题，所以，接下来要填《增值税纳税申报表附列资料(三)》(见表3-4)的第3栏。第3栏第3、4、5列均为60 000元。第3栏的"本期实际扣除金额"数据60 000元要传递到《增值税纳税申报表附列资料(一)》第5栏第12列。该栏第13、14列的数据便能计算得到。

(4) 2019年11月，购进货车一台，取得税控机动车票，金额200 000元，税额26 000元。

该项业务的填写方法如下：该业务属于进项税额，需填进项税额明细表。金额200 000元、税额26 000元分别填入《增值税纳税申报表附列资料(二)》(见表3-3)第2栏的"金额""税额"栏目中。

(5) 2019年11月，接受其他单位提供服务，取得增值税专用发票，金额10 000元，税额600元。

该项业务的填写方法如下：该业务属于进项税额，需填进项税额明细表。金额10 000元、税额600元分别填入《增值税纳税申报表附列资料(二)》(见表3-3)第2栏的"金额""税额"栏目中。

(6) 2019年11月，接受某货物运输企业提供的交通运输服务，取得纳税人自开的增值税专用发票一张，合计金额栏5000元，税率栏9%，税额栏450元。

该项业务的填写方法如下：该业务属于进项税额，需填进项税额明细表。金额5000元、税额 450 元分别填入《增值税纳税申报表附列资料(二)》(见表 3-3)第 2 栏的"金额""税额"栏目中。

(7) 2019 年 11 月，接受个体货物运输企业(小规模纳税人)提供的交通运输服务，取得税务机关代开的增值税专用发票一张，票面税额 300 元。

该项业务的填写方法如下：该业务属于进项税额，需填进项税额明细表。金额 10 000 元、税额 300 元分别填入《增值税纳税申报表附列资料(二)》(见表 3-3)第 2 栏的"金额""税额"栏目中。

(8) 2019 年 11 月，接受其他单位提供的设计服务，开具增值税专用发票有误，上月已抵扣，本月按规定上传《开具红字增值税专用发票信息表》，进项转出 1000 元。

该项业务的填写方法如下：该业务属于进项税额转出，需填进项税额明细表。进项税额转出 1000 元填入《增值税纳税申报表附列资料(二)》(见表 3-3)第 20 栏的"税额"栏目中。

(9) 2019 年 11 月，将 2016 年 4 月 30 日前取得的不动产出租给其他个人，取得租金收入 210 000 元，开具增值税普通发票。

按照《纳税人提供不动产经营租赁服务增值税征收管理暂行办法》(国家税务总局公告 2016 年第 16 号)规定，一般纳税人出租其 2016 年 4 月 30 日前取得的不动产，可以选择适用简易计税方法，按照 5% 的征收率计算应纳税额。

该项业务的填写方法如下：该业务属于销售情况，需先填销售情况明细表。金额 200 000 元、税额 10 000 元分别填入《增值税纳税申报表附列资料(一)》(见表 3-2)的第 9b 栏"5%征收率的服务、不动产和无形资产"和"开具其他发票"项目下第 3 列、第 4 列。其他列数可计算得出。

(10) 2019 年 11 月，企业支付税务机关认可的防伪税控开票系统维护费 360 元，已在税务局备案。

《财政部、国家税务总局关于增值税税控系统专用设备和技术维护费用抵减增值税税额有关政策的通知》(财税〔2012〕15 号)规定，自 2011 年 12 月 1 日起，增值税纳税人初次购买增值税税控系统专用设备支付的费用以及每年缴纳的技术维护费可在增值税应纳税额中全额抵减。

该项业务的填写方法如下：360 元的维护费属于税额抵减，需填写《增值税纳税申报表附列资料(四)》(见表 3-5)第 1 栏的相关栏目。鉴于 360 元<主表第 19 栏"应纳税额"14 687.74 元，所以，本表第 1 栏第 4 列"本期实际抵减税额"为 360 元，且这个数据要传递到主表第 23 栏"本月数"栏目。

根据《增值税会计处理规定》(财会〔2016〕22 号)的规定，企业初次购买增值税税控系统专用设备支付的费用以及缴纳的技术维护费允许在增值税应纳税额中全额抵减的，按规定抵减的增值税应纳税额，借记"应交税费——应交增值税(减免税款)"科目(小规模纳税人应借记"应交税费——应交增值税"科目)，贷记"管理费用"等科目。所以，上述技术维护费用 360 元还需填写《增值税减免税申报明细表》(见表 3-6)。

上述所有附列资料填写完毕，将相关数据传递到《增值税纳税申报表》(一般纳税人适用)，结果如表 3-1 所示。

表 3-1 增值税纳税申报表(一般纳税人适用)

根据国家税收法律法规及增值税相关规定制定本表。纳税人不论有无销售额,纳税人均应按税务机关核定的纳税期限填写本表,并向当地税务机关申报。

税款所属时间:自 2019 年 11 月 1 日至 2019 年 11 月 30 日

填表日期:2019 年 12 月 12 日

金额单位:元至角分

纳税人识别号				法定代表人姓名		注册地址		所属行业		生产经营地址		电话号码	
纳税人名称		(公章)						登记注册类型					
开户银行及账号													

	项目	栏次	一般项目		即征即退项目	
			本月数	本年累计	本月数	本年累计
销售额	(一)按适用税率计税销售额	1	500 000			
	其中:应税货物销售额	2	433 962.26			
	应税劳务销售额	3				
	纳税检查调整的销售额	4	10 000			
	(二)按简易办法计税销售额	5				
	其中:纳税检查调整的销售额	6				
	(三)免、抵、退办法出口销售额	7			—	—
	(四)免税销售额	8			—	—
	其中:免税货物销售额	9			—	—
	免税劳务销售额	10			—	—
税款计算	销项税额	11	91 037.74			
	进项税额	12	27 350			
	上期留抵税额	13	50 000			
	进项税额转出	14	1 000		—	—
	免、抵、退应退税额	15			—	—
	按适用税率计算的纳税检查应补缴税额	16			—	—
	应抵扣税额合计	17=12+13-14-15+16	76 350		—	—
	实际抵扣税额	18(如17<11,则为17,否则为11)	76 350		—	—
	应纳税额	19=11-18	14 687.74			
	期末留抵税额	20=17-18	0		—	—

第三章 纳税申报

续表

税款计算	简易计税办法计算的应纳税额	21		—
	按简易计税办法计算的纳税检查应补缴税额	22	10 000	—
	应纳税额减征额	23	360	—
	应纳税额合计	24=19+21-23	24327.74	—
税款缴纳	期初未缴税额(多缴为负数)	25		
	实收出口开具专用缴款书退税额	26		—
	本期已缴税额	27=28+29+30+31		—
	①分次预缴税额	28		—
	②出口开具专用缴款书预缴税额	29		—
	③本期缴纳上期应纳税额	30		—
	④本期缴纳欠缴税额	31		—
	期末未缴税额(多缴为负数)	32=24+25+26-27	24 327.74	—
	其中：欠缴税额(≥0)	33=25-26-27		—
	本期应补(退)税额	34=24-28-29	24 327.74	—
	即征即退实际退税额	35		—
	期初未缴查补税额	36		—
	本期入库查补税额	37		—
	期末未缴查补税额	38=16+22+36-37		—

授权声明：如果你已委托代理人申报，请填写下列资料：
为代理一切税务事宜，现授权_____为本纳税人的代理申报人，任何与本申报表有关的往来文件，都可寄予此人。
授权人签字：
(地址)

申报人声明：本纳税申报表是根据国家税收法律法规及相关规定填报的，我确定它是真实的、可靠的、完整的。
声明人签字：

主管税务机关： 接收人： 接收日期：

表 3-2　增值税纳税申报表附列资料(一)(本期销售情况明细)

税款所属时间：　　年　月　日至　　年　月　日

纳税人名称：(公章)　　　　　　　　　　　　　　　　　　　　　　　　　金额单位：元至角分

项目及栏次				开具增值税专用发票		开具其他发票		未开具发票		纳税检查调整		合计			服务、不动产和无形资产扣除项目本期实际扣除金额	扣除后	
				销售额	销项(应纳)税额	销售额	销项(应纳)税额	销售额	销项(应纳)税额	销售额	销项(应纳)税额	销售额	销项(应纳)税额	价税合计		含税(免税)销售额	销项(应纳)税额
				1	2	3	4	5	6	7	8	9=1+3+5+7	10=2+4+6+8	11=9+10	12	13=11-12	14=13÷(100%+税率或征收率)×税率或征收率
一、一般计税方法计税	全部征税项目	13%税率的货物及加工修理修配劳务	1	500 000	65 000							500000	65 000				
		13%税率的服务、不动产和无形资产	2														
		9%税率的货物及加工修理修配劳务	3														
		9%税率的服务、不动产和无形资产	4														
		6%税率	5			1 000 000	60 000					1 000 000	60 000	1 060 000	600 000	460 000	26 037.74
	其中:即征即退项目	即征即退货物及加工修理修配劳务	6											—	—	—	—
		即征即退服务、不动产和无形资产	7											—	—	—	—
二、简易计税方法计税	全部征税项目	6%征收率	8											—	—	—	—
		5%征收率的货物及加工修理修配劳务	9a											—	—	—	—

第三章 纳税申报

续表

二、简易计税方法计税	全部征税项目	5%征收率的服务、不动产和无形资产	9b	—	—	—	—	200 000	210 000	10 000
		4%征收率	10	—	—	—	—	10 000	—	—
		3%征收率的货物及加工修理修配劳务	11	—	—	—	—	—	—	—
		3%征收率的服务、不动产和无形资产	12	—	—	—	10 000	—	—	—
		预征率 %	13a	—	—	—	—	—	—	—
		预征率 %	13b	—	—	—	—	—	—	—
		预征率 %	13c	—	—	—	—	—	—	—
	其中:即征即退项目	即征即退货物及加工修理修配劳务	14	—	—	—	—	200 000	210 000	—
		即征即退服务、不动产和无形资产	15	—	—	—	—	—	—	—
三、免抵退税		货物及加工修理修配劳务	16	—	—	—	—	—	—	—
		服务、不动产和无形资产	17	—	—	—	—	—	—	—
四、免税		货物及加工修理修配劳务	18	—	—	—	—	—	—	—
		服务、不动产和无形资产	19	—	—	—	—	—	—	—

表3-3 增值税纳税申报表附列资料(二)(本期进项税额明细)

税款所属时间： 年 月 日至 年 月 日

纳税人名称：(公章)　　　　　　　　　　　　　　　　　　金额单位：元至角分

一、申报抵扣的进项税额				
项目	栏次	份数	金额	税额
(一)认证相符的增值税专用发票	1=2+3	4	225 000	27 350
其中：本期认证相符且本期申报抵扣	2	4	225 000	27 350
前期认证相符且本期申报抵扣	3			
(二)其他扣税凭证	4=5+6+7+8a+8b			
其中：海关进口增值税专用缴款书	5			
农产品收购发票或者销售发票	6			
代扣代缴税收缴款凭证	7			
加计扣除农产品进项税额	8a	—	—	
其他	8b			
(三)本期用于购建不动产的扣税凭证	9			
(四)本期用于抵扣的旅客运输服务扣税凭证	10			
(五)外贸企业进项税额抵扣证明	11	—	—	
当期申报抵扣进项税额合计	12=1+4+11	4	225 000	27 350

二、进项税额转出额		
项目	栏次	税额
本期进项税额转出额	13=14至23之和	1000
其中：免税项目用	14	
集体福利、个人消费	15	
非正常损失	16	
简易计税方法征税项目用	17	
免抵退税办法不得抵扣的进项税额	18	
纳税检查调减进项税额	19	
红字专用发票信息表注明的进项税额	20	1000
上期留抵税额抵减欠税	21	
上期留抵税额退税	22	
其他应作进项税额转出的情形	23	

三、待抵扣进项税额				
项目	栏次	份数	金额	税额
(一)认证相符的增值税专用发票	24	—	—	—
期初已认证相符但未申报抵扣	25			
本期认证相符且本期未申报抵扣	26			
期末已认证相符但未申报抵扣	27			
其中：按照税法规定不允许抵扣	28			
(二)其他扣税凭证	29=30至33之和			
其中：海关进口增值税专用缴款书	30			
农产品收购发票或者销售发票	31			
代扣代缴税收缴款凭证	32	—	—	
其他	33			
	34			

四、其他				
项目	栏次	份数	金额	税额
本期认证相符的增值税专用发票	35	4	225 000	27 350
代扣代缴税额	36	—	—	

表 3-4 增值税纳税申报表附列资料(三)

(服务、不动产和无形资产扣除项目明细)

税款所属时间：　　年　月　日至　　年　月　日

纳税人名称：(公章)　　　　　　　　　　　　　　　　　　　　　　　　　　　　　金额单位：元至角分

项目及栏次		本期服务、不动产和无形资产价税合计额(免税销售额)	服务、不动产和无形资产扣除项目				
			期初余额	本期发生额	本期应扣除金额	本期实际扣除金额	期末余额
		1	2	3	4=2+3	5(5≤1 且 5≤4)	6=4-5
13%税率的项目	1						
9%税率的项目	2						
6%税率的项目(不含金融商品转让)	3	1 060 000	0	600 000	600 000	600 000	0
6%税率的金融商品转让项目	4						
5%征收率的项目	5						
3%征收率的项目	6						
免抵退税的项目	7						
免税的项目	8						

表 3-5 增值税纳税申报表附列资料(四)

税款所属时间：　　年　月　日至　　年　月　日

纳税人名称：(公章)　　　　　　　　　　　　　　　　　　　　　　　　　　　　　金额单位：元至角分

一、税额抵减情况						
序号	抵减项目	期初余额	本期发生额	本期应抵减税额	本期实际抵减税额	期末余额
		1	2	3=1+2	4≤3	5=3-4
1	增值税税控系统专用设备费及技术维护费	0	360	360	360	0
2	分支机构预征缴纳税款					
3	建筑服务预征缴纳税款					
4	销售不动产预征缴纳税款					
5	出租不动产预征缴纳税款					

二、加计抵减情况						
序号	加计抵减项目	期初余额	本期发生额	本期调减额	本期可抵减额	本期实际抵减额	期末余额
		1	2	3	4=1+2-3	5	6=4-5
6	一般项目加计抵减额计算						
7	即征即退项目加计抵减额计算						
8	合计						

表 3-6 增值税减免税申报明细表

税款所属时间：　　年　月　日至　　年　月　日

纳税人名称：(公章)　　　　　　　　　　　　　　　　　　　　　　　　　　　　　金额单位：元至角分

一、减税项目						
减税性质代码及名称	栏次	期初余额	本期发生额	本期应抵减税额	本期实际抵减税额	期末余额
		1	2	3=1+2	4≤3	5=3-4
合计	1	0	360	360	360	0
抵减增值税	2	0	360	360	360	0
	3					
	4					
	5					
	6					

续表

免税性质代码及名称	栏次	二、免税项目				
		免征增值税项目销售额	免税销售额扣除项目本期实际扣除金额	扣除后免税销售额	免税销售额对应的进项税额	免税额
		1	2	3=1-2	4	5
合 计	7					
出口免税	8		—	—	—	—
其中：跨境服务	9		—	—	—	—
	10					
	11					
	12					
	13					
	14					
	15					
	16					

三、小规模纳税人增值税纳税申报

(一)增值税纳税申报表(适用于小规模纳税人)构成

增值税纳税申报表(适用于小规模纳税人)主要由主表和附列资料两张表构成，其格式如表 3-7 和表 3-8 所示。如果小规模纳税人享受增值税减免的，还应报送《增值税减免税申报明细表》(见表 3-6)。

小规模纳税人增值税纳税申报表的填报说明，请扫描二维码。

增值税纳税申报表(适用于小规模纳税人)主表填写说明.docx

(二)小规模纳税人增值税纳税申报实例

【案例 3-2】

某小规模纳税人 2019 年第一季度发生以下经济业务。

(1) 在国内直接销售应征增值税的货物及劳务，开具普通发票金额 203 000 元，款项已经收讫，其中 100 000 元为避孕药品和用具。

(2) 销售应征增值税的货物及劳务，由税务机关代开增值税专用发票，不含税金额 40 000 元(增值税税款已入库)，款项已经收讫。

(3) 自营出口免税货物一批，出口货物离岸价为人民币 10 000 元，普通发票已经开具，款项已经收讫。

(4) 销售应征增值税的货物及劳务，由于对方未索要发票，未开具任何发票，共计收款金额为 5150 元。

(5) 提供劳务派遣服务，取得销售含税收入 92 万元，代用工单位支付给劳务派遣员工的工资、福利和为其办理社会保险及住房公积金共计 50 万元。企业采用差额计税方法，由税务机关代开增值税专用发票不含税销售额 40 万元，税额 2 万元，其余 50 万元企业开具了税额为"0"的普通发票。

要求：假设该企业所开具的普通发票均通过税控器具开具。请根据以上信息，作出与增值税有关的会计分录,并填写《增值税纳税申报表》(适用于小规模纳税人)。

解析:

① 对于业务(1),应做如下会计分录:

借:银行存款　　　　　　　　　203 000
　　贷:主营业务收入　　　　　　　　　200 000
　　　　应交税金——应交增值税　　　　3 000

避孕药品和用具为免征增值税,应将100 000元填入表3-7第12栏"本期数"下的"货物及劳务"列,第9栏"本期数"等于第12栏"本期数"。另外的100 000元填入表3-7第3栏"本期数"下的"货物及劳务"列。

② 对于业务(2),应做如下会计分录:

借:银行存款　　　　　　　　　41 200
　　贷:主营业务收入　　　　　　　　　40 000
　　　　应交税金——应交增值税　　　　1 200

借:应交税金——应交增值税　　1 200
　　贷:银行存款　　　　　　　　　　　1 200

将40 000元填入表3-7第2栏"本期数"下的"货物及劳务"列。

③ 对于业务(3),应做如下会计分录:

借:银行存款　　　　　　　　　10 000
　　贷:主营业务收入　　　　　　　　　10 000

将10 000元填入表3-7第14栏"本期数"下的"货物及劳务"列,第13栏"本期数"等于第14栏"本期数"。

④ 对于业务(4),应做如下会计分录:

借:现金　　　　　　　　　　　5 150
　　贷:主营业务收入　　　　　　　　　5 000
　　　　应交税金——应交增值税　　　　150

将5 000元填入表3-7第3栏"本期数"下的"货物及劳务"列。

⑤ 对于业务(5),应做如下会计分录:

借:银行存款　　　　　　　　　920 000
　　贷:其他业务收入　　　　　　　　　400 000
　　　　应交增值税　　　　　　　　　　20 000
　　　　应付职工薪酬——应付工资等　　500 000

鉴于企业采用差额计税方法,所以,需要先填写《增值税纳税申报表(小规模纳税人适用)附列资料》(见表3-8),然后再填写主表。将400 000元填入主表第4栏"应征增值税不含税销售额(5%征收率)""本期数"下的"服务、不动产和无形资产"列。

⑥ 主表第15栏"本期数"下的"货物及劳务"列=第1栏同列数据×征收率=145 000×3%=4 350(元)

⑦ 本期应纳税额无减征额,因此第16栏填0。

⑧ 其他栏目按照规定计算即可。

填写完成的结果如表3-7和表3-8所示。

表 3-7　增值税纳税申报表(小规模纳税人适用)

纳税人识别号：□□□□□□□□□□□□□□□□□□□
纳税人名称(公章)：　　　　　　　　　　　　　　　金额单位：元至角分
税款所属期：2019 年 1 月 1 日至 2019 年 3 月 31 日　　填表日期：2019 年 4 月 10 日

	项　目	栏次	本期数		本年累计	
			货物及劳务	服务、不动产和无形资产	货物及劳务	服务、不动产和无形资产
一、计税依据	(一)应征增值税不含税销售额(3%征收率)	1	145 000		145 000	
	税务机关代开的增值税专用发票不含税销售额	2	40 000		40 000	
	税控器具开具的普通发票不含税销售额	3	105 000		105 000	
	(二)应征增值税不含税销售额(5%征收率)	4		400 000		400 000
	税务机关代开的增值税专用发票不含税销售额	5		400 000		
	税控器具开具的普通发票不含税销售额	6		500 000		500 000
	(三)销售使用过的固定资产不含税销售额	7(7≥8)	—	—	—	—
	其中:税控器具开具的普通发票不含税销售额	8				
	(四)免税销售额	9=10+11+12	100 000		100 000	
	其中：小微企业免税销售额	10				
	未达起征点销售额	11				
	其他免税销售额	12	100 000		100 000	
	(五)出口免税销售额	13(13≥14)	10 000		10 000	
	其中：税控器具开具的普通发票销售额	14	10 000		10 000	
二、税款计算	本期应纳税额	15	4 350	20 000		20 000
	本期应纳税额减征额	16	0	0		0
	本期免税额	17	3 300	0		0
	其中：小微企业免税额	18				
	未达起征点免税额	19				
	应纳税额合计	20=15-16	4 350	20 000		20 000
	本期预缴税额	21	1 200	0	—	—
	本期应补(退)税额	22=20-21	3 150	20 000	—	—

纳税人或代理人声明	如纳税人填报，由纳税人填写以下各栏		
本纳税申报表是根据国家税收法律法规及相关规定填报的，我确定它是真实的、可靠的、完整的	办税人员：	财务负责人：	
	法定代表人：	联系电话：	
	如委托代理人填报，由代理人填写以下各栏：		
	代理人名称(公章)：	经办人：	
		联系电话：	

主管税务机关：　　　　　　接收人：　　　　　　接收日期：

表 3-8　增值税纳税申报表(小规模纳税人适用)附列资料

税款所属期：2019 年 1 月 1 日至 2019 年 3 月 31 日　　　　　　　　填表日期：2019 年 4 月 10 日
纳税人名称(公章)：　　　　　　　　　　　　　　　　　　　　　　　　　　　　　金额单位：元至角分

应税行为(3%征收率)扣除额计算			
期初余额	本期发生额	本期扣除额	期末余额
1	2	3(3≤1+2 之和，且 3≤5)	4=1+2-3
应税行为(3%征收率)计税销售额计算			
全部含税收入(适用 3%征收率)	本期扣除额	含税销售额	不含税销售额
5	6=3	7=5-6	8=7÷1.03
应税行为(5%征收率)扣除额计算			
期初余额	本期发生额	本期扣除额	期末余额
9	10	11(11≤9+10 之和，且 11≤13)	12=9+10-11
应税行为(5%征收率)计税销售额计算			
全部含税收入(适用 5%征收率)	本期扣除额	含税销售额	不含税销售额
13	14=11	15=13-14	16=15÷1.05
920 000	500 000	420 000	400 000

(三)小规模纳税人增值税纳税申报补充案例

小规模纳税人增值税纳税申报的补充案例(一)，请扫描二维码。
小规模纳税人增值税纳税申报的补充案例(二)，请扫描二维码。

小规模纳税人增值税
纳税申报案例一（二维
码）材料.pdf

小规模纳税人增值税
纳税申报案例二（二维
码）材料.pdf

第三节　企业所得税纳税申报

一、企业所得税纳税申报的种类

根据《企业所得税法实施条例》的规定，企业在纳税年度内无论盈利或者亏损，都应当依照规定的期限,向税务机关报送预缴企业所得税纳税申报表、年度企业所得税纳税申报表、财务会计报告和税务机关规定应当报送的其他有关资料。据此,就企业所得税纳税申报而言,主要分为以下两种[①]。

(一)预缴纳税申报

企业所得税分月或者分季预缴。企业应当自月份或者季度终了之日起15日内,向税务机关报送预缴企业所得税纳税申报表,预缴税款。企业所得税分月或者分季预缴,由税务机关具体核定。实行查账征收方式申报企业所得税的居民纳税人及在中国境内设立机构的非居民纳税人在月(季)度预缴企业所得税时使用《企业所得税月(季)度预缴纳税申报表(A类)》;按照核定征收管理办法(包括核定应税所得率和核定税额征收方式)缴纳企业所得税的纳税人在月(季)度申报缴纳企业所得税时使用《企业所得税月(季)度预缴纳税申报表(B类)》。

(二)年度纳税申报

企业所得税按纳税年度计算。纳税年度自公历1月1日起至12月31日止。企业在一个纳税年度中间开业,或者终止经营活动,使该纳税年度的实际经营期不足12个月的,应当以其实际经营期为一个纳税年度。企业依法清算时,应当以清算期间作为一个纳税年度。企业应当自年度终了之日起5个月内,向税务机关报送年度企业所得税纳税申报表,并汇算清缴,结清应缴应退税款。实行查账征收的居民纳税人(以下简称纳税人)在年度申报企业所得税时填报《企业所得税年度纳税申报表(A类)》;按照核定征收管理办法缴纳企业所得税的纳税人在年度申报缴纳企业所得税时仍然使用《企业所得税月(季)度预缴和年度纳税申报表(B类)》。

鉴于税法规定,分月或者分季预缴企业所得税时,应当按照月度或者季度的实际利润额预缴;按照月度或者季度的实际利润额预缴有困难的,可以按照上一纳税年度应纳税所得额的月度或者季度平均额预缴,或者按照经税务机关认可的其他方法预缴。预缴方法一经确定,该纳税年度内不得随意变更。由此不难看出,企业所得税预缴纳税申报较少涉及纳税调整的问题,因而相对比较简单。相比而言,企业所得税年度纳税申报由于涉及大量纳税调整,显得难度较大。所以,本节内容主要讲授《企业所得税年度纳税申报表(A类)》的填写,其他的申报表在此不作介绍。

关于《企业所得税年度纳税申报表(A类)》的填报说明,请扫描二维码。

中华人民共和国企业所得税年度纳税申报表(A类,2017年版 2018、2019年修订).xlsx

二、《企业所得税年度纳税申报表(A类)》的填写实例

【案例3-3】

某股份有限公司为非从事股权投资的企业,其纳税人识别号(略)。该公司采用《企业会

[①] 本处没有包括扣缴义务人按照《中华人民共和国企业所得税法》及其实施条例的规定,对某些所得按次或按期扣缴所得税款时应填报的《中华人民共和国企业所得税扣缴报告表》。

计准则》进行核算，全年会计利润(见表3-9)等有关情况如下。

表3-9 利润表

纳税人识别号：略　　　　　　　　纳税人名称：某股份有限公司
申报日期：2019年2月14日　　　所属时期：2018年1月1日至2018年12月31日

项　目	行次	本年累计金额
一、营业收入	1	10 000 000.00
减：营业成本	2	1 500 000.00
税金及附加	3	500 000.00
销售费用	4	1 000 000.00
管理费用	5	6 000 000.00
财务费用	6	3 000 000.00
资产减值损失	7	50 000.00
加：公允价值变动收益(损失以"－"号填列)	8	300 000.00
投资收益(损失以"－"号填列)	9	1 300 000.00
其中：对联营企业和合营企业的投资收益	10	0.00
二、营业利润(亏损以"－"号填列)	11	－450 000.00
加：营业外收入	12	5 400 000.00
减：营业外支出	13	500 000.00
其中：非流动资产处置损失	14	0.00
三、利润总额(亏损总额以"－"号填列)	15	4 450 000.00
减：所得税费用	16	略
四、净利润(净亏损以"－"号填列)	17	略
五、每股收益	18	略
(一)基本每股收益	19	略
(二)稀释每股收益	20	略

已知该公司2018年度有以下业务在会计和税法上存在差异，请根据所给定的资料为该公司填写2018年度的企业所得税纳税申报表。

(1)该公司2018年1月1日取得C公司30%的股权，实际支付价款3 580万元。假设投资时被投资单位账面所有者权益(等于净资产)为12 000万元。假设C公司的董事会中，所有股东均以其持股比例行使表决权。该公司在取得C公司的股权后，派人参与了C公司的生产经营决策，属于能够对C公司的生产经营决策施加重大影响，该公司对该投资应按照权益法核算。其账务处理如下。

借：长期股权投资——投资成本　　　36 000 000
　　贷：银行存款　　　　　　　　　　　　　35 800 000
　　　　营业外收入——其他　　　　　　　　　200 000

(2)C公司2018年全年税后利润为100万元，已作出不进行利润分配的决定。

(3)该公司2018年3月5日，支付银行存款1 000万元购买了B公司(居民企业)10%的股份，并准备长期持有。B公司在2018年7月19日，对2017年度的利润作出分配的决定。该公司已于2018年7月25日收到了20万元的现金股利。其账务处理如下。

借：应收股利　　　　　　　　　　　　200 000
　　贷：投资收益　　　　　　　　　　　　　　200 000

借：银行存款　　　　　　　　　　　　　　　　200 000
　　贷：应收股利　　　　　　　　　　　　　　　　200 000

(4) 该公司全体员工全年的工资薪金总额为2 000万元，税法全部视为合理，全年实际发生的职工福利费200万元，全年对本公司工会经费拨款30万元(已取得合法的凭证)，全年发生的职工教育经费支出为40万元。此外，已知该公司上年度全方位对员工进行大规模培训，有22万元的职工教育经费尚未在2017年企业所得税汇算清缴时税前扣除。

(5) 该公司在2018年6月3日，将自产的一批产品通过中国红十字总会捐赠给某贫困地区，经分析，该批货物的成本为10万元，不含增值税的市价为18万元，当时的增值税税率为16%。企业已按会计相关规定在"营业外支出"科目中核算。其账务处理如下。

借：营业外支出　　　　　　　　　　　　　　　128 800
　　贷：库存商品　　　　　　　　　　　　　　　　100 000
　　　　应交税费——增值税(销项税额)　　　　　28 800

(6) 该公司2018年1月1日向非金融企业借款2 000万元用于生产经营，借款期限为2年，年利率为15%，已在"财务费用"科目中列支。已知金融企业同期同类贷款利率为10%。

(7) 当年对某项存货提取了5万元的存货跌价准备。

(8) 该公司2018年经科委立项的新产品、新工艺开发项目，2018年10月12日正式确认开始资本化。此前费用化400万元已在当年的"管理费用"科目中列支，资本化金额为600万元，在12月31日已经达到预定可使用状态(假设2019年1月开始摊销)。

(9) 企业全年的广告费、业务宣传费共计20万元，均通过"销售费用"科目核算。没有以前年度需要结转抵扣的此类费用。

(10) 企业发生的业务招待费50万元，已在"管理费用"科目中列支。

(11) 全年的非广告性赞助支出为1万元，已在"营业外支出"科目中列支。

(12) 2年前投资一家未上市的中小高新技术企业，投资额为10万元。该中小高新技术企业的盈亏，在该公司均不确认投资收益或损失。

(13) 2018年度按税法规定的资源综合利用所取得的收入为100万元。

(14) 2018年度购买环境保护专用设备100万元(不含增值税)，符合税法规定，可以享受投资额的10%抵免规定。

(15) 2018年10月接受某企业捐赠一批产品，含税的公允价值为2.32万元，取得增值税专用发票并论证通过，当时的增值税税率为16%。

(16) 2018年转让D公司的股权，转让净收入300万元。该长期股权投资账面价值200万元，计税基础220万元。

(17) 假设该企业另有一项自行开发的无形资产在2018年7月开始投入使用，账面原价为100万元，会计和税法均按10年摊销。除此之外，资产折旧、摊销会计与税法不存在差异，故其他数据省略。

(18) 该企业2018年1月1日从深圳证券交易所购入股票，购入价为200万元，到2018年12月31日，股票市值为230万元，准备随时出售。

(19) 假设该企业2013、2014、2015、2016、2017年度所得额分别是-10万、-20万、-30万、30万、20万元。

(20) 假设该企业2018年度累计实际已预缴的所得税金额为10万元。在外地未设任何分支机构。

其他有关说明如下。

(1) 营业外收入、营业外支出的明细项目的构成如下：除上述明确了具体来源需填入规定行外，其余均视为营业外收入、营业外支出项目下的"其他"行的发生额。

(2) 营业收入中的1 000万元，来自货物、材料的销售收入分别为900万元、100万元。营业成本中的150万元，系由主营业务成本(销售货物成本)100万元和其他业务成本(材料销售成本)50万元构成。

解析：

第一步，先将利润表中的数据填入"A101010 一般企业收入明细表"（见表3-11）、"A102010 一般企业成本支出明细表"（见表3-12）、"A104000 期间费用明细表"（见表3-13）[①]及"A100000 中华人民共和国企业所得税年度纳税申报表(A类)"（见表3-10）的有关栏目内。

第二步，根据会计与税法存在差异的业务进行分析，并填写相关表格。

业务(1)，实际支付价款3 580万元与"长期股权投资——投资成本"3 600万元之差额，应作为"按权益法核算长期股权投资对初始投资成本调整确认收益"，在"A105000 纳税调整项目明细表"（见表3-14）第5行第4列调减。理由是税法认为此笔收益尚未实现，暂不征收企业所得税。

业务(2)，由于该公司持有C公司的股权，实行权益法核算，会计上在期末按股权比例确认投资收益30万元(已在利润表中得到反映)。根据税法规定，被投资方作出利润分配决定时投资方才需要确认投资所得的实现。根据题意，该公司不需要确认投资所得的实现。因此，需要填写在"A105030 投资收益纳税调整明细表"（见表3-16）这张二级附表的"持有收益"列下。"长期股权投资"栏目的账载金额填30万元，税收金额填0万元。纳税调整金额为-30万元。

业务(3)，会计上已经确认为投资收益，税法规定，被投资方作出利润分配决定时投资方需要确认投资所得的实现。初看起来二者似乎没有差异，但税法同时也规定，符合条件的居民企业之间的股息、红利等权益性投资收益，属于免税收入。因此，在"A107011 符合条件的居民企业之间的股息、红利等权益性投资收益优惠明细表"（见表3-23）第1行填入相关信息即可。

业务(4)，工资薪金总额为2 000万元不需进行纳税调整。职工福利费200万元在"应付职工薪酬(福利费)"账户列支，也未超标，故不需要进行纳税调整。职工教育经费支出为40万元，税法规定的扣除限额为160万元，但2017年度尚有22万元的职工教育经费未在2017年企业所得税汇算清缴时税前扣除，2018年度可以补扣22万元。以上项目需在"A105050 职工薪酬支出及纳税调整明细表"（见表3-18）中填入。

业务(5)，涉及两个方面的纳税调整。一方面用自产货物对外捐赠，企业所得税要视同销售；另一方面，该笔业务属于公益性捐赠，按税法规定，不得超过年度利润总额的12%，超过部分要纳税调整。

就企业所得税视同销售而言，将不含增值税的市价18万元填入"A105010 视同销售和

[①] 由于本例中所给资料不尽详细，为了方便填表，对明确的项目进行填写，对数据缺失的项目不进行填写，用"其他"进行平衡。

房地产开发企业特定业务纳税调整明细表"(见表3-15)第7行"用于对外捐赠视同销售收入",将该批货物的成本10万元填入该表第17行。

就公益性捐赠而言,税法允许扣除的公益性捐赠限额534 000元(4 450 000×12%),实际公益性捐赠扣除额为128 800元,不需要进行纳税调整,见表3-19。

业务(6),将财务费用中的300万元(2 000万元×15%)填入"A105000纳税调整项目明细表"(见表3-14)第18行第1列,将200万元(2 000万元×10%)填入第18行第2列,第1列减去第2列的差额(100万元)填入本行第3列。

业务(7),当年对某项存货提取了5万元的存货跌价准备,税法规定,未经批准的准备金不得税前扣除。因此,需将5万元填入"A105000纳税调整项目明细表"(见表3-14)第33行。

业务(8),按照税法规定,新产品、新工艺的研究费用,可以加计75%扣除。这笔业务需要先填入"A107012研发费用加计扣除优惠明细表"(见表3-24)中,然后该表的相关数据传递到"A107010免税、减计收入及加计扣除优惠明细表"(见表3-22)中。

业务(9),按照税法规定,广告费、业务宣传费不得超过销售(营业)收入的15%。企业全年的广告费、业务宣传费共计20万元填入"A105060广告费和业务宣传费跨年度纳税调整明细表"(见表3-18)第1行。经该表内数据计算,本年广告费和业务宣传费支出纳税调整额为0。

业务(10),将企业发生的业务招待费50万元填入"A105000纳税调整项目明细表"(见表3-14)第15行第1列,计算第2列为:比较50万元的60%(即30万元)与销售(营业)收入的5‰(1 018万元×5‰=5.09万元),取较小数填入该行第2列,并计算出第3列为449 100元。

业务(11),全年的非广告性赞助支出为1万元不得在税前扣除,分别填入"A105000纳税调整项目明细表"(见表3-14)第21行第1列和第3列。

业务(12),2年前投资一家未上市的中小高新技术企业,投资额为10万元。按照税法规定,按投资额的70%抵扣应纳税所得额,故将10万元填入"A107030抵扣应纳税所得额明细表"(见表3-25)第1行第2列,便可计算出"本年实际抵扣应纳税所得额",然后传递到主表中。

业务(13),本年度按税法规定的资源综合利用所取得的收入为100万元,税法规定减按90%计入应纳税所得额,故将10万元填入"A107010免税、减计收入及加计扣除优惠明细表"(见表3-22)第18行。

业务(14),环境保护专用设备100万元(不含增值税),符合税法规定,可以享受投资额的10%抵免规定,故将10万元填入"A107050税额抵免优惠明细表"(见表3-26)第6行。

业务(15),接受某企业捐赠一批产品,含税的公允价值为2.32万元,取得增值税专用发票并论证通过。税法规定,接受捐赠收入应征收企业所得税,但按照《企业会计准则》的规定,已经作为营业外收入,故不需要进行纳税调整。

业务(16),转让D公司的股权,转让净收入300万元。该长期股权投资账面价值200万元,计税基础220万元。相关信息需填入"A105030投资收益纳税调整明细表"(见表3-16)中的"处置收益"列下。

业务(17),相关数据填入"A105080资产折旧、摊销及纳税调整明细表"(见表3-20)的相关栏目,并将相关数据传递到"A105000纳税调整项目明细表"(见表3-14)第32行。

第三章 纳税申报

业务(18),公允价值变动损益30万元暂时不需要缴纳企业所得税,直接填入"A105000纳税调整项目明细表"(见表3-14)第7行。

业务(19),按填写说明填入"A106000企业所得税弥补亏损明细表"(见表3-21)的相关栏目。

业务(20),本年度累计实际已预缴的所得税额为10万元填入主表第32行。

表3-10　A100000 中华人民共和国企业所得税年度纳税申报表(A类)

行次	类别	项目	金额
1	利润总额计算	一、营业收入(填写A101010\101020\103000)	10 000 000.00
2		减:营业成本(填写A102010\102020\103000)	1 500 000.00
3		减:税金及附加	500 000.00
4		减:销售费用(填写A104000)	1 000 000.00
5		减:管理费用(填写A104000)	6 000 000.00
6		减:财务费用(填写A104000)	3 000 000.00
7		减:资产减值损失	50 000.00
8		加:公允价值变动收益	300 000.00
9		加:投资收益	1 300 000.00
10		二、营业利润(1-2-3-4-5-6-7+8+9)	-450 000.00
11		加:营业外收入(填写A101010\101020\103000)	5 400 000.00
12		减:营业外支出(填写A102010\102020\103000)	500 000.00
13		三、利润总额(10+11-12)	4 450 000.00
14	应纳税所得额计算	减:境外所得(填写A108010)	0.00
15		加:纳税调整增加额(填写A105000)	1 689 100.00
16		减:纳税调整减少额(填写A105000)	1 357 500.00
17		减:免税、减计收入及加计扣除(填写A107010)	3 300 000.00
18		加:境外应税所得抵减境内亏损(填写A108000)	0.00
19		四、纳税调整后所得(13-14+15-16-17+18)	1 481 600.00
20		减:所得减免(填写A107020)	0.00
21		减:弥补以前年度亏损(填写A106000)	100 000.00
22		减:抵扣应纳税所得额(填写A107030)	70 000.00
23		五、应纳税所得额(19-20-21-22)	1 311 600.00
24	应纳税额计算	税率(25%)	0.25
25		六、应纳所得税额(23×24)	327 900.00
26		减:减免所得税额(填写A107040)	0.00
27		减:抵免所得税额(填写A107050)	100 000.00
28		七、应纳税额(25-26-27)	227 900.00
29		加:境外所得应纳所得税额(填写A108000)	0.00
30		减:境外所得抵免所得税额(填写A108000)	0.00
31		八、实际应纳所得税额(28+29-30)	227 900.00
32		减:本年累计实际已缴纳的所得税额	100 000.00
33		九、本年应补(退)所得税额(31-32)	127 900.00
34		其中:总机构分摊本年应补(退)所得税额(填写A109000)	
35		财政集中分配本年应补(退)所得税额(填写A109000)	
36		总机构主体生产经营部门分摊本年应补(退)所得税额(填写A109000)	

表 3-11　A101010 一般企业收入明细表

行次	项目	金额
1	一、营业收入(2+9)	10 000 000.00
2	（一）主营业务收入(3+5+6+7+8)	9 000 000.00
3	1.销售商品收入	9 000 000.00
4	其中：非货币性资产交换收入	
5	2.提供劳务收入	
6	3.建造合同收入	
7	4.让渡资产使用权收入	
8	5.其他	
9	（二）其他业务收入(10+12+13+14+15)	1 000 000.00
10	1.销售材料收入	1 000 000.00
11	其中：非货币性资产交换收入	
12	2.出租固定资产收入	
13	3.出租无形资产收入	
14	4.出租包装物和商品收入	
15	5.其他	
16	二、营业外收入(17+18+19+20+21+22+23+24+25+26)	5 400 000.00
17	（一）非流动资产处置利得	
18	（二）非货币性资产交换利得	
19	（三）债务重组利得	
20	（四）政府补助利得	
21	（五）盘盈利得	
22	（六）捐赠利得	23 400.00
23	（七）罚没利得	
24	（八）确实无法偿付的应付款项	
25	（九）汇兑收益	
26	（十）其他	5 376 600.00

表 3-12　A102010 一般企业成本支出明细表

行次	项目	金额
1	一、营业成本(2+9)	1 500 000.00
2	（一）主营业务成本(3+5+6+7+8)	1 000 000.00
3	1.销售商品成本	1 000 000.00
4	其中：非货币性资产交换成本	
5	2.提供劳务成本	
6	3.建造合同成本	
7	4.让渡资产使用权成本	
8	5.其他	

续表

行次	项 目	金 额
9	(二)其他业务成本(10+12+13+14+15)	500 000.00
10	1.销售材料成本	500 000.00
11	其中:非货币性资产交换成本	
12	2.出租固定资产成本	
13	3.出租无形资产成本	
14	4.包装物出租成本	
15	5.其他	
16	二、营业外支出(17+18+19+20+21+22+23+24+25+26)	500 000.00
17	(一)非流动资产处置损失	
18	(二)非货币性资产交换损失	
19	(三)债务重组损失	
20	(四)非常损失	
21	(五)捐赠支出	128 800.00
22	(六)赞助支出	10 000.00
23	(七)罚没支出	
24	(八)坏账损失	
25	(九)无法收回的债券股权投资损失	
26	(十)其他	361 200.00

表3-13 A104000 期间费用明细表

行次	项 目	销售费用	其中:境外支付	管理费用	其中:境外支付	财务费用	其中:境外支付
		1	2	3	4	5	6
1	一、职工薪酬		*		*	*	*
2	二、劳务费					*	*
3	三、咨询顾问费					*	*
4	四、业务招待费		*	500 000	*	*	*
5	五、广告费和业务宣传费	200 000.00	*		*	*	*
6	六、佣金和手续费						
7	七、资产折旧摊销费		*		*	*	*
8	八、财产损耗、盘亏及毁损损失		*		*	*	*
9	九、办公费		*		*	*	*
10	十、董事会费		*		*	*	*
11	11 十一、租赁费					*	*
12	十二、诉讼费		*		*	*	*
13	十三、差旅费		*		*	*	*
14	十四、保险费		*		*	*	*

续表

行次	项 目	销售费用	其中：境外支付	管理费用	其中：境外支付	财务费用	其中：境外支付
		1	2	3	4	5	6
15	十五、运输、仓储费					*	*
16	十六、修理费					*	*
17	十七、包装费		*		*	*	*
18	十八、技术转让费					*	*
19	十九、研究费用					*	*
20	二十、各项税费		*		*	*	*
21	二十一、利息收支	*	*	*	*		
22	二十二、汇兑差额	*	*	*	*		
23	二十三、现金折扣	*	*	*	*		
24	二十四、党组织工作经费	*	*		*		*
25	二十五、其他						
26	合计(1+2+3+…+25)	1 000 000.00		6 000 000.00		3 000 000.00	

表 3-14 A105000 纳税调整项目明细表

行次	项 目	账载金额	税收金额	调增金额	调减金额
		1	2	3	4
1	一、收入类调整项目(2+3+…+8+10+11)	*	*	180 000.00	1 000 000.00
2	(一)视同销售收入(填写 A105010)	*	180 000.00	180 000.00	*
3	(二)未按权责发生制原则确认的收入(填写 A105020)				
4	(三)投资收益(填写 A105030)	500 000.00	0.00		500 000.00
5	(四)按权益法核算长期股权投资对初始投资成本调整确认收益	*	*	*	200 000.00
6	(五)交易性金融资产初始投资调整	*	*		*
7	(六)公允价值变动净损益	300 000.00	*	0.00	300 000.00
8	(七)不征税收入	*			
9	其中：专项用途财政性资金(填写 A105040)	*	*		
10	(八)销售折扣、折让和退回				
11	(九)其他				
12	二、扣除类调整项目(13+14+…+24+26+27+28+29+30)	*	*	1 459 100.00	320 000.00
13	(一)视同销售成本(填写 A105010)	*	100 000.00	*	100 000.00
14	(二)职工薪酬(填写 A105050)	22 700 000.00	22 920 000.00		220 000.00
15	(三)业务招待费支出	500 000.00	50 900.00	449 100.00	*

续表

行次	项 目	账载金额	税收金额	调增金额	调减金额
		1	2	3	4
16	(四)广告费和业务宣传费支出(填写A105060)	*	*		
17	(五)捐赠支出(填写A105070)	128 800.00	128 800.00	0.00	
18	(六)利息支出	3 000 000.00	2 000 000.00	1 000 000.00	0.00
19	(七)罚金、罚款和被没收财物的损失		*		*
20	(八)税收滞纳金、加收利息		*		*
21	(九)赞助支出	10 000.00	*	10 000.00	*
22	(十)与未实现融资收益相关在当期确认的财务费用				
23	(十一)佣金和手续费支出				*
24	(十二)不征税收入用于支出所形成的费用	*	*		*
25	其中：专项用途财政性资金用于支出所形成的费用(填写A105040)	*	*		
26	(十三)跨期扣除项目				
27	(十四)与取得收入无关的支出		*		*
28	(十五)境外所得分摊的共同支出	*	*		*
29	(十六)党组织工作经费				
30	(十七)其他				
31	三、资产类调整项目(32+33+34+35)	*	*	50 000.00	37 500.00
32	(一)资产折旧、摊销(填写A105080)	50 000.00	87 500.00		37 500.00
33	(二)资产减值准备金	50 000.00	*	50 000.00	0.00
34	(三)资产损失(填写A105090)				
35	(四)其他				
36	四、特殊事项调整项目(37+38+…+42)	*	*		
37	(一)企业重组及递延纳税事项(填写A105100)				
38	(二)政策性搬迁(填写A105110)	*	*		
39	(三)特殊行业准备金(填写A105120)				
40	(四)房地产开发企业特定业务计算的纳税调整额(填写A105010)	*			
41	(五)合伙企业法人合伙人应分得的应纳税所得额				
42	(六)其他	*	*		
43	五、特别纳税调整应税所得	*	*		
44	六、其他	*	*		
45	合计(1+12+31+36+43+44)	*	*	1 689 100.00	1 357 500.00

表 3-15 A105010 视同销售和房地产开发企业特定业务纳税调整明细表

行次	项目	税收金额 1	纳税调整金额 2
1	一、视同销售(营业)收入(2+3+4+5+6+7+8+9+10)	180 000	180 000
2	(一)非货币性资产交换视同销售收入		
3	(二)用于市场推广或销售视同销售收入		
4	(三)用于交际应酬视同销售收入		
5	(四)用于职工奖励或福利视同销售收入		
6	(五)用于股息分配视同销售收入		
7	(六)用于对外捐赠视同销售收入	180 000	180 000
8	(七)用于对外投资项目视同销售收入		
9	(八)提供劳务视同销售收入		
10	(九)其他		
11	二、视同销售(营业)成本(12+13+14+15+16+17+18+19+20)	100 000	100 000
12	(一)非货币性资产交换视同销售成本		
13	(二)用于市场推广或销售视同销售成本		
14	(三)用于交际应酬视同销售成本		
15	(四)用于职工奖励或福利视同销售成本		
16	(五)用于股息分配视同销售成本		
17	(六)用于对外捐赠视同销售成本	100 000	100 000
18	(七)用于对外投资项目视同销售成本		
19	(八)提供劳务视同销售成本		
20	(九)其他		
21	三、房地产开发企业特定业务计算的纳税调整额(22-26)		
22	(一)房地产企业销售未完工开发产品特定业务计算的纳税调整额(24-25)		
23	1.销售未完工产品的收入		*
24	2.销售未完工产品预计毛利额		
25	3.实际发生的税金及附加、土地增值税		
26	(二)房地产企业销售未完工产品转完工产品特定业务计算的纳税调整额(28-29)		
27	1.销售未完工产品转完工产品确认的销售收入		*
28	2.转回的销售未完工产品预计毛利额		
29	3.转回实际发生的税金及附加、土地增值税		

表 3-16 A105030 投资收益纳税调整明细表

行次	项目	持有收益			处置收益						纳税调整金额
		账载金额	税收金额	纳税调整金额	会计确认的处置收入	处置投资的计税基础	会计确认的处置收益	税收计算的处置所得	纳税调整金额		
		1	2	3(2-1)	4	5	6	7	8(4-6)	9(5-7)	10(9-8)	11(3+10)
1	一、交易性金融资产											
2	二、可供出售金融资产											
3	三、持有至到期投资											
4	四、衍生工具											
5	五、交易性金融负债											
6	六、长期股权投资	300 000.00	0.00	-300 000.00	3 000 000.00	2 000 000.00	1 000 000.00	2 200 000.00	800 000.00	-200 000.00	-500 000.00
7	七、短期投资											
8	八、长期债券投资											
9	九、其他											
10	合计(1+2+3+4+5+6+7+8+9)	300 000.00	0.00	-300 000.00	3 000 000.00	2 000 000.00	1 000 000.00	2 200 000.00	800 000.00	-200 000.00	-500 000.00

表 3-17 A105050 职工薪酬支出及纳税调整明细表

行次	项目	账载金额	实际发生额	税收规定扣除率	以前年度累计结转扣除额	税收金额	纳税调整金额	累计结转以后年度扣除额
		1	2	3	4	5	6(1-5)	7(2-4-5)
1	一、工资薪金支出	20 000 000.00	20 000 000.00	*	*	20 000 000.00	0.00	*
2	其中：股权激励							
3	二、职工福利费支出	2 000 000.00	2 000 000.00	14%	*	2 000 000.00	0.00	*
4	三、职工教育经费支出	400 000.00	400 000.00	8%	220 000.00	620 000.00	-220 000.00	0.00
5	其中：按税收规定比例扣除的职工教育经费	400 000.00	400 000.00	8%	220 000.00	620 000.00	-220 000.00	0.00
6	按税收规定全额扣除的职工培训费用	0.00	0.00	100%	*	0.00	0.00	*
7	四、工会经费支出	300 000.00	300 000.00	2%	*	300 000.00	0.00	*
8	五、各类基本社会保障性缴款							
9	六、住房公积金							
10	七、补充养老保险							
11	八、补充医疗保险							
12	九、其他			*	*			*
13	合计(1+3+4+7+8+9+10+11+12)	22 700 000.00	22 700 000.00		220 000.00	22 920 000.00	-220 000.00	0

表 3-18　A105060 广告费和业务宣传费跨年度纳税调整明细表

行次	项目	金额
1	一、本年广告费和业务宣传费支出	200 000.00
2	减：不允许扣除的广告费和业务宣传费支出	0.00
3	二、本年符合条件的广告费和业务宣传费支出(1-2)	200 000.00
4	三、本年计算广告费和业务宣传费扣除限额的销售(营业)收入	10 180 000.00
5	乘：税收规定扣除率	0.15
6	四、本企业计算的广告费和业务宣传费扣除限额(4×5)	1 527 000.00
7	五、本年结转以后年度扣除额(3＞6，本行=3-6；3≤6，本行=0)	0.00
8	加：以前年度累计结转扣除额	0.00
9	减：本年扣除的以前年度结转额[3＞6，本行=0；3≤6，本行=8 与(6-3)孰小值]	0.00
10	六、按照分摊协议归集至其他关联方的广告费和业务宣传费(10≤3 与 6 孰小值)	
11	按照分摊协议从其他关联方归集至本企业的广告费和业务宣传费	
12	七、本年广告费和业务宣传费支出纳税调整金额(3＞6，本行=2+3-6+10-11；3≤6，本行=2+10-11-9)	0.00
13	八、累计结转以后年度扣除额(7+8-9)	0.00

表 3-19　A105070 捐赠支出及纳税调整明细表

行次	项　目	账载金额	以前年度结转可扣除的捐赠额	按税收规定计算的扣除限额	税收金额	纳税调增金额	纳税调减金额	可结转以后年度扣除的捐赠额
		1	2	3	4	5	6	7
1	一、非公益性捐赠		*	*	*		*	*
2	二、全额扣除的公益性捐赠		*	*		*	*	*
3	三、限额扣除的公益性捐赠(4+5+6+7)							
4	前三年度(2015 年)	*		*	*	*		*
5	前二年度(2016 年)	*		*	*	*		
6	前一年度(2017 年)	*		*	*	*		
7	本　　年(2018 年)	128 800.00	*	534 000.00	128 800.00	0.00	*	0.00
8	合计(1+2+3)	128 800.00		534 000.00	128 800.00	0.00		0.00

第三章 纳税申报

表 3-20　A105080 资产折旧、摊销及纳税调整明细表

行次	项目	账载金额			税收金额				纳税调整金额
		资产原值	本年折旧、摊销额	累计折旧、摊销额	资产计税基础	税收折旧、摊销额	享受加速折旧政策的资产按税收一般规定计算的折旧、摊销额	加速折旧、摊销统计额	累计折旧、摊销额	
		1	2	3	4	5	6	7=5-6	8	9(2-5)
1	一、固定资产(2+3+4+5+6+7)									
2	(一)房屋、建筑物									
3	(二)飞机、火车、轮船、机器、机械和其他生产设备									
4	(三)与生产经营活动有关的器具、工具、家具等									
5	(四)飞机、火车、轮船以外的运输工具									
6	(五)电子设备									
7	(六)其他									
8	其中:享受加速折旧政策的资产加速折旧、摊销统计额 (一)重要行业固定资产加速折旧(不含一次性扣除)					*	*	*	*	*
9	(二)其他行业研发设备加速折旧					*	*	*	*	*
10	(三)固定资产一次性扣除					*	*	*	*	*
11	(四)技术进步、更新换代固定资产					*	*	*	*	*
12	(五)常年强震动、高腐蚀固定资产					*	*	*	*	*
13	(六)外购软件折旧									*
14	(七)集成电路企业生产设备									*
15	二、生产性生物资产(16+17)					*		*		*
16	(一)林木类					*		*		*
17	(二)畜类					*		*		*

续表

行次	项目	账载金额			税收金额					纳税调整金额
		资产原值	本年折旧、摊销额	累计折旧、摊销额	资产计税基础	税收折旧、摊销额	享受加速折旧政策的资产按税收一般规定计算的折旧、摊销额	加速折旧、摊销统计额	累计折旧、摊销额	
		1	2	3	4	5	6	7=5-6	8	9(2-5)
18	三、无形资产(19+20+21+22+23+24+25+27)	1 000 000.00	50 000.00	50 000.00	1 000 000.00	87 500.00	*	*	87 500.00	-37 500.00
19	(一)专利权						*	*		
20	(二)商标权						*	*		
21	(三)著作权						*	*		
22	(四)土地使用权						*	*		
23	(五)非专利技术						*	*		
24	(六)特许权使用费						*	*		
25	(七)软件						*	*		
26	其中:享受企业外购软件加速摊销政策						*	*		*
27	(八)其他						*	*		
28	四、长期待摊费用(29+30+31+32+33)	1 000 000.00	50 000.00	50 000.00	1 000 000.00	87 500.00	*	*	87 500.00	-37 500.00
29	(一)已足额提取折旧的固定资产的改建支出						*	*		
30	(二)租入固定资产的改建支出						*	*		
31	(三)固定资产的大修理支出						*	*		
32	(四)开办费						*	*		
33	(五)其他						*	*		
34	五、油气勘探投资						*	*		
35	六、油气开发投资						*	*		
36	合计(1+15+18+28+34+35)	1 000 000.00	50 000.00	50 000.00	1 000 000.00	87 500.00	*	*	87 500.00	-37 500.00
附列资料	全民所有制企业公司制改制资产评估增值政策资产							*		

表 3-21 A106000 企业所得税弥补亏损明细表

行次	项目	年度	当年境内所得额	分立转出的亏损额	合并、分立转入的亏损额		弥补亏损企业类型	当年亏损额	当年待弥补的亏损额	用本年度所得额弥补以前年度亏损额		当年可结转以后年度弥补的亏损额
					可弥补年限5年	可弥补年限10年				使用境内所得弥补	使用境外所得弥补	
		1	2	3	4	5	6	7	8	9	10	11
1	前十年度											
2	前九年度											
3	前八年度											
4	前七年度											
5	前六年度											
6	前五年度	2013	-100 000.00				100	100 000.00	100 000.00			
7	前四年度	2014	-200 000.00				100	200 000.00	200 000.00			
8	前三年度	2015	-300 000.00				100	300 000.00	300 000.00			
9	前二年度	2016	300 000.00				100			300 000.00		300 000.00
10	前一年度	2017	200 000.00				100			200 000.00		100 000.00
11	本年度	2018	1 481 600.00					0.00	0.00	100 000.00		0.00
12	可结转以后年度弥补的亏损额合计											0.00

表 3-22　A107010 免税、减计收入及加计扣除优惠明细表

行次	项　　目	金　　额
1	一、免税收入(2+3+6+7+8+9+10+11+12+13+14+15+16)	200 000.00
2	(一)国债利息收入免征企业所得税	
3	(二)符合条件的居民企业之间的股息、红利等权益性投资收益免征企业所得税(填写 A107011)	200 000.00
4	其中：内地居民企业通过沪港通投资且连续持有 H 股满 12 个月取得的股息红利所得免征企业所得税(填写 A107011)	
5	内地居民企业通过深港通投资且连续持有 H 股满 12 个月取得的股息红利所得免征企业所得税(填写 A107011)	
6	(三)符合条件的非营利组织的收入免征企业所得税	
7	(四)符合条件的非营利组织(科技企业孵化器)的收入免征企业所得税	
8	(五)符合条件的非营利组织(国家大学科技园)的收入免征企业所得税	
9	(六)中国清洁发展机制基金取得的收入免征企业所得税	
10	(七)投资者从证券投资基金分配中取得的收入免征企业所得税	
11	(八)取得的地方政府债券利息收入免征企业所得税	
12	(九)中国保险保障基金有限责任公司取得的保险保障基金等收入免征企业所得税	
13	(十)中国奥委会取得北京冬奥组委支付的收入免征企业所得税	
14	(十一)中国残奥委会取得北京冬奥组委分期支付的收入免征企业所得税	
15	(十二)其他 1	
16	(十三)其他 2	
17	二、减计收入(18+19+23+24)	100 000.00
18	(一)综合利用资源生产产品取得的收入在计算应纳税所得额时减计收入	100 000.00
19	(二)金融、保险等机构取得的涉农利息、保费减计收入(20+21+22)	
20	1.金融机构取得的涉农贷款利息收入在计算应纳税所得额时减计收入	
21	2.保险机构取得的涉农保费收入在计算应纳税所得额时减计收入	
22	3.小额贷款公司取得的农户小额贷款利息收入在计算应纳税所得额时减计收入	
23	(三)取得铁路债券利息收入减半征收企业所得税	
24	(四)其他	
25	三、加计扣除(26+27+28+29+30)	3 000 000.00
26	(一)开发新技术、新产品、新工艺发生的研究开发费用加计扣除(填写 A107012)	3 000 000.00
27	(二)科技型中小企业开发新技术、新产品、新工艺发生的研究开发费用加计扣除(填写 A107012)	
28	(三)企业为获得创新性、创意性、突破性的产品进行创意设计活动而发生的相关费用加计扣除	
29	(四)安置残疾人员所支付的工资加计扣除	
30	(五)其他	
31	合计(1+17+25)	3 300 000.00

表3-23 A107011 符合条件的居民企业之间的股息、红利等权益性投资收益优惠明细表

行次	被投资企业	被投资企业统一社会信用代码(纳税人识别号)	投资性质	投资成本	投资比例	被投资企业利润分配确认金额		被投资企业清算确认金额			撤回或减少投资确认金额				合计
						被投资企业作出利润分配或转股决定时间	依决定归属于本公司的股息、红利等权益性投资收益金额	分得的被投资企业清算剩余资产	被清算企业累计未分配利润和累计盈余公积应享有部分	应确认的股息所得	从被投资企业撤回或减少投资取得的资产	减少投资比例	收回初始投资成本	取得资产中超过收回初始投资成本部分	撤回或减少投资应享有被投资企业累计未分配利润和累计盈余公积	应确认的股息所得	
	1	2	3	4	5	6	7	8	9	10(8与9孰小)	11	12	13(4×12)	14(11-13)	15	16(14与15孰小)	17(7+10+16)
1	B公司	略		10 000 000	10%	2018年7月19日	200 000.00										200 000.00
2																	
3																	
4																	
5																	
6																	
7																	
8	合计																200 000.00
9	其中:股票投资—沪港通H股																
10	股票投资—深港通H股																

表3-24 A107012 研发费用加计扣除优惠明细表

行次	项目	金额(数量)
1	本年可享受研发费用加计扣除项目数量	
2	一、自主研发、合作研发、集中研发(3+7+16+19+23+34)	10 000 000.00
3	(一)人员人工费用(4+5+6)	
4	1.直接从事研发活动人员工资薪金	
5	2.直接从事研发活动人员五险一金	
6	3.外聘研发人员的劳务费用	
7	(二)直接投入费用(8+9+10+11+12+13+14+15)	
8	1.研发活动直接消耗材料费用	
9	2.研发活动直接消耗燃料费用	
10	3.研发活动直接消耗动力费用	
11	4.用于中间试验和产品试制的模具、工艺装备开发及制造费	
12	5.用于不构成固定资产的样品、样机及一般测试手段购置费	
13	6.用于试制产品的检验费	
14	7.用于研发活动的仪器、设备的运行维护、调整、检验、维修等费用	
15	8.通过经营租赁方式租入的用于研发活动的仪器、设备租赁费	
16	(三)折旧费用(17+18)	
17	1.用于研发活动的仪器的折旧费	
18	2.用于研发活动的设备的折旧费	
19	(四)无形资产摊销(20+21+22)	
20	1.用于研发活动的软件的摊销费用	
21	2.用于研发活动的专利权的摊销费用	
22	3.用于研发活动的非专利技术(包括许可证、专有技术、设计和计算方法等)的摊销费用	
23	(五)新产品设计费等(24+25+26+27)	
24	1.新产品设计费	
25	2.新工艺规程制定费	
26	3.新药研制的临床试验费	
27	4.勘探开发技术的现场试验费	
28	(六)其他相关费用(29+30+31+32+33)	
29	1.技术图书资料费、资料翻译费、专家咨询费、高新科技研发保险费	
30	2.研发成果的检索、分析、评议、论证、鉴定、评审、评估、验收费用	
31	3.知识产权的申请费、注册费、代理费	
32	4.职工福利费、补充养老保险费、补充医疗保险费	
33	5.差旅费、会议费	
34	(七)经限额调整后的其他相关费用	
35	二、委托研发 (36+37+39)	
36	(一)委托境内机构或个人进行研发活动所发生的费用	
37	(二)委托境外机构进行研发活动所发生的费用	
38	其中：允许加计扣除的委托境外机构进行研发活动发生的费用	
39	(三)委托境外个人进行研发活动发生的费用	

续表

行次	项目	金额(数量)
40	三、年度研发费用小计(2+36×80%+38)	10 000 000.00
41	(一)本年费用化金额	4 000 000.00
42	(二)本年资本化金额	6 000 000.00
43	四、本年形成无形资产摊销额	0.00
44	五、以前年度形成无形资产本年摊销额	0.00
45	六、允许扣除的研发费用合计(41+43+44)	4 000 000.00
46	减：特殊收入部分	0.00
47	七、允许扣除的研发费用抵减特殊收入后的金额(45-46)	4 000 000.00
48	减：当年销售研发活动直接形成产品(包括组成部分)对应的材料部分	0.00
49	减：以前年度销售研发活动直接形成产品(包括组成部分)对应材料部分结转金额	0.00
50	八、加计扣除比例(%)	0.75
51	九、本年研发费用加计扣除总额(47-48-49)×50	3 000 000.00
52	十、销售研发活动直接形成产品(包括组成部分)对应材料部分结转以后年度扣减金额(当47-48-49≥0，本行=0；当47-48-49<0，本行=47-48-49 的绝对值)	

表3-25 A107030 抵扣应纳税所得额明细表

行次	项目	合计金额	投资于未上市中小高新技术企业	投资于种子期、初创期科技型企业
		1=2+3	2	3
一、创业投资企业直接投资按投资额一定比例抵扣应纳税所得额				
1	本年新增的符合条件的股权投资额	100 000.00	100 000.00	
2	税收规定的抵扣率	70%	70%	70%
3	本年新增的可抵扣的股权投资额(1×2)	70 000.00	70 000.00	
4	以前年度结转的尚未抵扣的股权投资余额		*	*
5	本年可抵扣的股权投资额(3+4)	70 000.00	*	*
6	本年可用于抵扣的应纳税所得额	70 000.00	*	*
7	本年实际抵扣应纳税所得额	70 000.00	70 000.00	
8	结转以后年度抵扣的股权投资余额	0.00	*	*
二、通过有限合伙制创业投资企业投资按一定比例抵扣分得的应纳税所得额				
9	本年从有限合伙创投企业应分得的应纳税所得额			
10	本年新增的可抵扣投资额			
11	以前年度结转的可抵扣投资额余额		*	*
12	本年可抵扣投资额(10+11)		*	*
13	本年实际抵扣应分得的应纳税所得额			
14	结转以后年度抵扣的投资额余额		*	*
三、抵扣应纳税所得额合计				
15	合计(7+13)	70 000.00	70 000.00	

表 3-26　A107050 税额抵免优惠明细表

行次	项目	年度	本年抵免前应纳税额	本年允许抵免的专用设备投资额	本年可抵免税额	以前年度已抵免额					本年实际抵免的各年度税额	可结转以后年度抵免的税额
						前五年度	前四年度	前三年度	前二年度	前一年度	小计		
			1	2	3	4(3×10%)	5	6	7	8	9	10(5+…+9)	11	12(4-10-11)
1	前五年度	2013											*
2	前四年度	2014					*						
3	前三年度	2015					*	*					
4	前二年度	2016					*	*	*				
5	前一年度	2017					*	*	*	*			
6	本年度	2018	0.00	1 000 000.00	100 000.00	*	*	*	*	*		100 000.00	0.00
7	本年实际抵免税额合计											100 000.00	*
8	可结转以后年度抵免的税额合计												0.00
9	专用设备投资情况	本年允许抵免的环境保护专用设备投资额										1 000 000.00	
10		本年允许抵免节能节水的专用设备投资额										0	
11		本年允许抵免的安全生产专用设备投资额										0	

本 章 小 结

本章主要介绍了纳税申报的意义和一般规定、增值税纳税申报、企业所得税纳税申报。

纳税申报制度，对于实现税收的强制性，明确税收法律责任，加强税收征管，提高征管效率，具有非常重要的意义。

纳税申报在申报对象、申报方式、申报内容、申报期限上均有明确的规定；税务机关征收部门应依法受理和审核纳税申报；特殊情形下允许延期纳税申报；违反纳税申报规定的应承担相应的法律责任。

增值税纳税申报可以分为一般纳税人增值税纳税申报、小规模纳税人纳税申报。

企业所得税纳税申报介绍了企业所得税纳税申报的种类，重点对难度较大的企业所得税年度纳税申报表的填写作了说明，并举例说明如何填写企业所得税年度纳税申报表。

复习思考题

1. 简述实行纳税申报制度的意义。
2. 哪些纳税人应办理纳税申报？纳税人在什么情况下可以申请延期纳税申报？
3. 纳税申报的方式有哪些？
4. 增值税纳税申报期限和纳税地点有何规定？一般纳税人如何填写《增值税纳税申报表》(适用于一般纳税人)？
5. 企业所得税纳税申报的种类有哪些？
6.《企业所得税年度纳税申报表》的构成如何？如何填列《企业所得税年度纳税申报表》？

延 展 阅 读

1. 董瑛，徐惠冬. 通知申报纳税行为及其法律责任[J]. 税务与经济，2019(06)：98～101. (见二维码)

2. 欢迎下载《一般纳税人增值税纳税申报表》及其填报说明，请扫描二维码。

3. 《中华人民共和国企业所得税年度纳税申报表》下载，请扫描二维码。

通知申报纳税行为及其法律责任_董瑛.pdf

一般纳税人增值税纳税申报表及其填报说明.rar

中华人民共和国企业所得税年度纳税申报表(A类，2017年版 2018、2019年修订).xlsx

第三章 纳税申报.ppt

第四章 税款征收

学习目标：通过本章的学习，主要了解税款征收的概念、税款征收方式、税款缴库方式、税收票证管理，掌握核定税额征收、纳税担保措施、税收保全措施、税收强制执行措施、离境清税制度、滞纳金制度、税款的补缴与追征的相关规定、税款优先执行制度、税款退还、处置大额资产报告制度、合并分立清税制度、代位权和撤销权的规定、欠税公告制度、对未办理税务登记和临时经营的税款征收、关联企业业务往来的税收调整等具体税收征管措施，熟悉延期纳税和减免税管理的有关规定。

关键概念：税款征收　税收保全　税收强制执行　欠税公告制度　关联企业　税收调整

第一节 税款征收与缴库

一、税款征收的概念

税款征收是指税务机关依据法律、行政法规的规定，将纳税人依法应纳的各项税款组织征收入库的活动的总称。税务机关税款征收的过程同时也是纳税人缴纳税款的过程，税款征收是税收征管工作的核心环节，其内涵主要包括以下两个方面。

一是税务机关作为征税主体，必须依法行使税收行政执法权并承担相应的义务。《中华人民共和国税收征收管理法》(以下简称《税收征管法》)赋予税务机关依法计征权、税款核定权、税收检查权、税收保全和强制执行权、税款补征及追征权、减免退税及延期纳税审批权等。同时，也规定了税务机关行使法定权力时，必须严格遵守法定程序。若因执法不当而给纳税人、扣缴义务人的合法权益造成损害的，税务机关应承担相应的法律责任。《中华人民共和国税收征管法》第28条规定："税务机关依照法律、行政法规的规定征收税款，不得违反法律、行政法规的规定开征、停征、多征、少征、提前征收、延缓征收或者摊派税款。"《中华人民共和国税收征管法》第29条规定："除税务机关、税务人员以及经税务机关依照法律、行政法规委托的单位和人员外，任何单位和个人不得进行税款征收活动。"

二是纳税人或扣缴义务人作为纳税主体或税款扣缴主体，必须根据国家有关法律及行政法规的规定，正确核算税款及代扣代缴税款，并按照税法的规定及税务机关的要求办理纳税申报；同时，必须按照税法规定的期限缴纳和扣缴税款，依照规定程序申请延期纳税、减免税，并接受税务机关的依法审查。此外，纳税人有义务检举揭发其他纳税人偷、骗税行为，同时也有监督税务机关及其工作人员依法执法的责任。

二、税款征收方式

税款征收方式是指税务机关在组织税款入库的过程中所采取的具体征收方法或征收形式。它体现于税款的确认与计量、缴纳等方面。税款征收方式是由税务机关根据税收法律、行政法规的规定，并结合纳税人的生产经营状况、财务管理水平等因素确定的。目前，税款征收方式主要有以下几种。

1. 查账征收

查账征收是指税务机关根据纳税人提供的会计资料，依照税法相关规定计算征收税款的一种方式。它适用于经营规模较大、财务会计制度健全、能够如实核算和提供生产经营情况，并能正确计算税款、如实履行纳税义务的纳税人。

2. 查定征收

查定征收是指税务机关根据纳税人的从业人员、生产设备、原材料耗用情况等因素，查实核定其在正常生产经营条件下应税产品的产量、销售额，并据以征收税款的一种方式。如果纳税人的实际产量超过查定产量时，由纳税人报请补征；实际产量不及查定产量时，可由纳税人报请重新核定。这种方式适用于生产经营规模较小、产品零星、税源分散、会计账册不健全的小型厂矿和作坊的税款征收。

3. 查验征收

查验征收是指税务机关对纳税人应纳税商品，通过查验数量，按照市场一般销售单价计算其收入并据以征收税款的一种方式。这种方式适用于零星分散、流动性大的税源，如城乡集贸市场的临时经营和机场、码头等场外经销商品的税款征收。

4. 定期定额征收

定期定额征收是指对一些营业额和所得额难以准确计算的小型工商户，经其自报评议，由税务机关调查核实其一定期限内的营业额和所得额附征率，按照核定的营业额和所得额附征率多税种合并征收的方式。这种方式适用于规模较小、账证不健全、难以提供完整的纳税资料的小型工商业户的税款征收。

一般情况下，由个体工商户自行申报经营额，然后由税务机关核定其营业额或所得额，再按照适用税率计算应纳税额。如果纳税人在规定期限内生产经营情况发生较大变化，应及时向税务机关申报调整。

5. 代扣代缴

代扣代缴是指依法负有代扣代缴义务的单位和个人在向纳税人支付款项时，依法从支付款额中扣下纳税人应纳的税款，并按规定期限向税务机关解缴所扣税款的方式。比如，我国个人所得税法规定，个人所得税以所得人为纳税义务人，以支付所得的单位或者个人为扣缴义务人。采用这种方式，有利于加强税收的税源控制，有效防止税款流失。

6. 代收代缴

代收代缴是指按照税法规定，负有收缴税款义务、与纳税人有经济业务往来的单位和个人在向纳税人收取款项时依法收取税款，并向税务机关解缴税款的一种方式。其作用在于对税收网络覆盖不到或者难以控管的领域实行源泉控管。比如，《消费税暂行条例》规定，纳税人委托加工应纳消费税产品，受托方(个体工商户及其他个人除外)在向委托方交货时代收代缴税款，并按规定期限向其主管税务机关申报缴纳所代收的税款。

7. 委托代征

委托代征是指受托代征的单位按照税务机关规定的代征范围和要求，以税务机关的名义向纳税人征收零散税款的一种方式。委托代征方式有利于弥补税务机关在征管力量上的不足，也可以加强源泉控管，提高征管效能。这种征收方式主要适用于零星分散、流动性大的税款征收，如集贸市场的税收等。委托代征并非法定义务，而是税务机关与代征单位之间通过签署委托代征协议的方式，将代征范围和要求以协议的方式确定下来。受托单位按照委托代征协议，以税务机关的名义依法征收税款时，纳税人不得拒绝；纳税人拒绝的，受托单位和个人应及时报告税务机关。

4-1 税款征收方式_batch.mp4

欢迎观看税款征收方式的教学视频，请扫描二维码。

三、税款缴库方式

税款缴库方式是指纳税人应纳的税款和扣缴义务人扣收的税款缴入国库的具体方式。国库是负责办理国家预算资金收入和支出的机构，是国家财政收支的保管和出纳机关。税务机关征收的一切税款都必须及时足额地缴入国库。根据国库条例的规定，国库机构按照国家财政管理体制设立，原则是一级财政设立一级国库。中央设立总库，省、自治区、直辖市设立分库，省辖市、自治州设立中心支库，县(市)区设立支库。各级国库均由中国人民银行代理，支库以下经收处的业务由专业银行的基层机构代理。国库以支库为基层库，各项税收收入均以缴入支库为正式入库。国库经收处收纳税款仅为代收性质，应按规定办理划解手续，上划支库后才算正式入库。税务机关和国库计算入库数字和入库日期，均以支库收到税款的数额和日期为准。

目前，我国税款缴库方式有以下几种。

1. 自核自缴

自核自缴是指纳税人自行计算应纳税额、自行填开税收缴款书、自行缴送开户银行划解税款的缴库方式。开户银行在税收缴款书各联加盖印章后，将其收据联退给纳税人作为完税凭证。纳税人持纳税申报表和税收缴款书的收据联向税务机关办理申报手续。

2. 自报核缴

自报核缴是指由纳税人按期向税务机关办理纳税申报，税务机关根据纳税人纳税申报表及其有关资料填开税收缴款书,将第六联(存根联)留存备查(采用计算机开票的可不设第六联),其余五联全部交给纳税人,纳税人在缴款书各联加盖财务章后,自行到开户银行划解税款,开户银行在缴款书各联盖章后,将第一联(收据联)退给纳税人作完税凭证,第五联(报查联)由开户银行直接退给基层税务机关作为基层税务机关掌握税款情况的依据。

3. 预储税款缴税

预储税款缴税是指由纳税人在指定的开户银行开设税款预储账户,按期储入当期应纳税款,在规定的期限内由税务机关通知银行直接划解税款。具体操作方法是:纳税人自行计算应纳税额后,将款项提前储入税款账户,并在法定期限内向税务机关办理纳税申报;税务机关根据纳税人申报的资料填开税收缴款书,通知银行从纳税人税款账户划解税款;指定的银行应将划解信息及时反馈给税务机关。

4. 汇总缴库

汇总缴库是指税务机关直接向纳税人收取税款,并按照规定的期限向国库或国库经收处汇总解缴的一种缴库方式。这种方式主要适用于直接向国库经收处缴纳税款有困难,以及没有在银行户头开设结算账户的纳税人,如个体工商户、临时经营者或个人。

汇总缴库的操作方法是:纳税人向税务机关缴纳税款,税务机关收款后开出完税证,将第二联交给纳税人作完税凭证,然后填开汇总缴款书,将税款汇缴国库经收处。对于固定业户,也可由税务机关填开税收缴款书交纳税人,纳税人自行到银行缴纳税款。汇总缴库主要是以现金缴税,在条件允许的前提下,也可采用支票、信用卡等方式缴纳。

四、税收票证管理

税收票证是指税务机关依法向纳税人征收税款时使用的法定收款和退款凭证。它既是纳税人实际缴纳税款或收取退还税款的完税和收款法定证明,也是税务机关实际征收或退还税款的凭据,又是税务机关进行税收会计和统计核算的原始凭证以及进行税务检查管理的原始依据。

加强税收票证管理,有利于保证税收票证和国家税款的安全完整,防止积压、挪用、损失国家税款行为的发生;有利于通过税收票证的及时供应、规范使用和事后监督,及时把握征管质量状况;有利于提高税收会计、统计信息的完整性、准确性和及时性;也有利于通过票证计划的控制与管理,降低税收成本。

各级税务机关要加强对各种税收票证的设计、印制、领发、保管、填用、结报缴销、作废、停用、盘点、损失处理、核算及检查等各个环节的管理。要加强税收票证的核算,及时组织清理检查管理制度落实情况以及基层税务机关税收票证的填用质量,确保票证使用符合规定、征收税款合法、票面计算准确、票证填写规范。

税收票证(包括有关的监制章、专用章)主要有:税收通用缴款书(见表 4-1)、税收(出口货物专用)缴款书、出口货物完税分割单、税收(汇总专用)缴款书、税收通用完税证(见表 4-2)、税收定额完税证、代扣代收税款凭证、纳税保证金收据、税收罚款收据、印花税票、印花税票销售凭证、印花税收讫专用章、税收收入退还书、小额税款退税凭证、税票调换证、税收票证监制章、征税专用章等。

表 4-1　中华人民共和国税收通用缴款书

隶属关系：							( ) 国缴　号						
经济类型：			填发日期：	年　月　日			征收机关：						
缴款单位(人)	代码				预算科目		编码						
	全称						名称						
	开户银行						级次						
	账号				收款国库								
税款所属时期　年　月　日					税款限缴日期　年　月　日								
品目名称	课税数量		计税额或销售收入	税率或单位税额	已缴或扣除额		实缴金额						
金额合计	(大写)		亿　仟　佰　拾　万　仟　佰　拾　元　角　分										
缴款单位(人)(盖章) 经办人(章)			税务机关(盖章) 填票人(章)		上列款项已收妥并划转收款单位账户 国库(银行)盖章 年　月　日		备注：						

说明：逾期不缴按税法规定加收滞纳金。

表 4-2　中华人民共和国税收通用完税证

							( ) 国完　号						
经济类型：			填发日期：	年　月　日		征收机关：							
纳税人代码							地址						
纳税人名称					税款所属日期			年　月　日					
税　种	品目名称	课税数量	计税金额或销售收入	税率或单位税额	已缴或扣除额		实缴金额						
金额合计	(大写)		万　仟　佰　拾　元　角　分										
税务机关(盖章)	委托代征单位(盖章)				填票人(章)		备注						

说明：税收通用完税证一式三联，第一联(存根)税务机关留存作税收会计凭证；第二联(收据)交纳税人作完税凭证，本完税证第二联(收据)套印国家税务总局统一制发的"税收票证监制章"；第三联(报查)定期上报县级税务机关备查。

第二节 税款征收措施

一、核定税额征收

核定税额是针对纳税人的一部分违章行为(确无建账能力的除外)导致税务机关难以查账征收税款,而采取的一种被迫或补救措施。核定征税这种征税方式尽管其核定的应纳税额不能保证与实际完全相符合,但也要力求减少误差,保证其相对的合理性。所以,核定征税是对应纳税额的一种确认。具体内容见第五章第二节。

欢迎观看税款征收措施的教学视频,请扫描二维码。

4-2 税款征收的措施 _batch.mp4

二、纳税担保措施①

纳税担保,是指经税务机关同意或确认,纳税人或其他自然人、法人、经济组织以保证、抵押、质押的方式,为纳税人应当缴纳的税款及滞纳金提供担保的行为。纳税担保有利于保障国家税收收入,保护纳税人和其他当事人的合法权益。

纳税担保人包括以保证方式为纳税人提供纳税担保的纳税保证人和其他以未设置或者未全部设置担保物权的财产为纳税人提供纳税担保的第三人。

纳税担保的形式包括纳税保证、纳税抵押和纳税质押。

(一)纳税担保的范围

纳税担保的范围包括税款、滞纳金和实现税款、滞纳金的费用。费用包括抵押、质押登记费用,质押保管费用,以及保管、拍卖、变卖担保财产等相关费用支出。

用于纳税担保的财产、权利的价值不得低于应当缴纳的税款、滞纳金,并考虑相关的费用。纳税担保的财产价值不足以抵缴税款、滞纳金的,税务机关应当向提供担保的纳税人或纳税担保人继续追缴。

用于纳税担保的财产、权利的价格估算,除法律、行政法规另有规定外,由税务机关按照《税收征管法实施细则》第64条规定的方式,参照同类商品的市场价、出厂价或者评估价估算。

纳税人有下列情况之一的,适用纳税担保。

(1) 税务机关有根据认为从事生产、经营的纳税人有逃避纳税义务的行为,在规定的纳税期之前责令其限期缴纳应纳税款,在限期内发现纳税人有明显的转移、隐匿其应纳税的商品、货物以及其他财产或者应纳税收入的迹象的。

(2) 欠缴税款、滞纳金的纳税人或者其法定代表人需要出境的。

(3) 纳税人同税务机关在纳税上发生争议而未缴清税款,需要申请行政复议的。

(4) 税收法律、行政法规规定可以提供纳税担保的其他情形。

---

① 《纳税担保试行办法》(国家税务总局令第11号)。

扣缴义务人按照《税收征管法》第88条规定，需要提供纳税担保的，适用上述规定。

纳税担保人按照《税收征管法》第88条规定，需要提供纳税担保的，应当按照规定的抵押、质押方式，以其财产提供纳税担保；纳税担保人已经以其财产为纳税人向税务机关提供担保的，不再需要提供新的担保。

(二)纳税保证

纳税保证是指纳税保证人向税务机关保证，当纳税人未按照税收法律、行政法规的规定或者税务机关确定的期限缴清税款、滞纳金时，由纳税保证人按照约定履行缴纳税款及滞纳金的行为。税务机关认可的，保证成立；税务机关不认可的，保证不成立。

1. 纳税保证人

纳税保证人，是指在中国境内具有纳税担保能力的自然人、法人或者其他经济组织。法人或其他经济组织财务报表资产净值超过需要担保的税额及滞纳金2倍以上的，自然人、法人或其他经济组织所拥有或者依法可以处分的未设置担保的财产的价值超过需要担保的税额及滞纳金的，为具有纳税担保能力。

国家机关，学校、幼儿园、医院等事业单位和社会团体不得作为纳税保证人，企业法人的职能部门不得作为纳税保证人。企业法人的分支机构有法人书面授权的，可以在授权范围内提供纳税担保。

有以下情形之一的，不得作为纳税保证人。

(1) 有偷税、抗税、骗税、逃避追缴欠税行为被税务机关、司法机关追究过法律责任未满2年的。

(2) 因有税务违法行为正在被税务机关立案处理的或涉嫌刑事犯罪正被司法机关立案侦查的。

(3) 纳税信誉等级被评为C级以下的。

(4) 在主管税务机关所在地的市(地、州)没有住所的自然人或税务登记不在本市(地、州)的企业。

(5) 无民事行为能力或限制民事行为能力的自然人。

(6) 与纳税人存在担保关联关系的。

(7) 有欠税行为的。

纳税保证人同意为纳税人提供纳税担保的，应当填写纳税担保书。纳税担保书须经纳税人、纳税保证人签字盖章并经税务机关签字盖章同意方为有效。纳税担保从税务机关在纳税担保书签字盖章之日起生效。

2. 保证期间和履行保证责任的期限

1) 保证期间

保证期间为纳税人应缴纳税款期限届满之日起60日，即税务机关自纳税人应缴纳税款的期限届满之日起60日内有权要求纳税保证人承担保证责任，缴纳税款、滞纳金。

2) 履行保证责任的期限

履行保证责任的期限为15日，即纳税保证人应当自收到税务机关的纳税通知书之日起15日内履行保证责任，缴纳税款及滞纳金。纳税保证期间内税务机关未通知纳税保证人缴

第四章 税款征收

纳税款及滞纳金以承担担保责任的，纳税保证人免除担保责任。

纳税人在规定的期限届满未缴清税款及滞纳金，税务机关在保证期限内书面通知纳税保证人的，纳税保证人应按照纳税担保书约定的范围，自收到纳税通知书之日起15日内缴纳税款及滞纳金，履行担保责任。

纳税保证人未按照规定的履行保证责任的期限缴纳税款及滞纳金的，由税务机关发出责令限期缴纳通知书，责令纳税保证人在限期15日内缴纳；逾期仍未缴纳的，经县以上税务局(分局)局长批准，对纳税保证人采取强制执行措施，通知其开户银行或其他金融机构从其存款中扣缴所担保的纳税人应缴纳的税款、滞纳金，或扣押、查封、拍卖、变卖其价值相当于所担保的纳税人应缴纳的税款、滞纳金的商品、货物或者其他财产，以拍卖、变卖所得抵缴担保的税款、滞纳金。

(三)纳税抵押

纳税抵押，是指纳税人或纳税担保人不转移对抵押财产的占有，将该财产作为税款及滞纳金的担保。纳税人逾期未缴清税款及滞纳金的，税务机关有权依法处置该财产以抵缴税款及滞纳金。

1. 抵押人、抵押权人和抵押物

以财产作为抵押的纳税人或者纳税担保人为抵押人，税务机关为抵押权人，提供担保的财产为抵押物。

下列财产可以作为抵押物。

(1) 抵押人所有的房屋和其他地上定着物。

(2) 抵押人所有的机器、交通运输工具和其他财产。

(3) 抵押人依法有权处分的国有的房屋和其他地上定着物。

(4) 抵押人依法有权处分的国有的机器、交通运输工具和其他财产。

(5) 经设区的市、自治州以上税务机关确认的其他可以抵押的合法财产。

下列财产不得作为抵押物。

(1) 土地所有权。

(2) 土地使用权，但《纳税担保试行办法》规定中认可的除外。如已依法取得的国有土地上的房屋抵押的，该房屋占用范围内的国有土地使用权同时抵押，以乡(镇)、村企业的厂房等建筑物抵押的，其占用范围内的土地使用权同时抵押。

(3) 学校、幼儿园、医院等以公益为目的的事业单位、社会团体、民办非企业单位的教育设施、医疗卫生设施和其他社会公益设施。

(4) 所有权、使用权不明或者有争议的财产。

(5) 依法被查封、扣押、监管的财产。

(6) 依法定程序确认为违法、违章的建筑物。

(7) 法律、行政法规规定禁止流通的财产或者不可转让的财产。

(8) 经设区的市、自治州以上税务机关确认的其他不予抵押的财产。

2. 纳税抵押的办理

纳税人提供抵押担保的，应当填写纳税担保书和纳税担保财产清单。纳税担保财产清

单应当写明财产价值以及相关事项。纳税担保书和纳税担保财产清单须经纳税人签字盖章并经税务机关确认。

纳税抵押财产应当办理抵押物登记。纳税抵押自抵押物登记之日起生效。纳税人应向税务机关提供由以下部门出具的抵押登记的证明及其复印件(以下简称"证明材料")。

(1) 以城市房地产或者乡(镇)、村企业的厂房等建筑物抵押的,提供县级以上地方人民政府规定部门出具的证明材料。

(2) 以船舶、车辆抵押的,提供运输工具的登记部门出具的证明材料。

(3) 以企业的设备和其他动产抵押的,提供财产所在地的工商行政管理部门出具的证明材料或者纳税人所在地的公证部门出具的证明材料。

3. 抵押物的处置和灭失的处理

在抵押期间,经税务机关同意,纳税人可以转让已办理登记的抵押物,并告知受让人转让物已经抵押的情况。纳税人转让抵押物所得的价款,应向税务机关提前缴纳所担保的税款、滞纳金,超过部分,归纳税人所有,不足部分由纳税人缴纳或提供相应的担保。

在抵押物灭失、毁损或者被征用的情况下,税务机关应当就该抵押物的保险金、赔偿金或者补偿金要求优先受偿,抵缴税款、滞纳金。抵押权所担保的纳税义务履行期未满的,税务机关可以要求将保险金、赔偿金或补偿金等作为担保财产。

纳税人在规定的期限内未缴清税款、滞纳金的,税务机关应当依法拍卖、变卖抵押物,变价抵缴税款、滞纳金。

4. 抵押担保责任的履行

纳税人在规定的期限届满未缴清税款、滞纳金的,税务机关应当在期限届满之日起 15 日内书面通知纳税担保人,纳税担保人自收到纳税通知书之日起 15 日内缴纳担保的税款、滞纳金。纳税担保人未按照规定的期限缴纳所担保的税款、滞纳金的,由税务机关责令在限期 15 日内缴纳;逾期仍未缴纳的,经县以上税务局(分局)局长批准,税务机关依法拍卖、变卖抵押物,抵缴税款、滞纳金。

(四)纳税质押

纳税质押,是指经税务机关同意,纳税人或纳税担保人将其动产或权利凭证移交税务机关占有,将该动产或权利凭证作为税款及滞纳金的担保。纳税人逾期未缴清税款及滞纳金的,税务机关有权依法处置该动产或权利凭证以抵缴税款及滞纳金。

1. 动产质押和权利质押

纳税质押分为动产质押和权利质押。动产质押包括现金以及其他除不动产以外的财产提供的质押。权利质押包括汇票、支票、本票、债券、存款单等权利凭证提供的质押。

对于实际价值波动很大的动产或权利凭证,经设区的市、自治州以上税务机关确认,税务机关可以不接受其作为纳税质押。

2. 纳税质押的办理

纳税人提供质押担保的,应当填写纳税担保书和纳税担保财产清单并签字盖章。纳税担保财产清单应当写明财产价值及相关事项。纳税质押自纳税担保书和纳税担保财产清单经税务机关确认和质物移交之日起生效。

以汇票、支票、本票、公司债券出质的，税务机关应与纳税人背书清单记载"质押"字样。以存款单出质的，应由签发的金融机构核押。

以载明兑现或者提货日期的汇票、支票、本票、债券、存款单出质的，汇票、支票、本票、债券、存款单兑现日期先于纳税义务履行期或者担保期的，税务机关与纳税人约定将兑现的价款用于缴纳或者抵缴所担保的税款及滞纳金。

3. 质押担保责任的履行

纳税人在规定的期限内缴清税款、滞纳金的，税务机关应当在3个工作日内将质物返还给纳税担保人，解除质押关系。未缴清的，税务机关应当在期限届满之日起15日内书面通知纳税担保人，纳税担保人自收到纳税通知书之日起15日内缴纳担保的税款、滞纳金。

纳税担保人未按照上述规定的期限缴纳所担保的税款、滞纳金的，由税务机关责令限期在15日内缴纳；缴清税款、滞纳金的，税务机关自纳税担保人缴清税款及滞纳金之日起3个工作日内返还质物，解除质押关系；逾期仍未缴纳的，经县以上税务局(分局)局长批准，税务机关依法拍卖、变卖质物，抵缴税款、滞纳金。

(五)法律责任

1. 纳税人的法律责任

纳税人、纳税担保人采取欺骗、隐瞒等手段提供担保的，由税务机关处以1 000元以下的罚款；属于经营行为的，处以1万元以下的罚款。

非法为纳税人、纳税担保人实施虚假纳税担保提供方便的，由税务机关处以1 000元以下的罚款。

纳税人采取欺骗、隐瞒等手段提供担保，造成应缴税款损失的，由税务机关按照《税收征管法》的规定处以未缴、少缴税款50%以上5倍以下的罚款。

2. 税务机关及其工作人员的法律责任

税务机关负有妥善保管质物的义务。因保管不善致使质物灭失或者毁损，或未经纳税人同意擅自使用、出租、处分质物而给纳税人造成损失的，税务机关应当对直接损失承担赔偿责任。

纳税义务期限届满或在担保期间，纳税人或者纳税担保人请求税务机关及时行使权利，而税务机关怠于行使权利致使质物价格下跌造成损失的，税务机关应当对直接损失承担赔偿责任。

税务机关工作人员有下列情形之一的，根据情节轻重给予行政处分：①违反本办法规定，对符合担保条件的纳税担保，不予同意或故意刁难的；②违反本办法规定，对不符合担保条件的纳税担保予以批准，致使国家税款及滞纳金遭受损失的；③私分、挪用、占用、擅自处分担保财物的；④其他违法情形。

欢迎观看纳税保证措施的教学视频，请扫描二维码。

4-3 纳税保证措施
_batch.mp4

三、税收保全措施

所谓税收保全措施,是指税务机关对可能由于纳税人的行为或某种客观原因,致使以后的税款征收不能保证或难以保证而采取的限制纳税人处理或转移商品、货物或其他财产的措施。

(一)税收保全措施的适用范围

(1) 对未按照规定办理税务登记的从事生产、经营的纳税人,临时从事经营的纳税人以及到外县(市)从事生产、经营而未向营业地税务机关报验登记的纳税人,由税务机关核定其应纳税额,责令缴纳而不缴纳的。

(2) 未领取营业执照的单位和个人从事工程承包或者提供劳务的。

(3) 税务机关有根据认为从事生产经营的纳税人有逃避纳税义务行为的,可以在规定的纳税期之前,责令限期缴纳应纳税款;在限期内发现纳税人有明显的转移、隐匿其应纳税的商品、货物以及其他财产或者应纳税收入的迹象,同时纳税人不能提供纳税担保的。

(4) 欠缴税款的纳税人在出境前未按规定向税务机关结清应缴税款的。

(二)税收保全措施的具体内容

根据《税收征管法》第38条的规定,税务机关有根据认为从事生产、经营的纳税人有逃避纳税义务行为的,可以在规定的纳税期之前,责令限期缴纳应纳税款;在限期内发现纳税人有明显的转移、隐匿其应纳税的商品、货物以及其他财产或者应纳税的收入的迹象的,税务机关可以责成纳税人提供纳税担保。如果纳税人不能提供纳税担保,经县以上税务局(分局)局长批准,税务机关可以采取下列税收保全措施。

(1) 书面通知纳税人开户银行或者其他金融机构冻结纳税人的金额相当于应纳税款的存款。

这项措施在纳税人有存款的情况下采用。具体实施时,须经县以上税务局(分局)局长批准,并以该县以上税务局(分局)的名义向纳税人开户银行或其他金融机构发出《冻结存款通知书》,被通知的银行或其他金融机构依法协助执行。

(2) 扣押、查封纳税人的价值相当于应纳税款的商品、货物或者其他财产。其他财产包括纳税人的房地产、现金、有价证券等财产。

个人及其所扶养家属维持生活必需的住房和用品,不在税收保全措施的范围之内。税务机关对单价5 000元以下的其他生活用品,不采取税收保全措施和强制执行措施。

个人所扶养家属,是指与纳税人共同居住生活的配偶、直系亲属以及无生活来源并由纳税人扶养的其他亲属。

纳税人拥有的机动车辆、金银饰品、古玩字画、豪华住宅或者一处以外的住房不属于税收征管法所称个人及其所扶养家属维持生活必需的住房和用品。

纳税人在限期内已缴纳税款,税务机关未立即解除税收保全措施,使纳税人的合法利益遭受损失的,税务机关应当承担赔偿责任。《税收征管法》所称损失,是指因税务机关的责任,使纳税人、扣缴义务人或者纳税担保人的合法利益遭受的直接损失。

税务机关执行扣押、查封商品、货物或其他财产时,必须由两名以上税务人员执行,并通知被执行人。被执行人是公民的,应通知被执行人或者其成年家属到场;被执行人属于法人或者其他组织的,应当通知其法人代表或者主要负责人到场,拒不到场的,不影响执行。

(三)税收保全措施的实施程序

实施税收保全措施必须依照法定的程序进行。如在规定的期限前向纳税人发出责令限期缴纳的通知书,并注明限期缴纳的时间和缴纳的税金数额;同时,要密切注意纳税人的动向,发现转移应税物品迹象的,及时责令其提供纳税担保,如果纳税人不能提供纳税担保,再实行税收保全措施。现就具体情况分述如下。

(1) 对未取得营业执照从事经营的单位或者个人采取税收保全措施。由税务机关核定其应纳税额,向当事人发出责令限期缴纳的通知书。如果纳税人不缴纳税款,可以持《扣押商品、货物收据》,扣押其价值相当于应纳税款的商品、货物。扣押后当事人缴纳税款的,税务机关必须立即解除扣押,归还扣押的商品、货物,收回发出的《扣押商品、货物收据》。若扣押后纳税人不按期缴纳税款,经县以上税务局(分局)局长批准,拍卖所扣押的商品、货物,以拍卖所得抵缴税款。

(2) 对未领取营业执照从事工程承包或者提供劳务的单位和个人采取税收保全措施。税务机关可以先责令其缴纳纳税保证金。有关单位和个人缴纳纳税保证金后,税务机关必须开付收据,并向当事人发出《限期纳税清算通知书》,明确其到税务机关进行纳税清算的期限。逾期未清算的,以其纳税保证金抵缴税款。

(3) 对从事生产、经营的纳税人采取税收保全措施。由税务机关在原规定的纳税期前,向纳税人发出责令限期缴纳税款的通知书,写明限期缴纳的时间和纳税的数额。在限期内发现纳税人有明显的转移、隐匿其应纳税商品、货物及其他财产或应税收入的迹象的,立即向纳税人发出《责令提供纳税担保通知书》。若纳税人不能提供纳税担保,税务机关可以采取下列税收保全措施。

① 填写暂停支付存款的通知书,经县以上税务局(分局)局长签批后,通知从事生产、经营的纳税人的开户银行或其他金融机构,暂停支付纳税人相当于应纳税款的存款。

② 填写《扣押、查封商品、货物及其他财产清单》,经县以上税务局(分局)局长签批后,由两名以上税务人员扣押、查封从事生产、经营的纳税人的价值相当于应纳税款的商品、货物或者其他财产。

③ 纳税人在税务机关采取税收保全措施后,在规定的期限内缴纳税款的,税务机关必须立即解除税收保全措施,对于扣押、查封的商品、货物或其他财产应归还,并收回已经开出的收据或清单;对于书面通知其开户银行或其他金融机构暂停支付存款的,应当书面向其开户银行或其他金融机构发出解除暂停支付存款的通知书。

若纳税人在限期内仍未缴纳税款,经县以上税务局(分局)局长批准,税务机关可以发出《缴税款入库通知书》,通知开户银行或其他金融机构从其暂停支付的存款中扣缴税款,或者拍卖所扣押、查封的商品、货物或其他财产,以拍卖所得抵缴税款。

④ 对出境前未结清欠缴税款的纳税人采取税收保全措施,责令纳税人提供纳税担保,对于纳税人不能提供纳税担保的,由税务机关通知出入境管理机关阻止其出境。

(四) 税收保全措施的解除及责任

税收保全措施的终止有两种情况。

(1) 纳税人在规定的期限内缴纳了税款的,税务机关必须立即解除税收保全措施。《中华人民共和国税收征收管理法实施细则》第 68 条规定,纳税人在税务机关采取税收保全措施后,按照税务机关规定的期限缴纳税款的,税务机关应当自收到税款或者银行转回的完税凭证之日起 1 日内解除税收保全。

(2) 纳税人限期期满仍未缴纳税款的,经县以上税务局(分局)局长批准,税务机关可以书面通知纳税人的开户银行或者其他金融机构从其冻结的存款中扣缴税款,或者依法拍卖或者变卖所扣押、查封的商品、货物或者其他财产,以拍卖或者变卖所得抵缴税款。

对于采取税收保全措施不当,或者纳税人在限期内已经缴纳税款,税务机关未立即解除税收保全措施,致使纳税人的合法利益遭受损失的,税务机关应当按纳税人合法利益遭到的实际损失承担赔偿责任,以确保纳税人的合法权益不受损害。

> 【案例 4-1】
>
> M 公司是一家生产化纤产品的私营企业,其主管税务机关 A 县地税局稽查局于 2009 年 5 月对其进行的税务检查中发现,该企业 2008 年下半年应该代扣代缴公司员工的个人所得税累计 100 000 元,该公司没有履行代扣代缴税款的义务。稽查局遂对其作出如下处理决定:责令该公司向其员工补扣个人所得税 100 000 元、滞纳金 8 000 元,并对该公司罚款 100 000 元。在限期缴纳的期限内,稽查局发现该公司有转移银行存款,逃避纳税的行为,经县局局长批准,税务机关采取税收保全措施。由于该公司已经没有可供查封、扣押的产品和货物,稽查局对其一幢价值 400 万元的厂房进行整体查封。
>
> 问:税务机关的行为有无不当之处?
>
> 分析:在本案中,稽查局作出的责令该公司向其员工补扣个人所得税 100 000 元、滞纳金 8 000 元,并对该公司罚款 100 000 元的决定是合法的。但不当之处在于,对于个人所得税而言,该企业只属于扣缴义务人,而并非是纳税人。根据税收保全措施的规定,税收保全措施一般只能适用于纳税人,对扣缴义务人不适用。

欢迎观看税收保全措施的教学视频,请扫描二维码。

4-4 税收保全措施_batch.mp4

四、税收强制执行措施

根据《税收征管法》第 40 条的规定,从事生产、经营的纳税人、扣缴义务人未按照规定的期限缴纳或解缴税款,纳税担保人未按照规定的期限缴纳所担保的税款,由税务机关责令限期缴纳,逾期仍未缴纳的,经县以上税务局(分局)局长批准,税务机关可以采取强制执行措施。

(一) 税收强制执行措施的适用范围

(1) 从适用对象上看,税收强制执行措施不仅适用于从事生产、经营的纳税人,也适用于扣缴义务人和纳税担保人。

(2) 对已依法采取税收保全措施的纳税人,若在限期内不履行纳税义务,税务机关可直接采取税收强制执行措施。

(二)税收强制执行措施的具体内容及要求

1. 税收强制执行措施的具体内容

(1) 书面通知其开户银行或者其他金融机构从其存款中扣缴税款。

(2) 扣押、查封、依法拍卖或者变卖其价值相当于应纳税款的商品、货物或者其他财产,以拍卖或者变卖所得抵缴税款。

2. 税收强制执行措施的要求

(1) 从适用条件及程序上看,必须是告诫在先,执行在后。具体按如下程序进行:当纳税人、扣缴义务人未按规定期限缴纳或解缴税款,纳税担保人未按规定期限缴纳所担保的税款时,税务机关应先采取责令限期缴纳的措施,即由税务机关发出催缴税款通知书,责令限期(最长期限为 15 日)缴纳或解缴税款。如果纳税人、扣缴义务人、纳税担保人逾期仍未缴纳的,则可采取税收强制执行措施。

(2) 从执法权限上看,采取税收强制执行措施必须经过县以上税务局(分局)局长批准。

(3) 税务机关采取强制执行措施时,对纳税人、扣缴义务人、纳税担保人未缴纳的滞纳金同时强制执行。

(4) 个人及其所扶养家属维持生活必需的住房和用品,不在强制执行措施的范围之内。

(5) 税务机关将扣押、查封的商品、货物或者其他财产变价抵缴税款时,应当交由依法成立的拍卖机构拍卖;无法委托拍卖或者不适于拍卖的,可以交由当地商业企业代为销售,也可以责令纳税人限期处理;无法委托商业企业销售,纳税人也无法处理的,可以由税务机关变价处理,具体办法由国家税务总局规定。国家禁止自由买卖的商品,应当交由有关单位按照国家规定的价格收购。

拍卖或者变卖所得抵缴税款、滞纳金、罚款以及扣押、查封、保管、拍卖、变卖等费用后,剩余部分应当在 3 日内退还被执行人。

(6) 采取税收强制执行措施的权力与采取税收保全措施的权力一样,不得由法定的税务机关以外的单位和个人行使。

(7) 税务机关滥用职权违法采取税收保全措施、强制执行措施,或者采取税收保全措施、强制执行措施不当,使纳税人、扣缴义务人或者纳税担保人的合法权益遭受损失的,应当依法承担赔偿责任。

欢迎观看税收强制执行措施的教学视频,请扫描二维码。

4-5 税收强制执行措施_batch.mp4

五、离境清税制度

离境清税制度是针对需要出境的欠缴税款的纳税人而采取的追缴税款的措施,其目的是防止纳税人利用出境逃避纳税义务,以确保国家权益不受损失。《税收征管法》第 44 条规定:"欠缴税款的纳税人或者他的法定代表人需要出境的,应当在出境前向税务机关结清应纳税款、滞纳金或者提供担保。未结清税款、滞纳金,又不提供担保的,税务机关可以通知出境管理机关阻止其出境。"为此,《税收征管法实施细则》第 74 条规定,欠缴税款的纳税人或者其法定代表人在出境前未按照规定结清应纳税款、滞纳金或者提供纳税担保的，税务机关可以通知出入境管理机关阻止其出境。

六、滞纳金制度

《税收征管法》第32条规定，纳税人未按照规定期限缴纳税款的，扣缴义务人未按照规定期限解缴税款的，税务机关除责令限期缴纳外，从滞纳税款之日起，按日加收滞纳税款万分之五的滞纳金。加收滞纳金的起止时间，为法律、行政法规规定或者税务机关依照法律、行政法规的规定确定的税款缴纳期限届满之次日起至纳税人、扣缴义务人实际缴纳或者解缴税款之日止。

滞纳金制度的主要内容包括：滞纳税款、滞纳天数、滞纳金加收率、滞纳金的计算。滞纳税款是指超过纳税期限的最后一天应缴未缴的税款；滞纳天数是指纳税期限届满之次日到缴纳税款当天的天数；滞纳金加收率是指滞纳金占滞纳税款的比例。其计算公式为

应加收滞纳金数额=滞纳税款×滞纳天数×滞纳金加收率

加收滞纳金属于行政处罚的范畴，它是纳税人、扣缴义务人因占用国家税款而应缴纳的一种补偿，其目的是维护国家的整体利益。

同时存在欠税和滞纳金的情况下，如果当事人无力全部缴纳怎么办？

自2020年3月1日起，对纳税人、扣缴义务人、纳税担保人应缴纳的欠税及滞纳金不再要求同时缴纳，可以先行缴纳欠税，再依法缴纳滞纳金。此处所称欠税，是指纳税人、扣缴义务人、纳税担保人超过税收法律、行政法规规定的期限或者超过税务机关依照税收法律、行政法规规定确定的纳税期限未缴纳的税款(不包括滞纳金和罚款)，具体包括：①办理纳税申报后，纳税人未在税款缴纳期限内缴纳的税款；②经批准延期缴纳的税款期限已满，纳税人未在税款缴纳期限内缴纳的税款；③税务检查已查定纳税人的应补税额，纳税人未在税款缴纳期限内缴纳的税款；④税务机关根据《税收征管法》第27条、第35条核定纳税人的应纳税额，纳税人未在税款缴纳期限内缴纳的税款；⑤纳税人的其他未在税款缴纳期限内缴纳的税款。

4-6 离境清税制度及滞纳金征收制度_batch.mp4

欢迎观看离境清税制度及滞纳金征收制度的教学视频，请扫描二维码。

七、税款的补缴与追征

税款的补缴和追征，是根据造成税款少缴、未缴的原因来区分的。前者是因税务机关的责任造成的，后者是因纳税人、扣缴义务人的责任造成的。

(一)税款补缴

《税收征管法》第52条第1款规定："因税务机关的责任，致使纳税人、扣缴义务人未缴或者少缴税款的，税务机关在三年内可以要求纳税人、扣缴义务人补缴税款，但是不得加收滞纳金。"所谓税务机关的责任，是指因税务机关使用税收法律、行政法规不当或者执法行为违法而致使纳税人、扣缴义务人未缴或少缴税款所应承担的责任。

(二)税款追征

《税收征管法》第 52 条第 2 款规定:"因纳税人、扣缴义务人计算错误等失误,未缴或者少缴税款的,税务机关在三年内可以追征税款、滞纳金;有特殊情况的,追征期可以延长到五年。"

《税收征管法》第 52 条第 3 款规定:"对偷税、抗税、骗税的,税务机关追征其未缴或者少缴的税款、滞纳金或者所骗取的税款,不受前款规定期限的限制。"也就是说,对偷税、抗税、骗税的,税务机关可以无限期地追征。

所谓纳税人、扣缴义务人计算错误等失误,是指非主观故意的计算公式运用错误以及明显的笔误。

所谓特殊情况,是指纳税人或者扣缴义务人因计算错误等失误,未缴或者少缴、未扣或者少扣、未收或者少收税款,累计数额在 10 万元以上的。

追征税款、滞纳金的期限,自纳税人、扣缴义务人应缴未缴或者少缴税款之日起计算。

欢迎观看税款的补征和追征的教学视频,请扫描二维码。

4-7 税款的补征和追征_batch.mp4

八、税款优先执行制度

《税收征管法》第 45 条规定:"税务机关征收税款,税收优先于无担保债权,法律另有规定的除外;纳税人欠缴的税款发生在纳税人以其财产设定抵押、质押或者纳税人的财产被留置之前的,税收应当先于抵押权、质权、留置权执行。"

纳税人欠缴税款,同时又被行政机关决定处以罚款、没收违法所得的,税收优先于罚款、没收违法所得。

所谓无担保债权,是指在债权上未设置任何形式担保的债权。税收优先于无担保债权,主要是对纳税人未设置担保物权的财产,实行税收优先。所谓未设置担保物权的财产是指纳税人没有设定抵押、质押或没有被留置的财产,即没有设定担保的财产。税收优先于无担保债权,是指纳税人发生纳税义务,又有其他应偿还的债务,而纳税人的未设置担保物权的财产,不足以同时缴纳税款又清偿其他债务的,纳税人的未设置担保物权的财产应该首先用于缴纳税款。税务机关在征收税款时,可以优先于其他债权人取得纳税人未设置担保物权的财产。

应注意的是,税收优先于无担保债权,但法律另有规定的除外,如在破产程序中,职工的工资属于债权,职工的工资却优先于国家的税收而得到清偿。

税收优先于发生在其后的抵押权、质权、留置权,即纳税人欠缴的税款发生在纳税人以其财产设定抵押、质押或者纳税人的财产被留置之前的,税收应当先于抵押权、质权、留置权的执行。

九、税款的退还

税款退还是指纳税人超过应纳税款而多缴纳的税款,由税务机关按规定予以退还的行为。《税收征管法》第 51 条规定:"纳税人超过应纳税额缴纳的税款,税务机关发现后应当立即退还;纳税人自结算缴纳税款之日起三年内发现的,可以向税务机关要求退还多缴的税款并加算银行同期存款利息,税务机关及时查实后应当立即退还;涉及从国库中退库的,依照法律、行政法规有关国库管理的规定退还。"但是,若纳税人自结算缴款之日起三年后申请退还,税务机关不予受理。

(一)关于利息的计算

《税收征管法实施细则》第78条规定,税收征管法第五十一条规定的加算银行同期存款利息的多缴税款退税,不包括依法预缴税款形成的结算退税、出口退税和各种减免退税。退税利息按照税务机关办理退税手续当天中国人民银行规定的活期存款利率计算。

(二)退税时间或办法

税务机关发现纳税人多缴税款的,应当自发现之日起10日内办理退还手续;纳税人发现多缴税款,要求退还的,税务机关应当自接到纳税人退还申请之日起30日内查实并办理退还手续。

如果纳税人既有应退税款又有欠缴税款的,税务机关可以将应退税款和利息先抵扣欠缴税款;抵扣后有余额的,退还纳税人。

欢迎观看多缴纳税款的退还的教学视频,请扫描二维码。

4-8 多缴纳税款的退还_batch.mp4

十、处置大额资产报告制度

《税收征管法》第49条规定:"欠缴税款数额较大的纳税人在处分其不动产或者大额资产之前,应当向税务机关报告。"

这里所称欠缴税款数额较大,是指欠缴税款在5万元以上。

十一、合并分立清税制度

《税收征管法》第48条规定:"纳税人有合并、分立情形的,应当向税务机关报告,并依法缴清税款。纳税人合并时未缴清税款的,应当由合并后的纳税人继续履行未履行的纳税义务;纳税人分立时未缴清税款的,分立后的纳税人对未履行的纳税义务应当承担连带责任。"

十二、代位权和撤销权

《税收征管法》第50条规定:"欠缴税款的纳税人因怠于行使到期债权,或者放弃到期债权,或者无偿转让财产,或者以明显不合理的低价转让财产而受让人知道该情形,对国家税收造成损害的,税务机关可以依照合同法第七十三条、第七十四条的规定行使代位权、撤销权。"

税务机关依照规定行使代位权、撤销权的,不免除欠缴税款的纳税人尚未履行的纳税义务和应承担的法律责任。

欢迎观看其他征收措施的教学视频,请扫描二维码。

4-9 其他征收措施-1_batch.mp4

十三、欠税公告制度

根据《税收征管法》第 45 条第 3 款的规定，税务机关应当对纳税人欠缴税款的情况定期予以公告。具体操作时，由县级以上各级税务机关将纳税人的欠税情况，在办税场所或者广播、电视、报纸、期刊、网络等新闻媒体上定期公告。

《税收征管法》第 46 条规定："纳税人有欠税情形而以其财产设定抵押、质押的，应当向抵押权人、质权人说明其欠税情况。抵押权人、质权人可以请求税务机关提供有关的欠税情况。"

根据《税收征管法》及其实施细则的规定，国家税务总局颁布和修订了《欠税公告办法(试行)》，自 2005 年 1 月 1 日起施行。

(一)公告机关及其责任

(1) 欠税公告机关为县以上(含县)税务局。需要由上级公告机关公告的纳税人欠税信息，下级公告机关应及时上报。具体的时间和要求由各省、自治区、直辖市和计划单列市税务局确定。

(2) 公告机关在欠税公告前，应当深入细致地对纳税人的欠税情况进行确认，重点要就欠税统计清单数据与纳税人分户台账记载数据、账簿记载书面数据与信息系统记录电子数据逐一进行核对，确保公告数据的真实、准确。

(3) 欠税一经确定，公告机关应当以正式文书的形式签发公告决定，向社会公告。公告决定应当列为税收征管资料档案，妥善保存。

(4) 公告机关公告纳税人欠税情况不得超出规定的范围，并应依照《税收征管法》及其实施细则的规定对纳税人的有关情况予以保密。

(5) 欠税发生后，除依照规定公告外，税务机关应当依法催缴并严格按日计算加收滞纳金，直至采取税收保全、税收强制执行措施清缴欠税。任何单位和个人不得以欠税公告代替税收保全、税收强制执行等法定措施的实施，干扰清缴欠税。各级公告机关应指定部门负责欠税公告工作，并明确其他有关职能部门的相关责任，加强欠税管理。

(6) 公告机关应公告不公告或者应上报不上报，给国家税款造成损失的，上级税务机关除责令其改正外，应按《国家公务员暂行条例》和《人事部关于国家公务员纪律惩戒有关问题的通知》规定，对直接责任人员予以处理。

对扣缴义务人、纳税担保人的欠税公告参照《欠税公告办法(试行)》的规定执行。

(二)应予以公告的欠税

应予以公告的欠税，是指纳税人超过税收法律、行政法规规定的期限或者纳税人超过税务机关依照税收法律、行政法规的规定确定的纳税期限(以下简称税款缴纳期限)未缴纳的税款，不包括滞纳金和罚款，但包括以下税款。

(1) 办理纳税申报后，纳税人未在税款缴纳期限内缴纳的税款。

(2) 经批准延期缴纳的税款期限已满，纳税人未在税款缴纳期限内缴纳的税款。

(3) 税务检查已查定纳税人的应补税额，纳税人未在税款缴纳期限内缴纳的税款。

(4) 税务机关按规定核定纳税人的应纳税额,纳税人未在税款缴纳期限内缴纳的税款。

(5) 纳税人的其他未在税款缴纳期限内缴纳的税款。

欠税公告的数额实行欠税余额和新增欠税相结合的办法,对纳税人的以下欠税,税务机关可不公告。

(1) 已宣告破产,经法定清算后,依法注销其法人资格的企业欠税。

(2) 被责令撤销、关闭,经法定清算后,被依法注销或吊销其法人资格的企业欠税。

(3) 已经连续停止生产经营1年(按日历日期计算)以上的企业欠税。

(4) 失踪2年以上的纳税人的欠税。

(三)欠税的公告内容

(1) 企业或单位欠税的,公告企业或单位的名称、纳税人识别号、法定代表人或负责人的姓名、居民身份证或其他有效身份证件号码、经营地点、欠税税种、欠税余额和当期新发生的欠税金额。

(2) 个体工商户欠税的,公告业户名称、业主姓名、纳税人识别号、居民身份证或其他有效身份证件号码、经营地点、欠税税种、欠税余额和当期新发生的欠税金额。

(3) 个人(不含个体工商户)欠税的,公告其姓名、居民身份证或其他有效身份证件号码、欠税税种、欠税余额和当期新发生的欠税金额。

(四)欠税的公告方式

公告机关应当按期在办税场所或者广播、电视、报纸、期刊、网络等新闻媒体上公告纳税人的欠缴税款情况。

(1) 企业或单位欠税的,每季公告一次。

(2) 个体工商户和其他个人欠税的,每半年公告一次。

(3) 走逃、失踪的纳税户以及其他经税务机关查无下落的非正常户欠税的,随时公告。

(五)大额欠税和走逃、失踪户的欠税公告

企业、单位纳税人欠缴税款200万元以下(不含200万元),个体工商户和其他个人欠缴税款10万元以下(不含10万元)的,由县级税务局(分局)在办税服务厅公告。

企业、单位纳税人欠缴税款200万元以上(含200万元),个体工商户和其他个人欠缴税款10万元以上(含10万元)的,由地(市)级税务局(分局)公告。

对走逃、失踪的纳税户以及其他经税务机关查无下落的纳税人欠税的,由各省、自治区、直辖市和计划单列市税务局公告。

欢迎观看其他征收措施的教学视频,请扫描二维码。

4-10 其他征收措施-2_batch.mp4

十四、对未办理税务登记和临时经营的税款征收

根据《税收征管法》第37条的规定,对未按照规定办理税务登记的从事生产、经营的纳税人(包括到外县从事生产、经营而未向营业地税务机关报验登记的纳税人)以及临时从事经营的纳税人,由税务机关核定其应纳税额,责令缴纳;不缴纳的,税务机关可以扣押其

价值相当于应纳税款的商品、货物。扣押后缴纳应纳税款的,税务机关必须立即解除扣押,并归还所扣押的商品、货物;扣押后仍不缴纳应纳税款的,经县以上税务局(分局)局长批准,依法拍卖或者变卖所扣押的商品、货物,以拍卖或者变卖所得抵缴税款。

十五、税务机关依法征缴入库

税务局应当按照国家规定的税收征收管理范围和税款入库预算级次,将征收的税款缴入国库。

对审计机关、财政机关依法查出的税收违法行为,税务机关应当根据有关机关的决定、意见书,依法将应收的税款、滞纳金按照税款入库预算级次缴入国库,并将结果及时回复有关机关。

十六、关联企业业务往来的税收调整

(一)关联企业的认定

关联企业又称联属企业。《联合国关于发达国家与发展中国家间避免双重征收的协定范本》和《经济合作与发展组织关于避免双重征税的协定范本》中都将其定义为:缔约国一方企业直接或间接参与缔约国另一方企业的管理、控制或资本;或者同一人直接或间接参与缔约国一方企业和缔约国另一方企业的管理、控制或资本。在这种情况下,两个企业之间的商业或财务关系不同于独立企业之间的关系,这样的企业就是关联企业。

我国《税收征管法》中所称的关联企业,是指与企业有下列关系之一的公司、企业或其他组织。

(1) 在资金、经营、购销等方面,存在直接或者间接的拥有或者控制关系。
(2) 直接或者间接地同为第三者所拥有或者控制。
(3) 其他在利益上具有相关联的关系。

《企业所得税法实施条例》第109条规定,企业所得税法第41条所称关联方,是指与企业有下列关联关系之一的企业、其他组织或者个人。

(1) 在资金、经营、购销等方面存在直接或者间接的控制关系。
(2) 直接或者间接地同为第三者控制。
(3) 在利益上具有相关联的其他关系。

企业所得税法及其实施条例所称关联关系,主要是指企业与其他企业、组织或个人具有下列之一关系[①]。

(1) 一方直接或间接持有另一方的股份总和达到 25%以上,或者双方直接或间接同为第三方所持有的股份达到 25%以上。若一方通过中间方对另一方间接持有股份,只要一方对中间方持股比例达到 25%以上,则一方对另一方的持股比例按照中间方对另一方的持股比例计算。

(2) 一方与另一方(独立金融机构除外)之间借贷资金占一方实收资本的 50%以上,或者

---

① 《特别纳税调整实施办法(试行)》(国税发〔2009〕2号)。

一方借贷资金总额的 10%以上是由另一方(独立金融机构除外)担保。

(3) 一方半数以上的高级管理人员(包括董事会成员和经理)或至少一名可以控制董事会的董事会高级成员是由另一方委派,或者双方半数以上的高级管理人员(包括董事会成员和经理)或至少一名可以控制董事会的董事会高级成员同为第三方委派。

(4) 一方半数以上的高级管理人员(包括董事会成员和经理)同时担任另一方的高级管理人员(包括董事会成员和经理),或者一方至少一名可以控制董事会的董事会高级成员同时担任另一方的董事会高级成员。

(5) 一方的生产经营活动必须由另一方提供的工业产权、专有技术等特许权才能正常进行。

(6) 一方的购买或销售活动主要由另一方控制。

(7) 一方接受或提供劳务主要由另一方控制。

(8) 一方对另一方的生产经营、交易具有实质控制,或者双方在利益上具有相关联的其他关系,包括虽未达到本条第(1)项持股比例,但一方与另一方的主要持股方享受基本相同的经济利益,以及家族、亲属关系等。

(二)关联企业业务往来的税收调整

为了有效防止关联企业之间采用转让定价等方式转移收入或所得而逃避纳税现象的发生,《税收征管法》第 36 条规定,企业或者外国企业在中国境内设立的从事生产、经营的机构、场所与其关联企业之间的业务往来,应当按照独立企业之间的业务往来收取或者支付价款、费用;不按照独立企业之间的业务往来收取或者支付价款、费用,而减少其应纳税的收入或者所得额的,税务机关有权进行合理调整。所谓独立企业之间的业务往来,是指没有关联关系的企业之间,按照公平成交价格和营业常规所进行的业务往来。纳税人有义务就其与关联企业之间的业务往来,向当地税务机关提供有关的价格、费用标准等资料。

1. 需作税收调整的情形

《税收征管法实施细则》第 54 条规定,纳税人与其关联企业之间的业务往来有下列情形之一的,税务机关可以调整其应纳税额。

(1) 购销业务未按照独立企业之间的业务往来作价的。

(2) 融通资金所支付或者收取的利息超过或者低于没有关联关系的企业之间所能同意的数额,或者利率超过或者低于同类业务的正常利率。

(3) 提供劳务,未按照独立企业之间业务往来收取或者支付劳务费用的。

(4) 转让财产、提供财产使用权等业务往来,未按照独立企业之间业务往来作价或者收取、支付费用。

(5) 未按照独立企业之间业务往来作价的其他情形。

2. 税收调整方法

《税收征管法实施细则》第 55 条规定,纳税人有本细则第 54 条所列情形之一的,税务机关可以按照下列方法调整计税收入额或者所得额。

(1) 按照独立企业之间进行的相同或者类似业务活动的价格。

(2) 按照再销售给无关联关系的第三者的价格所应取得的收入和利润水平。

(3) 按照成本加合理的费用和利润。

(4) 按照其他合理的方法。

在实践中，上述4种方法也会遇到难以解决的问题，为此，《企业所得税法实施条例》中新增了两种方法。

《企业所得税法实施条例》第111条规定，企业所得税法第41条所称合理方法，包括以下几种方法。

(1) 可比非受控价格法，是指按照没有关联关系的交易各方进行相同或者类似业务往来的价格进行定价的方法。

(2) 再销售价格法，是指按照从关联方购进商品再销售给没有关联关系的交易方的价格，减除相同或者类似业务的销售毛利进行定价的方法。

(3) 成本加成法，是指按照成本加合理的费用和利润进行定价的方法。

(4) 交易净利润法，是指按照没有关联关系的交易各方进行相同或者类似业务往来取得的净利润水平确定利润的方法。

(5) 利润分割法，是指将企业与其关联方的合并利润或者亏损在各方之间采用合理标准进行分配的方法。

(6) 其他符合独立交易原则的方法。

3. 税收调整期限

《税收征管法实施细则》第56条规定，纳税人与其关联企业未按照独立企业之间的业务往来支付价款、费用的，税务机关自该业务往来发生的纳税年度起3年内进行调整；有特殊情况的，可以自该业务往来发生的纳税年度起10年内进行调整。

所谓特殊情况，是指纳税人有下列情形之一。

(1) 纳税人在以前年度与其关联企业间的业务往来累计达到或超过10万元人民币的。

(2) 经税务机关案头审计分析，纳税人在以前年度与其关联企业间的业务往来，预计需调增其应纳税收入或所得额达到或超过50万元人民币的。

(3) 纳税人在以前年度与设在避税地的关联企业有业务往来的。

(4) 纳税人在以前年度未按规定进行关联企业间业务往来年度申报，或者经税务机关审查核实，关联企业间业务往来年度申报内容不实，以及不履行提供有关价格、费用标准等资料义务的。

《企业所得税法实施条例》第123条规定，企业与其关联方之间的业务往来，不符合独立交易原则，或者企业实施其他不具有合理商业目的的安排的，税务机关有权在该业务发生的纳税年度起10年内，进行纳税调整。

一般认为《税收征管法实施细则》规定的时效只适用于对转让定价的调整，而《企业所得税法实施条例》规定的时效主要适用于受控外国公司、资本弱化、一般反避税条款规定的特别纳税调整。

欢迎观看何为关联企业的教学视频，请扫描二维码。

4-11 何为关联企业_batch.mp4

(三)税基侵蚀与利润转移

税基侵蚀与利润转移(Base Erosion and Profit Shifting，BEPS)是指跨国企业利用国际税收规则存在的不足，以及各国税制差异和征管漏洞，最大限度地减少其全球总体的税负，甚至达到双重不征税的效果，造成对各国税基的侵蚀。在经济全球化的背景下，BEPS 问题愈演愈烈，引起了各国政府的高度关注。有关国家正通过国际合作来应对 BEPS 问题。关于这个问题，请看本教材第十二章有关内容。

第三节 延期纳税和减免税

一、延期纳税

延期纳税是指纳税人因特殊困难，不能在规定的纳税期限内履行纳税义务，经税务机关批准予以延期缴纳的情形。

《税收征管法》第 31 条规定："纳税人因有特殊困难，不能按期缴纳税款的，经省、自治区、直辖市税务局批准，可以延期缴纳税款，但是最长不得超过三个月。"

(一)延期纳税的适用范围

延期纳税仅适用于因有特殊困难而不能按照规定的期限缴纳税款的纳税人。这里的"特殊困难"，根据《税收征管法实施细则》第 41 条规定包括以下情形。

(1) 因不可抗力，导致纳税人发生较大损失，正常生产经营活动受到较大影响的。

(2) 当期货币资金在扣除应付职工工资、社会保险费后，不足以缴纳税款的。

(二)延期纳税的管理要求

延期纳税既涉及国家利益，又涉及纳税人的合法权益，必须按照《税收征管法》的规定严格管理。

(1) 《税收征管法实施细则》第 42 条规定，纳税人需要延期缴纳税款的，应当在缴纳税款期限届满前提出申请，并报送下列材料：申请延期缴纳税款报告，当期货币资金余额情况及所有银行存款账户的对账单，资产负债表，应付职工工资和社会保险费等税务机关要求提供的支出预算。

(2) 延期纳税的审批权限在省、自治区、直辖市税务局。计划单列市税务局可以参照《税收征管法》规定的批准权限，审批纳税人延期纳税事宜。

税务机关应当自收到申请延期缴纳税款报告之日起 20 日内作出批准或者不予批准的决定；不予批准的，从缴纳税款期限届满之日起加收滞纳金。

(3) 纳税人经批准延期缴纳税款的，在批准的期限内，不加收滞纳金；延期缴纳期满后未缴纳的，税务机关应当自批准的期限届满次日起，按日加收未缴税款万分之五的滞纳金，并发出《催缴税款通知书》，责令其在最长不超过 15 日的限期内缴纳；逾期仍不缴纳的，依照《税收征管法》第 40 条的规定，将应缴未缴的税款连同滞纳金一并强制执行。

欢迎观看何为延期纳税的教学视频，请扫描二维码。

4-12 延期纳税
_batch.mp4

二、减免税管理

(一)减免税管理概述

减免税一般可分为法定减免、特定减免和临时减免。法定减免是指税收法律(法规)中直接规定的对某些项目给予的减免;特定减免是指根据社会、经济发展的需要,由国务院或其授权的机关颁布法规、规章特别规定的减免;临时减免是指法定减免和特定减免以外的其他减免,主要是对某个纳税人由于特殊原因临时给予的减免,通常由国家财政、税务主管部门或地方政府依照税收管理权限作出规定。

《税收征管法》第33条规定:"纳税人依照法律、行政法规的规定办理减税、免税。地方各级人民政府、各级人民政府主管部门、单位和个人违反法律、行政法规规定,擅自作出的减税、免税决定无效,税务机关不得执行,并向上级税务机关报告。"

减免税期满,纳税人应自期满次日起恢复纳税。享受减税、免税优惠的纳税人,减税、免税条件发生变化的,应当自发生变化之日起15日内向税务机关报告;不再符合减税、免税条件的,应当依法履行纳税义务。办理减免税的纳税人,享受减免税的情形发生变化时,应当及时向税务机关报告。

(二)减免税管理的有关规定

1. 减免税的分类

减免税享受形式分为申报享受税收减免、税收减免备案、税收减免核准三种。其中,申报享受税收减免的优惠办理分为需在申报享受时随申报表报送附列资料和无须报送附列资料两种情形。

享受税收优惠的纳税人,按规定到税务机关办理减税、免税,税务机关按规定办理并及时录入信息管理系统。

2. 对纳税人会计核算的要求

纳税人兼营免税、减税项目的,应当分别核算免税、减税项目的销售额;未分别核算销售额的,不得免税、减税。

3. 未享受减免待遇而多缴税款的处理

纳税人依法可以享受减免税待遇,但未享受而多缴税款的,凡属于无明确规定需经税务机关审批或没有规定申请期限的,纳税人可以自结算缴纳税款之日起3年内申请减免税,要求退还多缴的税款,但不加算银行同期存款利息。

《纳税服务规范3.0》规定,非居民可享受但未享受税收协定待遇,且因未享受该本可享受的税收协定待遇而多缴税款的,可在税收征管法规定期限内自行或通过扣缴义务人向主管税务机关要求退还,同时提交相关报告表和资料,及补充享受协定待遇的情况说明。

4. 违反减免税管理的法律责任

享受减税、免税优惠的纳税人，减税、免税期满，应当自期满次日起恢复纳税；不再符合减税、免税条件的，应当依法履行纳税义务；未依法纳税的，税务机关应当予以追缴。

纳税人实际经营情况不符合减免税规定条件的或者采用欺骗手段获取减免税的、享受减免税条件发生变化未及时向税务机关报告的，以及未按照相关规定履行相关程序自行减免税的，税务机关依照税收征管法的有关规定予以处理。

本 章 小 结

本章主要介绍了税款征收的概念、税款征收方式、税款缴库方式、税收票证管理、核定税额征收、纳税担保措施、税收保全措施、税收强制执行措施、离境清税制度、滞纳金制度、税款的补缴与追征的相关规定、税款优先执行制度、税款退还、处置大额资产报告制度、合并分立清税制度、代位权和撤销权的规定、欠税公告制度、对未办理税务登记和临时经营的税款征收、关联企业业务往来的税收调整、延期纳税和减免税管理。

复习思考题

1. 税款征收方式有哪几种？各自适用哪些对象？
2. 核定税额征收的适用范围包括哪些？
3. 什么是关联企业？对关联企业之间的业务往来应如何进行税收调整？
4. 纳税担保的适用范围包括哪些？
5. 哪些人不能作为纳税保证人？
6. 纳税担保的形式有哪些？
7. 什么是税收保全措施？其实施前提是什么？
8. 什么是税收强制执行措施？其实施前提是什么？
9. 税款的追征与补缴有何区别？
10. 如何理解税收优先问题？
11. 如何在税款征收中行使代位权和撤销权？
12. 延期纳税的适用条件和管理要求有哪些？
13. 减免税事项的检查内容主要有哪些？

延 展 阅 读

1. 关于大数据与税收征管研究，请参阅米卡耶·帕沙杨，刘曦明. 大数据分析——税收征管的有效工具[J]. 国际税收，2019(07)：25～28. (见二维码)
2. 关于区块链技术在税务管理中的运用，请参阅刘发云，周连洲. 区块链技术在税务管理中的实践初探[J]. 税收征纳，2019(10)：10～11+1. (见二维码)

3. 关于"一带一路"税收征管合作机制，请参阅周仕雅. 基层税务机关推进"一带一路"税收征管合作机制落地见效的实践与思考——以国家税务总局嘉兴市税务局为例[J]. 国际税收，2019(11)：73～77.

4.1 大数据分析_税收征管的有效工具_米卡耶_帕沙杨.pdf

4.2 区块链技术在税务管理中的实践初探_刘发云.pdf

4.3 基层税务机关推进_一带一路_税收_省略__以国家税务总局嘉兴市税务局为例_周仕雅.pdf

第四章 税款征收.ppt

第五章 税源监控

学习目标：通过本章的学习，主要了解税源监控作为当前税收征管中运用比较普遍的一个概念，既是税务机关职责的体现，又是税务机关强化税收征管措施的一种方式和手段。通过对税源监控的一般规定、税收核定、纳税评估的学习，掌握税收核定和纳税评估的基本技能；通过对涉税信息提供的学习，掌握涉税信息采集和税收情报提供的基本要领，切实增强涉税信息的保密意识。

关键概念：税源监控　税收核定　涉税信息提供　纳税评估

第一节　税源监控的一般规定

一、税源监控的定义

税源监控是指税务机关通过对税收源泉的监测和管理，要求纳税人依法办理涉税事项，保障纳税人实际纳税最大限度地接近应纳税额，了解和掌握税源的发展变化趋势，为税收收入的组织管理和税收政策制定提供支持的一项税收管理活动。

二、税源监控的原则

税源监控应遵循以下四个方面的原则。

1. 依法监控原则

依法监控原则是指税源监控的各项活动都必须依法办理。这就要求税收核定、涉税信息提供和纳税评估等税源监控对象必须是法定的纳税人，监控活动必须符合规范的程序，涉税问题的判定必须严格按照税收法律、法规和规章的规定执行。

2. 信息保密原则

信息保密原则是指对税源监控生成的数据库予以依法保密。税源监控采集的纳税人涉税数据包括财务数据、纳税申报数据和生产经营状况的有关数据等，只能用于税务机关内部开展监控管理使用，税务机关及税务工作人员负有保密义务。

3. 分类分级原则

分类分级原则是指按照"放管服"改革要求，对纳税人和涉税事项进行科学分类，对税务机关各层级、各部门管理职责进行合理划分，运用风险管理的理念和方法，依托现代信息技术，提升部分复杂涉税事项的管理层级，将有限的征管资源配置于税收风险或税收集中度高的纳税人，实施规范化、专业化、差异化管理的税收征管方式。

4. 注重效益原则

注重效益原则是指税务机关开展税源监控活动应以《国税地税征管体制改革方案》中

提出的"提高征管效率、降低征纳成本"为要求,以尽可能低的合理征纳成本实现尽可能好的税源监控效益。

三、税源监控的分类

以风险管理为导向,按照科学化、精细化要求推进税源监控的信息化工作,是目前构建税源管理立体化、专业化、信息化格局的必然要求。日常税源监控主要是由税务机关通过日常检查了解纳税人生产经营和财务状况等信息,进而控制税源管理风险的关键点。

(一)监控类型划分

税源监控包括日常涉税事项监控和专项涉税事项监控。

(1) 日常涉税事项监控是指从纳税人办理税务登记(身份信息报告)至申报纳税等日常征管环节涉税事项中选取相关事项进行监控,主要包括登记事项监控、发票事项监控、认定审批事项监控、申报事项监控、其他事项监控等。

(2) 专项涉税事项监控是指从日常涉税事项以外的事项中选取特定事项进行监控,主要包括涉税诉求处理情况的监控、大企业税务风险内控情况的监控、税收遵从协议履行情况的监控等。

(二)监控内容划分

税源监控内容包括税收征管基础状况监控、税收与经济宏观状况监控、税种和专业管理状况监控等。

(1) 税收征管基础状况监控是指对税收征管基础管理状况进行分析与监控。税收征管基础状况主要包括纳税人综合信息报告、发票使用报告、税费申报、税费缴纳情况,以及税务行政许可、优惠核实确认、税收核定、预约定价安排、调查协查、外部信息采集交互、征缴管理状况等。

(2) 税收与经济宏观状况监控是指对税收与经济的宏观层面进行分析与监控,旨在从宏观层面识别税收风险特征,主要包括宏观税负、税收收入结构及趋势变化等状况的分析与监控。

(3) 税种和专业管理状况监控是指各级货物与劳务税、所得税、财产行为税、资源和环境税等税种管理部门和国际税收、大企业管理和稽查等专业管理部门对所管控的税源状况进行分析与监控,主要包括各税种、各行业、各类型纳税人的税负、税收收入结构及趋势变化等状况的分析与监控等。

四、重点税源监控

(一)重点税源监控的定义

重点税源监控是税务机关通过数据采集和分析应用,对纳税数额较大、对本地区经济发展和税收收入有重要影响的重点税源纳税人的生产经营和税收情况,进行反映、监督、评价,对经济税源运行情况和趋势进行分析、预测,并据以提高管理和服务水平的活动。

(二)重点税源监控的工作内容

重点税源监控工作主要包括微观税源监控和宏观税源分析两大方面。

微观税源监控以建立行业风险分析指标体系和风险特征库为主线开展，建立健全风险预警系统，定期识别重点税源纳税人申报和税款缴纳过程中的风险点，积极开展风险应对，提高税收管理水平。

宏观税源分析以行业分析为主线开展，建立完善税源景气指数、行业发展指标特征库，从税收视角反映宏观经济运行状况，预测税收变动趋势，为税收收入管理和调整税收政策提供决策依据。

(三)重点税源监控的主要手段

重点税源监控的主要手段是实行报表制度，核心内容包括报表体系、监控指标和口径。

报表体系主要包括纳税人基本信息表、税收表、财务表、产品表、房地产表、调查问卷表以及根据重点税源监控工作需要确定的其他报表。

监控指标和口径主要包括纳税人基本信息、税源税收指标、产品(服务)产销指标、财务经济指标、能耗指标、纳税人对未来生产经营的预测等其他指标以及指标的解释口径。

(四)重点税源监控的数据分析应用

重点税源监控的数据分析应用主要包括日常分析、专题分析、税源景气(发展)指数分析和税收风险预警分析等方面。

日常分析通常分行业、分规模、分税种进行，主要分析重点税源纳税人税收收入变动、税收负担变化和生产经营状况及趋势。一般采用对比分析法、因素分析法和弹性分析法按月度、季度或年度进行日常分析。

专题分析主要针对经济发展和税收工作中的重点、热点和难点问题不定期开展，以行业分析为基础，采用常规对比分析和经济计量分析模型等方法，研究经济和税收之间的关系，揭示税收政策运行和行业、产业发展中的深层次问题，为宏观调控和税收政策调整提供决策依据。

税源景气(发展)指数分析是采用指数和加权计算方法，对税源发展趋势和税源质量状况进行的综合分析。开展税源景气(发展)指数分析可以提高对经济税收关系的规律性认识，科学预测和把握税源税收变动趋势，更好地为组织收入和宏观调控服务。

税收风险预警分析是以风险管理为导向，以测算预警标准值为基础，通过建立风险分析指标体系和风险特征库，对重点税源纳税人税款申报和纳税情况进行风险识别和分析，对识别出的管理风险高的企业及时推送给有关部门和下级税务机关以便进行更为细致的分析核查。

第二节 税 收 核 定

一、税收核定的定义

税收核定，是指税务机关对纳税人依法进行的纳税申报，有权就其真实性、合法性进行核实、确定，具体来说是以纳税人提供的账簿凭证、报表、文件等资料记载的信息为基础,结合所掌握的相关信息对纳税申报资料进行核实、确定的过程。

二、税收核定的对象与范围

纳税人未履行税收法律、法规规定的信息记录、保管、报告以及配合税务检查等义务的,税务机关应当以掌握的信息为基础,核定其应纳(预缴)税额。税收核定适用对象与范围如下。

(1) 依照法律、行政法规的规定可以不设置账簿的。这主要是指现行有关税收法律、行政法规明确规定可以不设置账簿的纳税人。

(2) 依照法律、行政法规的规定应当设置账簿但未设置的。这主要是指现有税收法律、行政法规规定应当设置账簿而因自身原因未设置账簿的经营或非经营单位。

(3) 擅自销毁账簿或者拒不提供纳税资料的。擅自销毁账簿是指根据税收法律、行政法规规定设置了有关账簿,但因纳税人自身原因,包括故意和过失致使该账簿损毁而导致无法进行查账征收的;拒不提供纳税资料是指纳税人虽然有相关的纳税资料,但拒不按规定向税务机关或税务人员提供。该两种情形使税务机关或税务人员无法全面了解纳税人的具体经营情况,而无法对其进行查账征收。

(4) 虽设置账簿,但账目混乱或者成本资料、收入凭证、费用凭证残缺不全,难以查账的。这主要是指纳税人在设置账簿后,由于管理不善或其他原因,而导致账目混乱,有关成本资料、收入凭证、费用凭证残缺不全,难以进行查账征收的情形。

(5) 纳税人发生纳税义务,未按照规定的期限办理纳税申报,经税务机关责令限期申报,逾期仍不申报的。

(6) 纳税人申报的计税依据明显偏低,又无正当理由的。这主要是指纳税人已根据法定时间和程序进行了纳税申报,但其申报的计税依据,包括应税收入额、应税所得额等内容与一般的情况相比明显偏低,但其又没有正当理由。

(7) 纳税人不提供与其关联方之间业务往来资料,或者提供虚假、不完整资料,未能真实反映其关联业务往来情况的。

(8) 纳税义务人未按照规定办理税务登记,从事生产经营以及临时从事经营的。

(9) 纳税人不能按期办理纳税申报的,且经营情况变动大的,税务机关在办理核准延期申报时,应合理核定预缴税额。

三、税收核定的方法

对于适用税收核定的对象,税务机关有权采用以下任何一种方法核定其应纳税额。

(1) 参照当地同类行业或者类似行业中经营规模和收入水平相近的纳税人的收入额和利润率核定。这是核定应纳税额的首选方法。

(2) 按照成本加合理的费用和利润核定。

(3) 按照耗用的原材料、燃料、动力等推算或者测算核定。

(4) 按照其他合理的方法核定。

如果采用上述一种方法不足以正确核定应纳税额时,可以同时采用两种以上的方法核定。采用两种以上方法测算的应纳税额不一致时,可按测算的应纳税额从高核定。

税务机关采取上述方法核定纳税人的应纳税额，纳税人有异议的，应当提供合法、有效的相关证据，税务机关经核实认定后调整有异议的事项。

四、税收核定的分类

税收核定管理可分为以下几类。

1. 定期定额户核定管理

税务机关依照税收法律、行政法规的规定，对个体工商户在一定经营地点、一定经营时期、一定经营范围内的应纳税经营额(包括经营数量)或所得额(简称定额)进行核定，并以此为计税依据，确定其应纳税额。

2. 分税种核定征收管理

税务机关依照税收法律、行政法规的规定，就符合法定情形的部分税种实行核定征收。如居民企业所得税核定、非居民企业所得税核定、土地增值税清算核定、个人所得税核定、印花税核定、环境保护税核定和增值税进项税额扣除标准核定等。

3. 计税价格核定管理

为有效监控生产企业的生产、销售情况，堵塞漏洞，增加收入，税务机关应当核定部分特定行业所生产产品的最低计税价格，包括白酒消费税最低计税价格核定管理、车辆购置税计税价格核定管理等。

五、企业所得税的核定征收

分税种核定征收管理规定主要体现在两个方面：一是在我国的分税种税收法律、法规中明确税种的核定范围和方法，如《增值税暂行条例实施细则》等。二是国家税务总局规章明确的单一税种核定征收管理办法，如《企业所得税核定征收办法(试行)》和《非居民企业所得税核定征收管理办法》等。本课程就居民企业纳税人的企业所得税核定征收作简要介绍。

1. 核定征收企业所得税的适用范围

纳税人具有下列情形之一的，核定征收企业所得税。
(1) 依照法律、行政法规的规定可以不设置账簿的。
(2) 依照法律、行政法规的规定应当设置但未设置账簿的。
(3) 擅自销毁账簿或者拒不提供纳税资料的。
(4) 虽设置账簿，但账目混乱或者成本资料、收入凭证、费用凭证残缺不全，难以查账的。
(5) 纳税人发生纳税义务，未按照规定的期限办理纳税申报，经税务机关责令限期申报，逾期仍不申报的。
(6) 申报的计税依据明显偏低，又无正当理由的。

2. 不适用核定征收企业所得税的特定纳税人

《企业所得税核定征收办法(试行)》第3条第2款规定，特殊行业、特殊类型的纳税人和一定规模以上的纳税人不适用核定征收办法，主要包括以下类型的企业。

(1) 享受《中华人民共和国企业所得税法》及其实施条例和国务院规定的一项或几项企业所得税优惠政策的企业(不包括仅享受《中华人民共和国企业所得税法》第26条规定免税收入优惠政策的企业、第28条规定的符合条件的小型微利企业)。

但在经国务院批准的跨境电子商务综合试验区内的自建跨境电子商务销售平台或利用第三方跨境电子商务平台开展电子商务出口的企业有特殊规定。①

(2) 汇总纳税企业。

(3) 上市公司。

(4) 银行、信用社、小额贷款公司、保险公司、证券公司、期货公司、信托投资公司、金融资产管理公司、融资租赁公司、担保公司、财务公司、典当公司等金融企业。

(5) 会计、审计、资产评估、税务、房地产估价、土地估价、工程造价、律师、价格鉴证、公证机构、基层法律服务机构、专利代理、商标代理以及其他经济鉴证类社会中介机构。

(6) 国家税务总局规定的其他企业。如专门从事股权(股票)投资业务的企业；依法按核定应税所得率方式核定征收企业所得税的企业，取得的转让股权(股票)收入等转让财产收入，应全额计入应税收入额，按照主营项目(业务)确定适用的应税所得率计算征税；若主营项目(业务)发生变化，应在当年汇算清缴时，按照变化后的主营项目(业务)重新确定适用的应税所得率计算征税。

3. 企业所得税的核定方式

税务机关应根据纳税人的具体情况，对核定征收企业所得税的纳税人，核定应税所得率或者核定应纳所得税额。

具有下列情形之一的，核定其应税所得率。

(1) 能正确核算(查实)收入总额，但不能正确核算(查实)成本费用总额的。

(2) 能正确核算(查实)成本费用总额，但不能正确核算(查实)收入总额的。

(3) 通过合理方法，能计算和推定纳税人收入总额或成本费用总额的。

纳税人不属于以上情形的，核定其应纳所得税额。

4. 企业所得税核定征收的应纳税额的计算

采用应税所得率方式核定征收企业所得税的，应纳所得税额的计算公式为

$$应纳所得税额 = 应纳税所得额 \times 适用税率$$
$$应纳税所得额 = 应税收入额 \times 应税所得率$$

或

$$应纳税所得额 = 成本(费用)支出额/(1-应税所得率) \times 应税所得率$$

"应税收入额"等于收入总额减去不征税收入和免税收入后的余额。用公式表示为

$$应税收入额 = 收入总额 - 不征税收入 - 免税收入$$

---

① 国家税务总局公告2019年第36号。

其中,收入总额为企业以货币形式和非货币形式从各种来源取得的收入。

5. 核定征收企业所得税的鉴定程序

主管税务机关应及时向纳税人送达《企业所得税核定征收鉴定表》,及时完成对其核定征收企业所得税的鉴定工作。具体程序如下。

(1) 纳税人应在收到《企业所得税核定征收鉴定表》后10个工作日内,填好该表并报送主管税务机关。《企业所得税核定征收鉴定表》一式三联,主管税务机关和县税务机关各执一联,另一联送达纳税人执行。主管税务机关还可根据实际工作的需要,适当增加联次备用。

(2) 主管税务机关应在受理《企业所得税核定征收鉴定表》后20个工作日内,分类逐户审查核实,提出鉴定意见,并报县税务机关复核、认定。

(3) 县税务机关应在收到《企业所得税核定征收鉴定表》后30个工作日内,完成复核、认定工作。

(4) 纳税人收到《企业所得税核定征收鉴定表》后,未在规定期限内填列、报送的,税务机关视同纳税人已经报送,按上述程序进行复核、认定。

税务机关应在每年6月底前对上年度实行核定征收企业所得税的纳税人进行重新鉴定。重新鉴定工作完成前,纳税人可暂按上年度的核定征收方式预缴企业所得税;重新鉴定工作完成后,按重新鉴定的结果进行调整。

纳税人对税务机关确定的企业所得税征收方式、核定的应纳所得税额或应税所得率有异议的,应当提供合法、有效的相关证据,税务机关经核实认定后调整有异议的事项。

6. 核定征收企业所得税的申报纳税规定

(1) 纳税人实行核定应税所得率方式的,按下列规定申报纳税:主管税务机关根据纳税人应纳税额的大小确定纳税人按月或者按季预缴,年终汇算清缴。预缴方法一经确定,一个纳税年度内不得改变。

纳税人应依照确定的应税所得率计算纳税期间实际应缴纳的税额,进行预缴。按实际数额预缴有困难的,经主管税务机关同意,可按上一年度应纳税额的1/12或1/4预缴,或者按经主管税务机关认可的其他方法预缴。

纳税人预缴税款或年终进行汇算清缴时,应按规定填写《中华人民共和国企业所得税月(季)度预缴纳税申报表(B类)》,在规定的纳税申报时限内报送主管税务机关。

(2) 纳税人实行核定应纳所得税额方式的,按下列规定申报纳税:纳税人在应纳所得税额尚未确定之前,可暂按上年度应纳所得税额的1/12或1/4预缴,或者按经主管税务机关认可的其他方法,按月或按季分期预缴。

在应纳所得税额确定以后,减除当年已预缴的所得税额,余额按剩余月份或季度均分,以此确定以后各月或各季的应纳税额,由纳税人按月或按季填写《中华人民共和国企业所得税月(季)度预缴纳税申报表(B类)》,在规定的纳税申报期限内进行纳税申报。

年度终了后,纳税人在规定的时限内按照实际经营额或实际应纳税额向税务机关申报纳税。申报额超过核定经营额或应纳税额的,按申报额缴纳税款;申报额低于核定经营额或应纳税额的,按核定经营额或应纳税额缴纳税款。

7. 核定征收企业所得税重大变化报告制度

核定征收企业所得税的居民企业生产经营范围、主营业务发生重大变化，或者应纳税所得额或应纳税额增减变化达到 20%的，应及时向税务机关报告，申报调整已确定的应纳税额或应税所得率。

第三节 涉税信息提供

一、涉税信息提供的意义

涉税信息提供就是通过各种途径对涉税相关的信息进行搜索、归纳、整理并最终形成加强税源管理所需有效信息的过程，以及税务机关的税收信息对外提供查询服务的过程。加强涉税信息提供工作的重要意义主要体现在以下三个方面。

一是来源于纳税人的涉税信息是在以纳税人自我申报为主体的征管模式下，税务机关对纳税人申报纳税情况进行审核监督并进行风险管理的主要依据。

二是来源于纳税人应税行为有关的第三方信息是有效解决税务机关与纳税人涉税信息不对称问题和实现税源监控、进行风险管理的主要手段。

三是税务机关依法对外提供税收信息和查询服务，有利于接受社会和公众监督，有利于推进税务部门信息公开、优化营商环境，有利于促进纳税人依法履行纳税义务。

由此可见，只有各级税务机关把来自纳税人和第三方的各类涉税信息采集起来，社会公众通过公开渠道查询税收信息参与监督，税源监控才有坚实的基础，才会有针对性地开展税源监控分析，税源监控才会有深度和广度，否则，税源监控如"无本之木、无源之水"。

二、涉税信息提供的途径

涉税信息的充足、有效、及时的采集和应用是开展税收风险管理的前提和基础，可按其提供方的不同对涉税信息提供的途径进行如下分类。

(1) 纳税人提供。纳税人提供的财务会计报告以及纳税人向主管税务机关书面报告其发生的特定税收事项等。如改制、改组、合并、分立、联营；资产重组、债务重组；出售、出租或者承包、承租经营权、企业产权等涉税信息。

(2) 税务机关提供。税务机关依要求或依申请向税务机关之外具有社会管理和公共服务职能的有关部门依法提供税收信息，以及依法对外提供的税收信息查询服务。当然也包括税务机关为了实现其职能而进行采集或收集税收信息。这里所称的税收信息，是指税务机关在行使职能过程中，依法采集、加工或整理的，以一定形式记录、保存的涉税信息。

(3) 第三方提供。第三方涉税信息提供是指征纳双方之外的第三方(包括个人、企业、其他机关或者组织)提供与纳税人的生产经营活动和税务机关征收管理相关联的涉税信息。

三、涉税保密信息的管理

税收信息包括涉税保密信息和涉税非保密信息。涉税保密信息是指税务工作国家秘密信息、税务工作秘密信息和纳税人涉税保密信息。本节仅就纳税人涉税保密信息进行阐述。

(一)涉税保密信息管理概述

纳税人涉税保密信息,是指税务机关在税收征收管理工作中依法制作或者采集的,以一定形式记录、保存的涉及纳税人商业秘密和个人隐私的信息。它主要包括纳税人的技术信息、经营信息,纳税人、主要投资人以及经营者不愿公开的个人事项。

纳税人的税收违法行为信息不属于保密信息范围。

对于纳税人的涉税保密信息,税务机关和税务人员应依法为其保密。除按照法律、法规的规定应予公布的信息,法定第三方依法查询的信息,纳税人自身查询的信息,经纳税人同意公开的信息外,不得向外部门、社会公众或个人提供。

根据法律、法规的要求和履行职责的需要,税务机关可以披露纳税人的有关涉税信息,主要包括根据纳税人信息汇总的行业性、区域性等综合涉税信息,税收核算分析数据、纳税信用等级以及定期定额等信息。

(二)涉税保密信息的内部管理

(1) 在税收征收管理工作中,税务机关、税务人员应根据有关法律、法规的规定和征管工作的需要,向纳税人采集涉税信息资料。

(2) 税务机关、税务人员在税收征收管理工作各环节采集、接触到纳税人涉税保密信息的,应当为纳税人保密。

(3) 税务机关内部各业务部门、各岗位人员必须在职责范围内接收、使用和传递纳税人涉税保密信息。

对涉税保密信息纸质资料,税务机关应明确责任人员,严格按照程序受理、审核、登记、建档、保管和使用。

对涉税保密信息电子数据,应由专门人员负责采集、传输和储存,分级授权查询,避免无关人员接触纳税人的涉税保密信息。

(4) 对存储纳税人涉税保密信息的纸质资料或者电子存储介质按规定销毁时,要指定专人负责监督,确保纸质资料全部销毁,电子存储介质所含数据不可恢复。

(5) 税务机关在税收征收管理信息系统或者办公用计算机系统的开发建设、安装调试、维护维修过程中,要与协作单位签订保密协议,采取保密措施,防止纳税人涉税保密信息外泄。

(6) 税务机关对纳税人涉税保密资料的存放场所要确保安全,配备必要的防盗设施。

(三)涉税保密信息的外部查询管理

(1) 税务机关对下列单位和个人依照法律、法规的规定,申请对纳税人涉税保密信息进行的查询应在职责范围内予以支持。其具体包括:人民法院、人民检察院和公安机关根据法律规定进行的办案查询;纳税人对自身涉税信息的查询;抵押权人、质权人请求税务机关提供纳税人欠税有关情况的查询。

(2) 人民法院、人民检察院和公安机关依法查询纳税人涉税保密信息的,应当向被查询纳税人所在地的县级或县级以上税务机关提出查询申请。

(3) 人民法院、人民检察院和公安机关向税务机关提出查询申请时,应当由两名以上工作人员到主管税务机关办理,并提交《纳税人、扣缴义务人涉税保密信息查询申请表》、单位介绍信、有效身份证件原件。

(4) 纳税人通过税务机关网站提供的查询功能查询自身涉税信息的,必须经过身份认证和识别。

(5) 纳税人授权其他人员代为查询的,除提交国家税务总局《纳税人涉税保密信息管理暂行办法》(国税发〔2008〕93号)第15条规定的资料外,还需提交纳税人本人(法定代表人或财务负责人)签字的委托授权书和代理人的有效身份证件原件。

(6) 抵押权人、质权人申请查询纳税人的欠税有关情况时,除提交国家税务总局《纳税人涉税保密信息管理暂行办法》(国税发〔2008〕93号)第15条、第16条规定的资料外,还需提交合法有效的抵押合同或者质押合同的原件。

(7) 税务机关应在本单位职责权限内,向查询申请单位或个人(以下简称"申请人")提供有关纳税人的涉税保密信息。

(8) 税务机关负责受理查询申请的部门,应对申请人提供的申请资料进行形式审查。对于资料齐全的,依次交由部门负责人和单位负责人分别进行复核和批准;对申请资料不全的,一次性告知申请人补全相关申请资料。

负责核准的人员应对申请查询的事项进行复核,对符合查询条件的,批准交由有关部门按照申请内容提供相关信息;对不符合查询条件的,签署不予批准的意见,退回受理部门,由受理部门告知申请人。

负责提供信息的部门,应根据已批准的查询申请内容,及时检索、整理和制作有关信息,并按规定程序交由查询受理部门。受理部门应在履行相关手续后再将有关信息交给申请人。

(9) 税务机关应根据申请人查询信息的内容,本着方便申请人的原则,确定查询信息提供的时间和具体方式。

(10) 税务机关对申请人申请查询涉税信息的申请资料应专门归档管理,保存期限为3年。

第四节 纳 税 评 估

一、纳税评估的概念

纳税评估[①]是指税务机关运用数据信息对比分析的方法,对纳税人和扣缴义务人纳税申报(包括减、免、缓、抵、退税申请)情况的真实性和准确性作出定性和定量的判断,并采取

---

① 2015年1月5日,国务院法制办公室发布了《中华人民共和国税收征收管理法修订草案(征求意见稿)》和修订说明。征求意见稿把税额确认专设一章,税额确认是指税务机关以纳税人提供的账簿凭证、报表、文件等资料记载的信息为基础,结合所掌握的相关信息,就其纳税申报的真实性、合法性进行核实、确定。从某种程度看,纳税评估与税额确认是十分接近的,但由于税额确认这一概念尚未正式被法律所确认,所以本书仍沿用纳税评估这一传统概念。

案头分析、税务约谈、实地核查等征管措施的管理行为，应交由稽查部门、特别事项调整部门或出口退(免)税纳税评估部门处理的风险应对任务除外。纳税评估工作应遵循强化管理、优化服务；分类实施、因地制宜；人机结合、简便易行的原则。

可见，纳税评估是与税务检查并列的一种征管方式，纳税评估的结果可作为税务检查的案源。纳税评估既是税源监控的一项重要内容，也是优化纳税服务方式的外在表现。

二、纳税评估的分类

纳税评估按照纳税评估对象的确定方式、方法的不同，可以分为：日常评估、专项评估和特定评估三类。

1. 日常评估

日常评估是指税务机关在日常征管工作中对纳税人当年或当期的申报纳税情况进行审核、分析、评定的管理工作。

2. 专项评估

专项评估是指主管税务机关根据上级税务机关布置或者根据指标分析确定的针对某一行业或某一类纳税人的申报纳税情况进行审核、分析和评定的管理工作。

3. 特定评估

特定评估是指主管税务机关根据上级税务机关指定需要评估或根据管理需要、群众举报等信息确定的，对个别纳税人、特殊纳税人的申报纳税情况进行审核、分析和评定的管理工作。

三、纳税评估的内容

纳税评估主要包括以下内容。
(1) 根据宏观税收分析和行业税负监控结果以及相关数据设立评估指标及其预警值。
(2) 综合运用各类对比分析方法筛选评估对象，对所筛选出的异常情况进行深入分析并作出定性和定量的判断。
(3) 对评估分析中发现的问题分别采取税务约谈、调查核实、处理处罚、提出管理建议、移交稽查部门查处等方法进行处理。
(4) 维护更新税源管理数据，为税收宏观分析和行业税负监控提供基础信息等。

四、纳税评估的主要流程

税务机关开展纳税评估的主要流程包括案头分析、税务约谈、实地核查、制作评估报告、移交处理、执行等环节。

(一)案头分析

(1) 评估人员对评估对象所涉及的税收风险疑点进行案头分析，对其纳税申报的准确性、真实性做进一步评析，形成案头分析结果。

(2) 评估人员根据案头分析结果分别提出"建议约谈举证确认""建议实地核查确认""建议移交稽查部门处理""建议转专业部门处理""疑点确认，进行评估处理""未发现异常，疑点排除""建议任务异常处理"等评估建议。

为便利纳税人，评估人员可根据分析结果及实际情况，在提请本部门负责人审核后，结合案头分析筛选疑点，有针对性地发送信函调查确认。

(二)税务约谈

1. 约谈审核

评估建议选择"建议约谈举证确认"的，提请本部门负责人进行审核。

2. 约谈

实施询问约谈的评估人员应当不少于两名，并具有税收执法资格。

开展税务约谈前，应当向纳税人出具《税务约谈通知书》。通知书应明确载明税务约谈的时间、地点、内容等事项，以及需要纳税人提供相关举证的资料。约谈过程中，听取纳税人陈述，收集相关证据。约谈结束后制作《纳税评估约谈情况表》，由约谈人、记录人和被约谈人(或者纳税人委托的税务代理人)签字确认。如纳税人属于千户集团企业，则制作《千户集团税收风险应对工作底稿》。

纳税人主动选择以自查补税代替约谈说明的，应在约定的约谈日到期前提出申请，同时应将此意见作为约谈说明的内容，在《纳税评估约谈情况表》上进行记录。

评估人员根据税务约谈情况提出相应评估建议。需要实地核查确认的，应呈报审核实施现场调查；选择其他处理方式的，应作出相应评估建议和结论。

(三)实地核查

1. 核查审核

评估建议选择"建议实地核查确认"的，提请审核同意后实施。审核权限由省级税务机关自行确定。

2. 核查实施

经审核同意后，评估人员按实地核查有关规定办理，实地核实过程中发现纳税人有其他税收风险点的，应当一并进行处理。

(四)制作评估报告

(1) 评估人员根据评估分析、约谈说明和实地核查过程中所掌握的情况制作纳税评估报告。

(2) 纳税评估报告应详细记录纳税评估所确定的主要疑点和问题，详细描述评估过程，记录评估基本情况和认定的结论，提出纳税评估处理建议。

(3) 评估处理建议应按以下原则进行。

① 疑点全部被排除，未发现新的疑点，在纳税评估报告中注明"未发现异常，疑点排除"。

② 对纳税评估中发现的计算和填写错误、政策和程序理解偏差等一般性问题，或存在的疑点问题经约谈、举证、调查核实等程序认定事实清楚，不具有偷税等违法嫌疑，无须立案查处的，且纳税人对该疑点或问题认识清楚，与评估人员对处理办法达成一致的，在纳税评估报告中注明"建议纳税人自行补正"。纳税评估报告中应详细描述补缴税款和调整账目的要求。

需要对税收违法违章行为进行行政处罚的，在纳税评估报告中应注明详细的行政处罚内容。

评估过程中，发现不属于本部门评估范围或者因特殊情况无法继续实施的，应在纳税评估报告中注明"建议任务异常处理"，并具体说明建议任务撤销、中止或终结的原因。

(4) 纳税评估报告由评估人员签字确认并提请本部门负责人进行审核。

(五)移交处理

评估人员在纳税评估过程中发现存在以下情形的，应将发现的问题、相关资料及移交建议，按如下规定处理。

(1) 纳税人有明显存在虚开或接受虚开发票现象，涉嫌偷税、逃避缴纳税款、骗取出口退税以及其他需要立案查处的税收违法行为嫌疑，应"建议移交稽查部门处理"，并于案头分析结果或纳税评估报告中注明。

(2) 纳税人存在特别纳税调整、出口退(免)税等特殊税收风险疑点，以及其他问题需要由专业部门进一步调查和处理的，应将上述疑点或问题"建议转专业部门处理"，并于案头分析结果或纳税评估报告中注明。

经审批，不予立案调查的，纳税评估任务继续实施；予以稽查立案的，或专业部门确认立案、问题接收，且不存在其他风险疑点需核实的，终结纳税评估任务。

(六)执行

评估执行人员接收评估资料，根据纳税评估报告中注明的处理意见采取相应执行方式。处理意见为：

(1) "未发现异常，疑点排除"的，将资料归档。

(2) "建议纳税人自行补正"的，执行人员制作《税务事项通知书》，告知纳税人存在疑点或问题的所属期以及限改日期，送达纳税人，督促纳税人进行补正申报、补缴税款、调整账目。

纳税人自行补正的，应填报《纳税情况自查报告表》。

需进行行政处罚的，按行政处罚有关规定执行。纳税人因特殊困难对确认应补缴税款不能及时足额入库的，按照欠税管理的有关规定执行。

(3) "建议任务异常处理"的，提请审核同意后执行。

欢迎观看纳税评估的教学视频，请扫描二维码。

5-1 纳税评估-1_batch.mp4

五、纳税评估的指标

(一)纳税评估指标的定义

纳税评估指标是税务机关筛选评估对象,进行重点分析时所选用的主要指标。纳税评估指标可以根据会计要素和账户性质进行设置,也可以根据分税种管理需求进行设置。

纳税评估分析时,要综合运用各类指标,并参照评估指标预警值进行配比分析。评估指标预警值是税务机关根据宏观税收分析、行业税负监控、纳税人生产经营和财务会计核算情况以及内外部相关信息,运用数学方法测算出的算术、加权平均值及其合理变动范围。测算预警值,应综合考虑地区、规模、类型、生产经营季节、税种等因素,考虑同行业、同规模、同类型纳税人各类相关指标的若干年度的平均水平,以使预警值更加真实、准确和具有可比性。纳税评估指标预警值由各地税务机关根据实际情况自行确定。

(二)评估指标及其计算公式和指标功能

1. 收入类评估分析指标及其计算公式和指标功能

$$主营业务收入变动率=(本期主营业务收入-基期主营业务收入)\div 基期主营业务收入\times 100\%$$

如主营业务收入变动率超出预警值范围,可能存在少计收入和多列成本等问题,要运用其他指标进一步分析。

2. 成本类评估分析指标及其计算公式和指标功能

$$单位产成品原材料耗用率=本期投入原材料\div 本期产成品成本\times 100\%$$

分析单位产品当期耗用原材料与当期产出的产成品成本比率,判断纳税人是否存在账外销售问题、是否错误使用存货计价方法、是否人为调整产成品成本或应纳税所得额等问题。

$$主营业务成本变动率=(本期主营业务成本-基期主营业务成本)\div 基期主营业务成本\times 100\%$$

$$主营业务成本率=主营业务成本\div 主营业务收入$$

主营业务成本变动率超出预警值范围,可能存在销售未计收入、多列成本费用、扩大税前扣除范围等问题。

3. 费用类评估分析指标及其计算公式和指标功能

$$主营业务费用率=主营业务费用\div 主营业务收入\times 100\%$$

$$主营业务费用变动率=(本期主营业务费用-基期主营业务费用)\div 基期主营业务费用\times 100\%$$

将主营业务费用率,主营业务费用变动率与预警值相比,如相差较大,可能存在多列费用的问题。

$$销售(管理、财务)费用变动率=[本期销售(管理、财务)费用-基期销售(管理、财务)费用]\div 基期销售(管理、财务)费用\times 100\%$$

如果销售(管理、财务)费用变动率与前期相差较大,可能存在税前多列支营业(管理、财务)费用的问题。

成本费用率=(本期销售费用+本期管理费用+本期财务费用)÷本期主营业务成本×100%

分析纳税人期间费用与销售成本之间的关系,与预警值相比较,如相差较大,企业可能存在多列期间费用的问题。

成本费用利润率=利润总额÷成本费用总额×100%

成本费用总额=主营业务成本总额+费用总额

与预警值比较,如果企业本期成本费用利润率异常,可能存在多列成本、费用等问题。

4. 利润类评估分析指标及其计算公式和指标功能

主营业务利润变动率=(本期主营业务利润−基期主营业务利润)
÷基期主营业务利润×100%

其他业务利润变动率=(本期其他业务利润−基期其他业务利润)
÷基期其他业务利润×100%

上述指标与预警值相比相差较大,可能存在多结转成本或不计、少计收入的问题。

5. 资产类评估分析指标及其计算公式和指标功能

净资产收益率=净利润÷平均净资产×100%

分析纳税人资产综合利用情况,如指标与预警值相差较大,可能存在隐瞒收入,或闲置未用资产计提折旧的问题。

总资产周转率=(利润总额+利息支出)÷平均总资产×100%

存货周转率=主营业务成本÷[(期初存货成本+期末存货成本)÷2]×100%

分析总资产和存货周转情况,推测销售能力。如总资产周转率或存货周转率加快,而应纳税税额减少,可能存在隐瞒收入、虚增成本的问题。

应收(付)账款变动率=[期末应收(付)账款−期初应收(付)账款]
÷期初应收(付)账款×100%

分析纳税人应收(付)账款增减变动情况,判断其销售实现和可能发生坏账的情况。如应收(付)账款变动率增高,而销售收入减少,可能存在隐瞒收入、虚增成本的问题。

固定资产综合折旧率=基期固定资产折旧总额÷基期固定资产原值总额×100%

固定资产综合折旧率高于基期标准值,可能存在税前多列支固定资产折旧额的问题。要求企业提供各类固定资产的折旧计算情况,分析固定资产综合折旧率变化的原因。

资产负债率=负债总额÷资产总额×100%

其中,负债总额=流动负债+长期负债;资产总额是扣除累计折旧后的净额。

资产负债率指标有助于分析纳税人经营活力,判断其偿债能力。如果资产负债率与预警值相差较大,则企业偿债能力有问题,要考虑由此对税收收入产生的影响。

(三)评估指标的配比分析

1. 主营业务收入变动率与主营业务利润变动率配比分析

正常情况下,二者基本同步增长。但下列情形则可能存在隐瞒收入、多列成本费用、扩大税前扣除范围等问题。

(1) 当比值<1 且相差较大，二者都为负；
(2) 当比值>1 且相差较大，二者都为正；
(3) 当比值为负数，且前者为正，后者为负。

2. 主营业务收入变动率与主营业务成本变动率配比分析

正常情况下，二者基本同步增长。但下列情形则可能存在企业隐瞒收入、多列成本费用、扩大税前扣除范围等问题。

(1) 当比值<1 且相差较大，二者都为负；
(2) 当比值>1 且相差较大，二者都为正；
(3) 当比值为负数，且前者为正、后者为负。

3. 主营业务收入变动率与主营业务费用变动率配比分析

正常情况下，二者基本同步增长。但下列情形则可能存在企业隐瞒收入、多列成本费用、扩大税前扣除范围等问题。

(1) 当比值<1 且相差较大，二者都为负；
(2) 当比值>1 且相差较大，二者都为正；
(3) 当比值为负数，且前者为正，后者为负。

4. 主营业务成本变动率与主营业务利润变动率配比分析

当两者比值大于 1，都为正时，可能存在多列成本的问题；当前者为正，后者为负时，视为异常，可能存在多列成本、扩大税前扣除范围等问题。

5. 资产利润率、总资产周转率、销售利润率配比分析

综合分析本期资产利润率与上年同期资产利润率，本期销售利润率与上年同期销售利润率，本期总资产周转率与上年同期总资产周转率。如本期总资产周转率−上年同期总资产周转率>0，本期销售利润率−上年同期销售利润率≤0，而本期资产利润率−上年同期资产利润率≤0 时，说明本期的资产使用效率提高，但收益不足以抵补销售利润率下降造成的损失，可能存在隐匿销售收入、多列成本费用等问题；如本期总资产周转率−上年同期总资产周转率≤0，本期销售利润率−上年同期销售利润率>0，而本期资产利润率−上年同期资产利润率≤0 时，说明资产使用效率降低，导致资产利润率降低，可能存在隐匿销售收入的问题。

6. 存货变动率、资产利润率、总资产周转率配比分析

比较分析本期资产利润率与上年同期资产利润率，本期总资产周转率与上年同期总资产周转率。若本期存货增加不大，即存货变动率≤0，本期总资产周转率−上年同期总资产周转率≤0，可能存在隐匿销售收入的问题。

六、纳税评估的方法

(一)纳税评估的基本方法

(1) 对纳税人申报纳税资料进行案头的初步审核比对，以确定进一步评估分析的方向

和重点。案头审核应包括以下重点内容。

① 纳税人是否按照税法规定的程序、手续和时限履行纳税申报义务,各项纳税申报附送的各类抵扣、列支凭证是否合法、真实、完整。

② 纳税申报主表、附表及项目、数字之间的逻辑关系是否正确,适用的税目、税率及各项数字计算是否准确,申报数据与税务机关所掌握的相关数据是否相符。

③ 收入、费用、利润及其他有关项目的调整是否符合税法规定,申请减、免、缓、抵、退税,亏损结转、获利年度的确定是否符合税法规定并正确履行相关手续。

④ 与上期和同期申报纳税情况有无较大差异。

(2) 通过各项指标与相关数据的测算、设置相应的预警值和将纳税人的申报数据与预警值相比较。

(3) 将纳税人申报数据与财务会计报表数据进行比较、与同行业相关数据或类似行业同期相关数据进行横向比较。

(4) 将纳税人申报数据与历史同期相关数据进行纵向比较。

(5) 根据不同税种之间的关联性和钩稽关系,参照相关预警值进行税种之间的关联性分析,分析纳税人应纳相关税种的异常变化。

(6) 应用税收管理员日常管理中所掌握的情况和积累的经验,将纳税人申报情况与其生产经营实际情况相对照,分析其合理性,以确定纳税人申报纳税中存在的问题及其原因。

(7) 通过对纳税人生产经营结构、主要产品能耗、物耗等生产经营要素的当期数据、历史平均数据、同行业平均数据以及其他相关经济指标进行比较,推测纳税人的实际纳税能力。

(8) 对实行定期定额(定率)征收税款的纳税人以及未达起征点的个体工商户,可参照其生产经营情况,利用相关评估指标定期进行分析,以判断定额(定率)的合理性和是否已经达到起征点并恢复征税。

(二)行业纳税评估的方法

近年来,全国各级税务机关坚持以专项纳税评估为突破口,积极探索建立行业纳税评估模型,并组织行业纳税评估模型及案例征集和"百佳"评审活动。2015年,国家税务总局就已建立了464个行业模型,覆盖65个行业大类、140个行业种类、195个行业小类的风险指标体系,为各地开展风险应对开启雷达"扫描"①,用于指导纳税评估工作。

本课程以纺织业和建筑业纳税评估为例,简要介绍行业纳税评估方法及模型应用。

1. 行业税负对比分析法

(1) 基本原理。行业税负对比分析法是以行业的平均税负为基准,通过单个企业税负与行业税负的对比,对税负异常的企业围绕关联指标展开分析,以发现企业是否存在税收问题的一种方法。

(2) 评估模型。数据期间均取自评估期。

行业税负指标可设置地方税行业平均综合税负率(包括缴入地税部门的各项税费基金,

---

① http://www.chinatax.gov.cn/chinatax/n810219/n810724/c1985961/content.html。

不包括企业所得税、个人所得税、五项社保费)、企业所得税税负率和个人所得税工资薪金项目平均负担率。

地方税费负担率=实际缴纳地方税费/主营业务(销售)收入×100%

企业所得税税负率=实缴企业所得税额/主营业务(销售)收入×100%

个人所得税占营业收入的比例=实缴的个人所得税/营业收入×100%

(个人独资、个人合伙企业使用)

(3) 设置标准值参考范围。如某地税务机关根据当年本地建筑业整体发展情况设置行业平均综合税负率预警值为4%；地方税费负担率预警值为3.5%；企业所得税税负率预警值为0.15%；个人所得税占营业收入的比例预警值为0.3%。

(4) 数据获取途径。这包括企业申报表、账簿、凭证；评估人员现场测算、询问有关人员；同行业标准数据；税收综合征管软件数据。

(5) 疑点判断。评估期测算企业地方税费负担率、企业所得税税负率、个人所得税工资薪金项目平均负担率、个人所得税占营业收入的比例与地方税行业同期平均综合税负率进行比对，低于标准值可能存在不计或少计营业收入、多列成本费用、扩大税前扣除范围等问题。

(6) 应用要点。税负对比分析法属于综合分析法，影响因素较多，涉及税基的多个方面。因此，用该法发现某个企业税负异常时，应结合其他分析方法进行多角度分析。

2. 建筑业增加值评估法

(1) 基本原理。建筑业增加值评估法是通过比较建筑企业的建筑增加值与应纳税增长额二者是否同步增减，从而发现企业税收问题的一种方法。

(2) 评估模型。数据期间均取自评估期。

建筑业增加值(当期劳动者报酬+当期固定资产折旧+当期税金净额+当期营业盈余)、本期减基期与应纳税额的本期减基期比较。

应纳税额与建筑业增加值弹性系数=应纳税额增长率/建筑业增加值增长率

其中：

应纳税额增长率=(本期应纳税额-基期应纳税额)/基期应纳税额×100%

建筑业增加值增长率=(本期建筑业增加值-基期建筑业增加值)/基期建筑业增加值×100%

(3) 设置标准值参考范围。一般情况下，可根据建筑行业一定时期的发展状况，确定0.8~1.2这一区间作为预警值。

(4) 数据获取途径。这包括企业申报表、账簿、凭证；评估人员现场测算、询问有关人员；同行业标准数据；税收综合征管软件数据。

(5) 疑点判断。应纳税额增长率与建筑业增加值增长率不同步，弹性系数小于预警值，则企业可能有少缴税金的问题。

(6) 应用要点。通过该方法发现企业的疑点问题，还应通过其他相关纳税评估指标与评估方法，并结合纳税人经营的实际情况进一步分析，对其申报的真实性进行评估。

3. 计件工资测算法

(1) 基本原理。计件工资测算法是指根据纳税人拥有的从事施工职工人数、计件工资标准、工资发放数额等来测算工程量，测算纳税人应税收入额的一种方法。

(2) 评估模型数据期间均取自评估期。

$$评估期已完工工程量=评估期施工人员工资总额/单位工程耗用工资$$

$$测算应税营业收入=评估期已完工工程量×评估期工程单价$$

(3) 设置标准值参考范围。

$$问题值=(测算应税营业收入-企业实际申报应税营业收入)×适用税率$$

(4) 数据获取途径。这包括企业申报表、账簿、凭证；企业职工考勤记录、结算工资记录；同行业标准数据；税收综合征管软件数据。

(5) 疑点判断。如差异较大说明有可能核算不准确或虚列人工工资，要分析查看工人考勤记录、结算工资记录，看是否虚列工人人数，虚列成本。

(6) 应用要点。该方法主要是通过施工耗用的工资来测算已完工工程量，进而测算其营业额和应纳税额，并与申报信息进行对比分析，查找纳税疑点和线索。

4. 投入产出测算法

(1) 基本原理。投入产出测算法是指根据纳税人施工投入的主要原材料(如钢材、水泥、木材、沙石料)与工程完工工程量的配比关系来测算纳税人应税收入额的一种方法。

(2) 评估模型及标准值参考范围。正常情况下，该行业的直接材料占成本的比重相差不多，一般占结转成本的70%，其偏差度不超过5%。

(3) 数据获取途径。这包括企业申报表、账簿、凭证；评估人员现场测算、询问有关人员；同行业标准数据；税收综合征管软件数据。

(4) 疑点判断。超过5%说明有可能核算不准确或虚列材料成本，同时要分析账户上列支的工程建设使用的各类主要原材料(如钢材、水泥、木材、沙石料)之间的配比关系，如与工程建设项目实际要投入的原材料之间配比关系差异较大，可能存在虚开材料发票的现象。

(5) 应用要点。根据该行业单位投入成本，与工程完工进度进行配比，从而测算出问题值。

5-2 纳税评估-2_batch.mp4

欢迎观看纳税评估的教学视频，请扫描二维码。

【案例5-1】某纺织企业纳税评估案例

一、内容提要

S市地税局第二税务分局2004年组织开展了以检查盲点企业、重点税源企业、亏损比较严重企业等作为主要纳税评估对象的2003年度企业所得税汇缴专项评估工作。在开展纳税评估中采取人机分析结合、评查结合的办法，对辖区内上述纳税人的财务状况、纳税申报数据的合理性进行评析，发现S市某纺织企业亏损的真实性以及个人所得税、印花税的纳税存在疑点，于是采取约谈举证的方式，对评析的疑点问题进行核实，在核实纳税申报差异的基础上指导纳税人解缴漏缴个人所得税、印花税以及税款滞纳金54.86万元，并调增应纳税所得额992.32万元。S市某纺织企业系集体企业，成立于1984年，主要生产涤纶织品，该企业2003年实现主营业务收入58 465.59万元，申报入库各项地方税收合计569.69万元。

二、案例介绍

1. 分析选案

(1) 运用资料分析，发现疑点问题。通过对税务登记资料以及 2002 年度、2003 年度纳税申报资料及附列资料、财务报表(包括征管系统中的电子数据和纸质资料)进行系统审核分析比对，发现该企业存在以下疑点问题。

疑点一：2003 年实现主营业务收入 584 655 845.67 元，账面利润 -11 174 711.75 元，比对 2002 年实现主营业务收入 573 681 019.83 元，账面利润 55 533 754.18 元，差距较大。是否有销售不入账，是否有多列成本少记收入，其亏损是否真实？

疑点二：2003 年企业计提机器设备折旧 62 387 682.28 元，据计算折旧率达到 10.85%，高于按税法规定最低折旧年限计算的机器设备折旧率。

疑点三：2002 年有代扣代缴利息、股息、红利个人所得税(职工集资利息)申报入库，2003 年度没有代扣利息个人所得税入库；从财务报表分析财务费用支出较大，2003 年支出额达 26 839 997.65 元，其他应付款期末挂账余额有 19 649 666.25 元，当年有无支付职工集资利息，其具体内容需进一步核实。

(2) 评估对象确定。根据资料分析情况，将该企业列为纳税评估对象，并着重评估该纳税人的成本结转和费用列支的正确性以及代扣代缴个人所得税的真实性。

2. 约谈举证

发现疑问后，按照纳税评估的规程，评估人员向该企业发出了纳税评估《约谈举证通知书》，要求企业财务负责人在规定的时间内，对以上疑点问题进行举证说明；并在约谈前精心准备约谈提纲，做到有的放矢。在约谈举证过程中，评估人员首先要求被约谈人员介绍本企业的生产经营状况、财务会计制度及账户处理方法、产品销售和货款结算方式等基本情况。然后对评估中发现的疑点问题，要求被约谈人员逐一进行解释，特别要求以充足的事实依据说明其亏损的原因，并责令企业提供有效的原始材料进行举证。

(1) 对于企业亏损原因，企业解释主要是以下两方面原因造成的：一是该企业主要生产销售涤纶织品，由于当年市场销售形势不佳，原材料价格上升，而产品销售价格反而下降，2003 年度主营业务收入只比 2002 年度增加 1 097 万元，而主营业务成本却增加 6 514 万元，主营业务成本率从原来的 86.8% 上升到 95.8%；二是该企业 2002 年以前是福利企业，一年享受增值税返还的补贴收入有 2 200 万元左右，从 2003 年开始已取消福利企业的资格，这笔补贴收入就没有了。

(2) 对于机器设备固定资产折旧计提的问题，企业承认由于纺织企业设备更新较快，所以对主要设备是按 8 年来加速计提折旧，而根据税法规定机器设备最低折旧年限为 10 年，确实多提了折旧，应调增应纳税所得额。

(3) 对于财务费用的支出情况及有无支付职工集资利息的问题，企业解释由于企业自有流动资金比较紧张，因此对外借款比较多，其中大部分是向银行借款，也有少部分是向外单位临时拆借资金和向本企业职工集资款。在向银行借款方面有部分根据银行要求是按承兑方式操作的。由于借款多，所以财务费用支出也较大，但主要是向银行支付的流动资金借款利息，也有少部分支付企业间临时拆借资金利息和职工集资利息，由于工作疏忽，支付个人集资利息部分未代扣代缴 20% 的个人所得税。

(4) 对于其他应付款余额明细内容，企业解释，其中一笔是应付 2003 年 12 月的电费

667万元，已在2004年1月支付；另一笔是已提取未使用的职工教育费100多万元；其余就是向其他企业借款和企业职工内部集资款尚未归还的余额。

(5) 评查结合，督促企业自查补报。通过与企业财务负责人的约谈，评估人员觉到问题基本清楚，但有些问题需进一步核实，如企业在解释向银行借款时部分是通过承兑方式进行，而承兑时企业必须提供购销合同，这部分合同有否缴纳印花税，尚待核实。于是，评估人员向企业说明，纳税评估是鉴于企业纳税申报之后税务稽查之前的一种税务管理行为，目的是促进纳税人真实、准确、合法地进行纳税申报；纳税评估的处理也不同于税务稽查，对于评估发现的因计算和填写错误、政策和程序理解偏差等一般不具有偷税等违法嫌疑问题，企业可作自查补报处理，但对于评估中的疑点问题，企业解释不清楚，又不补报的，或者有偷税等违法嫌疑的，则移送稽查部门进一步处查。

逐步使企业主动警醒，对评估有了比较清醒的认识，积极配合评估工作，主动承认这部分承兑购销合同和部分财产保险、租赁合同也未申报印花税，还承认有一部分费用列支不符合税法规定应作纳税调整。评估人员对该企业主动提供的与其疑点相关的有效的原始举证材料(账簿、凭证)进行了详细、深入的查看，通过核实，最后认定该企业2003年主要存在如下违法事实：一是支付职工集资利息1 924 892.32元，未代扣代缴个人所得税；二是承兑购销合同462 797 452.44元，财产保险合同483 912.33元，财产租赁合同190 000元未申报缴纳印花税；三是在税前成本费用列支上，多提机器设备折旧8 890 879.84元、超过同期银行贷款利率标准多列支企业拆借资金利息和职工集资利息499 563.59元、业务招待费超列260 875元(在其他科目列支，业务招待费已超标)，以不符合规定的票据列支其他费用369 489元、列支罚款滞纳金41 947.28元。

3. 评估处理

S市地税局第二税务分局以提示函的形式向企业告知上述涉税问题，要求企业核实后自纠。该企业对上述评估提示内容核查后，及时、主动申请补缴了税款、滞纳金计548 618.17元，并对相应的账务进行了调整。具体申报缴纳项目如下。

(1) 根据《中华人民共和国个人所得税法》的有关规定，补代扣代缴个人所得税384 978.46元。

(2) 根据《中华人民共和国印花税暂行条例》的有关规定，补缴印花税139 513.10元。

(3) 根据《中华人民共和国企业所得税暂行条例》的有关规定，调增应纳税所得额9 923 241.61元，调整后当年应纳税所得额为-1 251 470.14元(企业申报数为-11 174 711.75元)。

(4) 根据《中华人民共和国税收征收管理法》的有关规定，对所滞纳的税款加收滞纳金24 126.61元。

本 章 小 结

本章主要介绍了税源监控的一般规定、税收核定、涉税信息提供以及纳税评估。税源监控是税务机关通过对税收源泉的监测和管理，要求纳税人依法办理涉税事项，保障纳税人实际纳税最大限度地接近应纳税额，了解和掌握税源的发展变化趋势的一项税收管理活动。税收核定是税务机关对纳税人依法享有的税收核定权。涉税信息提供是税务机关通过各种途径对涉税相关信息进行搜索、归纳、整理并最终形成加强税源管理所需有效信息的过程。纳税评估是税务机关运用数据信息对比分析的方法,对纳税人和扣缴义务人纳税申报(包括减、免、缓、抵、退税申请)情况的真实性和准确性作出定性和定量的判断,并采取进一步征管措施的管理行为。

复习思考题

1. 简述税源监控的主要内容。
2. 税收核定的对象和范围有哪些?
3. 某企业2019年采取核定应税所得率的方式缴纳企业所得税,当年收入总额为2 100万元,其中含国债利息收入180万元,取得市财政局下拨的符合不征税收入条件的专项用途财政性资金450万元,企业适用的应税所得率为15%,无其他事项。请计算该企业2019年度应纳企业所得税。
4. 涉税信息提供的途径和内容有哪些?
5. 简述纳税评估的指标分类。

延 展 阅 读

1. 蔡昌,赵艳艳,戴梦妤. 基于区块链技术的税收征管创新研究[J] .财政研究,2019(10):114~127. (见二维码)
2. 国家税务总局关于印发《纳税评估管理办法(试行)》的通知(国税发〔2005〕43号)。(见二维码)

基于区块链技术的税收征管创新研究_蔡昌.pdf

国家税务总局关于印发《纳税评估管理办法（试行）》的通知（国税发[2005]43号）.pdf

第五章 税源监控.ppt

第六章 纳税服务与风险管理

学习目标：通过本章的学习，主要了解纳税服务的概念、纳税服务的基本原则、纳税服务投诉管理，掌握纳税服务的主要内容、纳税人的权利和义务、纳税服务的途径；了解涉税专业服务及其业务种类；了解税收风险管理的定义及其和税务风险管理的内容。

关键概念：纳税服务　税收风险管理　税务风险管理

第一节 纳税服务

一、纳税服务的定义

纳税服务，是指税务机关依据税收法律、行政法规的规定，在税收征收、管理、检查和实施税收法律救济的过程中，向纳税人提供的服务事项和措施。纳税服务是税务机关行政行为的组成部分，是促进纳税人依法诚信纳税和税务机关依法诚信征税的基础性工作。税收征管法规定，税务机关应当广泛宣传税收法律、行政法规，普及纳税知识，无偿地为纳税人提供纳税咨询服务。

二、纳税服务的基本原则

纳税服务主要遵循以下四大原则。

1. 树立平等理念

征纳双方法律地位平等是税收法律关系的基本准则，也是构建和谐征纳关系的必然要求。要切实尊重纳税人的平等主体地位，在依法向纳税人行使征税权利的同时，也要为纳税人提供优质服务。

2. 满足合理需求

以更好地帮助纳税人实现纳税义务和维护纳税人权利为出发点和落脚点，认真倾听纳税人呼声，准确把握纳税人的合理需求，更多地从纳税人的角度考虑工作思路和措施，及时解决纳税人最关心的问题。

3. 坚持统筹协调

综合考虑全国纳税服务工作的内外环境、基础条件和发展现状等因素，理顺纳税服务与税收执法、纳税服务与组织收入的关系，统筹长远与当前、整体与局部、创新与稳定、成本与效益等关系，做到科学筹划、合理布局、协调发展。

4. 实现经济效能

充分运用现代管理和信息技术手段，优化服务流程，降低征纳成本，提高服务效益，为纳税人提供操作简便、成本节省、程序简化的纳税服务。

三、纳税服务的主要内容

1. 税收宣传

税收宣传是纳税服务的一项重要内容,税务机关应当广泛、及时、准确地向纳税人宣传税收法律、法规和税收政策,普及纳税知识。通过丰富宣传内容,优化宣传方式,强化分类宣传,帮助纳税人更好地了解税收的权利和义务。

2. 纳税咨询

纳税咨询是指税务机关设立专门机构或者利用现有的人力物力资源,为纳税人提供针对税收法律法规的答疑解惑。纳税咨询是促使纳税人熟悉税收法律、法规和规章,理解和掌握纳税知识,正确履行纳税义务的重要举措。税务机关应当通过电话咨询、网络咨询、面对面咨询等渠道,为纳税人提供准确高效的咨询解答,帮助纳税人更准确地理解税收的权利和义务。

3. 办税服务

通过完善服务功能,拓展多元办税,优化办税流程,精简涉税资料,帮助纳税人更便捷高效地行使权利和履行义务。

4. 权益保护

通过切实保障纳税人税前、税中、税后权益和及时满足纳税人的合理需求,保护纳税人权益,营造公平、公正、和谐的税收环境。

5. 信用管理

信用管理,是指税务机关对纳税人的纳税信用信息开展的采集、评价、确定、发布和应用等活动。通过加强纳税信用评定管理,强化纳税信用评定结果应用,提高税收管理和纳税服务的综合效能。

6. 社会协作

通过优化涉税中介机构的执业环境,健全涉税中介行业的制度,为涉税中介机构守法、中立、公正开展服务营造良好环境。加强涉税中介机构的监管,杜绝指定或强制税务代理现象,促进涉税中介机构健康发展。加强与财政、公安、市场监督管理、银行以及社区组织、行业协会等部门和组织的合作,为纳税人提供更加便利的服务。

四、权益保护服务

为维护纳税人的合法权益,提升我国纳税服务水平,国家税务总局以公告的形式明确列举了纳税人拥有的十四项权利和十项义务。

(一)纳税人的权利

纳税人的权利是指纳税人在依法履行纳税义务时,由国家法律确认、保障与尊重的权利和利益,以及当纳税人的合法权益受到非法侵犯时,纳税人所应获得的救助与补偿的权利。我国现行税法规定,纳税人和扣缴义务人(以下统称"纳税人")在履行纳税义务的过程中,依法享有下列权利。

1. 知情权

纳税人有权知悉、获取与税务管理和服务相关的信息。纳税人的知情权主要包括:①税务机关负责征收管理的税收及社会保险费,有关非税收入的法律、行政法规和政策规定;②办理税务事项的时间、方式、步骤以及需要提交的资料;③税务执法主体、职责、人员、依据、权限、程序、监督方式等信息;④与纳税人有关的税务行政决定的理由、依据以及权利义务;⑤与税务机关或税务人员发生行政争议或纠纷时,纳税人可以采取的法律救济途径及需要满足的条件。

2. 保密权

纳税人有权要求税务机关对其商业秘密、个人隐私及不愿公开的个人信息保密。税务机关、税务人员应当依法为纳税人商业秘密、个人隐私及不愿公开的个人信息保密。上述信息,如无法律、行政法规明确规定或者未经纳税人的许可,税务机关将不会对外部门、社会公众和其他个人提供。但根据法律规定,税收违法行为信息不属于保密范围。税务机关超出法律、法规、国务院的规定和规章、规范性文件规定的范围要求纳税人提供的信息,纳税人有权拒绝。

3. 监督权

纳税人有权对税务机关、税务人员提供的纳税服务作出评价,认为税务机关、税务人员在履行纳税服务职责过程中有侵犯其合法权益的情形,有权投诉。

纳税人对税务机关、税务人员违反税收法律、行政法规的行为,如税务人员索贿受贿、徇私舞弊、玩忽职守,不征或者少征应征税款,滥用职权多征税款或者故意刁难等,可以进行检举和控告。同时,纳税人对其他纳税人的税收违法行为也有权进行检举。收到检举的机关和负责查处的机关应当为检举人保密。

纳税人认为税务规范性文件违反法律、法规、规章或者上级税务规范性文件规定的,可以按照规定书面提出审查建议。

4. 享受税收优惠权

纳税人可以依照法律、行政法规和国务院的规定平等享有办理减税、免税、退税等税收优惠的权利。税务机关、税务人员应当严格落实国家减税降费政策,保障纳税人及时享受税收优惠。如纳税人享受的税收优惠需要自行申报、备案、税务机关核准后享受的,应当按照税收法律、行政法规和有关政策规定办理。

5. 办税方式选择权

纳税人可以自由选择办税服务厅(场所)、电子税务局等方式、场所办理税费申报、缴纳及其他税务事项。

6. 委托代办权

纳税人有权就以下事项委托涉税专业服务机构或其他个人代为办理：纳税申报、一般税务咨询、专业税务顾问、税收策划、涉税鉴证、建账记账、发票领用、减免退税申请、其他涉税服务等税务事项。

7. 申请延期申报权

纳税人如不能按期办理纳税申报或者报送代扣代缴、代收代缴税款报告表，应当在规定的期限内向税务机关提出书面延期申请，经核准，可在核准的期限内办理。经核准延期办理申报、报送事项的，应当在税法规定的纳税期内按照上期实际缴纳的税额或者税务机关核定的税额预缴税款，并在核准的延期内办理税款结算。

8. 申请延期缴纳税款权

如果纳税人因有特殊困难，不能按期缴纳税款的，经省、自治区、直辖市税务局批准，可以延期缴纳税款，但是最长不得超过 3 个月。计划单列市税务局可以参照省级税务机关的批准权限，审批纳税人的延期缴纳税款申请。纳税人只要满足以下条件之一，均可以申请延期缴纳税款：一是因不可抗力原因，导致纳税人发生较大损失，正常生产经营活动受到较大影响的；二是当期货币资金在扣除应付职工工资、社会保险费后，不足以缴纳税款的。

纳税人需要延期缴纳税款的，应当在缴纳税款期限届满前提出申请，并报送下列材料：申请延期缴纳税款报告、当期货币资金余额情况及所有银行存款账户的对账单、资产负债表、应付职工工资和社会保险费等税务机关要求提供的支出预算。税务机关应当自收到申请延期缴纳税款报告之日起 20 日内作出批准或者不予批准的决定；不予批准的，从缴纳税款期限届满之日起加收滞纳金。

9. 申请退还多缴税款权

对纳税人超过应纳税额缴纳的税款，税务机关发现后，应自发现之日起 10 日内办理退还手续；如纳税人自结算缴纳税款之日起 3 年内发现的，可以向税务机关要求退还多缴的税款并加算银行同期存款利息。税务机关将自接到纳税人退还申请之日起 30 日内查实并办理退还手续，涉及从国库中退库的，依照法律、行政法规有关国库管理的规定退还。

10. 索取有关税收凭证的权利

税务机关征收税款时，必须给纳税人开具完税凭证。扣缴义务人代扣、代收税款时，纳税人要求扣缴义务人开具代扣、代收税款凭证时，扣缴义务人应当开具。

税务机关扣押商品、货物或者其他财产时，必须制作并当场交付查封、扣押决定书和清单。

11. 拒绝非法检查权

税务机关派出的人员进行税务检查时，应当向纳税人出示税务检查证和税务检查通知书；对未出示税务检查证和税务检查通知书的，纳税人有权拒绝检查。税务机关对集贸市场及集中经营业户进行检查时，可以使用统一的税务检查通知书。

12. 陈述、申辩权

对纳税人作出征收税款、行政处罚、行政强制等不利的税务行政决定之前，纳税人可以向税务机关提出有利于自己的事实、理由和证据，税务机关应当认真复核，并根据复核结果作出决定。税务机关不得因纳税人的申辩而作出更加不利于纳税人的决定。

13. 依法要求听证的权利

对纳税人作出规定金额以上罚款的行政处罚之前，纳税人有权要求举行听证，税务机关应当依法组织听证。组织听证的费用由税务机关承担。

14. 法律救济权

纳税人对税务机关作出的决定，依法享有申请行政复议、提起行政诉讼、请求国家赔偿等权利。

纳税人、纳税担保人同税务机关在纳税上发生争议时，必须先依照税务机关的纳税决定缴纳或者解缴税款及滞纳金或者提供相应的担保，然后可以依法申请行政复议；对行政复议决定不服的，可以依法向人民法院起诉。如纳税人对税务机关的处罚决定、强制执行措施或者税收保全措施不服的，可以依法申请行政复议，也可以依法向人民法院起诉。

(二)纳税人的义务

《中华人民共和国宪法》规定，中华人民共和国公民有依照法律纳税的义务。纳税人应当自觉遵守宪法，按照法律、行政法规及其他规范性文件的规定，守法经营、依法诚信纳税。为了促进纳税人依法履行纳税义务，提高税收遵从度，我国已经初步建立起诚信纳税的奖惩机制。

纳税人若在纳税方面发生严重失信行为，将有可能被列入税收违法黑名单。纳税人若依法诚信纳税，将有机会享受税务机关提供的守信激励措施。

国家税务总局明文规定，纳税人在纳税过程中负有十项义务，现将其归并分析如下：

1. 信息报告的义务

信息报告的义务是指纳税人、扣缴义务人依法需要履行的涉税义务。主要包括四项义务：

(1) 依法进行税务登记的义务；
(2) 财务会计制度和会计核算软件备案的义务；
(3) 及时提供信息的义务；
(4) 报告其他涉税信息的义务。

2. 规范管理账簿和发票的义务

纳税人应当按照有关法律、行政法规和国务院财政、税务主管部门的规定，依法规范设置、使用、保管账簿及其他资料，不得伪造、变造或者擅自损毁。

纳税人在购销商品、提供或者接受经营服务以及从事其他经营活动中，应当依法开具、使用、取得和保管发票。

3. 按照规定安装、使用税控装置的义务

国家根据税收征收管理的需要,积极推广使用税控装置或者税控软件。纳税人应当按照规定安装、使用税控装置或者税控软件,不得损毁或者擅自改动。如纳税人未按规定安装、使用税控装置或者税控软件,或者损毁、擅自改动税控装置或者税控软件的,税务机关将责令限期改正,并可根据情节轻重处以规定数额内的罚款。

4. 按时、如实申报的义务

纳税人必须依照法律、行政法规规定或者税务机关依照法律、行政法规的规定确定的申报期限、申报内容如实办理纳税申报,报送纳税申报表、财务会计报表以及税务机关根据实际需要要求报送的其他纳税资料。

作为扣缴义务人,必须依照法律、行政法规规定或者税务机关依照法律、行政法规的规定确定的申报期限、申报内容如实报送代扣代缴、代收代缴税款报告表以及税务机关根据实际需要要求报送的其他有关资料。

5. 按时缴纳税款的义务

纳税人应当按照法律、行政法规规定或者税务机关依照法律、行政法规的规定确定的期限,缴纳或者解缴税款。

6. 代扣代缴、代收代缴税款义务

如纳税人按照法律、行政法规规定负有代扣代缴、代收代缴税款义务,必须依照法律、行政法规的规定履行代扣代缴、代收代缴税款义务。扣缴义务人依法履行代扣、代收税款义务时,纳税人不得拒绝。纳税人拒绝的,扣缴义务人应当及时报告税务机关处理。

7. 接受依法检查的义务

纳税人有接受税务机关依法进行税务检查的义务,应主动配合税务机关按法定程序进行的税务检查,如实地向税务机关反映自己的生产经营情况和执行财务制度的情况,并按有关规定提供报表和资料,不得隐瞒和弄虚作假,不能阻挠、刁难税务机关的检查和监督。

五、办税服务厅

为进一步深化税务系统"放管服"改革,优化税收营商环境,规范和加强办税服务厅管理,提高服务水平,结合国税地税征管体制改革后的实际情况,适应纳税人、缴费人服务要求,税务总局于 2018 年 12 月修订了《办税服务厅管理办法》。规范和加强办税服务厅建设,对于推进办税缴费便利化,提高服务水平具有重要作用。

(一)办税服务厅的定义

办税服务厅是指税务机关依职责为纳税人、缴费人、扣缴义务人(以下统称纳税人)集中办理涉税事项以及社会保险费和非税收入缴纳事项,提供服务的场所。税务机关应当结合税费管理工作需要,根据便利纳税人、降低征纳征缴成本的原则,合理设置办税服务厅,并结合当地政府政务中心的条件,积极推进办税服务厅进驻政府政务中心。

办税服务厅受理或办理的主要工作事项有：办理纳税缴费事项(以下简称"税费事项")；引导、辅导纳税人办理税费事项；宣传税费法律法规和政策；收集纳税人意见建议；依照职责办理税务违法行为简易处罚事项；办理其他相关事项。

办税服务厅受理税费事项的范围由纳税服务部门归口审核、归口管理。

(二)办税服务厅的岗位和窗口设置

税务机关应当按照转变征管方式提高征管效能工作要求设置办税服务厅岗位，明确岗位职责，合理划分办税服务厅与其他部门之间的工作职责和业务处理规则，统筹做好办税服务厅业务支持、技术支撑和后勤保障等工作。

办税服务厅应当设立导税岗位，导税服务人员应当积极响应进厅纳税人的税费办理需求，利用网上平台、自助终端、服务窗口等渠道，合理有效分流人员，减少纳税人排队等候时间。

办税服务厅以便利纳税人和服务高效为原则设置窗口，合理配备窗口服务人员。根据实际情况，动态调整窗口数量和职能，合理调配窗口资源，防止出现忙闲不均，并为应对窗口拥堵等现象做好应急准备。按照国家税务总局统一标准设置窗口标识，窗口名称应当简明、准确。窗口标识和名称可采用电子显示。

(三)办税服务厅的主要服务方式

1. 导税服务

纳税人进入办税服务厅后，引导其在相关的服务区域或窗口办理税费事项，辅导纳税人填写资料和自助办理税费事项，协助纳税人核对资料和表单填写的完整性，解答纳税人办理税费事项咨询，宣传税费法律法规政策和维护办税服务厅秩序。

2. 首问责任

纳税人到办税服务厅办理税费事项或寻求涉及税费事项帮助时，首位接洽的工作人员为纳税人办理或有效指引纳税人完成办理税费事项。首问责任的业务范围包括涉税业务办理、涉税业务咨询、纳税服务投诉和税收工作建议。涉及税收违法行为的检举、干部违纪违法的举报和信访的，首问责任人应将当事人引导至投诉举报等相关受理部门，或直接告知其相关部门的联系方式。

3. 限时办结

办税服务厅对纳税人发起的非即办事项应当在规定的时限内办结或答复。对限时办结事项，在窗口受理时，必须出具规范的受理文书，再进行业务的内部流转，按承诺时限办结。有条件的税务机关，可提供信息推送、办理进度查询服务。

4. 预约服务

基于纳税人合理的涉税需求，办税服务厅在与纳税人相互约定的时间为纳税人办理税费事项。预约服务的时段一般应为税务机关的工作时间，特殊、紧急事项经税务机关确认后可预约非工作时间。预约服务的业务办理方式为纳税人依约上门办理。

5. 延时服务

办税服务厅对已到下班时间正在办理税费事项或已在办税服务场所等候办理税费事项的纳税人,提供延时服务。办税服务厅工作人员在提供延时服务中,对短时间内无法办结的涉税事项,可在征得纳税人同意后,留存纳税人涉税资料及联系方式,待业务办理完结后,告知办理结果。

6. 一次性告知

办税服务厅在受理纳税人税费事项时,对资料不符合规定或前置事项未办结的,工作人员应一次性告知;对不予办理的税费事项要说明理由、依据等。一次性告知应以方便纳税人办理涉税事项为原则,对简单明了的事项可采取口头告知形式(行政许可事项除外);因告知事项较多或内容复杂,纳税人难以理解或纳税人要求以书面形式告知的,工作人员应以书面形式告知;对实施二维码一次性告知的,应在办税服务厅的导税台、咨询台或办税窗口等显著位置摆放二维码图标,主动引导纳税人扫描相应业务二维码,帮助纳税人了解和使用二维码。

(四)办税服务厅的服务要求

窗口人员应当核对纳税人提交的资料是否齐全、是否符合法定形式、填写内容是否完整。符合的按时办结,并应当确认录入系统的数据与纳税人提交的资料内容一致,且符合相应数据填报标准;不符合的当场一次性提示应补正资料或不予受理原因。

办税服务厅应严格落实"最多跑一次"服务措施,纳税人办理"最多跑一次"清单范围内事项,在资料完整且符合法定受理条件的前提下,最多只需要到税务机关跑一次。

办税服务厅工作人员应保守国家秘密和纳税人的商业秘密及个人隐私;要增强网络安全意识,严格遵守网络安全相关规定。

办税服务厅工作人员应当统一着装上岗,做到爱岗敬业、公正执法、文明服务、业务熟练、服务规范、清正廉洁。

六、电子税务局

(一)电子税务局的定义

电子税务局是指各省级税务局基于全国税收征管规范和全国税务机关纳税服务规范,按照统一业务规则、统一办税流程、业务审批智能处理等原则设计的,向纳税人提供智能化管理功能的网上业务处理平台。

(二)电子税务局的主要功能

电子税务局主要包括"我的信息""我要办税""我要查询""互动中心""公众服务"等五类功能。其中:

"我的信息"用于向纳税人提供自身基本信息和账户管理包括纳税人信息、纳税人电子资料查阅和维护、用户管理和用户登录等具体功能。

"我要办税"用于向纳税人提供涉税事项的办理包括纳税人综合信息报告、发票使用、各种税费申报与缴纳、税收减免、证明开具、退税办理、税务行政许可、核定办理、增值税抵扣凭证管理、税务代保管资金收取、预约定价安排谈签申请、纳税信用、涉税专业服务机构管理以及法律追责与救济事项等具体功能。

"我要查询"用于向纳税人提供状态查询包括办税进度及结果信息、发票信息、申报信息、缴款信息、欠税信息、优惠信息、定额核定、违法违规、证明信息、涉税中介机构信息、纳税信用状态、电子资料等具体功能。

"互动中心"用于税务机关同纳税人之间信息互动。纳税人可获取税务机关推送及纳税人定制的各类消息,以及涉及风险、信用、待办事项提醒信息;并实现在线预约办税和征纳交互。包括我的待办、我的提醒、预约办税、在线交互、办税评价、纳税人需求等具体功能。

"公众服务"用于向纳税人提供税务机关通知公告、咨询辅导以及公开信息查询等服务,无须注册登录即可直接使用。包括公告类,主要有政策法规通知公告、重大税收违法案件公告、信用级别 A 级纳税人公告、欠税公告、涉税专业服务机构信息公告;辅助办税类,主要有纳税人学堂、税收政策及解读、办税指南、操作规程、下载服务、热点问题、重点专题、办税地图、办税日历;公开信息查询类,主要有发票状态、重大税收违法案件查询、信用级别 A 级纳税人查询、欠税查询、证明信息查询、涉税专业服务机构信息查询等具体功能。

电子税务局提供部分一键办理入口:"我的待办"中可获取税务机关向纳税人主动推送的消息、通知、待办事项提醒等信息;"我要预约"中可预约线上线下办税事项;"通知公告"中可直接查询税务机关向纳税人和社会公众发布的涉税通知、重要提醒、公告等文件、资讯等信息;"个性服务"中可办理办税套餐等个性化办税事项、定制服务事项和创新服务事项。

七、12366 纳税服务平台

12366 纳税服务平台包含热线、网线、无线端。其中热线端为 12366 纳税服务热线,网线端为 12366 纳税服务网站,无线端包括 12366 纳税服务 APP、WAP、12366 知识库手机版和微信、支付宝 12366 智能咨询小程序。

(一)12366 纳税服务平台(热线端)

"12366"是税务系统面向社会公开受理纳税人涉税服务需求的热线电话号码,其码号资源由全国税务系统共有。12366 纳税服务热线是税务机关通过设立呼叫中心向纳税人提供涉税服务的渠道,以"用心倾听、真诚服务"为宗旨,积极响应纳税人的正当诉求,力争事事有回音、件件有落实。12366 纳税服务热线的服务方式主要有:人工话务服务、自动语音服务、留言服务、传真服务、网络服务、短信服务和其他服务。12366 纳税服务热线的服务内容主要包括:咨询解答、办税指引、纳税服务投诉受理、意见建议收集、涉税查询等。

(二)12366 纳税服务平台(网站端)

12366 纳税服务网站可通过 PC 端浏览器输入 https://12366.chinatax.gov.cn 或单击国家税务总局门户网站首页"12366 纳税服务平台"图标进入。具体包括六个栏目：纳税咨询(智能咨询、众包互助、网上留言、在线咨询)；涉税查询(税法查询、纳税人的信息查询、全国增值税发票查验)、纳税人学堂(视频点播、在线直播、现场培训、减税降费)；办税服务(网上办税、预约办税、办税地图、办税日历、行政审批、办税指南、涉税专题)、在线互动(违法举报、服务投诉、在线访谈)、涉税专业服务。

(三)12366 纳税服务平台(WAP)

1. 打开手机浏览器，输入网址 https://12366.chinatax.gov.cn，即可使用。
2. 通过扫描二维码的方式打开，二维码如下。

(四)12366 纳税服务平台(APP)

(1) 通过访问网页的方式下载，网站端的下载地址为 https://12366.chinatax.gov.cn/download/app/index。
(2) 手机端在打开 WAP 后，点击首页"12366 纳税服务 APP"即可下载。
(3) 通过扫描二维码的方式下载，二维码如下。

八、纳税服务投诉管理

纳税人(含缴费人、扣缴义务人和其他当事人，下同)认为税务机关及其工作人员在履行纳税服务职责过程中未提供规范、文明的纳税服务或者有其他侵犯其合法权益的情形，可以向税务机关进行投诉，税务机关应按规定办理纳税人的投诉事项。

(一)纳税服务投诉管理的原则

纳税人进行纳税服务投诉应当遵从税收法律、法规、规章、规范性文件，并客观、真实地反映相关情况，不得隐瞒、捏造、歪曲事实，不得侵害他人合法权益。

税务机关及其工作人员在办理纳税服务投诉事项时，必须遵循依法公正、规范高效、属地管理、分级负责的原则，不得徇私、偏袒，不得打击、报复，并应当对投诉人信息保密。

(二)纳税服务投诉的范围

纳税服务投诉是指纳税人对税务机关及其工作人员在履行纳税服务职责过程中未提供规范、文明的纳税服务或者有其他侵害其合法权益的情形,向税务机关进行的投诉。其具体包括如下内容。

1. 对服务言行的投诉

对服务言行的投诉,是指纳税人认为税务机关工作人员在履行纳税服务职责过程中服务言行不符合文明服务规范要求而进行的投诉。其具体包括如下内容。

(1) 税务机关工作人员服务用语不符合文明服务规范要求的。
(2) 税务机关工作人员行为举止不符合文明服务规范要求的。

2. 对服务质效的投诉

对服务质效的投诉,是指纳税人认为税务机关及其工作人员在履行纳税服务职责过程中未能提供优质便捷的服务而进行的投诉。其具体包括如下内容。

(1) 税务机关及其工作人员未准确掌握税收法律、法规等相关规定,导致纳税人应享受未享受税收优惠政策的。
(2) 税务机关及其工作人员未按规定落实首问责任、一次性告知、限时办结、办税公开等纳税服务制度的。
(3) 税务机关及其工作人员未按办税事项"最多跑一次"服务承诺办理涉税业务的。
(4) 税务机关未能向纳税人提供便利化办税渠道的。
(5) 税务机关及其工作人员擅自要求纳税人提供规定以外资料的。
(6) 税务机关及其工作人员违反规定强制要求纳税人出具涉税鉴证报告,违背纳税人意愿强制代理、指定代理的。

3. 侵害纳税人合法权益的其他投诉

侵害纳税人合法权益的其他投诉,是指纳税人认为税务机关及其工作人员在履行纳税服务职责过程中未依法执行税收法律、法规等相关规定,侵害纳税人的合法权益而进行的其他投诉。

4. 不属于纳税服务投诉范围的情形

投诉内容存在以下情形的,不属于纳税服务投诉的范围。
(1) 违反法律、法规、规章有关规定的。
(2) 针对法律、法规、规章和规范性文件规定进行投诉的。
(3) 超出税务机关法定职责和权限的。
(4) 不属于上述投诉范围的其他情形。

(三)纳税服务投诉的提交与受理

1. 投诉的提交

(1) 纳税人对纳税服务的投诉原则上应采取实名投诉。投诉可以通过网络、电话、信函或者当面等方式提出。

(2) 纳税人对纳税服务的投诉,可以向本级税务机关提交,也可以向其上级税务机关提交。

(3) 已就具体行政行为申请税务行政复议或者提起税务行政诉讼,但具体行政行为存在不符合文明规范言行问题的,可就该问题单独向税务机关进行投诉。

2. 投诉的受理

税务机关收到投诉后,应于1个工作日内决定是否受理,并按照"谁主管、谁负责"的原则办理或转办。

税务机关应当受理的纳税服务投诉包括两种情形:一是纳税人进行实名投诉,且投诉材料符合《纳税服务投诉管理办法》规定要求;二是纳税人虽进行匿名投诉,但投诉的事实清楚、理由充分,有明确的被投诉人,投诉内容具有典型性。

税务机关不予受理的纳税服务投诉的情形包括:对税务机关已经处理完毕且经上级税务机关复核的相同投诉事项再次投诉的;税务机关依法、依规受理,且正在办理的服务投诉再次投诉的;不属于上述投诉范围的其他情形。

对于不予受理的实名投诉,税务机关应当以适当形式告知投诉人,并说明理由。逾期未告知的,视同自收到投诉后1个工作日内受理。

上级税务机关认为下级税务机关应当受理投诉而不受理或者不予受理的理由不成立的,可以责令其受理。上级税务机关认为有必要的,可以直接受理应由下级税务机关受理的纳税服务投诉。

纳税人的同一投诉事项涉及两个以上税务机关的,应当由首诉税务机关牵头协调处理。首诉税务机关协调不成功的,应当向上级税务机关申请协调处理。

纳税人就同一事项通过不同渠道分别投诉的,税务机关接收后可合并办理。

税务机关应当建立纳税服务投诉事项登记制度,记录投诉时间、投诉人、被投诉人、联系方式、投诉内容、受理情况以及办理结果等有关内容。

各级税务机关应当向纳税人公开负责纳税服务投诉机构的通讯地址、投诉电话、税务网站和其他便利投诉的事项。

(四)纳税服务投诉的调查与处理

税务机关调查、处理投诉事项,应本着依法依规、实事求是、注重调解、化解征纳争议的原则进行。调查处理纳税服务投诉事项,应当由两名以上工作人员参加。税务机关调查人员与投诉事项或者投诉人、被投诉人有利害关系的,应当回避。

税务机关应对纳税人投诉的具体事项进行核实情况、沟通调解、提出意见。调查过程中应充分听取投诉人、被投诉人双方陈述事实和理由,查阅相关文件资料,调取有关证据,必要时可向其他组织和人员调查或实地核查。

调查过程中发生下列情形之一的,应当终结调查,并向纳税人说明理由:投诉事实经查不属于纳税服务投诉事项的;投诉内容不具体,无法联系投诉人或者投诉人拒不配合调查,导致无法调查核实的;投诉人自行撤销投诉,经核实确实不需要进一步调查的;已经处理反馈的投诉事项,投诉人就同一事项再次投诉,没有提供新证据的;调查过程中发现不属于税务机关职责范围的。

税务机关根据调查核实的情况，对纳税人投诉的事项分别作如下处理。

(1) 属于下列情形的，即时办结。

① 纳税人当场提出投诉，事实简单、清楚、不需要进行调查的；

② 一定时期内集中发生的同一投诉事项且已有明确处理意见的。

(2) 属于下列情形的，自受理之日起3个工作日内办结。

① 纳税人认为税务机关及其工作人员未准确掌握税收法律、法规等相关规定，导致纳税人应享受而未享受税收优惠政策的；

② 自然人纳税人提出的个人所得税服务投诉；

③ 自然人缴费人提出的社会保险费和非税收入征缴服务投诉；

④ 涉及其他重大政策落实的服务投诉。

(3) 对服务言行类投诉，自受理之日起5个工作日内办结；服务质效类、其他侵害纳税人合法权益类投诉，自受理之日起10个工作日内办结。

(4) 因情况复杂不能按期办结的，经受理税务机关纳税服务部门负责人批准，可适当延长办理期限，最长不得超过10个工作日，同时向转办部门进行说明并向投诉人做好解释。

(5) 纳税人当场投诉事实成立的，被投诉人应当立即停止或者改正被投诉的行为，并向纳税人赔礼道歉，税务机关应当视情节轻重给予被投诉人相应处理；投诉事实不成立的，处理投诉事项的税务机关工作人员应当向纳税人说明理由。

(6) 税务机关根据调查核实的情况处理，投诉情况属实的，责令被投诉人限期改正，并视情节轻重分别给予被投诉人相应的处理；投诉情况不属实的，向投诉人说明理由。

(7) 投诉人对税务机关反馈的处理情况有异议的，税务机关应当决定是否开展补充调查以及是否重新作出处理结果。投诉人认为处理结果显失公正的，可向上级税务机关提出复核申请。上级税务机关自受理之日起，10个工作日内作出复核意见。

欢迎观看纳税服务的教学视频，请扫描二维码。

6-1 纳税服务_batch.mp4

第二节　涉税专业服务

一、涉税专业服务的定义

涉税专业服务是指涉税专业服务机构接受委托，利用专业知识和技能，就涉税事项向委托人提供的税务代理等服务。这里的涉税专业服务机构是指税务师事务所和从事涉税专业服务的会计师事务所、律师事务所、代理记账机构、税务代理公司、财税类咨询公司等机构。

二、涉税专业服务的业务范围

涉税专业服务机构可以从事下列涉税业务。

(1) 纳税申报代理。对纳税人、扣缴义务人提供的资料进行归集和专业判断，代理纳税人、扣缴义务人进行纳税申报准备和签署纳税申报表、扣缴税款报告表以及相关文件。

(2) 一般税务咨询。对纳税人、扣缴义务人的日常办税事项提供税务咨询服务。

(3) 专业税务顾问。对纳税人、扣缴义务人的涉税事项提供长期的专业税务顾问服务。

(4) 税收策划。对纳税人、扣缴义务人的经营和投资活动提供符合税收法律、法规及相关规定的纳税计划、纳税方案。

(5) 涉税鉴证。按照法律、法规以及依据法律、法规制定的相关规定要求,对涉税事项真实性和合法性出具鉴定和证明。

(6) 纳税情况审查。接受行政机关、司法机关委托,依法对企业纳税情况进行审查,作出专业结论。

(7) 其他税务事项代理。接受纳税人、扣缴义务人的委托,代理建账记账、发票领用、减免退税申请等税务事项。

(8) 其他涉税服务。

前款第 1 项至第 6 项涉税业务,应当由具有税务师事务所、会计师事务所、律师事务所资质的涉税专业服务机构从事,相关文书应由税务师、注册会计师、律师签字,并承担相应的责任。

涉税专业服务机构从事涉税业务,应当遵守税收法律、法规及相关税收规定,遵循涉税专业服务业务规范。涉税专业服务机构为委托人出具的各类涉税报告和文书,由双方留存备查,其中,税收法律、法规及国家税务总局规定报送的,应当向税务机关报送。

三、税务师事务所行政登记

税务师事务所是专职从事税务代理的工作机构,由税务师出资设立。税务机关应当对税务师事务所实施行政登记管理。未经行政登记不得使用"税务师事务所"名称,不能享有税务师事务所的合法权益。税务师事务所办理商事登记后,应当向省税务机关办理行政登记。省税务机关准予行政登记的,颁发《税务师事务所行政登记证书》,并将相关资料报送国家税务总局,抄送省税务师行业协会。不予行政登记的,书面通知申请人,说明不予行政登记的理由。

(一)税务师事务所的设立条件

税务师事务所采取合伙制或者有限责任制组织形式的,除国家税务总局另有规定外,应当具备下列条件。

(1) 合伙人或者股东由税务师、注册会计师、律师担任,其中税务师占比应高于 50%,国家税务总局另有规定的除外。

(2) 有限责任制税务师事务所的法定代表人由股东担任。

(3) 税务师、注册会计师、律师不能同时在两家以上的税务师事务所担任合伙人、股东或者从业。

(4) 税务师事务所字号不得与已经行政登记的税务师事务所字号重复。

(二)机构担任税务师事务所的合伙人或者股东的情形

(1) 符合以下条件的税务师事务所,可以担任税务师事务所的合伙人或者股东。

① 执行事务合伙人或者法定代表人由税务师担任。
② 前3年内未因涉税专业服务行为受到税务行政处罚。
③ 法律、行政法规和国家税务总局规定的其他条件。

(2) 符合以下条件的从事涉税专业服务的科技、咨询公司，可以担任税务师事务所的合伙人或者股东。
① 由税务师或者税务师事务所的合伙人(股东)发起设立，法定代表人由税务师担任。
② 前3年内未因涉税专业服务行为受到税务行政处罚。
③ 法律、行政法规和国家税务总局规定的其他条件。

四、涉税鉴证业务

(一)涉税鉴证业务的定义

涉税鉴证业务，是指鉴证人接受委托，按照法律、法规以及依据法律、法规制定的相关规定要求，对被鉴证方纳税人涉税事项的真实性和合法性进行鉴定和证明，并出具书面专业意见的活动。

(二)涉税鉴证业务的种类

涉税鉴证业务包括：企业清税注销鉴证、土地增值税清算鉴证、企业资产损失税前扣除鉴证、研发费用税前加计扣除鉴证、高新技术企业专项认定鉴证、涉税司法鉴证和其他涉税事项鉴证等。

(三)涉税鉴证的主要原则

1. 信任保护原则

税务师事务所及涉税服务人员提供涉税鉴证业务，实行信任保护原则。存在以下情形之一的，涉税专业服务机构及涉税服务人员有权终止业务。
(1) 委托人违反法律、法规及相关规定的。
(2) 委托人提供不真实、不完整资料信息的。
(3) 委托人不按照业务结果进行申报的。
(4) 其他因委托人原因限制业务实施的情形。

如已完成部分约定业务，应当按照协议约定收取费用，并就已完成事项进行免责性声明，由委托人承担相应责任，涉税专业服务机构及涉税服务人员不承担该部分责任。

2. 不相容原则

鉴证人提供涉税鉴证业务服务，应当遵循涉税鉴证业务与代理服务不相容原则。承办被鉴证单位代理服务的人员，不得承办被鉴证单位的涉税鉴证业务。

3. 质量控制原则

税务师事务所及其涉税服务人员提供涉税鉴证业务，应当遵循《税务师事务所质量控制规则(试行)》的相关规定，在业务承接、业务计划、业务实施、业务结果等鉴证服务各阶段,充分考虑对执业风险的影响因素,使执业风险降低到可以接受的程度。

(四)涉税鉴证相关术语的定义

(1) 委托人,是指与委托事务所对涉税事项进行鉴证的单位或个人。

(2) 鉴证人、受托人,是指接受委托,具有提供涉税鉴证业务资质的涉税专业服务机构及涉税服务人员。

(3) 被鉴证人,是指与鉴证事项相关的单位或个人。被鉴证人可以是委托人,也可以是委托人有权指定的第三人。

(4) 使用人,是指使用鉴证结果的单位或个人。

(5) 鉴证事项,是指鉴证人评价和证明的对象。

(6) 鉴证资料,是指鉴证业务过程中涉及的各类信息载体。

(7) 鉴证结果,是指鉴证人执行鉴证项目的最终状态,包括出具鉴证报告或者终止涉税鉴证业务委托合同等其他情况。

(五)涉税鉴证的主要业务流程

涉税鉴证业务流程,主要环节包括鉴证准备、证据收集评价、鉴证事项评价、工作底稿、鉴证报告等。

1. 鉴证准备

(1) 分析评估。鉴证人承接涉税鉴证业务,应当对委托事项进行初步调查和了解,并从下列方面进行分析评估,决定是否接受涉税鉴证业务委托。

① 委托事项是否属于涉税鉴证业务。

② 是否具有承办涉税鉴证业务的专业胜任能力。

③ 是否可以承担相应的风险。

④ 承办人员是否为鉴证人提供了涉税服务。

⑤ 其他相关因素。

(2) 沟通解释。鉴证人承接涉税鉴证业务时,应当与委托人进行沟通,并对税务专业术语、鉴证业务范围等有关事项进行解释,避免双方对鉴证项目的业务性质、责任划分和风险承担的理解产生分歧。

(3) 签证业务委托协议。鉴证人决定接受涉税鉴证业务委托的,应当与委托人签订涉税鉴证业务委托协议。涉税鉴证业务委托协议应当包括下列基本内容。

① 鉴证事项。

② 鉴证报告的用途或使用范围。

③ 鉴证期限、举证期限。

④ 鉴证业务报酬及支付方式。

⑤ 委托人或被鉴证人对涉税鉴证业务的配合义务。

⑥ 鉴证人利用专家工作的安排。

⑦ 委托人、鉴证人或被鉴证人的证明责任。

⑧ 责任分担和争议处理方式。

⑨ 其他事项。

鉴证人可以要求委托人、被鉴证人出具书面文件，声明对其所提供的与鉴证事项相关的会计资料、纳税资料及其他相关资料的真实性、合法性负责。

(4) 涉税鉴证业务计划。鉴证人应当指派能够胜任受托涉税鉴证业务的具有资质的涉税服务人员作为项目负责人，具体实施涉税鉴证业务。

鉴证人应当根据鉴证事项的复杂程度、风险状况和鉴证期限等情况，制定总体业务计划和具体业务计划。总体业务计划应当落实工作目标，确定工作策略，安排服务时间，界定业务范围，明确人员组织分工，明确必要的沟通环节和程序。具体业务计划应当确定拟执行的鉴定方案、鉴证程序、时间、步骤、方法和具体流程等。

涉税鉴证业务计划确定后，鉴证人可以视情况变化对业务计划作相应的调整。

项目负责人可以根据业务需要，请求本所内部或外部相关领域的专家协助工作。项目负责人应当对专家工作成果负责。

2. 证据收集评价

鉴证人应根据受托鉴证事项的实际情况，确定鉴证业务需要证据的范围、种类。其中，证据范围主要包括时间范围、职权范围、业务范围；证据种类主要包括书证、物证、视听资料、电子数据、证人证言、当事人的陈述、鉴定意见、勘验笔录、现场笔录。

鉴证人应当根据鉴证事项的具体情况，审查证据的合法性、真实性和相关性，取得支持鉴证结果所需的事实证据和法律依据。

3. 鉴证事项评价

鉴证事项合法性的评价要点包括事实、证据、依据、程序、内容。鉴证事项的合理性评价要点包括处理行为是否客观、是否符合情理。

鉴证人发表鉴证结论，应关注事实是否清楚，证据是否确实充分，适用依据是否正确，适用程序是否合法，交易处理、会计处理、税务处理是否客观、符合情理具备合理性。

4. 工作底稿

鉴证人应当遵循《税务师工作底稿规则(试行)》的相关规定，编制涉税鉴证业务工作底稿，保证工作底稿记录的完整性、真实性和逻辑性。涉税鉴证业务工作底稿应当包括下列要素：鉴证项目名称；被鉴证人名称；鉴证项目所属期间；索引；鉴证过程和结果的记录；证据目录；工作底稿编制人签名和编制日期；工作底稿复核人签名和复核日期。

鉴证人应对开展的涉税鉴证业务逐笔登记台账，以便在完成业务后向税务机关征管系统涉税专业服务管理信息库填报相关信息。

5. 鉴证报告

项目负责人应当遵循《税务师业务报告规则(试行)》的相关规定负责编制涉税鉴证业务报告。

涉税鉴证业务报告应当包括下列内容。

(1) 标题。涉税鉴证业务报告的标题应当规范为"鉴证事项+鉴证报告"。

(2) 编号。按照鉴证人业务成果编号规则统一编码并在业务成果首页注明，全部业务成果均应编号,以便留存备查或向税务机关报送。

(3) 收件人。即鉴证人按照业务委托协议的要求致送涉税鉴证业务报告的对象,一般指鉴证业务的委托人。涉税鉴证业务报告应当载明收件人全称。

(4) 引言。涉税鉴证业务报告引言应当表明委托人与受托人的责任,对委托事项是否进行鉴证审核以及审核标准、审核原则等进行说明。

(5) 鉴证实施情况。这包括鉴证人在业务实施过程中所采用的程序和方法、分析事项、具体步骤、计算过程等。

(6) 鉴证结论或鉴证意见。鉴证人提供涉税专业服务的最终结果,有明确的意见、建议或结论。

(7) 签章,涉税鉴证业务报告,应当由实施该项业务的税务师、注册会计师或律师签章。

(8) 报告出具日期。即完成业务成果外勤工作的日期。。

(9) 附件。鉴证业务说明,鉴证人可以根据业务性质和业务需求调整或增减鉴证业务说明的内容。

涉税鉴证业务报告应当在鉴证人完成内部审批复核程序及签字手续,加盖鉴证人公章后对外出具。在正式出具涉税鉴证业务报告前,项目负责人应与委托人或者被鉴证人就拟出具的涉税鉴证业务报告的有关内容进行沟通。

涉税鉴证业务报告应由两个以上具有涉税鉴证业务资质的涉税服务人员签字。

涉税鉴证业务报告具有特定目的或服务于特定使用人的,鉴证人应当在涉税鉴证业务报告中予以注明,对报告的用途加以限定和说明。

鉴证人应当对提供涉税鉴证业务服务过程中形成的业务记录和业务成果以及知悉的委托人和被鉴证人的商业秘密和个人隐私予以保密,未经委托人同意,不得向第三方泄露相关信息。但下列情形除外:税务机关因行政执法需要进行查阅的;涉税专业服务监管部门和行业自律部门因检查执业质量需要进行查阅的;法律、法规规定可以查阅的其他情形。

实施涉税鉴证业务过程中,项目负责人认为委托人提供的会计、税收等基础资料缺乏完整性和真实性,可能对鉴证项目的预期目的产生重大影响的,应当在报告中作出适当说明。

项目负责人在涉税鉴证业务报告正式出具后,如发现新的重大事项足以影响已出具的涉税鉴证业务报告结论,应当及时报告鉴证人,作出相应的处理。

税务师事务所出具的涉税鉴证业务报告,应当由委托协议双方留存备查。其中,税收法律、法规及国家税务总局规定报送的,应当向税务机关报送。

五、非涉税鉴证业务

(一)非涉税鉴证业务的定义

非涉税鉴证业务,是指涉税专业服务机构及其涉税服务人员接受委托,按照法律、法规以及依据法律、法规制定的相关规定要求,向委托人或者委托人指定的第三人,提供纳税申报代理、一般税务咨询、专业税务顾问、税收策划、纳税情况审查、其他税务事项代理、其他涉税服务的活动。

(二)非涉税鉴证的主要业务流程

非涉税鉴证业务流程主要包括业务承接、业务委派、业务计划、业务实施、业务记录、业务成果、业务档案。

1. 业务承接

业务承接是指涉税专业服务机构与委托人在确定是否接受或保持业务委托关系前，就涉税专业服务进行调查、评估并签署业务委托协议的业务活动。在确定承接或保持的业务时，应与委托人签订业务委托协议。

2. 业务委派

业务委派是指税务师事务所在承接业务或签订协议过程中，根据实施委托事项的需要，成立项目组，配备项目组织结构的业务活动。

3. 业务计划

业务计划是指税务师事务所在承接业务或签订协议过程中，根据实施委托事项的需要，制定的包括工作目标、工作方案、时间安排、业务范围、人员分工、沟通协调、执行程序、保密措施、风险提示等内容的业务实施计划。

4. 业务实施

业务实施是指税务师事务所及其涉税服务人员根据涉税专业服务的目标，开展资料收集，遵循税收法律、法规相关规定，对需要关注事项进行重点判断、确定和分析，运用一定的涉税业务实施具体方法调整委托人的税会差异，同时在业务实施过程中进行充分和必要的风险控制程序，据此提供涉税专业服务业务成果的业务活动。

5. 业务记录

业务记录是指涉税服务人员在实施涉税专业服务过程中形成的反映执业过程、支持涉税专业服务业务成果的事实根据、法律依据等业务记录及相关资料。根据业务记录编制的工作底稿应当内容完整、重点突出、条理清晰、结论明确。

6. 业务成果

业务成果是指税务师事务所通过业务实施活动形成的实现涉税专业服务业务目标的报告、意见、建议及相关资料。业务成果制作的基本要求包括：适用法律法规正确，制作程序合规，涉税资料完整，支持证据有效，结论合法合理，责任明确清晰。

7. 业务档案

业务档案是涉税专业服务机构及其涉税服务人员如实记载涉税专业服务业务始末，保存涉税资料、涉税文书的案卷。业务档案应当本着谁代理谁立卷的原则，实行一户一档，建立立卷归档工作责任制。业务档案应当至少保存10年，法律、行政法规另有规定的除外。对以电子或者其他介质形式存在的业务档案，应当采取适当措施保护信息的完整和不外泄。不得在规定的保存期内对涉税专业服务业务档案进行转让、删改或销毁。

第三节 税收风险管理

一、税收风险管理概述

(一)税收风险管理的定义

所谓风险,是指不确定性。税收风险是指在征税过程中,由于制度方面的缺陷、政策、管理方面的失误,以及种种不可预知和控制的因素所引起的税源状况恶化、税收调节功能减弱、税收增长乏力,最终导致税收收入不能满足政府实现职能需要,以及税务机关及其工作人员不依法行政被追究法律责任等方面的可能性。

税收风险管理是指税务机关运用风险管理理论和方法,在全面分析纳税人税法遵从状况的基础上,针对纳税人不同类型不同等级的税收风险,合理配置税收管理资源,通过服务提醒、更正提示、业务阻断、纳税评估、特别纳税调整、税务稽查等策略,防控税收风险,提高纳税人的税法遵从度,提升税务机关管理水平,并贯穿于税收工作全过程的税收管理活动。当然,税收风险管理也包括税务机关和税务人员加强自身建设和管理,全面落实税收行政执法责任制度等方面的内容。

(二)税收风险管理机构与职责

1. 税务总局层面

国家税务总局税收大数据和风险管理局是主管组织指导全国税收大数据和风险管理相关工作的机构。其主要职责是:负责云平台建设、相关业务需求和运行管理、相关系统应用和业务层面运维工作;组织实施税收大数据和风险管理战略规划;管理税收数据,负责税收数据交换和共享;统筹开展全国性、综合性风险管理特征库和分析模型建设、验证和推广。

2. 省级税务局层面

省级税务局税收大数据和风险管理局的主要职责是:负责信息数据和风险管理的目标规划、制度规定的实施工作;负责国家税务总局下发风险应对任务的整合和推送;负责本系统税收风险管理模型构建、分析识别、任务推送、监控评价结果反馈等工作。

二、税收风险管理的基本内容

税收风险管理的基本内容包括风险管理目标规划、风险分析、任务统筹、风险应对、监控及评价,以及通过评价成果应用于规划目标的修订校正,从而形成良性互动、持续改进的管理闭环。

1. 目标规划

各级税务机关应当结合税收形势和外部环境,确定税收风险管理工作重点、工作措施和实施步骤,形成系统性、全局性的战略规划和年度计划,以及风险应对等阶段性具体计划，统领和指导税收风险管理工作。

税务总局负责系统性、全局性税收风险管理战略规划和年度计划制订与调整。省级税务机关负责本省税收风险管理中长期规划、年度计划制定与调整。市级、县(区)级税务机关负责本市、县(区)税收风险管理年度计划制定与调整。税收风险管理具体执行计划制定、调整的权限及期限，由各级风险管理部门结合本地实际情况确定。

2. 风险分析

风险分析包括风险识别、等级排序。通过建立、运用风险分析工具，对涉税信息进行扫描、分析和识别，找出容易发生风险的领域、环节或纳税人群体。按纳税人归集风险点，综合评定风险分值，并进行等级排序，确定每个纳税人的风险等级。

风险识别是指税务机关按照税收风险管理目标和工作计划要求，建立风险识别指标体系、风险特征库和分析模型等风险分析工具，确定风险分析、加工频度，通过对税收基础数据的内在关联分析和第三方信息的辅助验证，将纳税人、扣缴义务人的涉税信息进行扫描、分析和识别，并对扫描的结果进行确认，找出容易发生风险的领域、环节或纳税人群体，为税收风险管理提供精准指向和具体对象。风险识别具体包括风险特征分析、风险指标模型建设、风险点加工归集、风险应对指引编写。

等级排序是指税务机关对依据风险识别结果建立的风险纳税人库，按纳税人、扣缴义务人归集的风险点，按户综合评定风险分值，并进行等级排序，确定每个纳税人、扣缴义务人的风险等级。

3. 任务统筹

任务统筹是指对通过风险分析识别、上级交办、部门转办以及其他途径产生的风险任务进行归集、整理、汇总、比对、审批、推送、分配等过程。任务统筹应遵循"科学合理""过滤重复""归并执行"的原则，即任务安排要充分考虑应对部门的承受能力，力求做到科学合理；利用系统过滤或人工干预，避免任务重复派发；对同一纳税人涉及多项事项，应归并任务，统一下发，防止多头下达任务。

4. 风险应对

风险应对是指税务机关在风险分析识别的基础上，综合考虑风险性质类型、风险等级等因素，通过合理配置资源，采取各种应对策略消除税收风险，提高纳税遵从度的过程。主要包括纳税评估、出口退(免)税评估、特别纳税调整、税务稽查四类应对策略。

5. 监控及评价

对税收风险管理全过程实施有效监控，建立健全考核评价机制，及时监控和通报各环节的运行情况，并对风险识别科学性和针对性、风险等级排序准确性、风险应对策略有效性等进行效果评价。主要包含过程监控和评价反馈。

三、大企业税收风险分析应对

大企业税收风险分析应对，是指由税务总局负责收集大企业纳税申报信息、财务信息、第三方涉税信息，整合不同应用系统信息；运用风险程度测试指标模型，对大企业税收风险进行计算机识别；组织专业团队，结合行业特征、集团特征和专业经验，人工评价分析大企业税收风险；形成风险任务报告向省以下税务机关推送应对。各级税务机关大企业税收管理部门应根据风险评估报告，按照风险等级，对企业实施针对性管理措施，主要包括纳税服务、约谈企业、案头审计、布置企业自查、反避税调查等。具体分类如下。

(1) 对遵从意愿和遵从能力都较高的低风险企业，可以通过提供优质纳税服务等措施，努力为企业提供办税便利。

(2) 对有遵从意愿但遵从能力较低的中等风险企业，可以通过引导和帮助的方式，采取约谈企业、案头审计、布置企业自查等措施，告知企业可能存在的涉税风险和相应的法律责任，帮助企业分析产生风险的原因及防范措施，督促企业整改。

(3) 对遵从意愿较低、遵从风险大的高风险企业，可以采取反避税调查等方式控制税务风险。

(4) 在约谈企业、案头审计、布置企业自查、反避税调查过程中，发现企业有严重税收违法行为的，应移送稽查部门处理。

税务总局统筹实施针对性风险管理工作，省以下税务机关大企业税收管理部门根据税务总局的部署开展工作。各级税务机关大企业税收管理部门应及时将风险管理各个阶段发现的问题和改进建议提示给企业，并对企业进行跟踪管理，辅导和监督企业及时改进。对持续、反复出现同类遵从问题的，应及时调高企业风险等级，调整风险应对策略，并会同税务机关相关部门实施重点管理。

第四节　税务风险管理

一、风险管理概述

(一)风险管理的定义

"风险"一词是指任何可能影响一个组织达到它的目标的事情，它是潜在的可能发生的危险。风险管理的目的是保证管理达到既定目标，也就是通过预先的分析发现问题并采取措施积极解决问题。

(二)税务风险的定义

税务风险是指纳税人有意或无意规避或减少纳税义务或利用税法缺陷通过税收筹划规避或减少纳税义务的可能性。其包括对企业未按照税法的要求，履行税务登记、发票管理、账簿凭证管理、纳税申报、税款缴纳以及其他纳税义务产生的风险。税务风险管理正是基于对企业纳税遵从风险定义下的各类风险要素进行的管理。一般来说，企业的涉税行为大致可分为三类：税收政策遵从、应纳税额核算和税收筹划。其中税收政策遵从就是纳什么税的问题，应纳税额核算就是纳多少税的问题，税收筹划就是如何纳最少的税的问题。上述三类行为中和税务风险关系最密切的风险要素是税收政策遵从和纳税金额核算，它们是企业涉税行为的主体内容。

【案例6-1】税务风险若干案例

1. 潮汕税案①

"潮汕税案"改写了原"金华税案"的"共和国第一税案"的各项纪录,经国务院打击骗取出口退税工作组检查认定,汕头、普宁两地犯罪分子伪造、虚开增值税专用发票17.2万份,虚开金额共约323亿元,号称"共和国第一税案"。2001年10月底,广东省汕头市中级人民法院、揭阳市中级人民法院分别对16起虚开增值税专用发票案件的20名被告人和7个被告单位作出判决。至此,潮阳、普宁两地骗取出口退税案中,已有30人被判处无期徒刑以上刑罚,19人被处极刑。

2. 葆祥公司骗税案②

2003年6月,国家税务总局通报了迄今查处的国有企业最大骗取出口退税案。葆祥河北进出口集团公司假借一般贸易方式和委托加工方式假报出口,骗取国家税款1.93亿元一案。河北省石家庄市中级人民法院日前一审判决:葆祥河北进出口集团公司因犯骗取出口退税罪,被判处罚金4.8亿元。其法定代表人张葆祥因犯骗取出口退税罪、偷税罪,数罪并罚被判处无期徒刑,剥夺政治权利终身。

3. 罗平8·17制售假发票案

2008年2月,公安部督办的罗平"8·17"特大制售假发票案全面告破。4月12日,记者从云南省曲靖市中级人民法院获悉③,涉案票面可开金额达10 520亿元的一件制售假发票案,11日在曲靖市罗平县人民法院一审宣判,4名被告人获刑,其中主犯被判处有期徒刑16年,并处罚金40万元。曲靖市公安机关此前通报,公安部经侦局提供的资料表明,此案是中华人民共和国成立以来查获的假发票票面金额第一大案。税务机关估算,这些假发票如果流向社会,将给国家造成750多亿元的税收流失。

(三)税务风险管理的目标

税务风险管理目标,就是合理控制税务风险,防范税务违法行为,依法履行纳税义务,避免因没有遵循税法可能遭受的法律制裁、财务损失或声誉损害。具体目标如下。

(1) 税务规划具有合理的商业目的,并符合税法规定。

(2) 经营决策和日常经营活动考虑税收因素的影响,符合税法规定。

(3) 对税务事项的会计处理符合相关会计制度或准则以及相关法律法规的规定。

(4) 纳税申报和税款缴纳符合税法规定。

(5) 税务登记、账簿凭证管理、税务档案管理以及税务资料的准备和报备等涉税事项符合税法的规定。

二、税务风险管理的组织

企业可结合生产经营特点和内部税务风险管理的要求设立税务管理机构和岗位,明确

---

① 中国网络电视台. 网址:http://www.cctv.com。

② 国家税务总局网站 http://www.chinatax.gov.cn。

③ 伍晓阳. 新华网云南频道2008年4月12日电。

岗位的职责和权限。组织结构复杂的企业，可根据需要设立税务管理部门或岗位，如总分机构，在分支机构设立税务部门或者税务管理岗位；集团型企业，在地区性总部、产品事业部或下属企业内部分别设立税务部门或者税务管理岗位。

(1) 企业税务管理机构主要履行以下职责：制定和完善企业税务风险管理制度和其他涉税规章制度；参与企业战略规划和重大经营决策的税务影响分析，提供税务风险管理建议；组织实施企业税务风险的识别、评估，监测日常税务风险并采取应对措施；指导和监督有关职能部门、各业务单位以及全资、控股企业开展税务风险管理工作；建立税务风险管理的信息和沟通机制；组织税务培训，并向本企业其他部门提供税务咨询；承担或协助相关职能部门开展纳税申报、税款缴纳、账簿凭证和其他涉税资料的准备和保管工作；其他税务风险管理职责。

(2) 企业应建立科学有效的职责分工和制衡机制，确保税务管理的不相容岗位相互分离、制约和监督。税务管理的不相容职责包括：税务规划的起草与审批，税务资料的准备与审查，纳税申报表的填报与审批，税款缴纳划拨凭证的填报与审批，发票购买、保管与财务印章保管，税务风险事项的处置与事后检查，其他应分离的税务管理职责。

(3) 企业涉税业务人员应具备必要的专业资质、良好的业务素质和职业操守，遵纪守法。

(4) 企业应定期对涉税业务人员进行培训，不断提高其业务素质和职业道德水平。

欢迎观看企业税务风险管理的教学视频，请扫描二维码。

6-2 企业税务风险管理.mp4

三、税务风险管理的程序

税务风险管理由企业董事会负责督导并参与决策。董事会和管理层应将防范和控制税务风险作为企业经营的一项重要内容，促进企业内部管理与外部监管的有效互动。企业应建立有效的激励约束机制，将税务风险管理的工作成效与相关人员的业绩考核相结合。企业应把税务风险管理制度与企业的其他内部风险控制和管理制度结合起来，形成全面有效的内部风险管理体系。

(一)税务风险的识别和评估

(1) 企业应全面、系统、持续地收集内部和外部相关信息，结合实际情况，通过风险识别、风险分析、风险评价等步骤，查找企业经营活动及其业务流程中的税务风险，分析和描述风险发生的可能性和条件，评价风险对企业实现税务管理目标的影响程度，从而确定风险管理的优先顺序和策略。企业应结合自身税务风险管理机制和实际经营情况，重点识别内部及外部风险因素。

企业内部税务风险因素包括：企业经营理念和发展战略，税务规划以及对待税务风险的态度，组织架构、经营模式或业务流程，税务风险管理机制的设计和执行，税务管理部门的设置和人员配备，部门之间的权责划分和相互制衡机制，税务管理人员的业务素质和职业道德水准，财务状况和经营成果，对管理层的业绩考核指标，企业信息的基础管理状况，信息和沟通情况，监督机制的有效性及其他内部风险因素。

企业外部税务风险因素包括：经济形势和产业政策、市场竞争和融资环境、适用的法律法规和监管要求、税收法规或地方法规的完整性和适用性、上级或股东的越权或违规行为、行业惯例、灾害性因素及其他外部风险因素。

(2) 企业应定期进行税务风险评估。税务风险评估由企业税务部门协同相关职能部门实施，也可聘请具有相关资质和专业能力的中介机构协助实施。

(3) 企业应对税务风险实行动态管理，及时识别和评估原有风险的变化情况以及新产生的税务风险。

(二)税务风险的应对策略和内部控制

(1) 企业应根据税务风险评估的结果，考虑风险管理的成本和效益，在整体管理控制体系内，制定税务风险应对策略，建立有效的内部控制机制，合理设计税务管理的流程及控制方法，全面控制税务风险。

(2) 企业应根据风险产生的原因和条件从组织机构、职权分配、业务流程、信息沟通和检查监督等多方面建立税务风险控制点，根据风险的不同特征采取相应的人工控制机制或自动化控制机制，根据风险发生的规律和重大程度建立预防性控制和发现性控制机制。

(3) 企业应针对重大税务风险所涉及的管理职责和业务流程，制定覆盖各个环节的全流程控制措施；对其他风险所涉及的业务流程，合理设置关键控制环节，并采取相应的控制措施。

(4) 企业因内部组织架构、经营模式或外部环境发生重大变化，以及受行业惯例和监管的约束而产生的重大税务风险，可以及时向税务机关报告，以寻求税务机关的辅导和帮助。

(5) 企业税务部门应参与企业战略规划和重大经营决策的制定，并跟踪和监控相关税务风险。

企业战略规划包括全局性的组织结构规划、产品和市场战略规划、竞争和发展战略规划等。

企业重大经营决策包括重大对外投资、重大并购或重组、经营模式的改变以及重要合同或协议的签订等。

(6) 企业税务部门应参与企业重要经营活动，并跟踪和监控相关税务风险。

① 参与关联交易价格的制定，并跟踪定价原则的执行情况。

② 参与跨国经营业务的策略制定和执行，以保证其业务处理符合税法的规定。

(7) 企业税务部门应协同相关职能部门，管理日常经营活动中的税务风险。

① 参与制定或审核企业日常经营业务中涉税事项的政策和规范。

② 制定各项涉税会计事务的处理流程，明确各自的职责和权限，保证对税务事项的会计处理符合相关法律法规的规定。

③ 完善纳税申报表编制、复核和审批以及税款缴纳的程序，明确相关的职责和权限，保证纳税申报和税款缴纳符合税法的规定。

④ 按照税法规定，真实、完整、准确地准备和保存有关涉税业务资料，并按相关规定进行报备。

(8) 企业应对发生频率较高的税务风险建立监控机制，评估其累计影响，并采取相应的应对措施。

(三)税务风险管理的信息与沟通

(1) 企业应建立税务风险管理的信息与沟通制度,明确税务相关信息的收集、处理和传递程序,确保企业税务部门内部,企业税务部门与其他部门,企业税务部门与董事会、监事会等企业治理层以及管理层的沟通和反馈,发现问题应及时报告并采取应对措施。

(2) 企业应与税务机关和其他相关单位保持有效的沟通,及时收集和反馈相关信息。

① 建立和完善税法的收集和更新系统,及时汇编企业适用的税法并定期更新。

② 建立和完善其他相关法律法规的收集和更新系统,确保企业财务会计系统的设置和更改与法律法规的要求同步,合理保证会计信息的输出能够反映法律法规的最新变化。

(3) 企业应根据业务特点和成本效益原则,将信息技术应用于税务风险管理的各项工作,建立涵盖风险管理基本流程和内部控制系统各环节的风险管理信息系统。

① 利用计算机系统和网络技术,对具有重复性、规律性的涉税事项进行自动控制。

② 将税务申报纳入计算机系统管理,利用有关报表软件提高税务申报的准确性。

③ 建立年度税务日历,自动提醒相关责任人完成涉税业务,并跟踪和监控工作的完成情况。

④ 建立税务文档管理数据库,采用合理的流程和可靠的技术对涉税信息资料进行安全存储。

⑤ 利用信息管理系统,提高法律法规的收集、处理及传递的效率和效果,动态监控法律法规的执行。

(4) 企业税务风险管理信息系统数据的记录、收集、处理、传递和保存应符合税法和税务风险控制的要求。

(四)税务风险管理的监督和改进

(1) 企业税务部门应定期对企业税务风险管理机制的有效性进行评估审核,不断改进和优化税务风险管理制度和流程。

(2) 企业内部控制评价机构应根据企业的整体控制目标,对税务风险管理机制的有效性进行评价。

(3) 企业可以委托符合资质要求的中介机构,依照国家税务总局《大企业税务风险管理指引(试行)》和相关执业准则的要求,对企业税务风险管理相关的内部控制的有效性进行评估。

欢迎观看企业税务风险案例分析的教学视频,请扫描二维码。

6-3 企业税务风险案例分析_batch.mp4

四、税收筹划

税收筹划又称为纳税筹划、税务筹划,是指在遵循税收法律、法规的情况下,企业为追求企业价值最大化,在法律许可的范围内,自行或委托代理人,通过对经营、投资、理财等事项的安排和筹划,以充分利用税法所提供的包括减免税在内的一切优惠,对多种纳税方案进行优化选择的一种财务管理活动。

常见税务风险潜在的表现形式有:故意做假账瞒报信息偷逃税、通过转让定价避税和税收政策理解上的歧义漏税等几种情况。在税务风险整体规模下降的同时，故意违规偷逃税款风险的比例将会越来越少，更多的表现形式将会集中于利用税收优惠政策、转让定价、递延纳税期限等方法进行税收筹划方面。由此可见，税收筹划既是企业税务风险管理的一种重要手段，又是企业新的一项税务风险的开始。正如下面的调查报告显示，近年来企业在税收筹划中已更加注意规避风险，并越来越关注与战略、合规、控制和报告等有关的财务和名誉风险。

英国《金融时报》瓦妮莎·霍德尔(Vanessa Houlder)伦敦报道：规避激进税收筹划，跨国企业税务策略"趋向谨慎"。①

据专业服务机构安永(Ernst & Young)对 14 个国家 470 家企业进行的调查发现，略过半数的受访企业表示，过去两年中，它们在税收筹划中更加注意规避风险。它们越来越关注与战略、合规、控制和报告等有关的财务和名誉风险。这种态度的转变在亚洲企业(位于澳大利亚、中国香港和中国内地的企业)中尤为明显。2/3 的亚洲企业表示，它们过去两年更加注意规避风险；55%的企业表示，预计自己将来会愈加谨慎。跨国企业，特别是亚洲的跨国企业，目前纷纷规避激进的税收筹划，因为严格报告要求、由税务机关实施制裁的做法，已经从发源地美国扩散至世界其他地区。只有 27%的欧洲企业和 22%的北美企业认为在税收筹划中需要更为谨慎。安永表示："我们估计，这反映出美国监管规定的较早出台，以及美国和许多欧洲税收机关过去几年采取了限制某些税收筹划效力的措施。"亚洲发展中国家的企业表现得更为谨慎，这在一定程度上反映出，它们担心税收部门难以应对经济的快速增长，从而在与企业打交道时前后矛盾。调查显示，至少在不久的将来，税收筹划者将面临一个"极具挑战性"的环境。调查引述了 2006 年 9 月经合组织(OECD)最近发表的"首尔宣言"(Seoul Declaration)。在宣言中，经合组织各国税务机关负责人同意采取行动，进一步制定恶意税收筹划目录，检查税收中间机构在不遵从中的作用，更多关注税收和企业管理之间的联系，改进税务官员在国际税收问题方面的培训等，以解决世界范围内"意义重大且日益严重"的不合规问题。安永税务业务全球主管萨姆·福阿德(Sam Fouad)表示，税务机关的立场已经过时，可能会让负责任的税收筹划等同于无赖做法。负责任的纳税人基本上已不再采用激进的税收筹划。企业仍渴望将税收负担降至最低，并同时将财务和名誉风险也降至最低。报告显示，由于监管规定的变化，企业被置于严格的审查和压力之下。过去两年中，税收财务报告增加了 14%，而花在税收筹划和日常税收合规方面的时间却分别减少了 8%和 13%。

本 章 小 结

本章主要介绍了纳税服务的定义、纳税服务的基本原则、纳税服务的主要内容、纳税人的权利和义务、纳税服务的途径、纳税服务投诉管理；涉税专业服务的相关内容；税收风险管理的定义、税收风险管理的基本内容、大企业税收风险分析应对；税务风险管理目标、税务风险管理组织、税务风险管理程序、税收筹划等。

---

① 梁艳梅译. FT 中文网 http://www.ftchinese.com。

第六章　纳税服务与风险管理

复习思考题

1. 什么是纳税服务？纳税服务的主要内容有哪些？
2. 纳税人的权利和义务包括哪些？
3. 纳税服务的途径有哪些？
4. 纳税服务投诉管理的内容包括哪些？
5. 涉税专业服务的业务范围包括哪些？
6. 什么是税务机关税收风险管理？其基本内容包括哪些？
7. 大企业税收风险分析应对后，实施的针对性管理措施主要有哪些？
8. 什么是企业税务风险？如何识别和评估？
9. 简述企业税务风险管理的程序。

延 展 阅 读

1. 陶东杰，李成，蔡红英. 纳税信用评级披露与企业税收遵从——来自上市公司的证据[J]. 税务研究，2019(09)：101～108. (见二维码)
2. 纳税服务规范3.0版本(见二维码)
3. 国家税务总局关于发布《涉税专业服务监管办法(试行)》的公告(国家税务总局公告2017年第13号) (见二维码)

纳税信用评级披露与企业税收遵从_来自上市公司的证据_陶东杰.pdf

纳税服务规范3.0版本.pdf

国家税务总局关于发布《涉税专业服务监管办法(试行)》的公告.pdf

第六章　纳税服务与风险管理.ppt

第七章 纳税检查概论

学习目标：通过本章的学习，主要了解纳税检查的概念、纳税检查的意义，掌握纳税检查的依据、纳税检查工作的基本程序、纳税检查的基本方法、纳税检查权限的主要内容、税案证据的种类、税案证据的收集和固定。

关键概念：纳税检查　检查程序　检查方法　检查权限

第一节　纳税检查概述

一、纳税检查的概念

(一)纳税检查的定义

广义的纳税检查是指检查主体依法对纳税人、扣缴义务人履行纳税义务、扣缴义务的情况所进行的税务检查活动和处理工作的总称。按照检查主体的不同，纳税检查至少可分为纳税人自查、税务机关专业检查和社会中介机构检查三种形式。其中，最为规范的是税务机关专业检查，不仅在检查程序上作出了严格的规范，出台了《税务稽查工作规程》，而且在检查内容上也有相应的规范和要求；社会中介机构检查主要在检查内容上进行规范[①]，而纳税人自查则相对缺乏规范，除非这种自查是在税务机关要求下进行的。因此，有的教材将纳税检查定义为税务机关依据国家税收政策、法规和财务会计制度的规定，对纳税人或者扣缴义务人履行纳税义务或扣缴义务的情况进行监督检查的一种管理活动。[②]这与税务稽查的定义没有本质区别。税务稽查是税务机关依法对纳税人、扣缴义务人履行纳税义务、扣缴义务的情况所进行的税务检查和处理工作的总称。[③]由此可见，将纳税检查与税务检查、税务稽查等同或混用的现象较为普遍。

狭义的纳税检查是指税务检查或税务稽查，它们没有本质的区别。

不同检查主体实施纳税检查时，所受的法律约束不尽相同，如税务机关实施的纳税检查必须遵守《税收征收管理法》及其实施细则、《税务稽查工作规程》等，而其他检查主体实施纳税检查则不受这些程序法的约束。但有一点却是相同的，无论哪个检查主体实施纳税检查，都必须遵守税收实体法的规定，如《增值税暂行条例》《企业所得税法》等具体税种的法律、法规的规定。从某种程度上讲，税务稽查的方法、税务稽查的内容同样值得纳税人、社会中介机构从业人员学习。因此，本书也不对纳税检查和税务稽查或税务检

[①] 国家税务总局关于印发《企业所得税汇算清缴纳税申报鉴证业务准则(试行)》的通知(国税发〔2007〕10号)，企业所得税汇算清缴纳税申报鉴证业务是指税务师事务所接受委托对企业所得税汇算清缴纳税申报的信息实施必要的审核程序，并出具鉴证报告，以增强税务机关对该项信息信任程度的一种业务。

[②] 艾华，高艳荣. 纳税检查[M]. 北京：中国人民大学出版社，2005：1.

[③] 税务稽查工作规程(国税发〔1995〕226号)。

查作严格的区分。

(二)纳税检查和会计检查的区别

1. 检查的主体不同

纳税检查的主体可以是税务机关、审计部门、财政部门等政府部门,也可以是社会中介机构、纳税人自身等。税务稽查由税务局稽查局依法实施。稽查局的主要职责是依法对纳税人、扣缴义务人和其他涉税当事人履行纳税义务、扣缴义务情况及涉税事项进行检查处理,以及围绕检查处理开展的其他相关工作。会计检查不仅包括财政部门、审计部门对企业实施的会计检查,也包括具有商业营业目的的会计公司或会计师事务所基于对企业年度报告发表意见所进行的会计检查。

2. 检查的依据不同

纳税检查的依据是税法、财务会计制度(含会计准则)、其他经济法规,但当财务会计制度和其他经济法规与税法相冲突时,在计算税款时只能依据税法的规定。会计检查的依据主要是财务会计制度和其他经济法规。

3. 检查的内容不同

纳税检查的内容是与被查对象的纳税义务、扣缴义务相关的信息资料,包括财务会计资料、财产实物、合同资料、权利证照,甚至还包括与之相关的第三方的信息资料。会计检查的内容虽然也包括财务会计资料、财产实物、合同资料等,但由于二者的目的不同,纳税检查与会计检查的侧重点也就存在差异。

4. 检查的目的不同

纳税检查的根本目的是通过检查来督促纳税人、扣缴义务人正确履行纳税义务、扣缴义务,及时、足额缴纳税款,保障国家的税收收入不受侵犯。会计检查的目的是通过检查来保证财务会计制度得到有效实施或者对会计信息质量发表意见供股东、债权人、企业管理者、政府及其有关部门使用。

二、纳税检查的意义

纳税征收、管理、稽查是税收征收管理工作的三个基本环节。纳税检查对于正确贯彻国家的税收政策,维护财经纪律,堵塞税收漏洞,保证国家税收收入的及时足额实现,发挥税收的监督职能具有重要意义。

1. 纳税检查是正确贯彻国家的税收政策,维护财经纪律的重要保证

纳税检查是对纳税人、扣缴义务人履行纳税义务、扣缴义务的情况进行监督检查,其依据是国家的税收政策。这就要求征纳双方均依照税法的规定进行,税务机关要依法实施检查,纳税人要依法进行账务处理、依法申报纳税,从而保证税收政策得到正确贯彻执行,切实维护财经纪律。

2. 纳税检查是打击偷、逃、骗、抗税，堵塞税收漏洞的强有力手段

纳税检查通过对被查对象会计资料、财产实物等的检查，可以发现和处理被查对象偷税、逃税、骗税、抗税等严重的税收违法行为，也可以发现被查对象因为计算错误导致的漏税等行为，更可以发现税收政策存在的漏洞和不合理之处，为制定更加合理有效的税收政策提出建议。

3. 纳税检查是密切征纳关系，提高税收征管水平的有效途径

纳税检查的过程是征纳双方相互配合和监督的过程。通过纳税检查发现的问题，可能是被查对象自身原因所导致的，也可能是税务机关征收、管理不到位所引起的。这就为改善税收征收管理提供了基础。

4. 纳税检查是促进企业改善生产、经营管理，提高经济效益的有效举措

纳税检查可以帮助检查主体掌握纳税人生产经营过程中存在的诸多问题和薄弱环节，遏制企业心存偷逃税致富的侥幸，帮助企业出谋划策，加强经济核算，促进企业改善生产、经营管理，提高经济效益。

三、纳税检查的依据

1. 税法是纳税检查的根本依据

纳税检查是国家赋予税务机关的一项权力，是国家行政管理的重要组成部分。税法是税务机关行使纳税检查权力的根本依据，也是纳税人、扣缴义务人履行纳税义务、扣缴义务的根本依据。《税收征管法》第56条规定："纳税人、扣缴义务人必须接受税务机关依法进行的税务检查，如实反映情况，提供有关资料，不得拒绝、隐瞒。"《企业所得税法》第1条规定："在中华人民共和国境内，企业和其他取得收入的组织为企业所得税的纳税人，依照本法的规定缴纳企业所得税。"由此不难看出，税法是纳税检查的根本依据。

2. 会计法、财务会计制度是纳税检查不可缺少的依据

《税收征管法》第19条规定："纳税人、扣缴义务人按照有关法律、行政法规和国务院财政、税务主管部门的规定设置账簿，根据合法、有效凭证记账，进行核算。"而设置账簿、记账、核算等又需要遵守会计法、财务会计制度的相关规定。由于会计目标与税法目标不完全一致，我国实行了会计与税法适度分离的模式。对有些问题的处理税法没有单独作出规定，而会计可能已经有了具体规定。在会计规定不违背税法规定的前提下，会计规定或会计核算结果一般会得到税法的认可。《税收征管法》第20条规定："从事生产、经营的纳税人的财务、会计制度或者财务、会计处理办法和会计核算软件，应当报送税务机关备案。纳税人、扣缴义务人的财务、会计制度或者财务、会计处理办法与国务院或者国务院财政、税务主管部门有关税收的规定抵触的，依照国务院或者国务院财政、税务主管部门有关税收的规定计算应纳税款、代扣代缴和代收代缴税款。"《企业所得税法》第21条规定："在计算应纳税所得额时，企业财务、会计处理办法与税收法律、行政法规的规定不一致的，应当依照税收法律、行政法规的规定计算。"

3. 合同法、行政法等也是纳税检查的依据

纳税检查过程中，不仅要审阅企业报表、账簿、凭证，而且要审查企业的合同资料，了解合同当事双方的权利和义务。合同法是规范合同书立、执行的法律，当然应该成为纳税检查的依据。《税收征管法实施细则》第 3 条规定："任何部门、单位和个人作出的与税收法律、行政法规相抵触的决定一律无效，税务机关不得执行，并应当向上级税务机关报告。纳税人应当按照税收法律、行政法规的规定履行纳税义务；其签订的合同、协议等与税收法律、行政法规相抵触的，一律无效。"行政法在纳税检查中也可能会涉及，如对被查对象进行行政处罚时，必须不违背行政处罚法的相关规定。因此，合同法、行政法等也是纳税检查的依据。

欢迎观看纳税检查概述的教学视频，请扫描二维码。

7-1 纳税检查概述
_batch.mp4

第二节　纳税检查的基本内容、程序和方法

一、纳税检查的基本内容

(一)纳税检查的一般内容

纳税检查是依法对纳税人、扣缴义务人履行纳税义务、扣缴义务的情况所进行的检查。其检查范围比较广，只要与纳税人的纳税义务、扣缴义务人的扣缴义务相关的信息资料，都属于纳税检查的范围。当然，纳税检查必须遵循一定的程序，在税法规定的权限范围内进行检查，不可使用非法程序或超越权限进行检查。

(二)纳税检查的具体内容

纳税检查的具体内容如下。

(1) 对企业报表、账册、凭证进行检查。

(2) 对企业生产经营场所进行检查。

(3) 对企业章程、合同、协议、股东大会决议、企业会计制度等书面资料进行检查。

(4) 对企业的财产实物进行检查，包括存货、固定资产、银行存款、现金等。

(5) 到车站、码头、机场、邮政企业及其分支机构检查纳税人托运、邮寄应纳税商品、货物或者其他财产的有关单据、凭证和有关资料。

(6) 检查纳税人、扣缴义务人的发票使用、保管情况。

(7) 检查纳税人应纳税款是否及时足额入库，有无错缴、未缴、少缴、欠缴、偷税等问题。

(8) 检查扣缴义务人代扣代缴、代收代缴的税款是否正确，报缴税款是否及时、足额，有无少扣、不扣或挪用税款的问题。

(9) 检查纳税人是否按规定办理税务登记、纳税申报等事项。

二、纳税检查工作的基本程序

纳税检查工作的基本程序可以分为选案、检查、审理、执行四个工作环节，每个环节分工制约。此外，监督或者辅导被查企业调账工作有时也是不能忽视的。

(一)选案环节

(1) 选案工作一般由税务稽查局内设机构的选案部门来负责。选案部门应当通过多种渠道获取案源信息，集体研究，合理、准确地选择和确定稽查对象。

(2) 选案部门负责稽查对象的选取，并对税收违法案件的查处情况进行跟踪管理。

(3) 选案部门应当建立案源信息档案，对所获取的案源信息实行分类管理。案源信息主要包括：①财务指标、税收征管资料、稽查资料、情报交换和协查线索；②上级税务机关交办的税收违法案件；③上级税务机关安排的税收专项检查；④税务局相关部门移交的税收违法信息；⑤检举的涉税违法信息；⑥其他部门和单位转来的涉税违法信息；⑦社会公共信息；⑧其他相关信息。

(4) 设在稽查局的税收违法案件举报中心应当对检举信息进行分析筛选，区分不同情形，经稽查局局长批准后分别处理：①线索清楚，涉嫌偷税、逃避追缴欠税、骗税、虚开发票、制售假发票或者其他严重税收违法行为的，由选案部门列入案源信息；②检举内容不详，无明确线索或者内容重复的，暂存待办；③属于税务局其他部门工作职责范围的，转交相关部门处理；④不属于自己受理范围的检举，将检举材料转送有处理权的单位。

(5) 选案部门对案源信息采取计算机分析、人工分析、人机结合分析等方法进行筛选，发现有税收违法嫌疑的，应当确定为待查对象。

(6) 待查对象确定后，选案部门填制《税务稽查立案审批表》，附有关资料，经稽查局局长批准后立案检查。

(7) 税务局相关部门移交的税收违法信息，稽查局经筛选未立案检查的，应当及时告知移交信息的部门；移交信息的部门仍然认为需要立案检查的，经所属税务局领导批准后，由稽查局立案检查。对上级税务机关指定和税收专项检查安排的检查对象，应当立案检查。

(8) 经批准立案检查的，由选案部门制作《税务稽查任务通知书》，连同有关资料一并移交检查部门。选案部门应当建立案件管理台账，跟踪案件查处进展情况，并及时报告稽查局局长。

(二)检查环节

1. 检查实施的准备

检查人员实施检查前，应当查阅被查对象的纳税档案，了解被查对象的生产经营情况、所属行业特点、财务会计制度、财务会计处理办法和会计核算软件，熟悉相关税收政策，确定相应的检查方法。税务稽查实施准备阶段的工作主要包括以下几项。

1) 落实任务

税务稽查实施部门接到税务稽查任务后，应及时登记《税务稽查实施台账》，并指定两名或两名以上稽查人员具体负责税务稽查的实施工作。

第七章 纳税检查概论

《税务稽查实施台账》，是税务稽查实施部门根据下达的税务稽查任务，反映税务稽查状态和工作进度的表述。通过《税务稽查实施台账》，可以全面了解和掌握税务稽查状态和税务稽查任务的完成进度。

2) 学习政策

税收政策法规和财务会计制度是发现问题、处理问题和认定税务违法事实及性质的法律依据。检查人员在下户检查前，要针对被查对象的具体情况，有目的地学习、熟悉有关的税收法律、行政法规和规章，熟悉、掌握会计核算方法及有关的财务会计制度，做到稽查实施有依据，认定有标准，以提高政策业务水平，提高处理问题的能力，提高稽查实施的工作质量，为顺利实施税务稽查工作打好基础。

3) 收集资料

在税务稽查实施之前，检查人员应收集或整理纳税人的财务会计报表、纳税申报表、以前的税务稽查报告和纳税记录等纳税资料。

4) 分析情况

在税务稽查实施前，稽查人员应认真分析有关情况，为确定税务稽查的重点和拟定税务稽查方案做好充分的准备，如分析财务会计报表、分析举报资料。

5) 拟订检查实施计划

税务稽查实施计划是实施税务稽查的具体行动方案。税务稽查实施方案一般包括以下七个方面的内容：①税务稽查实施的目的和要求；②税务稽查实施的范围和重点；③检查账证资料的所属期限；④税务稽查实施的具体方法和步骤；⑤稽查人员的分工；⑥稽查实施时间的安排；⑦稽查实施过程中预计出现问题的应急措施。

6) 告知

检查人员应当告知被查对象检查时间、需要准备的资料等，但预先通知有碍检查的除外。

2. 税务检查的实施

该阶段是检查人员实际开始行使检查权力的工作阶段。检查人员必须在《税收征收管理法》规定的职权范围内进行。这个阶段的主要工作内容如下。

(1) 出示有关执法证件，明确检查人员的执法身份。

(2) 检查应当由两名以上检查人员共同实施，向被查对象出示《税务稽查通知书》，并按规定办理《送达回证》。《税务稽查通知书》的存根和《送达回证》均应归入税务稽查案卷。

(3) 实施检查时，依照法定权限和程序，可以采取实地检查、调取账簿资料、询问、查询存款账户或者储蓄存款、异地协查等方法。

(4) 根据需要可采取法律允许的手段记录、录音、录像、照相和复制被查对象的有关资料，收集有效证据。

(5) 必要时可采取税收保全措施。

(6) 检查人员应当制作《税务稽查工作底稿》，记录案件事实，归集相关证据材料，并签字、注明日期。

3. 检查实施的终结

该阶段是检查环节的最后阶段。在该阶段主要做好以下几项工作。

(1) 整理检查的原始记录。

(2) 对相关的税案证据进行固定。

(3) 检查结束前，检查人员可以将发现的税收违法事实和依据告知被查对象；必要时，可以向被查对象发出《税务事项通知书》，要求其在限期内书面说明，并提供有关资料；被查对象口头说明的，检查人员应当制作笔录，由当事人签章。

(4) 检查结束时，应当根据《税务稽查工作底稿》及有关资料，制作《税务稽查报告》，由检查部门负责人审核。

(5) 遇到致使检查暂时无法进行的，应填制《税收违法案件中止检查审批表》，并附相关证据材料，经稽查局局长批准后，中止检查。

(三)审理环节

审理环节的内容具体如下。

(1) 审理部门接到检查部门移交的《税务稽查报告》及有关资料后，应当及时安排人员进行审理。审理人员应当依据法律、行政法规、规章及其他规范性文件，对检查部门移交的《税务稽查报告》及相关材料进行逐项审核，提出书面审理意见，由审理部门负责人审核。案情复杂的，稽查局应当集体审理；案情重大的，稽查局应当依照国家税务总局有关规定报请所属税务局集体审理。

(2) 对《税务稽查报告》及有关资料，审理人员应当着重审核以下内容：①被查对象是否准确；②税收违法事实是否清楚、证据是否充分、数据是否准确、资料是否齐全；③适用法律、行政法规、规章及其他规范性文件是否适当，定性是否正确；④是否符合法定程序；⑤是否超越或者滥用职权；⑥税务处理、处罚建议是否适当；⑦其他应当审核确认的事项或者问题。

(3) 有下列情形之一的，审理部门可以将《税务稽查报告》及有关资料退回检查部门补正或者补充调查：①被查对象认定错误的；②税收违法事实不清、证据不足的；③不符合法定程序的；④税务文书不规范、不完整的；⑤其他需要退回补正或者补充调查的。

(4) 《税务稽查报告》认定的税收违法事实清楚、证据充分，但适用法律、行政法规、规章及其他规范性文件错误，或者提出的税务处理、处罚建议错误或者不当的，审理部门应当另行提出税务处理、处罚意见。

(5) 审理部门接到检查部门移交的《税务稽查报告》及有关资料后，应当在15日内提出审理意见。但下列时间不计算在内：①检查人员补充调查的时间；②向上级机关请示或者向相关部门征询政策问题的时间。案情复杂确需延长审理时限的，经稽查局局长批准，可以适当延长。

(6) 拟对被查对象或者其他涉税当事人作出税务行政处罚的，向其送达《税务行政处罚事项告知书》，告知其依法享有陈述、申辩及要求听证的权利。《税务行政处罚事项告知书》应当包括以下内容：①认定的税收违法事实和性质；②适用的法律、行政法规、规章及其他规范性文件；③拟作出的税务行政处罚；④当事人依法享有的权利；⑤告知书的文号、制作日期、税务机关名称及印章;⑥其他相关事项。

(7) 对被查对象或者其他涉税当事人的陈述、申辩意见,审理人员应当认真对待,提出判断意见。对当事人口头陈述、申辩意见,审理人员应当制作《陈述申辩笔录》,如实记录,并由陈述人、申辩人签章。

(8) 被查对象或者其他涉税当事人要求听证的,应当依法组织听证。听证主持人由审理人员担任。听证依照国家税务总局有关规定执行。

(9) 审理完毕,审理人员应当制作《税务稽查审理报告》,由审理部门负责人审核。《税务稽查审理报告》应当包括以下主要内容:①审理基本情况;②检查人员查明的事实及相关证据;③被查对象或者其他涉税当事人的陈述、申辩情况;④经审理认定的事实及相关证据;⑤税务处理、处罚意见及依据;⑥审理人员、审理日期。

(10) 审理部门区分下列情形分别作出处理:①认为有税收违法行为,应当进行税务处理的,拟制《税务处理决定书》;②认为有税收违法行为,应当进行税务行政处罚的,拟制《税务行政处罚决定书》;③认为税收违法行为轻微,依法可以不予税务行政处罚的,拟制《不予税务行政处罚决定书》;④认为没有税收违法行为的,拟制《税务稽查结论》。

(11) 《税务处理决定书》应当包括以下主要内容:①被查对象姓名或者名称及地址;②检查范围和内容;③税收违法事实及所属期间;④处理决定及依据;⑤税款金额、缴纳期限及地点;⑥税款滞纳时间、滞纳金计算方法、缴纳期限及地点;⑦告知被查对象不按期履行处理决定应当承担的责任;⑧申请行政复议或者提起行政诉讼的途径和期限;⑨处理决定的文号、制作日期、税务机关名称及印章。

(12) 《税务行政处罚决定书》应当包括以下主要内容:①被查对象或者其他涉税当事人姓名或者名称及地址;②检查范围和内容;③税收违法事实及所属期间;④行政处罚种类和依据;⑤行政处罚履行方式、期限和地点;⑥告知当事人不按期履行行政处罚决定应当承担的责任;⑦申请行政复议或者提起行政诉讼的途径和期限;⑧行政处罚决定的文号、制作日期、税务机关名称及印章。

(13) 《不予税务行政处罚决定书》应当包括以下主要内容:①被查对象或者其他涉税当事人姓名或者名称及地址;②检查范围和内容;③税收违法事实及所属期间;④不予税务行政处罚的理由及依据;⑤申请行政复议或者提起行政诉讼的途径和期限;⑥不予行政处罚决定的文号、制作日期、税务机关名称及印章。

(14) 《税务稽查结论》应当包括以下主要内容:①被查对象姓名或者名称及地址;②检查范围和内容;③检查时间和检查所属期间;④检查结论;⑤结论的文号、制作日期、税务机关名称及印章。

(15) 税收违法行为涉嫌犯罪的,填制《涉嫌犯罪案件移送书》,经所属税务局局长批准后,依法移送公安机关,并附送以下资料:①《涉嫌犯罪案件情况的调查报告》;②《税务处理决定书》《税务行政处罚决定书》的复制件;③涉嫌犯罪的主要证据材料复制件;④补缴应纳税款、缴纳滞纳金、已受行政处罚情况明细表及凭据复制件。

(四)执行环节

具体执行情况按下列程序进行。

(1) 执行部门接到《税务处理决定书》《税务行政处罚决定书》《不予税务行政处罚

决定书》《税务稽查结论》等税务文书后,应当依法及时将税务文书送达被执行人。执行部门在送达相关税务文书时,应当及时通过税收征管信息系统将税收违法案件查处情况通报税源管理部门。

(2) 被执行人未按照《税务处理决定书》确定的期限缴纳或者解缴税款的,稽查局经所属税务局局长批准,可以依法采取强制执行措施,或者依法申请人民法院强制执行。

(3) 稽查局确认的纳税担保人未按照确定的期限缴纳所担保的税款、滞纳金的,责令其限期缴纳;逾期仍未缴纳的,经所属税务局局长批准,可以依法采取强制执行措施。

(4) 被执行人对《税务行政处罚决定书》确定的行政处罚事项,逾期不申请行政复议也不向人民法院起诉又不履行的,稽查局经所属税务局局长批准,可以依法采取强制执行措施,或者依法申请人民法院强制执行。

(5) 稽查局对被执行人采取强制执行措施时,应当向被执行人送达《税收强制执行决定书》,告知其采取强制执行措施的内容、理由及依据,并告知其依法申请行政复议或者提出行政诉讼的权利。

(6) 稽查局采取从被执行人开户银行或者其他金融机构的存款中扣缴税款、滞纳金、罚款措施时,应当向被执行人的开户银行或者其他金融机构送达《扣缴税收款项通知书》,依法扣缴税款、滞纳金、罚款,并及时将有关完税凭证送交被执行人。

(7) 拍卖、变卖被执行人商品、货物或者其他财产,以拍卖、变卖所得抵缴税款、滞纳金、罚款的,在拍卖、变卖前应当依法进行查封、扣押。稽查局拍卖、变卖被执行人的商品、货物或者其他财产前,应当拟制《拍卖/变卖抵税财物决定书》,经所属税务局局长批准后送达被执行人,予以拍卖或者变卖。拍卖或者变卖实现后,应当在结算并收取价款后3个工作日内,办理税款、滞纳金、罚款的入库手续,并拟制《拍卖/变卖结果通知书》,附《拍卖/变卖扣押、查封的商品、货物或者其他财产清单》,经稽查局局长审核后,送达被执行人。以拍卖或者变卖所得抵缴税款、滞纳金、罚款和拍卖、变卖费用后,尚有剩余的财产或者无法进行拍卖、变卖的财产的,应当拟制《返还商品、货物或者其他财产通知书》,附《返还商品、货物或者其他财产清单》,送达被执行人,并自办理税款、滞纳金、罚款入库手续之日起3个工作日内退还被执行人。

(8) 被执行人在限期内缴清税款、滞纳金、罚款或者稽查局依法采取强制执行措施追缴税款、滞纳金、罚款后,执行部门应当制作《税务稽查执行报告》,记明执行过程、结果、采取的执行措施以及使用的税务文书等内容,由执行人员签名并注明日期,连同执行环节的其他税务文书、资料一并移交审理部门整理归档。

(9) 执行过程中发现涉嫌犯罪的,执行部门应当及时将执行情况通知审理部门,并提出向公安机关移送的建议。

(10) 执行过程中发现有下列情形之一的,由执行部门填制《税收违法案件中止执行审批表》,附有关证据材料,经稽查局局长批准后,中止执行:①被执行人死亡或者被依法宣告死亡,尚未确定可执行财产的;②被执行人进入破产清算程序尚未终结的;③可执行财产被司法机关或者其他国家机关依法查封、扣押、冻结,致使执行暂时无法进行的;④法律、行政法规和国家税务总局规定其他可以中止执行的。中止执行情形消失后,应当及时填制《税收违法案件解除中止执行审批表》,经稽查局局长批准后,恢复执行。

(11) 被执行人确实没有财产抵缴税款或者依照破产清算程序确实无法清缴税款,或者有其他法定终结执行情形的，稽查局可以填制《税收违法案件终结执行审批表》，依照国家税务总局规定的权限和程序，经税务局相关部门审核并报所属税务局局长批准后，终结执行。

欢迎观看纳税检查程序(上)的教学视频，请扫描二维码。

欢迎观看纳税检查程序(下)的教学视频，请扫描二维码。

7-2 纳税检查程序
（上）.mp44

7-3 纳税检查程序
（下）.mp4

(五)监督或者辅导被查企业调账

1. 调账的意义

对于查账征收的纳税人而言，账的意义是不言而喻的。不仅要求按规定设立凭证和账簿，更要保证账务核算的正确性。

如何保证账务核算的正确性呢？首先，错账必须调。账务核算必须符合会计的相关规定。如果企业账务核算不符合相关的会计规定，如上市公司账务核算有违《企业会计准则》的规定，则要求企业进行调账，以便于真实反映企业生产、经营成果，也有利于促进企业的纳税遵从。其次，税会差异一般不需要调账。由于存在税法与会计差异，按照《税收征管法》《企业所得税法》的相关规定，纳税人应该按照税法的有关规定计算税款。最后，被查企业如果要补交税款，也会涉及会计账务如何处理的问题，如果对此不加以监督，企业的账务处理不正确，可能会出现检查工作成果前功尽弃的局面。因此，纳税检查工作需要关注被查企业调账问题。

2. 调账的基本方法

1) 年度内调账情形

年度内调账主要是针对检查实施年度与被查所属年度在同一年度的纳税人需要调账的情形。纳税人在一个纳税年度或一个会计年度内还未编制决算会计报表时被查出当年存在需要调账问题，其核算过程中产生的错误对经营成果和纳税的影响只涉及当年度的损益，不需要递延到以后年度。因此，年度内调账情形比较简单，主要的调账方法有以下几种。

(1) 红字冲销法。所谓红字冲销法是指先用红字(或者负数)将原错误会计分录冲销，再用蓝字(正数)重新编制正确的会计分录，重新登记账簿的一种方法。该方法适用于会计科目用错或者金额错误的情况。其优点是直观，缺点是有点麻烦，很可能要做两笔会计分录，而且通常只适合在年度内调账采用。

【案例7-1】红字冲销调账法案例

某交通运输企业为增值税一般纳税人，当年3月取得一笔运输收入2 180元，款项已经收存银行。会计人员将其误记入"营业外收入"账户，账务处理为：

借：银行存款　　　　　　　　　　　2 180

  贷：营业外收入   2 180

  如果当年内发现上述会计处理错误，可以采用红字冲销调账法进行调账。即先用红字(负数)分录将原错误分录冲销，再用蓝字(正数)重新编制正确的会计分录，同时要在"内容摘要"栏说明调账的原因和被调账的原错误分录记账凭证号。调账分录为：

  借：银行存款   -2 180
    贷：营业外收入   -2 180
  借：银行存款   2 180
    贷：主营业务收入   2 000
      应交税费——应交增值税(销项税额) 180

  (2) 反向综合调账法。当企业发生了需要调账的情形，意味着企业实际发生的账务核算(简称为"错误分录")与正确的账务核算(简称为"正确分录")有出入，需要编制调账会计分录(简称为"调账分录")，然后将调账分录登账以达到账务核算符合会计的相关规定。因此，调账分录其实就等于用正确分录减去错误分录。也就是用错误分录去对照正确分录，缺什么就补什么，多什么就冲什么。

【案例7-2】反向综合调账法案例

  仍以【案例7-1】中的资料为例，采用反向综合调账法，调账分录为：
  借：营业外收入   2 180
    贷：主营业务收入   2 000
      应交税费——应交增值税(销项税额) 180
  相比红字冲销调账法，采用反向综合调账法调账更加简便。

  2) 年度后调账

  年度后调账是指对上一年度或以前年度的错账进行纠正的一种调账情形。即检查实施年度与被查所属年度不在同一年度的纳税人需要调账的情形。在这种情况下，以前年度的会计处理事项已经结束，更重要的是新的会计周期已经开始，新的会计处理事项已经产生。为了严格区分"新"与"旧"两个会计期的会计处理事项，客观反映不同时期的经营成果，提高会计信息质量，需要严格区分两个会计期的"损益类"会计处理事项。因此，年度后调账情形的最大特征是凡涉及以前年度损益的，都应该区别于检查实施年度，通过"以前年度损益调整"账户进行调账处理。

【案例7-3】年度后调账案例

  某交通运输企业(有限责任公司)为增值税一般纳税人，企业所得税税率为25%。2019年3月取得一笔运输收入2 180元，款项已经收存银行。会计人员将其误记入"其他应付款"账户，账务处理为：
  借：银行存款   2 180
    贷：其他应付款   2 180
  如果2020年6月税务局稽查局对该企业2019年度生产经营情况进行检查时发现该问题，则调账分录为：
  借：其他应付款   2 180

贷：以前年度损益调整		2 000
应交税费——增值税检查调整		180
借：以前年度损益调整	500	
贷：应交税费——应交企业所得税		500
借：以前年度损益调整	1 500	
贷：利润分配——未分配利润		1 500

有关"应交税费——增值税检查调整"的讲解，请参阅本书第九章第一节的内容。

三、纳税检查的基本方法

(一)全查法和抽查法

1. 全查法

全查法又称详查法或详细审查法，是指对被查对象在检查期内的所有经济活动、经济业务和经济信息资料，包括存货、固定资产等，采取严密的审查程序，进行周详的审核检查。全查法的优点是能够查深、查透；缺点是耗时耗力、效率低。详查法适用于规模较小、经济业务较少、会计核算简单、核算对象比较单一的企业，或者为了揭露重大问题而进行的专案检查，以及在整个检查过程中对某些(某类)特定项目、事项所进行的检查。详查法也适用于对歇业、停业清算企业的检查。

2. 抽查法

抽查法亦称抽样检查法，是详查法的对称，是指从被查总体中抽取一部分资料进行审查，再依据抽查结果推断总体的一种方法。抽查法具体又分为两种：一是重点抽查法，即根据检查目的、要求或事先掌握的纳税人的有关纳税情况，有目的地选择一部分会计资料或存货进行重点检查；二是随机抽查法，即以随机方法，选择纳税人某一特定时期或某一特定范围的会计资料或存货进行检查。抽查法的优点是运用得当可以大大提高检查效率；缺点是运用不当很难检查出问题，检查的风险较大。抽查法一般适用于规模较大、经济业务较多、会计核算复杂、核算对象多样化的企业，也适用于对财务制度健全的企业进行的常规性检查。

(二)顺查法和逆查法

1. 顺查法

顺查法，是指按照会计核算程序的顺序依次进行检查的方法，即先检查会计凭证，再检查会计账簿，最后检查会计报表的检查方法。顺查法的优点是根据会计核算的逻辑关系逐步缜密地发现问题，检查效果较好；缺点是这种检查方法耗时耗力，检查成本较高。顺查法适用于业务规模不大或业务量较少的稽查对象，以及经营管理和财务管理混乱、存在严重问题的稽查对象和一些特别重要项目的检查。

2. 逆查法

逆查法亦称倒查法，是指按照会计记账程序的相反方向，即从会计报表、会计账簿到会计凭证的一种检查方法。逆查法的优点是利用会计报表数据之间的钩稽关系，在较短的时间内发现问题，当然对检查人员的检查能力和检查水平要求也相对高。逆查法主要适用于大型企业以及内部控制制度健全、内部控制管理严格的企业，但不适用于某些特别重要和危险项目的检查。

(三)审阅法和实地盘存法

1. 审阅法

审阅法，是指对被查对象有关书面资料的内容和数据进行详细审查和研究，以发现疑点和线索，取得税务检查证据的一种检查方法。审阅法的审查内容主要包括两个方面：一是与会计核算组织有关的会计资料，二是除了会计资料以外的其他经济信息资料以及相关资料，如一定时期的内外部审计资料、购销和加工承揽合同、车间和运输管理等方面的信息资料。审阅法的优点是检查成本较低；缺点是对财产实物收、发、存的真实情况关注不够，对账实不符的问题难以发觉。审阅法适用于所有企业经济业务的检查，尤其适合对有数据逻辑关系和核对依据内容的检查。审阅法主要适用于对大型企业以及内部控制制度健全、内部控制管理严格的企业或项目的检查。

2. 实地盘存法

实地盘存法，是指通过对货币资金、存货和其他物资资产的盘点清查，对照账面余额，来推算、检查企业反映的生产经营成本及推算生产经营收入是否正确的一种查账方法。实地盘存法可以结合企业期末财产清查时进行，也可选用任何一天进行。采用不规则的时间进行盘存检查时，应将当日抽查的实际盘存数调整到上期末的库存数，以便与企业会计结账报告时间的账面库存数比较，查出实盘数与账面结存数的差额。实地盘存法的优点是结果比较客观真实；缺点是费时费力，且要通过推算或调整，存在一定的争议。因此，在实际工作中实地盘存法较少采用。

(四)联系查法和侧面查法

1. 联系查法

联系查法，是指对有关资料存在联系的双方，如账证之间、账账之间、账表之间进行相互对照检查的一种方法。这里的联系，既包括账内联系，也包括账外联系。

(1) 账内联系，是指企业内部的会计资料之间相互制约、控制的关系，重点是通过相关资料的分析来追溯其原始业务的发生情况，进而判断其账面核算资料的正确性。例如，在检查"在建工程"明细账及其现场资料时，发现账面核算的工程成本小，而现场根据工程进行测算的实际费用大，这就有可能发生工程费用挤占生产成本的可能。

(2) 账外联系，是指企业内部的账务记录与外部有关单位的账务之间的相互关系，重点是分析购销协作、加工联营和结算往来关系，从中捕捉问题。

2. 侧面查法

侧面查法，是指税务机关在检查中通过对纳税人的财务资料以外的相关情况和资料进行检查分析，并与有关账簿记录进行比较分析和判断的一种检查方法。如根据平时征管掌握的资料、信访资料和职工群众反映的情况对被查对象有关账簿记录进行比较分析，可以判断被查对象有无重大问题。

(五)比较分析法和控制计算法

1. 比较分析法

比较分析法，是指将企业会计资料中的有关项目和数据，在相关的时期之间、指标之间、企业之间及地区或行业之间进行静态或动态对比分析，从中发现问题，获取检查线索的一种分析方法。比较分析法的种类较多，常用的有绝对数比较分析法、相关比率比较分析法、构成比率比较分析法。

1) 绝对数比较分析法

绝对数比较分析法，是指通过经济指标绝对数的直接比较分析来衡量企业经济活动的成果和差异的方法。通过这种对比，可以揭示被查事项的增减变动是否正常，是否符合经营和核算常规，从而发现存在的问题。

2) 相关比率比较分析法

相关比率比较分析法又称相对数比较分析法，是指利用会计资料中两个内容不同但又相关的经济指标求出新的指标比率，再与这种指标的计划比率或上期比率进行比较分析，以观察其性质和大小，从而发现异常情况的方法。

3) 构成比率比较分析法

构成比率比较分析法，是指通过计算某项经济指标的各个组成部分占总体的比重，分析其构成内容的变化，从中发现异常变化和升降情况的方法。

2. 控制计算法

控制计算法又称数学计算法或平衡分析法，是指运用可靠的或科学测定的数据，利用数学等式原理来推测、证实账面资料是否正确，从而发现问题的一种检查方法。常用的控制计算法有以产定耗、以耗计产、以存核销等。

1) 以产定耗

以产定耗，是指根据企业测定的单位产品的原材料消耗定额，按实际产品数量测算出原材料应消耗的数量，用于验证原材料实际消耗的真实性。

2) 以耗计产

以耗计产，是指根据企业主要原材料的消耗，用计划定额消耗量计算出的应生产的产品数量来验证产品数量和销售数量是否正确。

3) 以存核销

以存核销，是指根据企业本期产品的生产数量，加期初库存数量，减期末库存数量，来验证销售数量的真实性。

欢迎观看纳税检查方法的教学视频，请扫描二维码。

7-4 纳税检查方法
_batch.mp4

第三节 纳税检查权限和相关要求

一、纳税检查权限

税务机关在进行纳税检查时,主要有以下权力。

1. 查账权

税务机关有权检查纳税人的账簿、记账凭证、报表和有关资料,检查扣缴义务人的代扣代缴、代收代缴税款账簿、记账凭证和有关资料。

纳税检查一般应当在纳税人、扣缴义务人的经营场所内进行,必要时,可以将纳税人、扣缴义务人的账簿、记账凭证、报表和其他有关资料调回税务机关检查。调取纳税人、扣缴义务人以前会计年度的账簿、记账凭证、报表和其他有关资料的,应当经所属县以上税务局(分局)局长批准,并在 3 个月内完整退还;调取纳税人、扣缴义务人当年的账簿、记账凭证、报表和其他有关资料的,应当经所属设区的市、自治州以上税务局局长批准,并在 30 日内退还。调取账簿、记账凭证、报表和其他有关资料时,应当向被查对象出具《调取账簿资料通知书》,并填写《调取账簿资料清单》交其核对后签章确认。

2. 场地检查权

税务机关有权到纳税人的生产、经营场所和货物存放地检查纳税人应纳税的商品、货物或者其他财产,检查扣缴义务人与代扣代缴、代收代缴税款有关的经营情况。

3. 责成提供资料权

税务机关有权责成纳税人、扣缴义务人提供与纳税或者代扣代缴、代收代缴税款有关的文件、证明材料和有关资料。

4. 询问权

税务机关有权询问纳税人、扣缴义务人与纳税或者代扣代缴、代收代缴税款有关的问题和情况。

5. 查证权

税务机关有权到车站、码头、机场、邮政企业及其分支机构检查纳税人托运、邮寄应纳税商品、货物或者其他财产的有关单据、凭证和有关资料。

6. 存款账户核查权

经县以上税务局(分局)局长批准,凭全国统一格式的检查存款账户许可证明,税务机关有权查询从事生产、经营的纳税人、扣缴义务人在银行或者其他金融机构的存款账户。税务机关在调查税收违法案件时,经设区的市、自治州以上税务局(分局)局长批准,可以查询案件涉嫌人员的储蓄存款。税务机关查询所获得的资料,不得用于税收以外的用途。

7. 记录、录音、录像、照相和复制权

税务机关调查税务违法案件时,对与案件有关的情况和资料,可以记录、录音、录像、照相和复制。

8. 税收保全和强制执行权

税务机关对从事生产、经营的纳税人以前纳税期的纳税情况依法进行税务检查时,发现纳税人有逃避纳税义务行为,并有明显的转移、隐匿其应纳税的商品、货物以及其他财产或者应纳税的收入的迹象的,可以按照本法规定的批准权限采取税收保全措施或者强制执行措施。

税务机关采取税收保全措施的期限一般不得超过 6 个月;重大案件需要延长的,应当报国家税务总局批准。

检查人员采取税收保全措施时,应当向纳税人送达《税收保全措施决定书》,告知其采取税收保全措施的内容、理由及依据,并依法告知其申请行政复议和提起行政诉讼权利。

二、纳税检查的基本要求

(一)对相对人的基本要求

纳税人、扣缴义务人必须接受税务机关依法进行的税务检查,如实反映情况,提供有关资料,不得拒绝、隐瞒。

税务机关依法进行税务检查时,有权向有关单位和个人调查纳税人、扣缴义务人和其他当事人与纳税或者代扣代缴、代收代缴税款有关的情况,有关单位和个人有义务向税务机关如实提供有关资料及证明材料。

(二)对税务机关的基本要求

税务人员进行税务检查时,应当出示税务检查证和税务检查通知书;无税务检查证和税务检查通知书的,纳税人、扣缴义务人及其他当事人有权拒绝检查。税务机关对集贸市场及集中经营业户进行检查时,可以使用统一的税务检查通知书。

税务机关行使存款账户核查权时,应当指定专人负责,凭全国统一格式的检查存款账户许可证明进行,并有责任为被检查人保守秘密。税务机关查询的内容,包括纳税人存款账户余额和资金往来情况。

三、纳税检查的法律责任

税务机关依照税收征管法的规定,到车站、码头、机场、邮政企业及其分支机构检查纳税人有关情况时,有关单位拒绝的,由税务机关责令改正,可以处 1 万元以下的罚款;情节严重的,处 1 万元以上 5 万元以下的罚款。

纳税人、扣缴义务人逃避、拒绝或者以其他方式阻挠税务机关检查的,由税务机关责令改正,可以处 1 万元以下的罚款;情节严重的,处 1 万元以上 5 万元以下的罚款。

纳税人、扣缴义务人有下列情形之一的,依照税收征管法的规定,由税务机关责令改

正,可以处 1 万元以下的罚款;情节严重的,处 1 万元以上 5 万元以下的罚款。①提供虚假资料,不如实反映情况,或者拒绝提供有关资料的;②拒绝或者阻止税务机关记录、录音、录像、照相和复制与案件有关的情况和资料的;③在检查期间,纳税人、扣缴义务人转移、隐匿、销毁有关资料的;④有不依法接受税务检查的其他情形的。

四、纳税检查的证据规范

纳税检查应当以事实为根据,以法律为准绳,坚持公平、公开、公正、效率的原则。此处的事实,只能是以证据证明的案件事实,而不是案件事实本身。因此,获取和固定检查证据就显得非常重要。

(一)证据的种类及其要求

1. 证据的种类

税法规定[①],定案证据包括以下类别。

(1) 书证。书证是以其内在属性,即所记载之内容和思想来反映一定事实的证据。记载的方式一般包括文字、符号、图形等。

(2) 物证。物证是以其外在属性,如存在位置、物质属性、外部特征等来证明特定事实的证据。

(3) 视听资料。视听资料是以可视可听的录音、录像、电子计算机等高科技手段储存的信息来证明特定事实的证据。

(4) 证人证言。证人证言是指证人对自己通过感知器官所了解到的事实进行的陈述。常见的证人证言有询问笔录、证人提供的口头或书面证词等。

(5) 当事人陈述。当事人陈述是指当事人就其感知、理解和记忆的与案件有关的事实所作的陈述。常见的当事人陈述有询问笔录,当事人自述材料,陈述、申辩笔录等。

(6) 鉴定结论。鉴定结论是指某方面知识的专家凭自己的专业知识、技能、工艺以及各种科学仪器、设备等,对特定事实以及专门性的问题进行分析鉴别后所作的专门性结论,如发票鉴定、海关完税凭证鉴定等。

(7) 勘验笔录、现场笔录。勘验笔录是指有关国家机关依一定程序对有关场所、物品进行现场勘测所形成的文字记载。现场笔录是指行政执法人员在现场执法活动中依一定要求制作的文字记录。

2. 证据的要求

税法规定,定案证据应当具有合法性、真实性和关联性。实施检查时,应当依照法定权限和程序,收集能够证明案件事实的证据材料。收集的证据材料应当真实,并与所证明的事项相关联。

调查取证的手段要合乎法规,不得违反法定程序收集证据材料;不得以偷拍、偷录、窃听等手段获取侵害他人合法权益的证据材料;不得以利诱、欺诈、胁迫、暴力等不正当

---

① 《税务行政复议规则》(国家税务总局令第 21 号)第 52 条规定。

手段获取证据材料。

(二)证据的收集和固定

需要提取证据材料原件的,应当向当事人出具《提取证据专用收据》,由当事人核对后签章确认。对需要归还的证据材料原件,检查结束后应当及时归还,并履行相关签收手续。需要将已开具的发票调出查验时,应当向被查验的单位或者个人开具《发票换票证》;需要将空白发票调出查验时,应当向被查验的单位或者个人开具《调验空白发票收据》,经查无问题的,应当及时退还。提取证据材料复制件的,应当由原件保存单位或者个人在复制件上注明"与原件核对无误,原件存于我处",并由提供人签章。

询问应当由两名以上检查人员实施,除在被查对象生产、经营场所询问外,应当向被询问人送达《询问通知书》。询问时应当告知被询问人如实回答问题。询问笔录应当交被询问人核对或者向其宣读;询问笔录有修改的,应当由被询问人在改动处捺指印;核对无误后,由被询问人在尾页结束处写明"以上笔录我看过(或者向我宣读过),与我说的相符",并逐页签章、捺指印。被询问人拒绝在询问笔录上签章、捺指印的,检查人员应当在笔录上注明。

当事人、证人可以采取书面或者口头方式陈述或者提供证言。当事人、证人口头陈述或者提供证言的,检查人员可以笔录、录音、录像。笔录应当使用能够长期保持字迹的书写工具书写,也可使用计算机记录并打印,陈述或者证言应当由陈述人或者证人逐页签章、捺指印。当事人、证人口头提出变更陈述或者证言的,检查人员应当就变更部分重新制作笔录,注明原因,由当事人、证人逐页签章、捺指印。当事人、证人变更书面陈述或者证言的,不退回原件。

制作录音、录像等视听资料的,应当注明制作方法、制作时间、制作人和证明对象等内容。调取视听资料时,应当调取有关资料的原始载体;难以调取原始载体的,可以调取复制件,但应当说明复制方法、人员、时间和原件存放处等事项。对声音资料,应当附有该声音内容的文字记录;对图像资料,应当附有必要的文字说明。

以电子数据的内容证明案件事实的,应当要求当事人将电子数据打印成纸质资料,在纸质资料上注明数据出处、打印场所,注明"与电子数据核对无误",并由当事人签章。需要以有形载体形式固定电子数据的,应当与提供电子数据的个人、单位的法定代表人或者财务负责人一起将电子数据复制到存储介质上并封存,同时在封存包装物上注明制作方法、制作时间、制作人、文件格式及长度等,注明"与原始载体记载的电子数据核对无误",并由电子数据提供人签章。

对采用电子信息系统进行管理和核算的被查对象,可以要求其打开该电子信息系统,或者提供与原始电子数据、电子信息系统技术资料一致的复制件。被查对象拒不打开或者拒不提供的,经稽查局局长批准,可以采用适当的技术手段对该电子信息系统进行直接检查,或者提取、复制电子数据进行检查,但所采用的技术手段不得破坏该电子信息系统原始电子数据,或者影响该电子信息系统的正常运行。

检查人员实地调查取证时,可以制作现场笔录、勘验笔录,对实地检查情况予以记录或者说明。制作现场笔录、勘验笔录,应当载明时间、地点和事件等内容,并由检查人员签名和当事人签章。当事人拒绝在现场笔录、勘验笔录上签章的,检查人员应当在笔录上注明原因；如有其他人员在场，可以由其签章证明。

需要异地调查取证的，可以发函委托相关稽查局调查取证；必要时可以派人参与受托地稽查局的调查取证。受托地稽查局应当根据协查请求，依照法定权限和程序调查；对取得的证据材料，应当连同相关文书一并作为协查案卷立卷存档；同时根据委托地稽查局协查函委托的事项，将相关证据材料及文书复制，注明"与原件核对无误"以及原件存放处，并加盖本单位印章后一并移交委托地稽查局。需要取得境外资料的，稽查局可以提请国际税收管理部门依照税收协定情报交换程序获取，或者通过我国驻外机构收集有关信息。

欢迎观看纳税检查权限与证据的教学视频，请扫描二维码。

7-5 纳税检查权限与证据_batch.mp4

本 章 小 结

本章主要介绍了纳税检查的概念、纳税检查的意义、纳税检查的依据、纳税检查的基本内容、纳税检查工作的基本程序、纳税检查的基本方法、纳税检查权限、纳税检查的基本要求、纳税检查的法律责任以及纳税检查的证据规范。

复习思考题

1. 什么是纳税检查？与会计检查有何区别？
2. 纳税检查的依据有哪些？
3. 纳税检查工作的基本程序是什么？
4. 纳税检查如何调账？
5. 纳税检查的基本方法有哪些？
6. 纳税检查权限的主要内容是什么？
7. 证据的种类有哪些？
8. 视听资料证据的收集和固定有哪些要求？

延 展 阅 读

1. 国家税务总局关于印发《税务稽查工作规程》的通知(国税发〔2009〕157号) (见二维码)
2. 徐荪童.智慧税务稽查："达摩克利斯"之剑[J]. 中国税务，2019(06)：25～28. (见二维码)

国家税务总局关于印发《税务稽查工作规程》的通知(国税发[2009]157号).pdf

智慧税务稽查_达摩克利斯_之剑_徐荪童.pdf

第七章 纳税检查概论.pptx

第八章 会计资料检查方法

学习目标：通过本章的学习，主要了解会计资料在纳税检查中的作用和会计报表的分析方法，掌握会计凭证、会计账簿和会计报表的检查方法。

关键概念：会计凭证　会计账簿　会计报表　检查方法

第一节　会计凭证的检查方法

会计凭证，是记录经济业务情况，明确经济责任的具有法律效力的书面证明，包括原始凭证和记账凭证。会计凭证是登记账簿的凭据，是纳税检查的主要内容之一。对纳税检查中发现的疑点和问题，常常需要通过检查分析会计凭证的合法性、完整性、真实性和正确性，才能查清问题，才能落实定案。因此，对会计凭证的检查具有重要意义。

一、原始凭证的检查

原始凭证，既是反映经济业务发生的最初书面说明，又是编制记账凭证的原始依据，也是纳税检查的主要内容。在纳税检查的实践中，被查出有问题的大多是原始凭证不真实、不合法或者会计账务处理与原始凭证所记载的经济业务内容不符所致。原始凭证是查对、核实问题的重要依据或证据之一。对原始凭证的检查包括对外来原始凭证的检查和对自制原始凭证的检查。

(一)对外来原始凭证的检查

外来原始凭证包括进货发票、进账单、汇款单、运费发票等。对外来原始凭证审查时，一般应注意以下几个方面。

(1) 检查其凭证的合法性，看其是否符合政策、行政法规、规章和财务会计制度的规定，有无违反规定而乱支乱用的现象。

(2) 检查其凭证的真实性，看其经济内容是否真实，有无伪造、涂改、重复使用、大头小尾、虚构经济业务等情况。如果外来凭证是发票，必要时可到相关的税务机关网站查询发票的真伪。

(3) 检查其凭证的完整性，特别是增值税专用发票填写的完整性，看其票面各项内容的填写是否清晰、完整，有无伪造、变造、虚开和使用作废票据等情况。

(4) 检查其凭证的正确性，看其内容填列和数据计算是否正确，有无存在大小写金额不符等情况。

(5) 检查其凭证的手续是否完备，看其经办人、签收人、批准人的签名和填制单位的印章等是否齐全，有无存在手续、程序不完备等情况。

(6) 对多联式发票，要注意是否系报销联，防止用其他联作报销发票。

(二)对自制原始凭证的检查

自制原始凭证包括各种报销和支付款项的凭证,其中对外自制原始凭证有现金收据、实物收据等;对内自制原始凭证有收料单、领料单、出库单、差旅费报销单、固定资产折旧计算表、成本计算单等。对自制原始凭证的检查一般注意以下几个方面。

(1) 检查自制原始凭证的种类、格式、使用是否符合有关主管机关和财务制度的规定,审批手续是否齐全,有无利用白条代替正式凭证的现象。例如,对收款凭证要注意其印刷、保管、审批手续是否严密,号码是否连续,如发现缺号、审批手续不全的,应进一步查明原因。

(2) 检查自制原始凭证的内容是否真实,处理是否符合规定,有无瞒报产量、扩大开支、虚报损耗、隐匿财产等现象。

(3) 检查自制原始凭证手续是否完备,应备附件是否齐全,如差旅费报销单位与所附车船票、住宿单位核对,内容、金额、张数是否相符。

(4) 检查自制支出凭证的报销金额是否遵守制度规定的开支标准和开支范围,有无白条作支出凭证的情况。例如,差旅费报销中的伙食补贴是否符合出差地区的补助标准,乘坐车船是否符合出差人员的级别等。

(5) 检查自制计算类原始凭证是否存在计算方法不当或计算错误等。如固定资产折旧计算表采用了综合折旧率计算折旧。

二、记账凭证的检查

记账凭证,是会计人员根据审核后的原始凭证或原始凭证汇总表,按照具体的经济业务内容加以归类整理,并按复式记账原理列示会计分录,据以登记账簿的会计凭证。企业根据业务量的不同,对使用的记账凭证划分也不同。规模小的企业使用的是通用记账凭证;规模中等的企业,使用收款凭证、付款凭证和转账凭证三类;规模较大的企业,使用现金收款凭证、银行收款凭证、现金付款凭证、银行付款凭证、转账凭证五类。记账凭证是连接原始凭证和会计账簿的桥梁,反映了每项经济业务的来龙去脉和记账方向。因此,记账凭证是纳税检查的一项重要内容。

检查、分析记账凭证时,应检查其记账凭证的填制是否完整、真实、正确,并着重注意以下几个问题。

(1) 检查记账凭证与原始凭证的数量、金额是否一致,包括所附的原始凭证的张数。记账凭证往往附有一些原始凭证,如支票存根、发票联(或记账联)、差旅费报销单等,应认真检查核对。有的原始凭证金额不能简单地加总,还需要按规定分析填制记账凭证,通过复核,看其是否与记账凭证所反映的金额相符。

(2) 检查会计科目及账户对应关系是否正确。会计事项的账务处理及其账户的对应关系在会计制度中一般都有明确规定,如果乱用账户的对应关系,就可能出现少缴或未缴税款的情况。例如,企业销售产品(商品),不通过收入账户进行核算,而直接借记"银行存款"(或"应收账款")账户,贷记"产成品(库存商品)"账户,这就可能会隐匿收入,也可能多转成本,不但偷逃了增值税,而且也可能影响企业的所得税。

(3) 检查记账凭证的会计科目与原始凭证反映的经济业务内容是否相符。审查时应注意记账凭证的摘要说明与原始凭证的经济内容是否相符。如某生产企业的一张记账凭证后附两张原始凭证,一张是购货普通发票,发票载明的品名是电视机;另一张是领用单,注明的是职工食堂领用电视机。可记账凭证上却是:借记"生产成本",贷记"原材料"。如果原始凭证是真实的,则记账凭证上的会计科目用错了,这样会造成虚增生产成本,多转原材料成本,可能对企业所得税造成影响。

第二节 会计账簿的检查方法

会计账簿是由具有一定格式、相互联系的账页所组成,用来序时、分类地全面记录一个企业、单位经济业务事项的会计簿籍。会计凭证和会计账簿虽然都是用来记录经济业务的,但二者具有的作用不同。在会计核算中,对每一项经济业务,都必须取得和填制会计凭证,因而会计凭证数量很多,又很分散,而且每张凭证只能记载个别经济业务的内容,所提供的资料是零星的,不能全面、连续、系统地反映和监督一个经济单位在一定时期内某一类和全部经济业务活动的情况,且不便于日后查阅。因此,在凭证的基础上设置和运用登记账簿的方法,把分散在会计凭证上的大量核算资料,加以集中和归类整理,生成有用的会计信息,从而为编制会计报表提供主要依据。会计账簿是连接会计凭证和会计报表的桥梁,其作用不可小视。《税收征管法》第19条规定:"纳税人、扣缴义务人按照有关法律、行政法规和国务院财政、税务主管部门的规定设置账簿,根据合法、有效的凭证记账,进行核算。"不难看出,会计账簿和会计凭证一样,对于税收征管具有基础性作用。

一、总分类账簿的检查

总分类账又称总账,也称一级账户,是总括地反映资产、负债和所有者权益、成本、损益变化的各类总括资料。通过检查、分析总分类账,能够了解企业会计科目的设置和账户的总体变化,易于发现疑点,明确稽查实施的重点。检查总分类账的基本方法如下:

(1) 将各账户期初、期末金额分别与前期、本期会计报表进行核对,看两者的数字是否相符,以确定报表有关金额的项目是否正确,特别是对与纳税有关的账户更应当认真审查、核对。

(2) 将总分类账户的本期发生额和期末余额与所属明细分类账的金额之和逐一进行核对,看记账内容、记账方向、记账数额、所属时期是否相符。

(3) 根据复式记账原理,将对应关系账户的数据进行核对,从账户的对应关系上发现矛盾,找出线索,如发现资产类、成本费用类账户出现贷方发生额、余额,负债类、所有者权益类账户出现借方发生额、余额的情况,则应作为重点,进一步审核有关明细账户的记录和相关的会计凭证,据以发现和查实问题。

(4) 检查总分类账簿的记录,只能为进一步检查提供线索,不能作为定案处理的依据。在实际工作中,对纳税人查账的重点应放在对明细账的检查上。

二、明细分类账簿的检查

明细分类账是在总分类账的基础上,对各类资产、负债、所有者权益、成本、损益按照实际需要进行明细核算的账户，是总分类账的进一步细化。对总分类账检查时发现有疑问的，应带着问题重点分析，必要时可检查明细分类账。有些问题总分类账反映不出来，或数字变化不明显，需要直接检查明细分类账，如结转产品销售成本所采用的计价方法是否正确，计算结果是否准确等。

(1) 检查总分类账与所属明细分类账的记录是否相吻合，借贷方向是否一致，金额是否相符。

(2) 检查明细账的业务摘要，了解每笔经济业务是否真实合法，若发现疑点应进一步审查会计凭证，核实问题。

(3) 检查各明细账户年初余额是否同上年年末余额相衔接，有无利用年初建立新账之际，采取合并或分设账户的办法，增减或转销某些账户的数额，弄虚作假，偷税漏税。

(4) 审查明细账户的余额是否正常，计算是否正确，如果出现反常余额或红字余额，应注意核实是核算错误还是弄虚作假所造成的。

(5) 审查实物明细账的数量、计价是否正确，采用按实际成本计价的企业，各种实物增减变动的计价是否准确合理。有无将不应计入实物成本的费用计入实物成本的现象。发出实物时，有无随意变更计价方法的情况。

> 【案例8-1】从异常账户发现问题线索
>
> 2020年6月，某市税务局稽查局在对该市某工业企业进行税收检查时，从"生产成本"科目入手，查出企业偷税25万元的问题。
>
> 税务局稽查局在检查中发现，该企业的"生产成本"账户期末余额为零。在进一步调查了解车间投入产出记录时稽查人员发现：企业当月月末有在产品存在，而生产成本账户未记录在产品的费用。这一异常现象引起了稽查人员的警觉。按照借贷记账法的原理，资产类账户、成本类账户的期末余额一般在借方；如发现资产类账户、成本类账户的余额在贷方或期末余额为零，应视为异常数字。经过稽查人员的说服教育，该企业会计人员承认为了减少利润、减少应税所得额，企业负责人授意会计人员多结转了完工产品的成本。经核算，该企业多结转生产成本致使企业少交税款25万元。
>
> 由于该企业偷税数额较大并且偷税数额占应纳税额的10%以上，已经涉嫌偷税犯罪。按照税法规定，税务局稽查局将此案移交司法机关作进一步处理。

三、日记账簿的检查

日记账，是指按照经济业务发生的先后顺序，序时逐笔登记经济业务的账簿，包括现金日记账和银行存款日记账。对序时账的检查应作为税务稽查实施的重点内容。检查序时账的基本方法和内容如下。

(1) 检查账簿有无缺页、挖补、伪造、更改等现象，是否按经济业务发生时间的先后顺序逐笔进行登记。

(2) 逐笔审核经济业务的借贷方向有无错误，借、贷方金额是否与原始凭证或记账凭证相符。

(3) 检查"摘要栏"的说明和对应科目，分析其对应关系是否正确，经济业务是否合理合法。

(4) 突击盘点库存现金,并与现金日记账余额相核对。现金日记账的发生额、余额是否与总分类账相符。

(5) 检查"银行存款日记账"的发生额和余额是否与总分类账及"银行对账单"或"银行存款余额调节表"相符,如发现不符,应实施进一步的稽查,看其有无销售收入或其他业务收入不入账或只入银行存款日记账而不入总分类账等情况。

四、备查账簿的检查

备查账簿也称辅助账簿,是指对某些在总分类账、明细分类账或序时账中未能记载的经济业务事项,进行补充登记的账簿。

由于备查账簿登记了某些在总分类账、明细分类账或序时账中未能记载的经济业务的详细情况,因此,对备查账簿应重点检查、分析其登记的内容是否符合财务会计制度的规定,是否与总分类账、明细分类账或序时账登记的内容相符,是否有通过登记备查账簿而设立两本账,偷逃国家税收等情况。

第三节　会计报表的检查方法

会计报表是综合反映纳税人一定时期财务状况和经营成果的书面报告。纳税人使用的会计报表主要有:资产负债表、利润表、现金流量表。会计报表的检查是纳税检查的重要环节。纳税检查的逆查法是从审查分析会计报表开始的,通过对会计报表的检查和分析,能够总括地把握纳税人的资产、负债、所有者权益、收入、成本、费用的变化,以及利润的实现有无异常,从中就可能发现纳税问题的疑点,从而进一步确定检查重点,使检查工作有针对性地进行。纳税检查的顺查法虽然是从审查会计凭证开始,但最终还是要对会计报表中相关项目的数据进行核实,以确认会计报表数据的真实性。由此可见,纳税检查通常离不开对会计报表的检查。

一、会计报表检查的一般方法

(一)比率分析法

比率分析法是指用比率来反映两个或两个以上不同项目或数字之间相互关系的分析方法。如应收账款在全部资产中所占比重,可以反映应收账款的规模和合理性;销售成本率等于主营业务成本除以主营业务收入,反映了纳税人销售成本占销售收入的份额,一旦这一指标值接近或大于1,就可能存在虚增成本或隐瞒收入等税收问题。

(二)比较分析法

比较分析法是指对纳税人有关可比指标进行比较,并据以评价各种经济活动状况的分析方法。如在各种生产要素价格没有上涨的条件下,纳税人的单位产品成本却大幅度增加,就可能存在纳税人虚增成本等税收问题;纳税人主营业务收入增减幅度与主营业务成本的增减幅度产生背离,则可能存在虚增成本或隐瞒收入等税收问题。该方法既可以采用绝对数比较,也可以采用相对数比较。

(三)相关项目钩稽关系分析法

会计报表中的相关项目有一定的逻辑联系。对相关项目的数字进行钩稽关系分析,也是会计报表检查常用的方法。

1. 表内的钩稽关系

如资产负债表中,存货与应付账款之间有一定的钩稽关系。因为采购原材料,在款项未付的情况下,原材料增加的同时必然会使得应付账款增加。

2. 表间的钩稽关系

如资产负债表中的未分配利润与利润表中的净利润通常也存在一定的钩稽关系。利润表中的主营业务收入增加的同时,可能会使得资产负债表中的应收账款同时增加。

3. 本期与前期的钩稽关系

如在资产负债表中,项目的年初数应等于上年各有关项目的年末数。

4. 会计报表与纳税申报表之间的钩稽关系

如企业所得税年度纳税申报表中,主表"利润总额计算"所属行次各项目的数据与利润表中各项目的数据存在钩稽关系。

在纳税检查中,可以利用会计报表中各项目之间的钩稽关系,初步判定会计报表中数据的真实性,为发现纳税问题提供一些线索,将大大提高纳税检查的准确性和效率。

二、资产负债表的检查

资产负债表是反映纳税人一定时点的资产、负债、所有者权益的报表,反映了纳税人所掌握的经济资源、所负担的债务,以及所有者拥有的权益,是纳税人对外公开报出的财务报表体系中的一张主要报表。

(一)资产项目的检查

(1) 对"货币资金"项目的检查。"货币资金"项目反映企业库存现金、银行结算账户存款、外埠存款、银行汇票存款、银行本票存款、信用卡存款、信用证保证金存款等的合计数。本项目应根据"库存现金""银行存款""其他货币资金"账户期末余额的合计数填列。对货币资金项目的检查主要是核对现金总分类账、银行存款明细分类账和总分类账、现金日记账、银行存款日记账等。检查的目的是:一方面防止纳税人销售货物或提供劳务收取款项不入账;另一方面是关注纳税人是否存在销售货物或提供劳务收取款项入账,但不确认收入的实现来逃避纳税义务。

(2) 对"交易性金融资产"项目的检查。"交易性金融资产"项目反映企业以交易为目的所持有的债券投资、股票投资、基金投资等交易性金融资产的公允价值。企业持有的直接指定为以公允价值计量且其变动计入当期损益的金融资产,也在本账户核算。本项目

第八章 会计资料检查方法

应当根据"交易性金融资产"账户的期末余额填列。对"交易性金融资产"项目的检查应注意以下几点：一是核实企业以交易为目的所持有的债券投资、股票投资、基金投资等交易性金融资产的数量和金额，防止纳税人弄虚作假来调节利润；二是以公允价值计量且其变动计入当期损益是通过"公允价值变动损益"账户来实现的，而公允价值变动损益是不征收企业所得税的，如果纳税人将公允价值变动损益计入当年的利润总额，需要进行纳税调整。此时，需要关注其纳税调整是否正确。

(3) 对"应收票据"项目的检查。"应收票据"项目反映企业因销售商品、提供劳务等而收到的商业汇票，包括银行承兑汇票和商业承兑汇票。本项目应根据"应收票据"账户的期末余额，减去"坏账准备"账户中有关应收票据计提的坏账准备期末余额后的净额填列。

(4) 对"应收账款"项目的检查。"应收账款"项目反映企业因销售商品、提供劳务等经营活动应收取的款项。本项目应根据"应收账款"和"预收账款"账户所属各明细账户的期末借方余额合计减去"坏账准备"账户中有关应收账款计提的坏账准备期末余额后的金额填列。如"应收账款"账户所属明细账户期末有贷方余额的，应在本表"预收款项"项目内填列。

(5) 对"预付款项"项目的检查。"预付款项"项目反映企业按照购货合同规定预付给供应单位的款项等。本项目应根据"预付账款"和"应付账款"账户所属各明细账户的期末借方余额合计数，减去"坏账准备"账户中有关预付款项计提的坏账准备期末余额后的金额填列。如"预付账款"账户所属各明细账户期末有贷方余额的，应在资产负债表"应付账款"项目内填列。

(6) 对"应收利息"项目的检查。"应收利息"项目反映企业交易性金融资产、持有至到期投资、可供出售金融资产、发放贷款、存放中央银行款项、拆出资金、买入返售金融资产等应收取的利息。本项目应根据"应收利息"账户的期末余额，减去"坏账准备"账户中有关应收利息计提的坏账准备期末余额后的净额填列。

(7) 对"应收股利"项目的检查。"应收股利"项目反映企业应收取的现金股利和应收取其他单位分配的利润。本项目应根据"应收股利"账户的期末余额，减去"坏账准备"账户中有关应收股利计提的坏账准备期末余额后的净额填列。

(8) 对"其他应收款"项目的检查。"其他应收款"项目反映企业除存出保证金、买入返售金融资产、应收票据、应收账款、预付账款、应收股利、应收利息、应收代位追偿款、应收分保账款、应收分保合同准备金、长期应收款等以外的其他各种应收、暂付的款项。本项目应根据"其他应收款"账户的期末余额，减去"坏账准备"账户中有关其他应收款计提的坏账准备期末余额后的净额填列。

(9) 对"存货"项目的检查。"存货"项目反映企业期末在库、在途和在加工中的各种存货的可变现净值。本项目应根据"材料采购""原材料""低值易耗品""库存商品""周转材料""委托加工物资""委托代销商品""生产成本"等账户的期末余额合计，减去"受托代销商品款""存货跌价准备"账户期末余额后的净额填列。材料采用计划成本核算，以及库存商品采用计划成本核算或售价核算的企业，还应按加或减材料成本差异、商品进销差价后的净额填列。

(10) 对"一年内到期的非流动资产"项目的检查。"一年内到期的非流动资产"项目反映企业将于一年内到期的非流动资产项目金额。本项目应根据有关账户的期末余额填列。

(11) 对"可供出售金融资产"项目的检查。"可供出售的金融资产"项目反映企业持有的可供出售金融资产的公允价值，包括划分为可供出售的股票投资、债券投资等金融资产。本项目应当根据"可供出售的金融资产"账户的期末余额填列。

(12) 对"持有至到期投资"项目的检查。"持有至到期投资"项目反映企业持有至到期投资的摊余成本。本项目应根据"持有至到期投资"账户的期末余额，减去"持有至到期投资减值准备"账户的期末余额后的净额填列。

(13) 对"长期应收款"项目的检查。"长期应收款"项目反映企业的长期应收款项，包括融资租赁产生的应收款项、采用递延方式具有融资性质的销售商品和提供劳务等产生的应收款项等，以及实质上构成对被投资单位净投资的长期权益。本项目应根据"长期应收款"明细账户的期末借方余额合计减去"坏账准备"账户中有关长期应收款计提的坏账准备期末余额后的金额填列。

(14) 对"长期股权投资"项目的检查。"长期股权投资"项目反映企业持有的采用成本法和权益法核算的长期股权投资。本项目应根据"长期股权投资"账户的期末余额，减去"长期股权投资减值准备"账户的期末余额后的净额填列。

(15) 对"投资性房地产"项目的检查。"投资性房地产"项目反映企业采用成本模式以及公允价值模式计量的投资性房地产的成本。采用成本模式计量的投资性房地产的累计折旧或累计摊销，可以单独设置"投资性房地产累计折旧(摊销)"账户，比照"累计折旧"等账户进行处理。采用成本模式计量的投资性房地产发生减值的，可以单独设置"投资性房地产减值准备"账户，比照"固定资产减值准备"等账户进行处理。

(16) 对"固定资产"项目的检查。"固定资产"项目反映企业持有的固定资产净值。本项目应根据"固定资产"账户的期末余额，减去"累计折旧"和"固定资产减值准备"账户期末余额后的净额填列。

(17) 对"在建工程"项目的检查。"在建工程"项目反映企业基建、更新改造等在建工程发生的支出。本项目应根据"在建工程"账户的期末余额，减去"在建工程减值准备"账户期末余额后的净额填列。

(18) 对"工程物资"项目的检查。"工程物资"项目反映企业为在建工程准备的各种物资的成本，包括工程用材料、尚未安装的设备以及为生产准备的工器具等。本项目应根据"工程物资"账户的期末余额填列。

(19) 对"固定资产清理"项目的检查。"固定资产清理"项目反映企业因出售、报废、毁损、对外投资、非货币性资产交换、债务重组等原因转出的固定资产价值以及在清理过程中发生的费用等。本项目应根据"固定资产清理"账户的期末借方余额填列，如"固定资产清理"账户期末为贷方余额，以"—"号填列。

(20) 对"生产性生物资产"项目的检查。"生产性生物资产"项目反映企业(农业)持有的生产性生物资产净值。本项目应根据"生产性生物资产"账户的期末余额，减去"生产性生物资产累计折旧"账户的期末余额后的净额填列。

(21) 对"油气资产"项目的检查。"油气资产"项目反映企业(石油天然气开采)持有的矿区权益和油气井及相关设施的净值。本项目应根据"油气资产"账户的期末余额，减去"累计折耗"账户的期末余额后的净额填列。

(22) 对"无形资产"项目的检查。"无形资产"项目反映企业持有的无形资产，包括专利权、非专利技术、商标权、著作权、土地使用权等。本项目应根据"无形资产"的期末余额，减去"累计摊销"和"无形资产减值准备"账户期末余额后的净额填列。

(23) 对"开发支出"项目的检查。"开发支出"项目反映企业开发无形资产过程中能够资本化形成无形资产成本的支出部分。本项目应当根据"研发支出"账户中所属的"资本化支出"明细账户期末余额填列。

(24) 对"商誉"项目的检查。"商誉"项目反映企业合并中形成的商誉净值。商誉发生减值的，可以单独设置"商誉减值准备"账户，比照"无形资产减值准备"账户进行处理。本项目应根据"商誉"的期末余额，减去"商誉减值准备"账户期末余额后的净额填列。

(25) 对"长期待摊费用"项目的检查。"长期待摊费用"项目反映企业已经发生但应由本期和以后各期负担的分摊期限在一年以上的各项费用。长期待摊费用中在一年内(含一年)摊销的部分，在资产负债表"一年内到期的非流动资产"项目填列。本项目应根据"长期待摊费用"账户的期末余额减去将于一年内(含一年)摊销的数额后的金额填列。

(26) 对"递延所得税资产"项目的检查。"递延所得税资产"项目反映企业确认的可抵扣暂时性差异产生的递延所得税资产。

(二)负债项目的检查

(1) 对"短期借款"项目的检查。"短期借款"项目反映企业向银行或其他金融机构等借入的期限在一年以下(含一年)的各种借款。本项目应根据"短期借款"账户的期末余额填列。

(2) 对"交易性金融负债"项目的检查。"交易性金融负债"项目反映企业承担的交易性金融负债的公允价值，以及企业持有的直接指定为以公允价值计量且其变动计入当期损益的金融负债。本项目应当根据"交易性金融负债"账户的期末余额填列。

(3) 对"应付票据"项目的检查。"应付票据"项目反映企业购买材料、商品和接受劳务供应等而开出、承兑的商业汇票，包括银行承兑汇票和商业承兑汇票。本项目应根据"应付票据"账户的期末余额填列。

(4) 对"应付账款"项目的检查。"应付账款"项目反映企业因购买材料、商品和接受劳务供应等经营活动应支付的款项。本项目应根据"应付账款"和"预付账款"账户所属各明细账户的期末贷方余额合计数填列。如"应付账款"账户所属明细账户期末有借方余额的，应在资产负债表"预付款项"项目内填列。

(5) 对"预收款项"项目的检查。"预收款项"项目反映企业按照销售合同等规定向购买单位预收取的款项。本项目应根据"预收账款"和"应收账款"账户所属各明细账户的期末贷方余额合计数填列。如"预收账款"账户所属各明细账户期末有借方余额，应在资产负债表"应收账款"项目内填列。

(6) 对"应付职工薪酬"项目的检查。"应付职工薪酬"项目反映企业根据有关规定应付给职工的工资、职工福利、社会保险费、住房公积金、工会经费、职工教育经费、非货币性福利、辞退福利等各种薪酬。外商投资企业按规定从净利润中提取的职工奖励及福利基金，也在本项目列示。

(7) 对"应交税费"项目的检查。"应交税费"项目反映企业按照税法规定计算应缴纳的各种税费，包括增值税、消费税、营业税、所得税、资源税、土地增值税、城市维护建设税、房产税、土地使用税、车船使用税、教育费附加、矿产资源补偿费等。企业代扣代缴的个人所得税，也通过本项目列示。本项目应根据"应交税费"账户的期末贷方余额填列。如"应交税费"账户期末为借方余额，应以"一"号填列。

(8) 对"应付利息"项目的检查。"应付利息"项目反映企业按照合同约定应当支付的利息，包括吸收存款、分期付息到期还本的长期借款、企业债券等应支付的利息。本项目应当根据"应付利息"账户的期末余额填列。

(9) 对"应付股利"项目的检查。"应付股利"项目反映企业分配的现金股利或利润。本项目应根据"应付股利"账户的期末余额填列。

(10) 对"其他应付款"项目的检查。"其他应付款"项目反映企业除应付票据、应付账款、预收账款、应付职工薪酬、应付利息、应付股利、应交税费、长期应付款等以外的其他各项应付、暂收的款项。本项目应该根据总账其他应付款和其他应收款明细账的贷方余额来填列。

(11) 对"一年内到期的非流动负债"项目的检查。"一年内到期的非流动负债"项目反映企业非流动负债中将于资产负债表日后一年内到期部分的金额，如将于一年内偿还的长期借款。本项目应根据有关账户的期末余额填列。

(12) 对"长期借款"项目的检查。"长期借款"项目反映企业向银行或其他金融机构等借入的期限在一年以上(不含一年)的各项借款。本项目应根据"长期借款"账户的期末余额填列。

(13) 对"应付债券"项目的检查。"应付债券"项目反映企业为筹集(长期)资金而发行的债券本金和利息。本项目应根据"应付债券"账户的期末余额填列。

(14) 对"长期应付款"项目的检查。"长期应付款"项目反映企业除长期借款和应付债券以外的其他各种长期应付款项，包括应付融资租入固定资产的租赁费、以分期付款方式购入固定资产等发生的应付款项等。本项目应根据"长期应付款"账户的期末余额填列。

(15) 对"专项应付款"项目的检查。"专项应付款"项目反映的是企业取得政府作为企业所有者投入的具有专项或特定用途的款项。本项目应根据"专项应付款"账户的期末余额填列。

(16) 对"预计负债"项目的检查。"预计负债"项目反映企业确认的对外提供担保、未决诉讼、产品质量保证、重组义务、亏损性合同等预计负债。本项目应该根据"预计负债"科目的期末余额填列。

(17) 对"递延所得税负债"项目的检查。"递延所得税负债"项目反映企业确认的应纳税暂时性差异产生的所得税负债。本项目根据"递延所得税负债"账户期末余额填列。

(三)所有者权益的检查

(1) 对"实收资本(或股本)"项目的检查。"实收资本(或股本)"项目反映企业各投资者实际投入的资本(或股本)总金额。本项目应根据"实收资本"(或"股本")账户的期末余额填列。

(2) 对"资本公积"项目的检查。"资本公积"项目反映企业收到投资者出资额超出

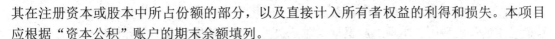

其在注册资本或股本中所占份额的部分，以及直接计入所有者权益的利得和损失。本项目应根据"资本公积"账户的期末余额填列。

（3）对"库存股"项目的检查。"库存股"项目反映企业收购、转让或注销的本公司股份金额。本项目应根据"库存股"账户的期末余额填列。

（4）对"盈余公积"项目的检查。"盈余公积"项目反映企业从净利润中提取的盈余公积。本项目应根据"盈余公积"账户的期末余额填列。

（5）对"未分配利润"项目的检查。"未分配利润"项目反映企业尚未分配的利润。本项目应根据"本年利润"账户和"利润分配"账户的余额计算填列，未弥补的亏损在本项目内以"－"号填列。

三、利润表的检查

利润表是反映企业在一定会计期间全部经营成果的报表。对利润表的检查，既可以通过对表内项目的检查来发现问题，也可以将利润表中的信息与资产负债表中的信息相结合，计算出一系列财务比率，如将赊销收入净额与应收账款平均余额进行比较，计算出应收账款周转率；将销货成本与存货平均余额进行比较，计算出存货周转率；将净利润与资产总额进行比较，计算出资产收益率等。对不同时期的财务比率指标进行比较，有利于发现问题或问题的线索。此处以执行《企业会计准则》的企业所使用的利润表为例，介绍主要项目的检查。

（1）对"营业收入"项目的检查。"营业收入"项目反映企业经营主要业务和其他业务所确认的收入总额。本项目应根据"主营业务收入"和"其他业务收入"科目的发生额分析填列。对"营业收入"项目的检查，可以先分析企业营业收入的增减变化，并与该企业生产经营计划和实际状况相比较，初步判断企业是否存在隐瞒收入的问题。

（2）对"营业成本"项目的检查。"营业成本"项目反映企业经营主要业务和其他业务所发生的成本总额。本项目应根据"主营业务成本"和"其他业务成本"科目的发生额分析填列。对"营业成本"项目的检查，可以通过计算成本毛利率，并与历史数据相比较，初步判断企业是否存在多结转成本的问题。

（3）对"税金及附加"项目的检查。"税金及附加"项目反映企业经营业务应负担的消费税、营业税、城市建设维护税、资源税、土地增值税和教育费附加等。本项目应根据"税金及附加"账户的发生额分析填列。对"税金及附加"项目的检查，可以通过计算税负率，并与历史数据相比较，初步判断企业是否存在少缴税金的可能。

（4）对"销售费用"项目的检查。"销售费用"项目反映企业在销售商品过程中发生的除商品成本以外的其他费用，包括包装费、广告费等费用和为销售本企业商品而专设的销售机构的职工薪酬、业务费等经营费用。本项目应根据"销售费用"账户的发生额分析填列。对"销售费用"项目的检查，可以通过计算销售费用率，并与历史数据进行比较，初步判断企业是否存在多列销售费用的问题。

（5）对"管理费用"项目的检查。"管理费用"项目反映企业为组织和管理生产经营发生的管理费用。本项目应根据"管理费用"的发生额分析填列。对"管理费用"项目的检查，可以通过计算管理费用率，并与历史数据进行比较，初步判断企业是否存在多列管理费用的问题。

(6) 对"财务费用"项目的检查。"财务费用"项目反映企业筹集生产经营所需资金等而发生的筹资费用。本项目应根据"财务费用"账户的借方发生额分析填列。对"财务费用"项目的检查，可以通过计算财务费用率，并与历史数据相比较，初步判断企业是否存在多列财务费用的问题。

(7) 对"资产减值损失"项目的检查。"资产减值损失"项目反映企业各项资产发生的减值损失。本项目应根据"资产减值损失"账户的发生额分析填列。对"资产减值损失"项目的检查，主要关注企业对该项目是否正确进行相应的纳税调整。

(8) 对"公允价值变动收益"项目的检查。"公允价值变动收益"项目反映企业应当计入当期损益的资产或负债公允价值变动收益。本项目应根据"公允价值变动损益"账户的贷方发生额分析填列，如为净损失，则以"—"号填列。对"公允价值变动收益"项目的检查，主要关注企业对该项目是否正确进行相应的纳税调整。

(9) 对"投资收益"项目的检查。"投资收益"项目反映企业以各种方式对外投资所取得的收益。本项目应根据"投资收益"账户的贷方发生额分析填列，如为投资损失，则以"—"号填列。对"投资收益"项目的检查，主要关注投资收益的性质，是否属于转让收益，是否缴纳了企业所得税。

(10) 对"营业利润"项目的检查。"营业利润"项目反映企业实现的营业利润，如为亏损，本项目以"—"号填列。

(11) 对"营业外收入"项目的检查。"营业外收入"项目反映企业发生的与经营业务无直接关系的各项收入。本项目应根据"营业外收入"账户的发生额分析填列。对"营业外收入"项目的检查，主要关注营业外收入的性质，是否正确缴纳了相关的税收。

(12) 对"营业外支出"项目的检查。"营业外支出"项目反映企业发生的与经营业务无直接关系的各项支出。本项目应根据"营业外支出"账户的发生额分析填列。对"营业外支出"项目的检查，主要关注营业外支出的具体构成，是否正确进行了纳税调整。

(13) 对"利润总额"项目的检查。"利润总额"项目反映企业实现的利润，如为亏损，本项目以"—"号填列。

(14) 对"所得税费用"项目的检查。"所得税费用"项目反映企业应从当期利润总额中扣除的所得税费用。本项目应根据"所得税费用"账户的发生额分析填列。

(15) 对"净利润"项目的检查。"净利润"项目反映企业实现的净利润，如为亏损，本项目以"—"号填列。

本 章 小 结

本章主要介绍了会计凭证的检查方法、账簿的检查方法、会计报表的检查方法。通过对原始凭证和记账凭证的检查，判断会计凭证的合法性、完整性、真实性和正确性，有助于查清问题和落实定案。通过对总账、明细账、日记账和备查账的检查，可以快速发现企业的经济业务会计核算是否存在问题。通过对会计报表的检查，可以为确定重点检查项目提供依据。

复习思考题

1. 简述原始凭证的种类及其检查要点。
2. 简述记账凭证的种类及其检查要点。
3. 简述会计账簿的种类及其检查要点。
4. 简述资产负债表的检查方法。
5. 简述利润表的主要项目及其检查要点。

延 展 阅 读

1. 杨春祥. 财务报告舞弊与识别方法[J]. 纳税. 2019，13(14)：170+173. (见二维码)
2. 黄世忠，叶钦华，徐珊. 上市公司财务舞弊特征分析——基于 2007 年至 2018 年 6 月期间的财务舞弊样本[J]. 财务与会计，2019(10)：24～28. (见二维码)

财务报告舞弊与识别方法_杨春祥.pdf

上市公司财务舞弊特征分析_基于2_省略_2018年6月期间的财务舞弊样本_黄世忠.pdf

第八章 会计资料检查方法.pptx

第九章 税种检查实务

学习目标: 通过本章的学习,主要了解增值税、企业所得税两大税种的主要检查项目,理解每个项目可能存在的税收问题和现行的税收政策依据,掌握这两大税种常用的检查方法。

关键概念: 增值税检查　企业所得税检查

第一节　增值税检查

一、增值税会计核算及其检查

(一)一般纳税人增值税会计处理及其检查

1. 一般纳税人增值税日常核算的会计处理

根据《增值税会计处理规定》(财会〔2016〕22号)规定,增值税一般纳税人应当在"应交税费"科目下设置"应交增值税""未交增值税""预交增值税""待抵扣进项税额""待认证进项税额""待转销项税额""增值税留抵税额""简易计税""转让金融商品应交增值税""代扣代交增值税"等明细科目。

1) "应交税费——应交增值税"科目

增值税一般纳税人应在"应交增值税"明细账内设置"进项税额""销项税额抵减""已交税金""转出未交增值税""减免税款""出口抵减内销产品应纳税额""销项税额""出口退税""进项税额转出""转出多交增值税"等专栏。其中:

"进项税额"专栏,记录一般纳税人购进货物、加工修理修配劳务、服务、无形资产或不动产而支付或负担的、准予从当期销项税额中抵扣的增值税额。

"销项税额抵减"专栏,记录一般纳税人按照现行增值税制度规定因扣减销售额而减少的销项税额。

"已交税金"专栏,记录一般纳税人当月已交纳的应交增值税额。

"转出未交增值税"和"转出多交增值税"专栏,分别记录一般纳税人月度终了转出当月应交未交、多交的增值税额。

"减免税款"专栏,记录一般纳税人按现行增值税制度规定准予减免的增值税额。

"出口抵减内销产品应纳税额"专栏,记录实行"免、抵、退"办法的一般纳税人按规定计算的出口货物的进项税抵减内销产品的应纳税额。

"销项税额"专栏,记录一般纳税人销售货物、加工修理修配劳务、服务、无形资产或不动产应收取的增值税额。

"出口退税"专栏,记录一般纳税人出口货物、加工修理修配劳务、服务、无形资产按规定退回的增值税额。

"进项税额转出"专栏,记录一般纳税人购进货物、加工修理修配劳务、服务、无形资产或不动产等发生非正常损失以及其他原因而不应从销项税额中抵扣、按规定转出的进项税额。

"转出多交增值税"专栏，记录一般纳税人月度终了转出当月多交的增值税税额。当月多交的增值税，借记"应交税费——未交增值税"科目，贷记"应交税费——应交增值税(转出多交增值税)"科目。在此需要特别注意的是，留抵税额并不等于多交税额，两者有着本质区别。因此，如果当月存在留抵税额，则不能结转至"应交税费——未交增值税"科目的借记，而是保留在"应交税费——应交增值税"账户的借方。

2) "应交税费——未交增值税"科目

"未交增值税"明细科目，核算一般纳税人月度终了从"应交增值税"或"预交增值税"明细科目转入当月应交未交、多交或预缴的增值税额，以及当月交纳以前期间未交的增值税额。

自2019年4月1日至2021年12月31日，允许生产、生活性服务业纳税人按照当期可抵扣进项税额加计10%，抵减应纳税额。2019年10月1日至2021年12月31日，允许生活性服务业纳税人按照当期可抵扣进项税额加计15%，抵减应纳税额。

生产、生活性服务业纳税人取得资产或接受劳务时，应当按照《增值税会计处理规定》的相关规定对增值税相关业务进行会计处理；实际缴纳增值税时，按应纳税额借记"应交税费——未交增值税"等科目，按实际纳税金额贷记"银行存款"科目，按加计抵减的金额贷记"其他收益"科目。

【案例9-1】增值税一般纳税人会计核算案例

某生活类服务业企业是增值税一般纳税人，适用加计抵减政策。假设该企业2019年11月一般计税项目的销项税额为130万元，进项税额为100万元，上期留抵税额为10万元，上期结转加计抵减额余额为6万元；简易计税项目不含税销售额为80万元，征收率为3%，且该企业无其他涉税事项。

在一般计税项目下，抵减前的应纳税额=130−100−10=20(万元)；当期计提加计抵减额=100×15%=15(万元)；当期可抵减加计抵减额=6+15=21(万元)；抵减后的应纳税额=20−20=0(万元)。此时，该企业加计抵减额余额=21−20=1(万元)。在简易计税项目下，应纳税额=80×3%=2.4(万元)，则该企业应纳税额合计=0+2.4=2.4(万元)。

2019年11月的会计处理：

借：应收账款等	11 300 000
贷：主营业务收入	10 000 000
应交税费——应交增值税(销项税额)	1 300 000
借：应交税费——应交增值税(进项税额)	1 000 000
贷：应付账款等	1 000 000
借：应收账款等	824 000
贷：其他业务收入	800 000
应交税费——应交增值税(简易计税)	24 000
借：应交税费——未交增值税	224 000
贷：银行存款	24 000
其他收益	200 000

3)"应交税费——预交增值税"科目

"预交增值税"明细科目,核算一般纳税人转让不动产、提供不动产经营租赁服务、提供建筑服务、采用预收款方式销售自行开发的房地产项目等,以及其他按现行增值税制度规定应预缴的增值税额。

企业预缴增值税时,借记"应交税费——预交增值税"科目,贷记"银行存款"科目。月末,企业应将"预交增值税"明细科目余额转入"未交增值税"明细科目,借记"应交税费——未交增值税"科目,贷记"应交税费——预交增值税"科目。房地产开发企业等在预缴增值税后,应直至纳税义务发生时方可从"应交税费——预交增值税"科目结转至"应交税费——未交增值税"科目。

4)"应交税费——待抵扣进项税额"科目

"待抵扣进项税额"明细科目,核算一般纳税人已取得增值税扣税凭证并经税务机关认证,按照现行增值税制度规定准予以后期间从销项税额中抵扣的进项税额。包括:一般纳税人自 2016 年 5 月 1 日后取得并按固定资产核算的不动产或者 2016 年 5 月 1 日后取得的不动产在建工程,按现行增值税制度规定准予以后期间从销项税额中抵扣的进项税额;实行纳税辅导期管理的一般纳税人取得的尚未交叉稽核比对的增值税扣税凭证上注明或计算的进项税额。

5)"应交税费——待认证进项税额"科目

"待认证进项税额"明细科目,核算一般纳税人由于未经税务机关认证而不得从当期销项税额中抵扣的进项税额。包括:一般纳税人已取得增值税扣税凭证、按照现行增值税制度规定准予从销项税额中抵扣,但尚未经税务机关认证的进项税额;一般纳税人已申请稽核但尚未取得稽核相符结果的海关缴款书进项税额。

6)"应交税费——待转销项税额"科目

"待转销项税额"明细科目,核算一般纳税人销售货物、加工修理修配劳务、服务、无形资产或不动产,已确认相关收入(或利得)但尚未发生增值税纳税义务而需于以后期间确认为销项税额的增值税额。

7)"应交税费——增值税留抵税额"科目

"增值税留抵税额"明细科目,核算兼有销售服务、无形资产或者不动产的原增值税一般纳税人,截止到纳入营改增试点之日前的增值税期末留抵税额按照现行增值税制度规定不得从销售服务、无形资产或不动产的销项税额中抵扣的增值税留抵税额。

8)"应交税费——简易计税"科目

"简易计税"明细科目,核算一般纳税人采用简易计税方法发生的增值税计提、扣减、预缴、缴纳等业务。

9)"应交税费——转让金融商品应交增值税"科目

"转让金融商品应交增值税"明细科目,核算增值税纳税人转让金融商品发生的增值税额。

10)"应交税费——代扣代交增值税"科目

"代扣代交增值税"明细科目,核算纳税人购进在境内未设经营机构的境外单位或个人在境内的应税行为代扣代缴的增值税。

第九章 税种检查实务

2. 一般纳税人增值税检查的会计处理

税务机关对增值税一般纳税人(以下简称纳税人)实施增值税稽查,涉及增值税检查后的账务调整,应设立"应交税金——增值税检查调整"专门账户。凡检查后应调减账面进项税额或调增销项税额和进项税额转出的数额,借记有关科目,贷记本科目;凡检查后应调增账面进项税额或调减销项税额和进项税额转出的数额,借记本科目,贷记有关科目;全部调账事项入账后,应结出本账户的余额,并对该余额进行处理。

(1) 若余额在借方,全部视同留抵进项税额,按借方余额数,借记"应交税金——应交增值税(进项税额)"科目,贷记本科目。

(2) 若余额在贷方,且"应交税金——应交增值税"账户无余额,按贷方余额数,借记本科目,贷记"应交税金——未交增值税"科目。

(3) 若本账户余额在贷方,"应交税金——应交增值税"账户有借方余额且等于或大于这个贷方余额,按贷方余额数,借记本科目,贷记"应交税金——应交增值税"科目。

(4) 若本账户余额在贷方,"应交税金——应交增值税"账户有借方余额但小于这个贷方余额,应将这两个账户的余额冲出,其差额贷记"应交税金——未交增值税"科目。

上述账务调整应按纳税期逐期进行。

(二)小规模纳税人增值税会计处理及其检查

小规模纳税人只需在"应交税费"科目下设置"应交增值税"明细科目,不需要设置上述专栏及除"转让金融商品应交增值税""代扣代交增值税"外的明细科目。

税务机关对小规模纳税人增值税检查是否需要另设会计科目至今尚无明确规定,因此,可以认为,税务机关对小规模纳税人增值税检查无须设置另外的会计科目。

二、对增值税纳税人的检查

(一)常见问题

对增值税纳税人检查中的常见问题是:符合一般纳税人条件但不办理一般纳税人认定手续。

(二)税法的相关规定

在中华人民共和国境内销售货物或者提供加工、修理修配劳务(以下简称劳务),销售服务、无形资产或者不动产,以及进口货物的单位和个人,为增值税的纳税人。

单位是指一切从事销售或进口货物,提供劳务,销售服务、无形资产或不动产的单位,包括企业、行政单位、事业单位、军事单位、社会团体及其他单位。

个人是指从事销售或进口货物、提供应税劳务,销售应税服务、无形资产或不动产的个人,包括个体工商户和其他个人。

单位租赁或承包给其他单位或者个人经营的,以承租人或承包人为纳税人。单位以承包、承租、挂靠方式经营的,承包人、承租人、挂靠人(以下统称承包人)以发包人、出租人、被挂靠人(以下统称发包人)名义对外经营并由发包人承担相关法律责任的,以该发包人为纳税人。否则，以承包人为纳税人。

在实际操作中确定以承租人或承包人为纳税人，基本上是按照是否独立经营作为判断原则。具体标准包括：承租或承包的企业、单位和个人；承租或承包经营后有独立的生产、经营权；在财务上独立核算，并定期向出租者或发包者上缴租金或承包费。凡同时符合以上条件的，均应作为增值税纳税人缴纳增值税。对于不属于上述承包形式的，如企业内部承包经营，仅仅承包收入、利润等指标等包干形式，则承租人或承包人不应作为增值税的纳税人，出租人或发包人应该作为增值税纳税人。

对报关进口的货物，以进口货物的收货人或办理报关手续的单位和个人为进口货物的纳税人。

对代理进口货物，以海关开具的完税凭证上的纳税人为增值税纳税人。即对报关进口货物，凡是海关的完税凭证开具给委托方的，对代理方不征增值税；凡是海关的完税凭证开具给代理方的，对代理方应按规定征收增值税。

资管产品运营过程中发生的增值税应税行为，以资管产品管理人为增值税纳税人。资管产品管理人，包括银行、信托公司、公募基金管理公司及其子公司、证券公司及其子公司、期货公司及其子公司、私募基金管理人、保险资产管理公司、专业保险资产管理机构、养老保险公司。

建筑企业与发包方签订建筑合同后，以内部授权或者三方协议等方式，授权集团内其他纳税人(以下称第三方)为发包方提供建筑服务，并由第三方直接与发包方结算工程款的，由第三方缴纳增值税，与发包方签订建筑合同的建筑企业不缴纳增值税。

增值税纳税人分为一般纳税人和小规模纳税人两类。

1. 一般纳税人

一般纳税人是指年应征增值税销售额，超过增值税暂行条例实施细则规定的小规模纳税人标准的企业和企业性单位。下列纳税人不属于一般纳税人：

(1) 增值税销售额未超过小规模纳税人标准的企业(以下简称小规模企业)。
(2) 个人(除个体经营者以外的其他个人)。
(3) 非企业性单位。
(4) 不经常发生增值税应税行为的企业。

2. 小规模纳税人

根据《增值税暂行条例》《增值税暂行条例实施细则》和《营业税改征增值税试点实施办法》(财税〔2016〕36号)及相关文件规定，小规模纳税人是指年销售额在规定标准以下，并且会计核算不健全，不能按规定报送有关税务资料的增值税纳税人。所称会计核算不健全是指不能正确核算增值税的销项税额、进项税额和应纳税额。

小规模纳税人的标准为年销售额在500万元及以下。

(三)检查方法

审查会计报表、资金流动凭据、货物购进凭据、销售日记账，通过单位能耗(比如材料消耗、水电消耗、工资消耗)测算，核实纳税人的年实际应税销售额，检查是否符合一般纳税人条件但不申请认定为一般纳税人。

三、对增值税扣缴义务人的检查

(一)常见问题

对增值税扣缴义务人检查中的常见问题是：发生扣缴义务时，扣缴义务人未履行扣缴义务。

(二)税法的相关规定

境外的单位或个人在境内提供应税劳务，在境内未设有经营机构的，其应纳税款以境内代理人为扣缴义务人；在境内没有代理人的，以购买者为扣缴义务人。

中华人民共和国境外(以下简称为境外)单位或个人在境内销售服务、无形资产或者不动产，在境内未设有经营机构的，以购买方为增值税扣缴义务人。财政部和国家税务总局另有规定的除外。

在中华人民共和国境内(以下简称为境内)销售货物或者提供加工、修理修配劳务是指销售货物的起运地或者所在地在境内；提供的应税劳务发生地在境内。

在境内销售服务、无形资产或者不动产，是指：①服务(租赁不动产除外)或者无形资产(自然资源使用权除外)的销售方或者购买方在境内；②所销售或者租赁的不动产在境内；③所销售自然资源使用权的自然资源在境内；④财政部和国家税务总局规定的其他情形。

(三)检查方法

审阅扣缴义务人所签订的劳务合同，审查扣缴义务人的劳务款项的支付情况，以判定是否存在境外的单位或个人在境内销售应税劳务的行为，核实扣缴义务人是否正确履行了扣缴义务。

四、对承租或承包经营的检查

(一)常见问题

对承租或承包经营检查中的常见问题如下。

(1) 承租或承包的企业、单位和个人，不按规定办理税务手续，以出租人或发包人的名义进行经营，逃避纳税义务。

(2) 承租或承包商场的柜台和经营场地，以商场的名义进行经营，逃避纳税义务。

(二)税法的相关规定

《增值税暂行条例实施细则》第10条规定，单位租赁或者承包给其他单位或者个人经营的，以承租人或者承包人为纳税人。

对承租或承包的企业、单位和个人，有独立的生产、经营权，在财务上独立核算，并定期向出租者或发包者上缴租金或承包费的，应作为增值税纳税人按规定缴纳增值税。(国税发〔1994〕186号)

(三)检查方法

审核是否有承包费和租金收入,审查承租或承包的企业、单位和个人,是否有独立的生产、经营权,在财务上是否独立核算,并定期向出租者或发包者上缴租金或承包费,确认其是否存在逃避纳税义务的行为。具体方法如下。

(1) 用询问法对其员工进行询问,核实实际经营人。

(2) 检查企业财务账簿中的"其他应收款""其他应付款""其他业务收入""营业外收入""销售费用""管理费用""财务费用"等账户,判断企业是否存在出租或发包行为。

(3) 审核出租人、发包人与承租或承包的企业、单位和个人签订的承包、承租合同或协议。

【案例9-2】承包方税收违法被查处①

某公司于2005年1月领取营业执照和税务登记,主营小五金配件、橡胶制品的销售,为增值税一般纳税人。2006年1月起,该公司将其店面出包给刘某经营,经营项目仍为该公司的主营业务,并签订了出(承)包协议。协议约定,公司将店面承包给刘某经营,并提供营业执照,刘某自主经营、自负盈亏,债权债务和税收由刘某自己负责,在财务上实行独立核算(不纳入该公司统一核算和管理)。刘某既没有向税务机关办理相关的税务登记,也未进行纳税申报。稽查人员在对该公司检查时,从"其他业务收入"明细账中发现该公司收取了承包费收入,进而调取发包合同,查出了刘某未履行纳税义务的税收违法行为。

【案例9-3】承包经营未变更税务登记引发纳税义务主体争议

2018年8月10日,皖北某洗煤有限责任公司(以下简称甲公司)经公证与河南某洗煤厂(以下简称乙公司)签订承包经营合同。合同载明:甲公司承包给乙公司生产经营,乙公司就其生产经营情况记账,按期上交承包租赁费;乙公司以甲公司名义对外经营,由乙公司承担相关法律责任。

此后甲乙双方未变更税务登记,但将承包经营情况报告了主管税务机关。乙公司以甲公司的名义进行纳税申报。2019年5月27日,稽查部门检查甲公司2018年度的增值税纳税情况,发现2018年11月该公司纳税申报表上的申报抵扣进项税额比乙公司账面核算的进项税额多96 521.58元。后证实这笔进项税对应的金额603 259.88元为甲公司欠供电局的电费,乙公司支付该欠费后供电局将增值税专用发票开给了甲公司,甲公司据此入账,乙公司账务上未反映支付电费的记录及相应的进项税额。

稽查部门认为,该专用发票所购货物非甲公司购进,甲公司不能抵扣此笔进项税,根据有关规定对甲公司作出"补缴增值税96 521.58元,加收滞纳金14 702.12元,并处0.5倍罚款"的处理、处罚决定。

纳税人不服,提出行政复议。复议部门最终维持了税务处理决定,但撤销行政罚款。

---

① 国家税务总局教材编写组. 税务稽查方法[M]. 北京:中国税务出版社,2008:49.

该案例引用自北大法宝(北大法律信息网),关于本案更多的信息可扫描以下二维码。

案例 9-3 补充.pdf

五、对销售额的检查

(一)常见问题

对销售额检查中的问题是:企业销售货物、劳务、服务、无形资产或者不动产,隐瞒销售额或作为账外核算,少计增值税销项税额,从而少缴增值税。

(二)税法的相关规定

《增值税暂行条例》第 6 条规定,销售额为纳税人发生应税销售行为收取的全部价款和价外费用,但是不包括收取的销项税额。

价外费用,包括价外向购买方收取的手续费、补贴、基金、集资费、返还利润、奖励费、违约金、滞纳金、延期付款利息、赔偿金、代收款项、代垫款项、包装费、包装物租金、储备费、优质费、运输装卸费以及其他各种性质的价外收费,但不包括下列项目。

(1) 受托加工应征消费税的消费品所代收代缴的消费税。

(2) 同时符合以下条件的代垫运输费用:①承运部门的运输费用发票开具给购买方的;②纳税人将该项发票转交给购买方的。

(3) 同时符合以下条件代为收取的政府性基金或者行政事业性收费:①由国务院或者财政部批准设立的政府性基金,由国务院或者省级人民政府及其财政、价格主管部门批准设立的行政事业性收费;②收取时开具省级以上财政部门印制的财政票据;③所收款项全额上缴财政。

(4) 销售货物的同时代办保险等而向购买方收取的保险费,以及向购买方收取的代购买方缴纳的车辆购置税、车辆牌照费。

此外,从 2020 年 1 月 1 日起,纳税人取得的财政补贴收入,与其销售货物、劳务、服务、无形资产、不动产的收入或者数量直接挂钩的,应按规定计算缴纳增值税。纳税人取得的其他情形的财政补贴收入,不属于增值税应税收入,不征收增值税。

(三)检查方法

(1) 对企业销售业务进行了解,分析销售业务是否会涉及收取价外费用,并询问相关的业务人员,证实是否存在收取价外费用的可能。

(2) 检查对企业销售折扣与折让是如何处理的。

(3) 检查企业是否存在"以旧换新"等特殊业务。

(4) 对价格进行比较分析,关注是否存在价格明显偏低且无正当理由的情形。

【案例 9-4】价外费用未缴税被查处

2020 年 6 月某税务局稽查局对某企业(增值税一般纳税人)2019 年度的纳税情况进行检查时,发现企业 2019 年 12 月"营业外收入"账户贷方有一笔发生额,于是,根据凭证号找到该笔业务的记账凭证。该笔业务作分录如下:

借：银行存款　　　　　　　　　　　　33 900.00
　　贷：营业外收入　　　　　　　　　　　33 900.00

记账凭证摘要栏中注明为收取的保证金。经查，该企业为了促销本企业产品，向客户收取一定比例的保证金，以支付客户举办的大型推广活动的有关费用。该企业以保证金不属于销售额为理由，尚未计提销项税额。

该税务局稽查局认定，该笔收入应属于价外费用，应该补缴增值税 3 900 元和滞纳金 351 元(假设滞纳期限为 180 天)。假设该企业 2019 年 12 月底"应交税金——应交增值税"账户无余额。正确的账务调整如下。

(1) 计提增值税销项税额
借：以前年度损益调整　　　　　　　　3 900
　　贷：应交税费——增值税检查调整　　　3 900

(2) 考虑多缴的企业所得税
假设该企业 2019 年企业所得税汇算清缴时确认营业外收入为 33 900 元，则 2019 年企业所得税多缴了 975 元，需要账务调整如下：
借：应交税费——应交企业所得税　　　975
　　贷：以前年度损益调整　　　　　　　　975

(3) 结平相关账户
借：应交税费——增值税检查调整　　　3 900
　　贷：应交税费　未交增值税　　　　　3 900
借：利润分配——未分配利润　　　　　2 925
　　贷：以前年度损益调整　　　　　　　　2 925

(4) 缴纳增值税和滞纳金
借：应交税费——未交增值税　　　　　3 900
　　营业外支出　　　　　　　　　　　　351
　　贷：银行存款　　　　　　　　　　　　4 251

六、对兼营行为的检查

增值税兼营行为包括两种：一是兼营非增值税应税劳务；二是兼营不同税率的货物、应税劳务、服务、无形资产等。前者在全面营改增后，已经不太常见；后者则是经常性发生。因此，本书以介绍后者为主。

(一)常见问题

对兼营非增值税应税劳务检查中的常见问题是：纳税人兼营不同税率的货物、应税劳务、服务、无形资产，未按规定正确核算增值税税额。

(二)税法的相关规定

《增值税暂行条例》第 3 条规定，纳税人兼营不同税率的项目，应当分别核算不同税率项目的销售额；未分别核算销售额的，从高适用税率。

(三)检查方法

(1) 采取询问法了解企业的实际经营范围,核实其是否有兼营不同税率项目的情况。

(2) 检查"其他业务收入""营业外收入""其他业务支出""营业外支出"以及费用类账户,审核兼营不同税率项目是否分别核算,不分别核算销售额的,是否按从高税率缴纳了增值税。

> 【案例9-5】企业为少缴增值税故意混淆收入类别
>
> 2020年6月,某税务局稽查局对某交通运输企业(增值税一般纳税人)2019年纳税情况进行稽查,通过检查该企业运输车辆的数量后发现,该企业客运车辆与客运收入不匹配。经查,该交通运输公司自2019年5月开始故意将从事客运服务取得的收入1060万元伪装成装卸搬运服务收入,按照物流辅助服务申报增值税,少缴纳增值税27.5229万元。
>
> 根据《营业税改征增值税试点实施办法》(财税〔2016〕36号附件1)规定,一般纳税人从事交通服务应按11%的税率纳税(注:2019年4月1日起为9%),从事物流辅助服务按6%的税率纳税。同时,该文件规定:"交通运输服务,是指使用运输工具将货物或者旅客送达目的地,使其空间位置得到转移的业务活动。包括陆路运输服务、水路运输服务、航空运输服务和管道运输服务。""物流辅助服务,包括航空服务、港口码头服务、货运客运场站服务、打捞救助服务、装卸搬运服务、仓储服务和收派服务。"
>
> 该企业在政策面前不得不承认错误,补缴了相应的税款和滞纳金,并接受了税务行政处罚。

七、对混合销售行为的检查

(一)常见问题

对混合销售行为检查中的常见问题是:企业发生混合销售行为,分别适用不同税率,少缴增值税。

(二)税法的相关规定

全面营改增以后,混合销售的含义发生了重大改变。现行政策规定,一项销售行为如果既涉及货物又涉及增值税应税劳务,为混合销售行为。混合销售所涉及的服务和货物必须是针对一项销售行为而言的,也就是说,服务和货物的价款来自同一个购买者,例如,销售货物并负责货物的运输。

当然,为了照顾部分企业和行业发展,减轻增值税税收负担,国家也出台了一些特殊规定,现举例说明如下。

纳税人销售活动板房、机器设备、钢结构件等自产货物的同时提供建筑、安装服务,不属于混合销售,应分别核算货物和建筑服务的销售额,分别适用不同的税率或者征收率。①

---

① 国家税务总局公告2017年第11号。

一般纳税人销售自产机器设备的同时提供安装服务，应分别核算机器设备和安装服务的销售额，安装服务可以按照甲供工程选择适用简易计税方法计税。一般纳税人销售外购机器设备的同时提供安装服务，如果已经按照兼营的有关规定分别核算机器设备和安装服务的销售额，安装服务可以按照甲供工程选择适用简易计税方法计税。①

(三)检查方法

(1) 查阅企业的工商营业执照，了解企业的经营范围，了解纳税人是否存在混合销售业务的可能。

(2) 对存在混合销售业务的，应进一步判定是属于增值税混合销售行为还是属于兼营不同税率的销售行为。

(3) 检查"主营业务收入""其他业务收入""营业外收入"等账户，核实收入项目的来源和业务类别。

(4) 审查有关成本、费用账户，核实增值税混合销售行为、兼营销售行为的真实性。

> 【案例 9-6】企业为少缴增值税故意分解收入
>
> 2020 年 6 月，某税务局稽查局对某制造业企业(增值税一般纳税人)2019 年纳税情况进行稽查，发现该企业 2019 年 12 月份的产品主要销往 A 省 B 市，同时发现该企业当月取得了大笔货物运输收入。经查，该企业为了少缴增值税，把本该属于混合销售的销售货物和取得的运输收入分成两份合同，分别核算。货物销售收入 2000 万元(不含税)，运输收入 1000 万元(不含税)。
>
> 税务局稽查局认为，该企业的行为属于混合销售，即使其签订了两份合同，也不能改变混合销售的实质，统一适用 13%税率，甲公司应补缴增值税(2000 × 13%+1000 × 9%)/(1+13%) × 13%-(2000 × 13%+1000 × 9%)=385.40-350=35.40(万元)。
>
> 在法律和事实面前，该企业接受了税务机关的处理，并缴纳了相关的税款和滞纳金。

八、对增值税视同销售行为的检查

(一)常见问题

企业发生视同销售行为，在税收上主要存在以下一些常见问题。

(1) 委托代销业务未按规定申报纳税。

(2) 受托代销业务未申报纳税。

(3) 不同县(市)间移送货物用于销售未申报纳税。

(4) 自产或委托加工的货物用于非增值税应税项目，未视同销售申报纳税。

(5) 自产或委托加工的货物用于集体福利和个人消费，未视同销售申报纳税。

(6) 自产、委托加工或购买的货物用于对外投资，未视同销售申报纳税。

(7) 自产、委托加工或购买的货物用于分配给股东或个人投资者，未视同销售申报纳税。

---

① 国家税务总局公告 2018 年第 42 号。

(8) 自产、委托加工或购买的货物无偿赠送他人，未视同销售申报纳税。

(9) 单位或者个体工商户向其他单位或者个人无偿提供服务，未视同销售申报纳税。

(10) 单位或者个人向其他单位或者个人无偿转让无形资产或者不动产，未视同销售申报纳税。

(二)税法的相关规定

《增值税暂行条例实施细则》第4条规定："单位或者个体工商户的下列行为，视同销售货物：(一)将货物交付其他单位或者个人代销；(二)销售代销货物；(三)设有两个以上机构并实行统一核算的纳税人，将货物从一个机构移送其他机构用于销售，但相关机构设在同一县(市)的除外；(四)将自产或者委托加工的货物用于非增值税应税项目；(五)将自产、委托加工的货物用于集体福利或者个人消费；(六)将自产、委托加工或者购进的货物作为投资，提供给其他单位或者个体工商户；(七)将自产、委托加工或者购进的货物分配给股东或者投资者；(八)将自产、委托加工或者购进的货物无偿赠送其他单位或者个人。"

《营业税改征增值税试点实施办法》(财税〔2016〕36号)第14条规定："下列情形视同销售服务、无形资产或者不动产：(一)单位或者个体工商户向其他单位或者个人无偿提供服务，但用于公益事业或者以社会公众为对象的除外。(二)单位或者个人向其他单位或者个人无偿转让无形资产或者不动产，但用于公益事业或者以社会公众为对象的除外。(三)财政部和国家税务总局规定的其他情形。"

(三)检查方法

1. 对委托代销业务的检查

(1) 审核委托代销业务的真实性，查阅委托方与受托方签订的委托代销合同或协议，重点检查是否构成代销业务，核实纳税人是否将直销业务作为委托代销业务进行核算。

(2) 审查在收到代销清单前是否收取货款。如果收到代销清单前已经收取货款，是否申报纳税。

(3) 收到代销清单后才收到货款的，是否在收到代销清单时及时结转销售。

(4) 收到清单后仍未收到货款的，审查发出代销商品是否超过180天，核实有无延迟纳税义务发生时间和不计销售的问题。

(5) 检查"应收账款""应付账款""其他应付款""销售费用(或营业费用)"等账户，核查"库存商品——委托代销商品"账户贷方发生额的对应账户是否异常。

2. 对受托代销业务的检查

为核实被查单位是否存在代销业务，是否存在代销收入(或代销手续费)不入账，是否隐瞒销售收入或延缓纳税义务的问题，可以采取以下方法进行检查。

(1) 审查代销商品账户、销售资料和往来明细账。

(2) 查阅相关合同、协议。

(3) 对受托代销商品采用发函协查或实地盘存的方法进行检查。

3. 对在不同县(市)间移送货物用于销售未申报纳税的检查

审查工商登记情况，了解企业经营机构尤其是异地分支机构的设立情况；检查"库存商品"等存货类账户，核实机构间是否存在移送货物的情况；核对机构间的往来明细账和银行资金往来凭据；审查销售部门的销售台账、仓库部门的实物账等情况。

4. 对将自产或委托加工的货物用于非增值税应税项目、集体福利和个人消费，未视同销售申报纳税的检查

(1) 通过审阅"其他业务支出""应付职工薪酬"账户的借方发生额及其对应的账户，来判断是否存在有将自产或委托加工的货物用于非增值税应税项目、集体福利和个人消费的行为发生。

(2) 检查"库存商品""自制半成品"账户的贷方发生额。若此类账户的贷方发生额大于当期结转的主营业务成本，则说明有可能将自制或委托加工的货物用于非增值税应税项目或集体福利、个人消费。

(3) 检查仓库发货单，审核是否存在非应税项目、集体福利和个人消费领用自产、委托加工货物的情况。

(4) 审核计税价格，核实有无以成本价作为计税依据的情况。

5. 对将自产、委托加工或购买的货物用于对外投资、分配给股东或无偿赠送他人，未视同销售申报纳税的检查

(1) 审阅"长期股权投资""应付股利""营业外支出"等账户借方的对应账户是否是"原材料""库存商品"等存货类账户，核实企业有无将自产、委托加工或购买的货物用于对外投资和分配给股东以及无偿赠送他人等事项。

(2) 如果存在上述行为，则应进一步查阅记账凭证和原始凭证，确认纳税人用于投资、赠送或分配的货物是否按规定核算销项税额的事实。

【案例9-7】视同销售行为未申报纳税被查处[①]

某通信设备有限公司主营手机批发零售业务，为增值税一般纳税人。2006年实现销售收入1 116万元，已交增值税8.1万元，税负率为0.73%；2007年销售收入为7 349万元，已交增值税62.4万元，税负率为0.85%。在对该公司实施的检查中，稽查人员发现库存商品明细账中三种型号的手机连续两年库存数量不变。经到企业仓库实地盘点，发现上述手机账实不符，二者相差1 200台(账面比实际多)。企业解释1 200台的差额是委托代销发出的手机，因未收到代销清单，故未记账。稽查人员要求企业提供代销协议，经核实，发现代销手机发出已超过180天。依据《增值税暂行条例实施细则》第4条和财税〔2005〕165号文件的规定，该公司应按视同销售货物的规定补缴增值税。

【案例9-8】以非货币资产对外投资的未按规定缴纳增值税

2020年6月，某税务局稽查局对某制造业企业(增值税一般纳税人)2019年纳税情况进行稽查，发现该企业"库存商品"账户的贷方发生额大于当期结转的主营业务成本。经进

---

① 国家税务总局教材编写组. 税务稽查方法[M]. 北京：中国税务出版社，2008：53.

一步检查发现，该企业在 2019 年 11 月有一笔对外投资，用自产产品对某关联企业进行投资，该批产品的成本价为 2000 万元，不含税市价为 5000 万元。该企业的会计处理如下：

借：长期股权投资　　　20 000 000
　　贷：库存商品　　　　　20 000 000

税务局稽查局发现后，要求企业补缴增值税 650 万元。企业所得税的处理参见本章第二节的案例。企业无异议，接受税务局稽查局的处理。

九、对以旧换新、还本销售的检查

(一)常见问题

以旧换新、还本销售检查中的常见问题如下。
(1) 纳税人采取还本销售方式销售货物按减除还本支出后的销售额计税。
(2) 纳税人采用以旧换新的销售方式销售货物，按实际收取的销售款项计税(金银首饰除外)。

(二)税法的相关规定

税法规定，采取还本销售方式销售货物的，其销售额就是货物的销售价格，不得从销售额中减除还本支出。

税法规定，采取以旧换新方式销售货物的，应按新货物的同期销售价格确定销售额，不得扣减旧货物的收购价格。考虑到金银首饰以旧换新业务的特殊情况，对金银首饰以旧换新业务，可以按销售方实际收取的不含增值税的全部价款征收增值税。

(三)检查方法

(1) 采用询问法、比较分析法，核实纳税人是否存在以旧换新、还本销售业务。
(2) 检查纳税人的收入类明细账和销售原始凭证，核实有无某种货物销售价格明显低于正常时期的销售价格，若有异常且无正当理由的，是否为采取以旧换新方式，按实际收取的款项计算销售额造成的。
(3) 检查"库存商品"账户，核查是否存在收购旧货行为；检查"销售费用""主营业务成本"等成本费用账户，核实有无还本支出核算；是否存在还本支出冲减销售收入的问题，对照销售收入进行审核。

十、对增值税税率和征收率的检查

(一)常见问题

税率和征收率检查中的常见问题是：高税率的货物适用低税率，少缴增值税。

(二)税法的相关规定

为贯彻落实党中央、国务院决策部署，推进增值税实质性减税，增值税一般纳税人适用率不断调低。

1. 基本税率

纳税人销售货物、劳务、有形动产租赁服务或者进口货物，适用基本税率。2018 年 4 月 30 日之前，基本税率为 17%；2018 年 5 月 1 日至 2019 年 3 月 31 日期间，基本税率为 16%；自 2019 年 4 月 1 日起，基本税率为 13%。

2. 较低税率

2017 年 7 月 1 日之前，较低税率为 13%；2017 年 7 月 1 日至 2018 年 4 月 30 日期间，较低税率为 11%；2018 年 5 月 1 日至 2019 年 3 月 31 日期间，较低税率为 10%；自 2019 年 4 月 1 日起，较低税率为 9%。

3. 低税率

纳税人销售服务、无形资产以及增值电信服务(区别于基础电信服务为 9%)，除另有规定外适用低税率，税率为 6%。

4. 零税率

出口货物、劳务或者境内单位和个人发生的跨境应税行为，税率为零。具体范围由财政部和国家税务总局另行规定(详见应税服务适用零税率的范围)。

5. 3%征收率

(1) 小规模纳税人在中华人民共和国境内销售货物，销售服务、无形资产或不动产，适用简易方法计税，增值税征收率为 3%(适用 5%征收率的除外)，征收率的调整，由国务院决定。

小规模纳税人(除其他个人外，下同)销售自己使用过的固定资产，减按 2%的征收率征收增值税，并且只能开具普通发票，不得由税务机关代开增值税专用发票。

(2) 小规模纳税人销售自己使用过的除固定资产以外的物品，应按 3%的征收率征收增值税。

(3) 纳税人销售旧货，按照简易办法依照 3%征收率减按 2%征收增值税。

(4) 对于一般纳税人生产销售的特定货物和应税服务，可以选择适用简易计税方法计税，增值税征收率为 3%。

6. 5%征收率

(1) 一般纳税人销售不动产，选择适用简易计税方法，征收率为 5%。

(2) 房地产开发企业的一般纳税人销售自行开发的房地产老项目，选择适用简易计税方法，征收率为 5%。

(3) 小规模纳税人销售不动产，适用 5%的征收率。

(4) 一般纳税人出租其 2016 年 4 月 30 日前取得的不动产，选择按简易方法计税，征收率为 5%。

(5) 小规模纳税人出租不动产，征收率为 5%。个人出租住房，按照 5%的征收率减按 1.5%计算缴纳增值税。

(6) 纳税人提供劳务派遣服务，选择差额纳税的，征收率为5%。

(7) 纳税人提供安全保护服务，选择差额纳税的，征收率为5%。

(8) 一般纳税人提供人力资源外包服务，选择简易计税方式计税的，征收率为5%。

(三)检查方法

审核"应交税费——应交增值税"明细账，对适用低税率或征收率的业务进行核实，必要时，可查阅相关的记账凭证和原始凭证，核实是否存在将应适用高税率的货物适用了低税率或错用征收率问题。

【案例9-9】错用税率被查处[①]

2019年6月，某税务局稽查局对某酒店2016年营改增以来的纳税情况进行实地检查。检查前稽查人员通过走访调查，了解到该酒店提供住宿、餐饮、出租会场等服务，并在大厅开设销售部销售食品、日用品、泳具、纪念品等。但是，检查人员在审查该企业历年的增值税申报表及收入明细账时发现，该酒店申报表只有6%税率的收入项目，没有其他税率的收入。检查人员随后进行询问，财务负责人称，原以为酒店业税率为6%，所以未分别核算。

检查人员向企业财务负责人讲解了营改增政策的规定。《营业税改征增值税试点有关事项的规定》第1条第(1)项规定，试点纳税人销售货物、加工修理修配劳务、服务、无形资产或者不动产适用不同税率或者征收率的，应当分别核算适用不同税率或者征收率的销售额，未分别核算销售额的，按照以下方法适用税率或者征收率：①兼有不同税率的销售货物、加工修理修配劳务、服务、无形资产或者不动产，从高适用税率。②兼有不同征收率的销售货物、加工修理修配劳务、服务、无形资产或者不动产，从高适用征收率。③兼有不同税率和征收率的销售货物、加工修理修配劳务、服务、无形资产或者不动产，从高适用税率。

随后，检查人员通过对部门明细账的分类统计，要求该酒店按照17%补缴少交的增值税10万元，并加收滞纳金。

最终，负责人主动接受了检查人员的处理意见。

十一、对增值税纳税义务发生时间的检查

(一)常见问题

对纳税义务发生时间检查中的常见问题是：未按税法规定的纳税义务发生时间计提销项税额，延迟实现税款。

(二)税法的相关规定

《增值税暂行条例》第19条规定，"增值税纳税义务发生时间：(一)发生应销售行为，为收讫销售款项或者取得索取销售款项凭据的当天；先开具发票的，为开具发票的当天。(二)

---

① 国家税务总局教材编写组. 税务稽查方法[M]. 北京：中国税务出版社，2008：53.

进口货物,为报关进口的当天"。

《增值税暂行条例实施细则》第 38 条规定:"条例第十九条第一款第(一)项规定的收讫销售款项或者取得索取销售款项凭据的当天,按销售结算方式的不同,具体为:

(一)采取直接收款方式销售货物,不论货物是否发出,均为收到销售款或者取得索取销售款凭据的当天;(二)采取托收承付和委托银行收款方式销售货物,为发出货物并办妥托收手续的当天;(三)采取赊销和分期收款方式销售货物,为书面合同约定的收款日期的当天,无书面合同的或者书面合同没有约定收款日期的,为货物发出的当天;(四)采取预收货款方式销售货物,为货物发出的当天,但生产销售生产工期超过 12 个月的大型机械设备、船舶、飞机等货物,为收到预收款或者书面合同约定的收款日期的当天;(五)委托其他纳税人代销货物,为收到代销单位的代销清单或者收到全部或者部分货款的当天。未收到代销清单及货款的,为发出代销货物满 180 天的当天;(六)销售应税劳务,为提供劳务同时收讫销售款或者取得索取销售款的凭据的当天;(七)纳税人发生细则第四条第(三)项至第(八)项所列视同销售货物行为,为货物移送的当天。"

(三)检查方法

(1) 查阅收款记录,并与银行存款日记账等核对,核实相关业务的收款日期。
(2) 调阅相关的销售合同,核实相关业务约定的收款日期。
(3) 检查相关业务的发票开具日期。
(4) 检查仓库实物账,并与出库单、货物出运凭证等核对,确认货物的出库和出运日期。
(5) 通过对上述日期进行对比,判断是否存在滞后入账的情况。

【案例 9-10】自产产品对外投资未纳税被查处

2020 年 6 月,某税务局稽查局对一企业 2019 年增值税检查中,发现企业 2019 年 12 月份存在对外投资业务。该企业用自产产品对一关联企业投资,成本价 200 万元,不含税市价为 300 万元。经查产品出库单,该对外投资产品出库日期为 2019 年 12 月 26 日,企业账务处理为:

借:长期股权投资　　2 000 000
　　贷:库存商品　　　　2 000 000

根据税法规定,12 月份应该计提增值税销项税额 26 万元。于是,税务局稽查局对其作出补缴税款、加收滞纳金的税务处理决定,并下发《税务行政处罚事项告知书》,拟对企业处以所偷税款 0.5 倍罚款的决定。

已知该企业 2019 年 12 月底"应交税费——应交增值税"账户无余额。请问税务局稽查局的做法是否正确?请说明理由。

解答:税务局稽查局作出补缴税款、加收滞纳金的税务处理决定是完全正确的。因为该企业用自产产品对一关联企业投资,增值税应该视同销售,需要缴纳增值税 26 万元,并加收滞纳金是完全正确的。

至于该行为是否构成偷税,请继续学习本书第十章关于偷税的内容。

十二、对进项税额的检查

(一)常见问题

对进项税额检查中的常见问题如下。
(1) 不属于应抵扣进项税额的,抵扣了进项税额。
(2) 虚构业务,让他人为自己虚开发票,多抵扣进项税额。

(二)税法的相关规定

《增值税暂行条例》第9条规定,纳税人购进货物、劳务、服务、无形资产、不动产,取得的增值税扣税凭证不符合法律、行政法规或者国务院税务主管部门有关规定的,其进项税额不得从销项税额中抵扣。

《增值税暂行条例》第10条规定,下列项目的进项税额不得从销项税额中抵扣:(一)用于简易计税方法计税项目、免征增值税项目、集体福利或者个人消费的购进货物、劳务、服务、无形资产和不动产;(二)非正常损失的购进货物,以及相关的劳务和交通运输服务;(三)非正常损失的在产品、产成品所耗用的购进货物(不包括固定资产)、劳务和交通运输服务;(四)国务院规定的其他项目。

《增值税暂行条例实施细则》第26条规定,一般纳税人兼营免税项目或者非增值税应税劳务而无法划分不得抵扣的进项税额的,按下列公式计算不得抵扣的进项税额:

不得抵扣的进项税额=当月无法划分的全部进项税额×当月免税项目销售额与非增值税应税劳务营业额合计/当月全部销售额与营业额合计

(三)检查方法

(1) 有无提供劳务的单位与收款的单位及开具发票的单位不相符的情况;检查是否存在将购进货物或者应税劳务用于非增值税应税项目、免征增值税项目、集体福利或者个人消费的情形,如存在,应核实其进项税额是否得到了抵扣;检查运输费用抵扣进项税额是否正确;检查是否存在非正常损失,如存在,应检查进项税额转出是否正确;检查纳税人是否存在购进应征消费税的摩托车、汽车、游艇(自用的),其进项税额是否从销项税额中抵扣。
(2) 有无虚构加工业务,让他人为自己虚开增值税专用发票的行为。

【案例9-11】错用政策多抵扣税款被查处

某医药生产企业主要生产抗生素与避孕药品。抗生素为增值税应税货物,避孕药属于免税货物,因而公司分别进行核算。2019年11月该公司销售抗生素2000万元,销售避孕药50万元,当月购进生产原料1200万元(全部进项税额为204万元),其中有1000万元为生产抗生素用的原材料,进项税额为170万元,可以准确划分其用于应税项目;120万元为生产避孕药品用的原材料,进项税额为20.4万元,可以准确划分其用于免税项目;80万元原材料既可用于生产抗生素也可用于生产避孕药品,进项税额为13.6万元。该公司财务人员计算出不得抵扣的增值税=204×50/(2 000+50)=4.98(万元)。税务局稽查局于2020年6月对该企业进行检查,发现企业适用计算公式有误。按照新政策对其重新计算,不得抵扣进项税额=(204-170-20.4)×50÷(2 000+50)+20.4=20.73(万元)。于是企业按照稽查局的要求补缴了税款和滞纳金。

十三、对进项税额转出的检查

(一)常见问题

对进项税额转出检查中的常见问题是:不计或少计进项税额转出,从而少缴增值税。

(二)税法相关规定

《增值税暂行条例实施细则》第 27 条规定:"已抵扣进项税额的购进货物或者应税劳务,发生条例第十条规定的情形的(免税项目、非增值税应税劳务除外),应当将该项购进货物或者应税劳务的进项税额从当期的进项税额中扣减;无法确定该项进项税额的,按当期实际成本计算应扣减的进项税额。"

(三)检查方法

检查时,主要审查"应付职工薪酬""营业外支出""待处理财产损溢"等账户,核实其成本中是否包含购进材料、设备等的增值税税额。

【案例 9-12】资产盘亏少纳增值税被查处

2020 年 6 月,税务局稽查局对某企业 2019 年纳税情况进行检查,发现企业 2019 年 12 月"待处理财产损溢"账户借方存在发生额,于是,调阅相关的记账凭证后发现,企业将 2019 年购入的一项机器设备作为盘亏处理了。其账务处理如下:

借:待处理财产损溢——待处理固定资产损溢　　300 000
　　贷:固定资产　　　　　　　　　　　　　　　　300 000

经查实,该企业在 2019 年购入该机器设备时,取得增值税专用发票,并经认证通过后已将进项税额在当年抵扣了。按照规定,当固定资产盘亏时,原已抵扣的进项税额应转出。查明原因前,账务处理如下:

借:待处理财产损溢——待处理固定资产损溢　　339 000
　　贷:固定资产　　　　　　　　　　　　　　　　300 000
　　　　应交税费——应交增值税(进项税额转出)　 39 000

该企业 2019 年 12 月没有留抵税额,未及时进行进项税额转出,必然造成少缴纳增值税 39 000 元的后果。于是,稽查局要求该企业补缴增值税 39 000 元,并加收滞纳金等。该企业没有异议,很快补缴了税款和滞纳金。

十四、对增值税抵扣凭证的检查

(一)常见问题

对增值税抵扣凭证检查中的常见问题是:抵扣凭证不符合规定。

(二)税法相关规定

(1) 《增值税暂行条例》第 8 条规定,"纳税人购进货物、劳务、服务、无形资产、不动产支付或者负担的增值税额,为进项税额。下列进项税额准予从销项税额中抵扣:

(一)从销售方取得的增值税专用发票上注明的增值税额;

(二)从海关取得的海关进口增值税专用缴款书上注明的增值税额;

(三)购进农产品,除取得增值税专用发票或者海关进口增值税专用缴款书外,按照农产品收购发票或者销售发票上注明的农产品买价和11%的扣除率[①]计算的进项税额,国务院另有规定的除外。进项税额计算公式:进项税额=买价×扣除率

(四)自境外单位或者个人购进劳务、服务、无形资产或者境内的不动产,从税务机关或者扣缴义务人取得的代扣代缴税款的完税凭证上注明的增值税额。

准予抵扣的项目和扣除率的调整,由国务院决定。"

(2) 《增值税暂行条例》第 9 条规定,纳税人购进货物、劳务、服务、无形资产、不动产,取得的增值税扣税凭证不符合法律、行政法规或者国务院税务主管部门有关规定的,其进项税额不得从销项税额中抵扣。

(3) 《财政部 税务总局 海关总署关于深化增值税改革有关政策的公告》(财政部 税务总局 海关总署公告 2019 年第 39 号,以下简称"39 号公告")规定,纳税人购进国内旅客运输服务,其进项税额允许从销项税额中抵扣。纳税人未取得增值税专用发票的,暂按照以下规定确定进项税额。

① 取得增值税电子普通发票的,为发票上注明的税额;

② 取得注明旅客身份信息的航空运输电子客票行程单的,为按照下列公式计算的进项税额:航空旅客运输进项税额=(票价+燃油附加费)/(1+9%)×9%

③ 取得注明旅客身份信息的铁路车票的,为按照下列公式计算的进项税额:
铁路旅客运输进项税额=票面金额/(1+9%)×9%

④ 取得注明旅客身份信息的公路、水路等其他客票的,按照下列公式计算进项税额:
公路、水路等其他旅客运输进项税额=票面金额/(1+3%)×3%

综上,按照 39 号公告规定,增值税一般纳税人购进国内旅客运输服务,可以作为进项税额抵扣的凭证有:增值税专用发票、增值税电子普通发票,注明旅客身份信息的航空运输电子客票行程单,注明旅客身份信息的铁路车票以及公路、水路等其他客票。

(三)检查方法

检查抵扣凭证是否属于符合规定的增值税专用发票、进口增值税专用缴款书、农产品收购发票等合法凭证。

【案例 9-13】企业取得不合规定的扣税凭证少纳税被查处

2020 年 6 月,某税务局稽查局对一企业 2019 年增值税检查中,发现企业 2019 年 12 月份增值税纳税申报中存在国内旅客运输服务抵扣凭证不符合规定的问题。

---

① 从 2019 年 4 月 1 日起,应为 10%、9%两种扣除率,10%适用于生产 13%的货物的进项税额计算,9%适用于生产 9%的货物的进项税额计算。

> 经查，该企业聘请多名国内外专家为企业提供临时性服务，也邀请参展商参加本企业举办的贸洽会。该企业承担了上述人员的国内运输服务费用，并取得纸质增值税普通发票，该企业据此计算增值税进项税额全部予以抵扣，抵扣金额共计 25 000 元。
>
> 税务局稽查局要求该企业补缴增值税 25 000 元，并加收滞纳金。该企业通过学习 39 号公告和国家税务总局公告 2019 年第 31 号，了解到本企业不仅扣税凭证不符合规定，而且知道了国内旅客运输服务进项税抵扣是有身份限制的。国家税务总局公告 2019 年第 31 号所称"国内旅客运输服务"，限于与本单位签订了劳动合同的员工，以及本单位作为用工单位接受的劳务派遣员工发生的国内旅客运输服务。

欢迎观看案例分析(1)的教学视频，请扫描二维码。

9-1 案例分析（1）_batch.mp4

第二节　企业所得税检查

对企业所得税进行检查，主要包括对企业所得税纳税人的检查、对企业所得税税率的检查、对企业收入总额的检查、对准予扣除项目金额的检查、对应纳税所得额及应纳税额的检查等方面。

一、对企业所得税纳税人的检查

在中华人民共和国境内，企业和其他取得收入的组织(以下统称企业)为企业所得税的纳税人。依照中国法律、行政法规成立的个人独资企业、合伙企业不是企业所得税的纳税人。

"在中华人民共和国境内"包含三种情形：第一，按照中国法律、行政法规成立的企业或组织；第二，依照外国(地区)法律成立，但在中国境内设立机构、场所，并且该机构、场所的实际管理机构所在地被认定是在中国境内；第三，依照外国(地区)法律成立且实际管理机构不在中国境内，但在中国境内设立机构、场所的，或者在中国境内未设机构、场所，但有来源于中国境内所得的企业或者组织。

企业和其他取得收入的组织，具体包括国有企业、集体企业、私营企业(不包括个人独资、合伙企业)、联营企业、股份制企业、外商投资企业、事业单位、社会团体、民办非企业单位、基金会、外国商会、农民专业合作社，以及在中国境内设立机构、场所从事生产经营，或虽未设立机构、场所但有来源于中国境内所得的外国公司、企业和其他经济组织。除上述公司、企业、事业单位、社会团体、民办非企业单位以外，还包括从事生产经营活动的其他组织。

(1) 国有企业，是指生产资料属于全体劳动者所有，依法注册、登记的公有制企业或者生产经营组织。

(2) 集体企业，是指生产资料归劳动者集体所有，依法注册、登记的城镇集体企业和乡镇集体企业。

(3) 私营企业(2000 年 1 月 1 日起，不包括个人独资企业、合伙企业)，是指生产资料属于私人所有，按照《中华人民共和国私营企业暂行条例》的规定注册、登记的营利性经济组织。

(4) 联营企业,是指生产资料归联营各方所有,共同经营、共享收益的营利性经济组织。

(5) 股份制企业,是指全部注册资本由全体股东出资,并以股份形式构成,按有关法规规定注册、登记的企业。

(6) 外商投资企业,是指中外合资经营企业、中外合作经营企业、外商独资企业。

(7) 事业单位,是指依据《事业单位登记管理暂行条例》的规定成立的事业单位。

(8) 社会团体,是指依据《社会团体登记管理条例》的规定成立的社会团体。

(9) 民办非企业单位,是指依据《民办非企业单位登记管理暂行条例》的规定成立的民办非企业单位。

(10) 基金会,是指依据《基金会登记管理条例》的规定成立的基金会。

(11) 外国商会,是指依据《外国商会管理暂行规定》的规定成立的外国商会。

(12) 农民专业合作社,是指依据《中华人民共和国农民专业合作社法》的规定成立的农民专业合作社。

(13) 外国公司(企业),是指依据外国(地区)法律成立的公司(企业)。

(14) 从事经营活动的其他组织,是指经国家有关部门批准,依据中国法律注册、登记的事业单位、社会团体等组织。

(15) 在中国境内设立机构、场所从事生产经营中的"机构、场所"。依据《企业所得税法实施条例》的规定,在中国境内设立机构、场所从事生产经营中的"机构、场所"是指:

① 管理机构、营业机构、办事机构;
② 工厂、农场、开采自然资源的场所;
③ 提供劳务的场所;
④ 从事建筑、安装、装配、修理、勘探等工程作业的场所;
⑤ 其他从事生产经营活动的机构、场所。

非居民企业委托营业代理人在中国境内从事生产经营活动的,包括委托单位或者个人经常代其签订合同,或者储存、交付货物等,该营业代理人视为非居民企业在中国境内设立的机构、场所。

《企业所得税法》规定,企业分为居民企业和非居民企业。

关于居民企业的认定标准,国际税收上通常有以下一些标准:一是登记注册标准。即在某个国家按照该国法律的规定注册登记成立的。这种登记注册是为获得法人资格的登记注册。二是实际管理机构所在地标准。如果一个企业或者组织的实际管理机构所在地被认定是在某一国家,按照这一标准,该企业或者组织通常被认定是该国的居民企业。三是总机构所在地标准。根据这一标准,公司的总机构设在哪个国家,公司就为哪个国家的居民企业。已废止的《中华人民共和国外商投资企业和外国企业所得税法》中就曾采用这一标准。四是资本控制标准。即以控制公司选举权股份的股东是否为本国居民来判定其法人居民公司身份。五是主要经营活动所在地标准。即根据公司的主要经营活动所在地是否在一国境内来判定该公司是否属于该国居民企业。

我国企业所得税法对居民企业的认定所采用的标准是登记注册地标准或实际管理机构

所在地双重标准。居民企业是指依法在中国境内成立，或者依照外国(地区)法律成立但实际管理机构在中国境内的企业。依法在中国境内成立的企业，包括依照中国法律、行政法规在中国境内成立的企业、事业单位、社会团体以及其他取得收入的组织。依照外国(地区)法律成立的企业，包括依照外国(地区)法律成立的企业和其他取得收入的组织。所谓实际管理机构，是指对企业的生产经营、人员、账务、财产等实施实质性全面管理和控制的机构。

非居民企业是指依照外国(地区)法律成立且实际管理机构不在中国境内，但在中国境内设立机构、场所的，或者在中国境内未设立机构、场所，但有来源于中国境内所得的企业。

有必要指出的是，上述所称个人独资企业、合伙企业，是指依照中国法律、行政法规规定成立的个人独资企业、合伙企业，不包括按照外国(地区)法律规定成立的个人独资企业、合伙企业。也就是说，按照外国(地区)法律规定成立的个人独资企业、合伙企业，如果其在中国境内取得所得，即使其实际管理机构所在地不在中国境内，但按照来源地税收管辖权，仍构成我国企业所得税的纳税人。

二、对企业所得税税率的检查

1. 居民企业的基本税率

我国企业所得税的基本税率为25%。

2. 非居民企业的税率

非居民企业在中国境内设立机构、场所的，应当就其所设机构、场所取得的来源于中国境内的所得，以及发生在中国境外但与其所设机构、场所有实际联系的所得，缴纳企业所得税。该所得适用税率为25%。

非居民企业在中国境内未设立机构、场所的，或者虽设立机构、场所但取得的所得与其所设机构、场所没有实际联系的，应当就其来源于中国境内的所得缴纳企业所得税。税法同时规定这类所得适用税率为20%，但在税收优惠中规定按10%的低税率征收。

3. 优惠税率

为了照顾小型微利企业和国家需要重点扶持的高新技术企业的发展，我国企业所得税法对小型微利企业和国家需要重点扶持的高新技术企业给予了税率上的优惠。符合条件的小型微利企业，减按20%的税率征收企业所得税；国家需要重点扶持的高新技术企业，减按15%的税率征收企业所得税。

4. 技术先进型服务企业适用15%税率

对经认定的技术先进型服务企业，减按15%的税率征收企业所得税。①

---

① 《财政部　税务总局　商务部　科技部　国家发展改革委关于将技术先进型服务企业所得税政策推广至全国实施的通知》(财税〔2017〕79号)第一条。

5. 横琴新区等地区现代服务业合作区的鼓励类产业企业适用15%税率

对设在横琴新区、平潭综合实验区和前海深港现代服务业合作区的鼓励类产业企业减按15%的税率征收企业所得税。①

6. 西部地区鼓励类产业适用15%税率

对设在西部地区以《西部地区鼓励类产业目录》中新增鼓励类产业项目为主营业务，且其当年度主营业务收入占企业收入总额70%以上的企业，自2014年10月1日起，可减按15%的税率缴纳企业所得税。②

7. 集成电路线宽小于0.25微米或投资额超过80亿元的集成电路生产企业适用15%税率

集成电路线宽小于0.25微米或投资额超过80亿元的集成电路生产企业，经认定后，减按15%的税率征收企业所得税。③

8. 从事污染防治的第三方企业适用15%税率

自2019年1月1日起至2021年12月31日，对符合条件的从事污染防治的第三方企业减按15%的税率征收企业所得税。④

9. 重点软件企业和集成电路设计企业特定情形适用10%税率

国家规划布局内的重点软件企业和集成电路设计企业，如当年未享受免税优惠的，可减按10%的税率征收企业所得税。⑤

三、对企业收入总额的检查

(一)常见问题

对企业所得税收入总额检查中的常见问题如下。
(1) 纳税人的收入不入账或挂往来账。
(2) 视同销售行为未作纳税调整。
(3) 应税收入与不征税收入和免税收入的划分不正确。
(4) 其他未按税法规定确认收入的问题。

---

① 《财政部 国家税务总局关于广东横琴新区 福建平潭综合实验区 深圳前海深港现代服务业合作区企业所得税优惠政策及优惠目录的通知》(财税〔2014〕26号)第一条。
② 《国家税务总局关于执行〈西部地区鼓励类产业目录〉有关企业所得税问题的公告》(国家税务总局公告2015年第14号)第一条。
③ 《财政部 国家税务总局关于进一步鼓励软件产业和集成电路产业发展企业所得税政策的通知》(财税〔2012〕27号)第二条。
④ 《财政部 税务总局 国家发展改革委 生态环境部关于从事污染防治的第三方企业所得税政策问题的公告》(财政部 税务总局 国家发展改革委 生态环境部公告2019年第60号)第一条、第四条。
⑤ 《财政部 国家税务总局关于进一步鼓励软件产业和集成电路产业发展企业所得税政策的通知》(财税〔2012〕27号)第四条。

(二)税法的相关规定

收入总额是企业以货币形式和非货币形式从各种来源取得的收入,包括:①销售货物收入;②提供劳务收入;③转让财产收入;④股息、红利等权益性投资收益;⑤利息收入;⑥租金收入;⑦特许权使用费收入;⑧接受捐赠收入;⑨其他收入。

销售货物收入,是指企业销售商品、产品、原材料、包装物、低值易耗品以及其他存货取得的收入。

提供劳务收入,是指企业从事建筑安装、修理修配、交通运输、仓储租赁、金融保险、邮电通信、咨询经纪、文化体育、科学研究、技术服务、教育培训、餐饮住宿、中介代理、卫生保健、社区服务、旅游、娱乐、加工以及其他劳务服务活动取得的收入。

转让财产收入,是指企业转让固定资产、生物资产、无形资产、股权、债权等财产取得的收入。

股息、红利等权益性投资收益,是指企业因权益性投资从被投资方取得的收入。股息、红利等权益性投资收益,除国务院财政、税务主管部门另有规定外,按照被投资方作出利润分配的决定时间确认为收入的实现。企业权益性投资取得的股息、红利等收入,应以被投资企业股东会或股东大会作出利润分配或转股决定的日期,确定收入的实现。

利息收入,是指企业将资金提供他人使用但不构成权益性投资,或者因他人占用本企业资金取得的收入,包括存款利息、贷款利息、债券利息、欠款利息等收入。利息收入,按照合同约定的债务人应付利息的日期确认收入的实现。

租金收入,是指企业提供固定资产、包装物或者其他资产的使用权取得的收入。租金收入,按照合同约定的承租人应付租金的日期确认收入的实现。如果交易合同或协议中规定租赁期限跨年度,且租金提前一次性支付的,出租人可对上述已确认的收入,在租赁期内,分期均匀计入相关年度收入。

特许权使用费收入,是指企业提供专利权、非专利技术、商标权、著作权以及其他特许权的使用权取得的收入。特许权使用费收入,按照合同约定的特许权使用人应付特许权使用费的日期确认收入的实现。

接受捐赠收入,是指企业接受的来自其他企业、组织或者个人无偿给予的货币性资产、非货币性资产。接受捐赠收入,按照实际收到捐赠资产时确认收入的实现。

其他收入,是指企业取得的除上述八项收入外的其他收入,包括企业资产溢余收入、逾期未退包装物押金收入、确实无法偿付的应付款项、已作坏账损失处理后又收回的应收款项、债务重组收入、补贴收入、违约金收入、汇兑收益等。

企业发生非货币性资产交换,以及将货物、财产、劳务用于捐赠、偿债、赞助、集资、广告、样品、职工福利或者利润分配等用途的,应当视同销售货物、转让财产或者提供劳务,但国务院财政、税务主管部门另有规定的除外。

企业取得收入的货币形式,包括现金、存款、应收账款、应收票据、准备持有至到期的债券投资以及债务的豁免等。企业取得收入的非货币形式,包括固定资产、生物资产、无形资产、股权投资、存货、不准备持有至到期的债券投资、劳务以及有关权益。企业以非货币形式取得的收入,应当按照公允价值确定收入额。

采取产品分成方式取得收入的,按照企业分得产品的日期确认收入的实现,其收入额

第九章 税种检查实务

按照产品的公允价值确定。

企业与其关联方之间的业务往来，不符合独立交易原则而减少企业或者其关联方应纳税收入或者所得额的，税务机关按照合理的方法进行调整。

企业应纳税所得额的计算，以权责发生制为原则，属于当期的收入和费用，不论款项是否收付，均作为当期的收入和费用；不属于当期的收入和费用，即使款项已经在当期收付，也不作为当期的收入和费用。本条例和国务院财政、税务主管部门另有规定的除外。

除《企业所得税法》及实施条例另有规定外，企业销售收入的确认，必须遵循权责发生制和实质重于形式的原则。

企业销售商品同时满足下列条件的，应确认收入的实现：①商品销售合同已经签订，企业已将商品所有权相关的主要风险和报酬转移给购货方。②企业对已售出的商品既没有保留通常与所有权相联系的继续管理权，也没有实施有效控制。③收入的金额能够可靠地计量。④已发生或将发生的销售成本能够可靠地核算。

符合收入确认条件，采取下列销售方式的，应按以下规定确认收入实现时间：①销售商品采用托收承付方式的，在办妥托收手续时确认收入。②销售商品采取预收款方式的，在发出商品时确认收入。③销售商品需要安装和检验的，在购买方接受商品以及安装和检验完毕时确认收入。如果安装程序比较简单，可在发出商品时确认收入。④销售商品采用支付手续费方式委托代销的，在收到代销清单时确认收入。

采用售后回购方式销售商品的，销售的商品按售价确认收入，回购的商品作为购进商品处理。有证据表明不符合销售收入确认条件的，如以销售商品方式进行融资，收到的款项应确认为负债，回购价格大于原售价的，差额应在回购期间确认为利息费用。

销售商品以旧换新的，销售商品应当按照销售商品收入确认条件确认收入，回收的商品作为购进商品处理。

企业为促进商品销售而在商品价格上给予的价格扣除属于商业折扣，商品销售涉及商业折扣的，应当按照扣除商业折扣后的金额确定销售商品收入金额。

债权人为鼓励债务人在规定的期限内付款而向债务人提供的债务扣除属于现金折扣，销售商品涉及现金折扣的，应当按扣除现金折扣前的金额确定销售商品收入金额，现金折扣在实际发生时作为财务费用扣除。

企业因售出商品的质量不合格等原因而在售价上给予的减让属于销售折让；企业因售出商品质量、品种不符合要求等原因而发生的退货属于销售退回。企业已经确认销售收入的售出商品发生销售折让和销售退回，应当在发生当期冲减当期销售商品收入。

企业在各个纳税期末，提供劳务交易的结果能够可靠估计的，应采用完工进度(完工百分比)法确认提供劳务收入[①]。

---

① a.提供劳务交易的结果能够可靠估计，是指同时满足下列条件：(a)收入的金额能够可靠地计量；(b)交易的完工进度能够可靠地确定；(c)交易中已发生和将发生的成本能够可靠地核算。b.企业提供劳务完工进度的确定，可选用下列方法：(a)已完工作的测量；(b)已提供劳务占劳务总量的比例；(c)发生成本占总成本的比例。c.企业应按照从接受劳务方已收或应收的合同或协议价款确定劳务收入总额，根据纳税期末提供劳务收入总额乘以完工进度扣除以前纳税年度累计已确认提供劳务收入后的金额，确认为当期劳务收入；同时，按照提供劳务估计总成本乘以完工进度扣除以前纳税期间累计已确认劳务成本后的金额，结转当期劳务成本。

企业以买一赠一等方式组合销售本企业商品的,不属于捐赠,应将总的销售金额按各项商品的公允价值的比例来分摊确认各项的销售收入。

下列劳务的提供满足收入确认条件的,应按如下规定确认收入。

(1) 安装费,应根据安装完工进度确认收入。安装工作是商品销售附带条件的,安装费在确认商品销售实现时确认收入。

(2) 宣传媒介的收费,应在相关的广告或商业行为出现于公众面前时确认收入。广告的制作费,应根据制作广告的完工进度确认收入。

(3) 软件费,为特定客户开发软件的收费,应根据开发的完工进度确认收入。

(4) 服务费,包含在商品售价内可区分的服务费,在提供服务的期间分期确认收入。

(5) 艺术表演、招待宴会和其他特殊活动的收费。在相关活动发生时确认收入。收费涉及几项活动的,预收的款项应合理分配给每项活动,分别确认收入。

(6) 会员费,申请入会或加入会员,只允许取得会籍,所有其他服务或商品都要另行收费的,在取得该会员费时确认收入。申请入会或成为会员后,会员在会员期内不再付费就可得到各种服务或商品,或者以低于非会员的价格销售商品或提供服务的,该会员费应在整个受益期内分期确认收入。

(7) 特许权费,属于提供设备和其他有形资产的特许权费,在交付资产或转移资产所有权时确认收入;属于提供初始及后续服务的特许权费,在提供服务时确认收入。

(8) 劳务费,长期为客户提供重复的劳务收取的劳务费,在相关劳务活动发生时确认收入。

收入总额中的下列收入为不征税收入:①财政拨款;②依法收取并纳入财政管理的行政事业性收费、政府性基金;③国务院规定的其他不征税收入。

对企业从县级以上各级人民政府财政部门及其他部门取得的应计入收入总额的财政性资金,凡同时符合以下条件的,可以作为不征税收入,在计算应纳税所得额时从收入总额中减除:①企业能够提供资金拨付文件,且文件中规定该资金的专项用途;②财政部门或其他拨付资金的政府部门对该资金有专门的资金管理办法或具体管理要求;③企业对该资金以及以该资金发生的支出单独进行核算。企业将符合条件的财政性资金作不征税收入处理后,在 5 年(60 个月)内未发生支出且未缴回财政或其他拨付资金的政府部门的部分,应重新计入取得该资金第 6 年的收入总额;重新计入收入总额的财政性资金发生的支出,允许在计算应纳税所得额时扣除。

企业的下列收入为免税收入:①国债利息收入;②符合条件的居民企业之间的股息、红利等权益性投资收益;③在中国境内设立机构、场所的非居民企业从居民企业取得与该机构、场所有实际联系的股息、红利等权益性投资收益;④符合条件的非营利组织的收入。

(三)检查方法

(1) 对纳税人的收入不入账或挂往来账的检查,在前面的增值税的检查中均有涉猎,在此不再重复。

(2) 对视同销售行为而未作纳税调整的检查,可以审阅并比较"库存商品"明细账的贷方发生额和"主营业务成本"明细账的借方发生额,如果前者数额大于后者,在"主营业务成本"账户借方发生额真实可靠的前提下,则说明有一部分库存商品被用于在建工程、管理部门、非生产性机构、对外投资、捐赠、偿债等用途，再根据企业所得税视同销售的有关规定来确认是否应该视同销售。按照新《企业所得税法》的规定，库存商品被用于在建工程、管理部门、非生产性机构，已不属于企业所得税视同销售行为。如果纳税人发生了按规定应视同销售的经济业务，再去查阅企业所得税年度纳税申报表中是否进行了正确的纳税调整。

(3) 应税收入与不征税收入和免税收入的划分关系到应纳税所得额问题，直接影响所得税额。不征税收入项目的检查主要围绕两点：一是取得的不征税收入是否符合规定；二是对这部分不征税收入的资金使用进行跟踪，看其是否按照规定进行纳税调整。

关于取得的不征税收入是否符合规定，主要审查以下两个方面：①查看会计上"政府补助"账户，审查企业是否取得县级以上政府补助资金。县级以下(不含本级)政府补助资金不属于不征税收入。②应认真检查政府补助(财政性资金)相关文件，查看是否符合规定的3个条件。

跟踪不征税收入的资金使用和纳税调整问题。不征税收入用于支出所形成的费用，不得在计算应纳税所得额时扣除；用于支出所形成的资产，其计算的折旧、摊销不得在计算应纳税所得额时扣除。因此，针对这类业务的企业，审查是否正确纳税调整是非常必要的。

(4) 对其他未按税法规定确认收入的项目进行检查，主要包括未按权责发生制确认收入、公允价值变动损益等项目的纳税调整是否正确等。未按权责发生制确认收入、公允价值变动损益只有执行《企业会计准则》的企业由于会计准则规定与税法规定不一致需要纳税调整，其他企业不需要纳税调整。至于按权益法核算长期股权投资所带来的会计准则规定与税法规定差异如何纳税调整，可参见企业所得税纳税申报一节的相关内容，在此不再展开。

【案例9-14】以非货币资产对外投资的未按规定缴纳企业所得税

续案例9-8，2020年6月，某税务局稽查局对某制造业企业(增值税一般纳税人)2019年纳税情况进行稽查，发现该企业"库存商品"账户的贷方发生额大于当期结转的主营业务成本，经进一步检查发现，该企业在2019年11月有一笔对外投资，用自产产品对某关联企业进行投资，该批产品的成本价为2000万元，不含税市价为5000万元。该企业的会计处理如下：

借：长期股权投资　　　　　　　　　　20 000 000
　　贷：库存商品　　　　　　　　　　　　　20 000 000

税务局稽查局发现后，查阅了企业所得税年度纳税申报表，发现该笔业务未进行正确纳税调整。需要调增应纳税所得额=5 000−2 000=3 000(万元)，补缴企业所得税750万元，补缴增值税650万元。企业无异议，接受税务局稽查局的处理。

假设不考虑其他税费和滞纳金，该企业的账务调整如下。

(1) 计提增值税销项税额：

借：长期股权投资　　　　　　　　　　6 500 000
　　贷：应交税费——增值税检查调整　　　　6 500 000

假设2019年12月底，"应交税费——应交增值税"借方余额为300 000元，则进一步的账务处理为：

```
    借：应交税费——增值税检查调整         6 500 000
       应交税费——应交增值税            300 000
       贷：应交税费——未交增值税                 6 200 000
(2) 纳税调整，确定企业所得税纳税义务：
    借：以前年度损益调整                7 500 000
       贷：应交税费——应交企业所得税             7 500 000
(3) 补缴税款：
    借：应交税费——未交增值税           6 200 000
       应交税费——应交企业所得税       7 500 000
       贷：银行存款                          13 700 000
(4) 结平相关账户：
    借：利润分配——未分配利润          7 500 000
       贷：以前年度损益调整                    7 500 000
```

四、对准予扣除项目金额的检查

(一)常见问题

企业所得税准予扣除项目金额检查中的常见问题如下。

(1) 多结转成本。纳税人为了减少应纳税所得额，往往通过多转销售成本来达到其目的，如资本性支出一次性计入成本，基建、福利等部门耗用的料、工、费直接计入成本、费用，或对外投资发出的货物直接计入成本、费用等。

(2) 虚增期间费用。纳税人为了减少应纳税所得额，往往通过虚增期间费用的手法来达到其目的，如虚假购入办公用品并领用，虚开维修费发票入账等。

(3) 多扣除税金。如应资本化的税金税前扣除；将企业所得税和应由个人负担的个人所得税进行了税前扣除。

(4) 多列资产损失。有的企业将库存商品直接对外销售后不入账，同时也不结转销售成本，其性质是偷税。如果这种偷税行为未得到查处，其结果必然会造成库存商品实存数小于账面数。企业往往会将这个差额以各种名义列为资产损失在税前扣除。

(5) 未按规定对扣除类项目进行正确的纳税调整。

(二)税法的相关规定

企业实际发生的与取得收入有关的、合理的支出，包括成本、费用、税金、损失和其他支出，准予在计算应纳税所得额时扣除。有关的支出，是指与取得收入直接相关的支出。合理的支出，是指符合生产经营活动常规，应当计入当期损益或者有关资产成本的必要和正常的支出。成本，是指企业在生产经营活动中发生的销售成本、生产成本、业务支出以及其他耗费。

企业发生的支出应当区分收益性支出和资本性支出。收益性支出在发生当期直接扣除；资本性支出应当分期扣除或者计入有关资产成本，不得在发生当期直接扣除。

企业取得的各项免税收入所对应的各项成本费用，除另有规定者外，可以在计算企业应纳税所得额时扣除。

税法所称的费用,是指企业在生产经营活动中发生的销售费用、管理费用和财务费用,已经计入成本的有关费用除外。

企业拨缴的工会经费,不超过工资薪金总额2%的部分,准予扣除。

除国务院财政、税务主管部门另有规定外,企业发生的职工教育经费支出,不超过工资薪金总额8%的部分,准予扣除;超过部分,准予在以后纳税年度结转扣除。

企业发生的与生产经营活动有关的业务招待费支出,按照发生额的60%扣除,但最高不得超过当年销售(营业)收入的5‰。

企业发生的符合条件的广告费和业务宣传费支出,除国务院财政、税务主管部门另有规定外,不超过当年销售(营业)收入15%的部分,准予扣除;超过部分,准予在以后纳税年度结转扣除。对化妆品制造、医药制造和饮料制造(不含酒类制造)企业发生的广告费和业务宣传费支出,不超过当年销售(营业)收入30%的部分,准予扣除;超过部分,准予在以后纳税年度结转扣除。对采取特许经营模式的饮料制造企业,饮料品牌使用方发生的不超过当年销售(营业)收入30%的广告费和业务宣传费支出可以在本企业扣除,也可以将其中的部分或全部归集至饮料品牌持有方或管理方,由饮料品牌持有方或管理方作为销售费用据实在企业所得税前扣除。饮料品牌持有方或管理方在计算本企业广告费和业务宣传费支出企业所得税税前扣除限额时,可将饮料品牌使用方归集至本企业的广告费和业务宣传费剔除。饮料品牌持有方或管理方应当将上述广告费和业务宣传费单独核算,并将品牌使用方当年销售(营业)收入数据资料以及广告费和业务宣传费支出的证明材料专案保存以备检查。

企业发生与生产经营有关的手续费及佣金支出,不超过以下规定计算限额以内的部分,准予扣除;超过部分,不得扣除。财产保险企业按当年全部保费收入扣除退保金等后余额的15%计算限额;人身保险企业按当年全部保费收入扣除退保金等后余额的10%计算限额;其他企业按与具有合法经营资格中介服务机构或个人(不含交易双方及其雇员、代理人和代表人等)所签订服务协议或合同确认的收入金额的5%计算限额。

企业依照法律、行政法规有关规定提取的用于环境保护、生态恢复等方面的专项资金,准予扣除。上述专项资金提取后改变用途的,不得扣除。

企业根据生产经营活动的需要租入固定资产支付的租赁费,以经营租赁方式租入固定资产发生的租赁费支出,按照租赁期限均匀扣除。

企业之间支付的管理费、企业内营业机构之间支付的租金和特许权使用费,以及非银行企业内营业机构之间支付的利息,不得扣除。母公司以管理费形式向子公司提取费用,子公司因此支付给母公司的管理费,不得在税前扣除。

非居民企业在中国境内设立的机构、场所,就其中国境外总机构发生的与该机构、场所生产经营有关的费用,能够提供总机构出具的费用汇集范围、定额、分配依据和方法等证明文件,并合理分摊的,准予扣除。

企业在生产经营活动中发生的合理的不需要资本化的借款费用,准予扣除。

企业在生产经营活动中发生的下列利息支出,准予扣除:①非金融企业向金融企业借款的利息支出、金融企业的各项存款利息支出和同业拆借利息支出、企业经批准发行债券的利息支出;②非金融企业向非金融企业借款的利息支出,不超过按照金融企业同期同类贷款利率计算的数额的部分。

企业从其关联方接受的债权性投资与权益性投资的比例超过规定标准(金融企业为 5∶1；其他企业为 2∶1)而发生的利息支出，不得在计算应纳税所得额时扣除。但如果企业能够按照税法及其实施条例的有关规定提供相关资料，并证明相关交易活动符合独立交易原则的，或者该企业的实际税负不高于境内关联方的，其实际支付给境内关联方的利息支出，在计算应纳税所得额时准予扣除。

税法所称允许税前扣除的税金，是指企业发生的除企业所得税和允许抵扣的增值税以外的各项税金及其附加。但笔者认为，企业已计入固定资产、无形资产等相关资产的税金，应当通过折旧、摊销等方式分期扣除，不得在发生当期直接扣除。

税法所称损失，是指企业在生产经营活动中发生的固定资产和存货的盘亏、毁损、报废损失，转让财产损失，呆账损失，坏账损失，自然灾害等不可抗力因素造成的损失以及其他损失。企业发生的损失，减除责任人赔偿和保险赔款后的余额，依照国务院财政、税务主管部门的规定扣除。企业已经作为损失处理的资产，在以后纳税年度全部收回或者部分收回时，应当计入当期收入。

下列资产损失，属于由企业自行计算扣除的资产损失：①企业在正常经营管理活动中因销售、转让、变卖固定资产、生产性生物资产、存货发生的资产损失；②企业各项存货发生的正常损耗；③企业固定资产达到或超过使用年限而正常报废清理的损失；④企业生产性生物资产达到或超过使用年限而正常死亡发生的资产损失；⑤企业按照有关规定通过证券交易场所、银行间市场买卖债券、股票、基金以及金融衍生产品等发生的损失；⑥其他经国家税务总局确认不需经税务机关审批的其他资产损失。上述以外的资产损失，属于需经税务机关审批后才能扣除的资产损失。

税法所称其他支出，是指除成本、费用、税金、损失外，企业在生产经营活动中发生的与生产经营活动有关的、合理的支出。

(三)检查方法

(1) 对多结转成本的检查，可以先从企业的会计报表——利润表入手，主要分析"主营业务成本"项目，计算"主营业务成本率""主营业务成本增减变化率""同行业成本率对比率"三个指标，对企业的主营业务成本增减变化情况与同行业同一指标的平均水平进行对比，从中发现疑点；其次，从结转成本的数量和计入销售收入的数量、单位成本和单价等相互对比，来核实企业是否存在多转成本的问题。对于收入不入账，且相应的成本也不结转的情形进行检查时，可通过账证核对的方法，将"出库单"与"库存商品"明细账进行核对，查清企业是否存在发出商品不记账的情形。如果存在，则应进一步对照税法关于纳税义务发生时间的规定来认定企业是否推迟申报缴纳所得税的事实。

(2) 对虚增期间费用的检查，首先可以从企业的会计报表——利润表入手，主要分析期间费用(销售费用、管理费用、财务费用)绝对额的历史变化情况，也可计算出期间费用各占主营业务收入的比重，然后分析相对额的历史变化，从规模上初步判定期间费用是否虚增。其次，对可疑的期间费用项目作进一步的审查，比如管理费用出现大幅度增加，可能存在虚增，则对管理费用的明细账进行审查，对大额发生额，要查阅相应的会计凭证，将记账凭证与原始凭证进行核对，查实企业虚增期间费用的事实。最后，对于税前扣除有限额规定的费用，审查其是否超标和是否进行了正确的纳税调整。

(3) 对多扣除税金的检查，检查"在建工程""固定资产""无形资产""长期股权投资"等明细账，核实新增资产的项目，了解新增过程中发生的相关税金，如车辆购置过程中需要交纳的车辆购置税，取得土地使用权和购置房地产过程中需要缴纳的耕地占用税、契税，进口的大型设备需缴纳的关税，领用自产应税消费品应缴纳的消费税等，并结合原始凭证，核实是否计入了该资产的价值。如果该资产的价值构成中未包含以上税金，则应进一步审核其会计处理，从中落实其是否交纳了相关的税金以及这些税金是否直接进行了税前扣除。

(4) 对多列资产损失的检查，主要审查"营业外支出"账户的借方发生额，对每笔发生额的经济业务性质进行确认，如债务重组损失是否经过报批等，对不符合税法规定税前扣除的，是否进行了正确的纳税调整。

(5) 对企业所得税年度纳税申报表附表 A105000《纳税调整项目明细表》(见表 3-15)"扣除类调整项目"进行审阅，检查纳税人是否对相关的扣除项目进行了正确的纳税调整。

五、对应纳税所得额及应纳税额的检查

(一)常见问题

对企业所得税应纳税所得额及应纳税额检查中的常见问题如下。

(1) 未按规定进行正确的纳税调整。除了前述收入类调整项目和扣除类调整项目外，可能需要纳税调整的项目还包括资产类调整项目、准备金调整项目、房地产企业预售收入计算的预计利润、特别纳税调整应税所得等项目。如果这些项目不进行正确的纳税调整，必然会影响应纳税所得额和应纳税额的正确计算。

(2) 企业所得税税收优惠不符合条件问题。"放、管、服"不断深入，税收优惠的享受不再经由税务机关审批，而是企业实行备案制。多数企业都能做到遵章守法，但也存在少数企业对税收优惠的条件理解不到位甚至想打擦边球，不完全符合条件也享受了税收优惠。

(二)税法的相关规定

在计算应纳税所得额时，企业财务、会计处理办法与税收法律、行政法规的规定不一致的，应当依照税收法律、行政法规的规定计算。

企业每一纳税年度的收入总额，减除不征税收入、免税收入、各项扣除以及允许弥补的以前年度亏损后的余额，为应纳税所得额。

企业的应纳税所得额乘以适用税率，减除依照本法关于税收优惠的规定减免和抵免的税额后的余额，为应纳税额。

企业取得的下列所得已在境外缴纳的所得税税额，可以从其当期应纳税额中抵免，抵免限额为该项所得依照本法规定计算的应纳税额；超过抵免限额的部分，可以在以后五个年度内，用每年度抵免限额抵免当年应抵税额后的余额进行抵补：①居民企业来源于中国境外的应税所得；②非居民企业在中国境内设立机构、场所，取得发生在中国境外但与该机构、场所有实际联系的应税所得。

符合条件的小型微利企业，减按 20%的税率征收企业所得税。国家需要重点扶持的高

新技术企业,减按15%的税率征收企业所得税。

企业的下列支出,可以在计算应纳税所得额时加计扣除:①开发新技术、新产品、新工艺发生的研究开发费用;②安置残疾人员及国家鼓励安置的其他就业人员所支付的工资。

研究开发费用的加计扣除,是指企业为开发新技术、新产品、新工艺发生的研究开发费用,未形成无形资产计入当期损益的,在按照规定据实扣除的基础上,按照研究开发费用的75%加计扣除;形成无形资产的,按照无形资产成本的175%摊销。

委托境外进行研发活动所发生的费用,按照费用实际发生额的80%计入委托方的委托境外研发费用。委托境外研发费用不超过境内符合条件的研发费用2/3的部分,可以按规定在企业所得税前加计扣除。

创业投资企业从事国家需要重点扶持和鼓励的创业投资,可以按投资额的70%抵扣应纳税所得额。

企业综合利用资源,生产符合国家产业政策规定的产品所取得的收入,可以在计算应纳税所得额时按90%减计收入。

企业购置用于环境保护、节能节水、安全生产等专用设备的投资额,可以按10%实行税额抵免。

企业与其关联方之间的业务往来,不符合独立交易原则而减少企业或者其关联方应纳税收入或者所得额的,税务机关按照合理的方法进行调整。企业与其关联方共同开发、受让无形资产,或者共同提供、接受劳务发生的成本,在计算应纳税所得额时应当按照独立交易原则进行分摊。企业不提供与其关联方之间业务往来资料,或者提供虚假、不完整资料,未能真实反映其关联业务往来情况的,税务机关有权依法核定其应纳税所得额。企业实施其他不具有合理商业目的的安排而减少其应纳税收入或者所得额的,税务机关有权按照合理方法调整。

(三)检查方法

(1) 对资产类调整项目的检查,主要包括对固定资产折旧、生产性生物资产折旧、长期待摊费用的摊销、无形资产的摊销、投资转让和处置所得的检查。以固定资产折旧为例,说明如下。

对固定资产折旧的检查主要包括以下内容。

① 折旧范围的检查。主要运用核对法和实地察看法,结合"固定资产"明细账的记录与《折旧计算表》,对房屋、建筑物以外未使用的、不使用的、封存的和与生产经营无关的、以经营租赁方式租入的固定资产、提前报废的固定资产、已提足折旧仍继续使用的固定资产、破产关停的固定资产进行全面审核,核实有无将上述固定资产列入折旧的计提基数;查实是否存在将税法不允许计提折旧的固定资产计算折旧后未做纳税调整。

② 折旧计算方法及分配的检查。对照企业"折旧计算表",检查折旧额的计算有无问题;检查"固定资产"明细账,结合对固定资产实物的检查,核实固定资产的用途或使用部门,并据以检查"累计折旧"账户贷方对应账户,核实有无将车间的折旧费用计入期间费用而推迟实现利润的。

(2) 对准备金调整项目的检查。主要检查"存货跌价准备"和"资产减值准备"两个明细账户,并与《企业所得税年度纳税申报表》进行核对,查实企业计提的准备金是否进行了正确的纳税调整。税法规定，不符合国务院财政、税务主管部门规定的各项资产减值准备、风险准备等准备金支出的不允许税前扣除。

(3) 对房地产企业预售收入计算的预计利润的检查。主要通过查阅"预收账款""应付账款""其他应付款"等账户，核实对房地产开发企业预售房产取得的预收性质的账款，是否按规定的计税毛利率申报缴纳了企业所得税。对于房地产开发项目完工后，企业是否及时将其实际毛利额与其对应的预计计税毛利额之间的差额，计入当年度企业本项目与其他项目合并计算的应纳税所得额。

【案例9-15】企业所得税检查综合案例，请扫描二维码。

欢迎观看案例分析(2)的教学视频，请扫描二维码。

【案例9-15】.docx

9-2 案例分析（2）_batch.mp4

本 章 小 结

税种检查实务是税务检查的重要组成部分，本章主要介绍了增值税、企业所得税两大税种的检查实务。每个税种的检查按项目展开，每个项目的检查分别按常见问题、相关法律规定和检查方法三个层面进行，严格遵循从问题入手，以相关法律规定为依据，以检查方法为解决问题手段和思路便于学习和掌握。

增值税检查的主要内容：增值税会计核算及其检查、对增值税纳税人的检查、对增值税扣缴义务人的检查、对承租或承包经营的检查、对销售额的检查、对兼营行为的检查、对混合销售行为的检查、对增值税视同销售行为的检查、对以旧换新和还本销售的检查、对增值税税率和征收率的检查、对增值税纳税义务发生时间的检查、对进项税额的检查、对进项税额转出的检查、对增值税抵扣凭证的检查。

企业所得税检查的主要内容：对企业所得税纳税人的检查、对企业所得税税率的检查、对企业收入总额的检查、对准予扣除项目金额的检查、对应纳税所得额及应纳税额的检查。

复习思考题

1. 在增值税检查中，增值税应税销售额常见的问题有哪些？如何对这些问题进行检查？

2. 在增值税检查中，增值税视同销售行为常见的问题有哪些？如何对这些问题进行检查？

3. 在企业所得税检查中，企业收入总额常见的问题有哪些？如何对这些问题进行检查？

4. 在企业所得税检查中，准予扣除项目金额常见的问题有哪些？如何对这些问题进行检查？

延 展 阅 读

1. 王桦宇，董珊珊. 虚开增值税专用发票案件协查中的稽查风险与举证责任[J]. 税法解释与判例评注，2018，9(00)：118~130. (见二维码)

2. 李元青. 前期差错更正的所得税稽查风险及其应对[J]. 财会学习，2015(02)：62~63. (见二维码)

虚开增值税专用发票案件协查中的稽查风险与举证责任_王桦宇.pdf

前期差错更正的所得税稽查风险及其应对_李元青.pdf

第九章 税种检查实务.pptx

第十章　税务违法行为及法律责任

学习目标：通过本章的学习，主要了解纳税人、扣缴义务人的税务违法行为及其基本特征，税务机关、税务人员的税务违法行为；掌握各种税务违法行为的法律责任。

关键概念：偷税　抗税　骗取出口退税　逃避追缴欠税

第一节　偷税及其法律责任

一、偷税的定义

偷税是指纳税人采取伪造、变造、隐匿、擅自销毁账簿、记账凭证，在账簿上多列支出或者不列、少列收入，或者进行虚假的纳税申报等手段，不缴或者少缴应纳税款的行为。

二、偷税行为的主要特征

偷税行为的主要特征有以下三点。

(1) 偷税的行为主体是纳税人和扣缴义务人。该违法主体可以是单位，也可以是自然人。单位偷税的，对单位进行处罚，并对直接负责的主管人员和其他直接责任人员，依照自然人偷税进行处罚，涉嫌犯罪的，移送司法机关追究刑事责任。

(2) 偷税的行为主体实施了偷税行为。

(3) 纳税人造成少缴未缴税款，扣缴义务人造成不缴或者少缴已扣、已收税款的结果。

三、偷税的行政处罚

《税收征管法》第 63 条规定："纳税人伪造、变造、隐匿、擅自销毁账簿、记账凭证，或者在账簿上多列支出或者不列、少列收入，或者经税务机关通知申报而拒不申报或者进行虚假的纳税申报，不缴或者少缴应纳税款的，是偷税。对纳税人偷税的，由税务机关追缴其不缴或者少缴的税款、滞纳金，并处不缴或者少缴的税款百分之五十以上五倍以下的罚款；构成犯罪的，依法追究刑事责任。

扣缴义务人采取前款所列手段，不缴或者少缴已扣、已收税款，由税务机关追缴其不缴或者少缴的税款、滞纳金，并处不缴或者少缴的税款百分之五十以上五倍以下的罚款；构成犯罪的，依法追究刑事责任。"

欢迎观看偷税及其法律责任的教学视频，请扫描二维码。

10-1 偷税及其法律责任_batch.mp4

四、逃税罪的定义

逃税罪曾被称为逃避缴纳税款罪，是指纳税人、扣缴义务人违反税收法律、法规，采取欺骗、隐瞒手段进行虚假纳税申报或者不申报，逃避缴纳税款义务，情节严重的行为。

我国《刑法修正案(七)》由第十一届全国人大常委会第七次会议于 2009 年 2 月 28 日审议通过，并从该日起实施，其中对《刑法》第 201 条关于偷税罪的罪名、犯罪手段、定罪标准、处罚标准进行了修改，并对逃税罪明确了不予追究刑事责任的情形。

五、逃税罪的构成要件

逃税罪的构成要件如下。

(1) 本罪的主体是纳税人和扣缴义务人。

(2) 本罪在主观方面是故意，即明知自己实施的是违法的逃避缴纳税款的行为，仍故意实施。可见，行为人主观上是出于不缴或者少缴应纳税款或者已扣、已收税款的目的。行为人因过失行为导致不缴或少缴税款的行为，则不构成本罪。

(3) 本罪在客观方面表现为违反税收法律、法规，以欺骗、隐瞒手段进行虚假纳税申报或者不申报，逃避缴纳税款义务，情节严重的行为。情节严重主要是指纳税人、扣缴义务人采取欺骗、隐瞒手段进行虚假纳税申报或者不申报，逃避缴纳税款数额较大并且占应纳税额 10%以上的；及多次实施逃避缴纳税款行为，未经处理的，按照累计数额计算达到数额较大的情况。

(4) 本罪侵犯的客体是国家税收管理制度。

六、逃税罪的刑事责任

逃税罪的刑事责任具体如下。

(1) 纳税人采取欺骗、隐瞒手段进行虚假纳税申报或者不申报，逃避缴纳税款数额较大并且占应纳税额 10%以上的，处三年以下有期徒刑或者拘役，并处罚金；数额巨大并且占应纳税额 30%以上的，处三年以上七年以下有期徒刑，并处罚金。

(2) 扣缴义务人采取前款所列手段，不缴或者少缴已扣、已收税款，数额较大的，依照前款的规定处罚。

(3) 对多次实施前两款行为，未经处理的，按照累计数额计算。

(4) 有第一款行为，经税务机关依法下达追缴通知后，补缴应纳税款，缴纳滞纳金，已受行政处罚的，不予追究刑事责任；但是，五年内因逃避缴纳税款受过刑事处罚或者被税务机关给予两次以上行政处罚的除外。

欢迎观看逃税及其法律责任的教学视频，请扫描二维码。

10-2 逃税及其法律责任_batch.mp4

【案例 10-1】税务部门依法查处范冰冰"阴阳合同"等偷逃税问题[①]

新华社北京 10 月 3 日电 记者从国家税务总局以及江苏省税务局获悉，今年 6 月初，群众举报范冰冰"阴阳合同"涉税问题后，国家税务总局高度重视，即责成江苏等地税务机关依法开展调查核实，目前案件事实已经查清。

从调查核实情况看，范冰冰在电影《大轰炸》剧组拍摄过程中实际取得片酬 3000 万元，

---

① 2018 年 10 月 3 日，新华社发布通稿《税务部门依法查处范冰冰"阴阳合同"等偷逃税问题》，国家税务总局网站同日也发布了税务新闻，http://www.chinatax.gov.cn/n810219/n810724/c3789033/content.html。

其中1000万元已经申报纳税，其余2000万元以拆分合同方式偷逃个人所得税618万元，少缴营业税及附加112万元，合计730万元。此外，还查出范冰冰及其担任法定代表人的企业少缴税款2.48亿元，其中偷逃税款1.34亿元。

对于上述违法行为，根据国家税务总局指定管辖，江苏省税务局依据《中华人民共和国税收征管法》第32、52条的规定，对范冰冰及其担任法定代表人的企业追缴税款2.55亿元，加收滞纳金0.33亿元；依据《中华人民共和国税收征管法》第63条的规定，对范冰冰采取拆分合同手段隐瞒真实收入偷逃税款处4倍罚款计2.4亿元，对其利用工作室账户隐匿个人报酬的真实性质偷逃税款处3倍罚款计2.39亿元；对其担任法定代表人的企业少计收入偷逃税款处1倍罚款计94.6万元；依据《中华人民共和国税收征管法》第69条和《中华人民共和国税收征管法实施细则》第93条的规定，对其担任法定代表人的两户企业未代扣代缴个人所得税和非法提供便利协助少缴税款各处0.5倍罚款，分别计0.51亿元、0.65亿元。

依据《中华人民共和国行政处罚法》第42条以及《江苏省行政处罚听证程序规则》相关规定，9月26日，江苏省税务局依法先向范冰冰下达《税务行政处罚事项告知书》，对此范冰冰未提出听证申请。9月30日，江苏省税务局依法已向范冰冰正式下达《税务处理决定书》和《税务行政处罚决定书》，要求其将追缴的税款、滞纳金、罚款在收到上述处理处罚决定后在规定期限内缴清。

依据《中华人民共和国刑法》第201条的规定，由于范冰冰属于首次被税务机关按偷税予以行政处罚且此前未因逃避缴纳税款受过刑事处罚，上述定性为偷税的税款、滞纳金、罚款在税务机关下达追缴通知后在规定期限内缴纳的，依法不予追究刑事责任。超过规定期限不缴纳税款和滞纳金、不接受行政处罚的，税务机关将依法移送公安机关处理。

经查，2018年6月，在税务机关对范冰冰及其经纪人牟某广所控制的相关公司展开调查期间，牟某广指使公司员工隐匿、故意销毁涉案公司会计凭证、会计账簿，阻挠税务机关依法调查，涉嫌犯罪。现牟某广等人已被公安机关依法采取强制措施，案件正在进一步侦查中。

国家税务总局已责成江苏省税务局对原无锡市地方税务局、原无锡市地方税务局第六分局等主管税务机关的有关负责人和相关责任人员依法依规进行问责。同时，国家税务总局已部署开展规范影视行业税收秩序工作。对在2018年12月31日前自查自纠并到主管税务机关补缴税款的影视企业及相关从业人员，免予行政处罚，不予罚款；对个别拒不纠正的依法严肃处理；对出现严重偷逃税行为且未依法履职的地区税务机关负责人及相关人员，将根据不同情形依法依规严肃问责或追究法律责任。

第二节　抗税及其法律责任

一、抗税的定义

抗税是指负有纳税义务的个人违反税收法律、法规，采取暴力、威胁的方法拒不缴纳税款的行为。

二、抗税行为的特征

抗税行为具有如下特征。
(1) 当事人明知侵害的对象是正在依法执行征税职务的税务人员。
(2) 采取暴力、威胁方法进行阻碍,迫使税务人员放弃执行公务。
(3) 行为主体可以是纳税人、扣缴义务人,也可以是其他人,但只能是个人。单位不能成为抗税的行为主体。

三、抗税的行政处罚

《税收征管法》第 67 条规定:"以暴力、威胁方法拒不缴纳税款的,是抗税,除由税务机关追缴其拒缴的税款、滞纳金外,依法追究刑事责任。情节轻微,未构成犯罪的,由税务机关追缴其拒缴的税款、滞纳金,并处拒缴税款一倍以上五倍以下的罚款。"

四、抗税罪的定义

抗税罪,是指负有纳税义务或者代扣代缴、代收代缴义务的个人或者企业事业单位的直接责任人员,故意违反税收法规,以暴力、威胁方法拒不缴纳税款的行为。

五、抗税罪的构成要件

抗税罪的构成要件有以下四个。
(1) 主体是依法负有纳税义务或者代扣代缴、代收代缴义务的个人。单位不能成为犯罪主体。
(2) 主观方面是故意,并且具有获取非法经济利益的目的,否则不构成抗税罪。
(3) 客观方面必须具有抗税行为。
(4) 侵犯的客体是国家的税收管理制度和依法从事税收征管活动的国家工作人员的人身权利。

六、抗税罪的刑事责任

抗税罪的刑事责任具体如下。
(1) 《刑法》第 202 条规定:"以暴力、威胁方法拒不缴纳税款的,处三年以下有期徒刑或者拘役,并处拒缴税款一倍以上五倍以下罚金;情节严重的,处三年以上七年以下有期徒刑并处拒缴税款一倍以上五倍以下罚金。"
(2) 实施抗税行为具有下列情形之一的,属于《刑法》第 202 条规定的"情节严重"。
① 聚众抗税的首要分子;
② 抗税数额在十万元以上的;
③ 多次抗税的;
④ 故意伤害致人轻伤的;

第十章 税务违法行为及法律责任

⑤ 具有其他严重情节。

(3) 实施抗税行为致人重伤、死亡,构成故意伤害罪、故意杀人罪的,分别依照刑法的有关规定定罪处罚。

(4) 与纳税人或者扣缴义务人共同实施抗税行为的,以抗税罪的共犯依法处罚。

欢迎观看抗税及其法律责任的教学视频,请扫描二维码。

10-3 抗税及其法律责任_batch.mp4

> 【案例 10-2】铜陵市发生一起暴力抗税案件①
>
> 铜陵日报讯 2009 年 12 月 29 日上午,铜官山区国税局长江路分局税务执法人员在执法过程中,遭遇暴力抗税。一个体工商户及其亲属手持菜刀和棍棒胁迫 5 名税务人员,限制其人身自由达 1 个多小时。
>
> 实施暴力抗税的个体工商户张某在杨家山附近经营药房生意,2009 年 1 月至 9 月应纳税款 9 945.38 元,一直不愿意缴纳,对税务人员下达的税收文书也置之不理。2009 年 12 月 29 日上午,税务人员再次来到张某的经营地点催缴税款,并耐心地向其解释有关税收政策。但张某及其弟弟态度蛮横,不听劝说,对税务人员进行辱骂和攻击,并强行将经营地点的门锁起来,手持菜刀和棍棒胁迫税务人员不得离开,扬言"谁要出去就留下一条腿",非法限制 5 名税务人员人身自由达 1 个多小时。其间,市国税局各级负责人与其对话,进行耐心劝说,其都不予理睬,辖区派出所出动干警其也不为所动,直到市特警队赶来,才把 5 名税务人员解救出来。

第三节 骗取出口退税及其法律责任

一、骗取出口退税的定义

骗取出口退税是指违反国家出口退税管理制度,以假报出口或者其他欺骗手段,骗取国家出口退税款的行为。

二、对骗取出口退税的行政处罚

《税收征管法》第 66 条规定:"以假报出口或者其他欺骗手段,骗取国家出口退税款的,由税务机关追缴其骗取的退税款,并处骗取税款一倍以上五倍以下的罚款;构成犯罪的,依法追究刑事责任。"

对骗取国家出口退税款的,税务机关可以在规定期间内停止为其办理出口退税。

三、骗取出口退税罪的定义

骗取出口退税罪是指违反国家出口退税管理法规,以假报出口或者其他欺骗手段,骗取国家出口退税款,数额较大的行为。

---

① 铜陵新闻网,http://www.tlnews.cn/szb/tlrb/html/2010-01/04/content_147713.htm。

四、骗取出口退税罪的构成要件

骗取出口退税罪的构成要件如下。

(1) 本罪的主体是纳税人。纳税人主体既可以是单位，也可以是个人。

(2) 本罪的主观方面只能是故意，即明知自己假报出口或者其他欺骗手段的行为会骗取国家出口退税款，而故意实施该行为，主观目的就是为了骗取国家出口退税款。

(3) 本罪的客观方面表现为，行为人必须具有违反国家出口退税管理法规，以假报出口或者其他欺骗手段，骗取国家出口退税款的行为。"假报出口"，是指以虚构已税货物出口事实为目的，具有下列情形之一的行为：一是伪造或者签订虚假的买卖合同；二是以伪造、变造或者其他非法手段取得出口货物报关单、出口收汇核销单、出口货物专用缴款书等有关出口退税单据、凭证；三是虚开、伪造、非法购买增值税专用发票或者其他可以用于出口退税的发票；四是其他虚构已税货物出口事实的行为。而"其他欺骗手段"是指具有下列情况之一的行为：一是骗取出口货物退税资格的；二是将未纳税或者免税货物作为已税货物出口的；三是虽有货物出口，但虚构该出口货物的品名、数量、单价等要素，骗取未实际纳税部分出口退税款的；四是以其他手段骗取出口退税款的。

(4) 本罪侵犯的客体是国家出口退税管理制度。其犯罪对象是国内增值税的税款。

五、骗取出口退税罪的刑事责任

骗取出口退税罪的刑事责任具体如下。

(1)《刑法》第 204 条规定："以假报出口或者其他欺骗手段，骗取国家出口退税款，数额较大的，处五年以下有期徒刑或者拘役，并处骗取税款一倍以上五倍以下罚金；数额巨大或者有其他严重情节的，处五年以上十年以下有期徒刑，并处骗取税款一倍以上五倍以下罚金；数额特别巨大或者有其他特别严重情节的，处十年以上有期徒刑或者无期徒刑，并处骗取税款一倍以上五倍以下罚金或者没收财产。"

(2) 其中，骗取国家出口退税款 5 万元以上的，为《刑法》第 204 条规定的"数额较大"；骗取国家出口退税款 50 万元以上的，为《刑法》第 204 条规定的"数额巨大"；骗取国家出口退税款 250 万元以上的，为《刑法》第 204 条规定的"数额特别巨大"。

(3) 具有下列情形之一的，属于《刑法》第 204 条规定的"其他严重情节"。

① 造成国家税款损失 30 万元以上并且在第一审判决宣告前无法追回的。

② 因骗取国家出口退税行为受过行政处罚，两年内又骗取国家出口退税款数额在 30 万元以上的。

③ 情节严重的其他情形。

(4) 具有下列情形之一的，属于《刑法》第 204 条规定的"其他特别严重情节"。

① 造成国家税款损失 150 万元以上并且在第一审判决宣告前无法追回的。

② 因骗取国家出口退税行为受过行政处罚，两年内又骗取国家出口退税款数额在 150 万元以上的。

③ 情节特别严重的其他情形。

(5) 有进出口经营权的公司、企业，明知他人意欲骗取国家出口退税款，仍违反国家有关进出口经营的规定，允许他人自带客户、自带货源、自带汇票并自行报关，骗取国家出口退税款的，依照刑法的有关规定定罪处罚。

(6) 实施骗取国家出口退税行为，没有实际取得出口退税款的，可以比照既遂犯从轻或者减轻处罚。

(7) 国家工作人员参与实施骗取出口退税犯罪活动的，依照刑法的有关规定从重处罚。

(8) 实施骗取出口退税犯罪，同时构成虚开增值税专用发票罪等其他犯罪的，依照刑法处罚较重的规定定罪处罚。

欢迎观看骗税及其法律责任的教学视频，请扫描二维码。

10-4 骗税及法律责任.mp4

> 【案例10-3】山东省临沂市华鲁纺织有限公司骗取出口退税案[①]
>
> 根据国家税务总局部署，山东省国税局联合公安机关，查处了临沂华鲁纺织有限公司骗取出口退税案。
>
> 经查，该公司是一个无生产工人、无劳动对象、无劳动资料、无生产能力的"皮包"公司，2003年6月至2004年10月，临沂华鲁纺织有限公司在不见货源、不见外商、不见生产厂家的情况下，将空白的核销单及箱单发票邮寄给深圳的犯罪嫌疑人刘蒋干、刘永豪等人，由他们以自找资源、自找发票、自己组织报关、自带外汇汇单的方式组织出口。
>
> 2003—2004年，临沂华鲁公司骗取出口退税3367万元，其中已退税款2439万元。税务机关依法对该案作出处理、处罚决定，未退税款不予退税，追缴已退税款2439万元并处已退税款1倍的罚款。2006年6月20日，临沂市检察院以骗取出口退税罪、虚开增值税专用发票罪等罪名，对涉案企业和6名主要犯罪嫌疑人向临沂市中级人民法院提起公诉。

第四节 逃避追缴欠税及其法律责任

一、逃避追缴欠税的定义

逃避追缴欠税是指纳税人欠缴应纳税款，并采取转移或者隐匿财产的手段，致使税务机关无法追缴欠缴的税款的行为。

二、逃避追缴欠税的行为特征

逃避追缴欠税的行为具有以下特征。

(1) 纳税人必须欠缴应纳税款。这是认定纳税人是否实施逃避追缴欠税行为的前提条件。如果纳税人没有欠缴应纳税款，也就谈不上逃避追缴的问题。欠缴应纳税款又称"欠税"，是指纳税人在纳税期限届满后，仍未缴或少缴应纳税款的行为，即没有按期缴纳税款、拖欠税款的行为。但需要注意，扣缴义务人不是逃避追缴欠税行为的主体。

(2) 纳税人采取了转移或者隐匿财产的手段。这是构成逃避追缴欠税的行为要件。转

---

① 武汉市国家税务局网站，http://wuhan.hb-n-tax.gov.cn/art/2008/2/29/art-10990-120259.html。

移,是指纳税人为逃避税务机关追查和控制而改变财产放置场所;隐匿,是指纳税人为逃避税务机关追查和控制而将财产隐蔽和藏匿起来。

(3) 妨碍了税务机关追缴纳税人欠缴税款的实施。这是构成逃避追缴欠税的结果要件,即纳税人采取的转移或者隐匿财产的手段对税务机关追缴其欠缴的税款产生了不利影响,它们之间存在因果关系。需要注意的是,纳税人采取的转移或者隐匿财产的手段只要对税务机关追缴欠税产生了妨碍作用即可,并不要求达到导致税务机关无法追缴其欠缴的税款的程度。

三、逃避追缴欠税的处罚

《税收征管法》第 65 条规定,纳税人实施逃避追缴欠税行为的,由税务机关追缴欠缴的税款、滞纳金,并处欠缴税款 50%以上 5 倍以下的罚款;构成犯罪的,将依法追究其刑事责任。

四、逃避追缴欠税罪的概念

逃避追缴欠税罪,是指纳税人故意违反税收法规,欠缴应纳税款,并采取转移或者隐匿财产的手段,致使税务机关无法追缴欠缴的税款数额较大的行为。

五、逃避追缴欠税罪的构成要件

逃避追缴欠税罪的构成要件具体如下。

(1) 本罪的主体是特殊主体,即法律规定负有纳税义务的单位和个人,不具有纳税义务的单位和个人不能构成本罪的主体。

(2) 本罪在主观方面表现为故意,并且具有逃避缴纳应缴纳款而非法获利的目的。行为人的故意不仅表现为其对欠款应纳税款的事实是明知的,还表现为行为人为达到最终逃避纳税的目的而故意转移或者隐匿财产,致使税务机关无法追缴其欠缴的税款。

(3) 本罪在客观方面表现为行为人必须具有违反税收法规,欠缴应纳税款,并采取转移或者隐匿财产的手段,致使税务机关无法追缴欠缴的税款,数额较大的行为。无法追缴的税款数额需达法定的量刑标准,即 1 万元以上。

(4) 本罪侵犯的客体是国家的税收管理制度。

六、逃避追缴欠税罪的刑事责任

根据《刑法》203 条的规定,纳税人妨碍追缴税款在 1 万元以上 10 万元以下的,处 3 年以下有期徒刑或者拘役,并处或者单处欠缴税款 1 倍以上 5 倍以下罚金;纳税人妨碍追缴税款在 10 万元以上的,处 3 年以上 10 年以下有期徒刑,并处欠缴税款数额 1 倍以上 5 倍以下罚金。单位犯本罪,对单位处罚金,并对直接负责的主管人员和其他直接责任人按前述标准定罪处罚。

10-5 逃避追缴欠税及法律责任_batch.mp4

欢迎观看逃避追缴欠税及法律责任的教学视频,请扫描二维码。

第十章 税务违法行为及法律责任

【案例10-4】东星航空董事兰世立犯逃避追缴欠税罪获刑4年[①]

东星航空有限公司实际控制人、董事兰世立(新加坡国籍),因犯逃避追缴欠税罪,被武汉市中级人民法院一审判处有期徒刑4年。

据悉,东星航空公司于2005年12月在武汉市工商行政管理局黄陂分局登记注册,主要从事航空客货邮运输业务。

依据检察机关提起的公诉:2006年5月至2009年2月,黄陂区地税局天河税务所针对被告单位东星航空公司欠缴税费的情况,依法对其先后多次下达《限期缴纳税款通知书》。但被告单位均以资金困难等理由,拒不缴纳。黄陂区地税局在多次催缴无效的情况下,提请黄陂区法院强制执行,区法院根据区地税局的申请下达行政裁定书,裁定东星航空公司欠缴税款为38 469 155.14元,准许强制执行,并两次向被告单位东星航空有限公司下达《限期缴纳税款通知书》。被告单位东星航空有限公司仍未按照法院的裁定和执行通知书的要求缴纳所欠税款。

经法院审理:东星航空公司实际控制人兰世立在明知黄陂区地税局多次催缴欠税、区法院裁定强制执行的情况下,为逃避追缴欠税,采取隐匿、转移经营收入的方式逃避追缴欠税,指使手下相关人员共将人民币5亿余元营业收入予以转移、隐匿,造成税务机关无法追缴其所欠缴的税款共计人民币50 600 620元。

法院认为被告人兰世立犯逃避追缴欠税罪,判处有期徒刑4年。

第五节 其他税务违法行为及其法律责任

一、纳税人、扣缴义务人及其他单位的其他税务违法行为及其法律责任

除本书第二章和本章前4节介绍的违法行为外,下列税务违法行为也应受到法律制裁。

(一)纳税人、扣缴义务人违反税款征收的行为及其法律责任

1. 在规定期限内不缴或者少缴税款的法律责任

纳税人、扣缴义务人在规定期限内不缴或者少缴应纳或者应解缴的税款,经税务机关责令限期缴纳,逾期仍未缴纳的,税务机关除依照规定采取强制执行措施追缴其不缴或者少缴的税款外,可以处不缴或者少缴的税款50%以上5倍以下的罚款。

纳税人拒绝代扣、代收税款的,扣缴义务人应当向税务机关报告,由税务机关直接向纳税人追缴税款、滞纳金;纳税人拒不缴纳的,依照税收征管法的有关规定执行。

2. 扣缴义务人不履行扣缴义务的法律责任

扣缴义务人应扣未扣、应收而不收税款的,由税务机关向纳税人追缴税款,对扣缴义务人处应扣未扣、应收未收税款50%以上3倍以下的罚款。

---

① 长江日报,http://news.qq.com/a/20100411/000056.htm,2010-04-11。

(二)纳税人、扣缴义务人违反税务检查的行为及其法律责任

1. 不配合税务机关依法检查的法律责任

纳税人、扣缴义务人逃避、拒绝或者以其他方式阻挠税务机关检查的,由税务机关责令改正,可以处1万元以下的罚款;情节严重的,处1万元以上5万元以下的罚款。

税务机关依法到车站、码头、机场、邮政企业及其分支机构检查纳税人托运、邮寄应纳税商品、货物或者其他财产的有关单据、凭证和有关资料,有关单位拒绝的,由税务机关责令改正,可以处1万元以下的罚款;情节严重的,处1万元以上5万元以下的罚款。

纳税人、扣缴义务人有下列情形之一的,属于"纳税人、扣缴义务人逃避、拒绝或以其他方式阻挠税务机关检查"的行为,由税务机关责令改正,可以处1万元以下的罚款;情节严重的,处1万元以上5万元以下的罚款。

(1) 提供虚假资料,不如实反映情况,或者拒绝提供有关资料的。
(2) 拒绝或者阻止税务机关进行记录、录音、录像、照相和复制与案件有关的情况和资料的。
(3) 在检查期间,纳税人、扣缴义务人转移、隐匿、销毁有关资料的。
(4) 有不依法接受税务检查的其他情形的。

2. 有税收违法行为而拒不接受税务机关处理的法律责任

从事生产、经营的纳税人、扣缴义务人有《税收征管法》规定的税收违法行为,拒不接受税务机关处理的,税务机关可以收缴其发票或者停止向其发售发票。

3. 同税务机关在纳税上发生争议时的法律责任

纳税人、扣缴义务人、纳税担保人同税务机关在纳税上发生争议时,必须先依照税务机关的纳税决定缴纳或者解缴税款及滞纳金或者提供相应的担保,然后可以依法申请行政复议;对行政复议决定不服的,可以依法向人民法院起诉。

当事人对税务机关的处罚决定、强制执行措施或者税收保全措施不服的,可以依法申请行政复议,也可以依法向人民法院起诉。

当事人对税务机关的处罚决定逾期不申请行政复议也不向人民法院起诉、又不履行的,作出处罚决定的税务机关可以采取《税收征管法》第40条规定的强制执行措施,或者申请人民法院强制执行。

(三)其他主体违反税收征管法的法律责任

1. 银行及其他金融机构拒绝配合税务机关依法执行职务的法律责任

纳税人、扣缴义务人的开户银行或者其他金融机构拒绝接受税务机关依法检查纳税人、扣缴义务人的存款账户,或者拒绝执行税务机关作出的冻结存款或者扣缴税款的决定,或者在接到税务机关的书面通知后帮助纳税人、扣缴义务人转移存款,造成税款流失的,由税务机关处10万元以上50万元以下的罚款,对直接负责的主管人员和其他直接责任人员处1 000元以上1万元以下的罚款。

2. 为纳税主体的违法行为提供便利者的法律责任

为纳税人、扣缴义务人非法提供银行账户、发票、证明或者其他方便，导致未缴、少缴税款或者骗取国家出口退税款的，税务机关除没收其非法所得外，并可处以未缴、少缴或者骗取的税款1倍以下的罚款。

3. 违反税务代理的法律责任

税务代理人违反税收法律、行政法规，造成纳税人未缴或者少缴税款的，除由纳税人缴纳或者补缴应纳税款、滞纳金外，对税务代理人处纳税人未缴或者少缴税款50%以上3倍以下的罚款。

二、税务机关、税务人员的税务违法行为及其法律责任

我国《税收征管法》规定，税务人员必须秉公执法，忠于职守；不得索贿、徇私舞弊、玩忽职守、不征或少征应征税款；不得滥用职权多征税款或者故意刁难纳税人和扣缴义务人。税务机关、税务人员的各类违法行为，应承担相应的法律责任。

1. 擅自改变税收征收管理范围的法律责任

税务机关违反规定擅自改变税收征收管理范围和税款入库预算级次的，责令限期改正，对直接负责的主管人员和其他直接责任人员依法给予降级或者撤职的行政处分。

2. 不移送的法律责任

税务人员徇私舞弊，对依法应当移交司法机关追究刑事责任的不移交，情节严重的，依法追究刑事责任。

3. 税务人员不依法行政和渎职行为的法律责任

税务人员与纳税人、扣缴义务人勾结，唆使或者协助纳税人、扣缴义务人实施偷税或者采取偷税性手段致使所欠税款无法追缴以及骗取国家出口退税的行为，构成犯罪的，依法追究刑事责任；尚不构成犯罪的，依法给予行政处分。

税务人员私分扣押、查封的商品、货物或者其他财产，情节严重，构成犯罪的，依法追究刑事责任；尚不构成犯罪的，依法给予行政处分。

4. 渎职行为的法律责任

《税收征管法》规定，税务人员利用职务上的便利，收受或者索取纳税人、扣缴义务人财物或者谋取其他不正当利益，构成犯罪的，依法追究刑事责任；尚不构成犯罪的，依法给予行政处分。

税务人员徇私舞弊或者玩忽职守，不征或者少征应征税款，致使国家税收遭受重大损失，构成犯罪的，依法追究刑事责任；尚不构成犯罪的，依法给予行政处分。

税务人员滥用职权，故意刁难纳税人、扣缴义务人的，调离税收工作岗位，并依法给予行政处分。

税务人员对控告、检举税收违法违纪行为的纳税人、扣缴义务人以及其他检举人进行

打击报复的,依法给予行政处分;构成犯罪的,依法追究刑事责任。

税务人员违反法律、行政法规的规定,故意高估或者低估农业税计税产量,致使多征或者少征税款,侵犯农民合法权益或者损害国家利益,构成犯罪的,依法追究刑事责任;尚不构成犯罪的,依法给予行政处分。

《刑法》规定,税务机关的工作人员徇私舞弊,不征或者少征应征税款,致使国家税收遭受重大损失的,处5年以下有期徒刑或者拘役;造成特别重大损失的,处5年以上有期徒刑。

《刑法》规定,税务机关的工作人员违反法律、行政法规的规定,在办理发售发票、抵扣税款、出口退税工作中,徇私舞弊,致使国家利益遭受重大损失的,处5年以下有期徒刑或者拘役;致使国家利益遭受特别重大损失的,处5年以上有期徒刑。

5. 不按规定征收税款的法律责任

《税收征管法》规定,违反法律、行政法规的规定提前征收、延缓征收或者摊派税款的,由其上级机关或者行政监察机关责令改正,对直接负责的主管人员和其他直接责任人员依法给予行政处分。

违反法律、行政法规的规定,擅自作出税收的开征、停征或者减税、免税、退税、补税以及其他同税收法律、行政法规相抵触的决定的,除依照本法规定撤销其擅自作出的决定外,补征应征未征税款,退还不应征收而征收的税款,并由上级机关追究直接负责的主管人员和其他直接责任人员的行政责任;构成犯罪的,依法追究刑事责任。

未经税务机关依法委托征收税款的,责令退还收取的财物,依法给予行政处分或者行政处罚;致使他人合法权益受到损失的,依法承担赔偿责任;构成犯罪的,依法追究刑事责任。

税务机关、税务人员查封、扣押纳税人个人及其所扶养家属维持生活必需的住房和用品的,责令退还,依法给予行政处分;构成犯罪的,依法追究刑事责任。

6. 其他

税务人员在征收税款或者查处税收违法案件时,未按照《税收征管法》规定进行回避的,对直接负责的主管人员和其他直接责任人员,依法给予行政处分。

违反税收法律、行政法规应当给予行政处罚的行为,在5年内未被发现的,不再给予行政处罚。

未按照《税收征管法》规定为纳税人、扣缴义务人、检举人保密的,对直接负责的主管人员和其他直接责任人员,由所在单位或者有关单位依法给予行政处分。

【案例10-5】税务人员职务犯罪案件,请扫描二维码。

【案例10-5】.docx

本 章 小 结

本章主要介绍了偷税、抗税、抗税罪、骗取出口退税、骗取出口退税罪、逃避追缴欠税、逃避追缴欠税罪等税收违法、犯罪行为及其法律责任。同时,也介绍了纳税人、扣缴义务人及其他单位违反税款征收、税务检查行为以及应当承担的法律责任,还介绍了税务机关、税务人员税务违法行为及其法律责任。

复习思考题

1. 什么是偷税？其法律责任如何？
2. 什么是逃税罪？其法律责任如何？
3. 什么是抗税？其法律责任如何？
4. 什么是骗取出口退税？其法律责任如何？
5. 什么是逃避追缴欠税？其法律责任如何？
6. 什么是逃避追缴欠税罪？其法律责任如何？
7. 纳税人、扣缴义务人违反税款征收的行为有哪些？分别应当承担的法律责任如何？
8. 简述税务机关、税务人员税务违法行为及其法律责任。

延 展 阅 读

1. 薛娟. 偷税认定的理论争议与实践检思——以主观故意的认定为视角[J]. 税法解释与判例评注，2017，8(00)：121～167. (见二维码)

2. 江伟，宋振宇，曾巧艺. 关于逃税罪你应该知道的那些事儿[E]，北京市第一中级人民法院网. (见二维码)

偷税认定的理论争议与实践检思_以主观故意的认定为视角_薛娟.pdf

关于逃税罪你应该知道的那些事儿.pdf

第十章 税务违法行为及法律责任.ppt

第十一章 税务行政处罚与税务行政救济

学习目标：通过本章的学习，应了解税务行政处罚的概念、税务行政处罚的程序分类、税务行政处罚的时效、税务行政复议的概念、税务行政复议的基本原则、税务行政复议的形式、税务行政诉讼的概念、税务行政诉讼的基本原则、税务行政诉讼的受案范围、税务行政诉讼的管辖、税务行政诉讼的程序、税务行政赔偿的概念和构成要件、税务行政赔偿的程序、税务行政赔偿方式与费用标准；掌握税务行政处罚的种类、税务行政处罚的简易程序、税务行政处罚的一般程序、税务行政复议管辖、税务行政复议的受理范围。

关键概念：税务行政处罚　税务行政复议　税务行政诉讼　税务行政赔偿

第一节 税务行政处罚

一、税务行政处罚概述

税务行政处罚是指依法享有税务行政处罚权的税务机关，对违反税收法律规范但尚未构成犯罪的税务行政管理相对人(纳税人、扣缴义务人和其他当事人)给予行政制裁的具体行政行为。

税务行政处罚的基本法律依据为：《中华人民共和国行政处罚法》《税收征管法》《税收征收管理法实施细则》《税务行政处罚听证程序实施办法(试行)》《税务案件调查取证与处罚决定分开制度实施办法(试行)》等规定。

(一)税务行政处罚的种类

税务行政处罚分为申诫罚、财产罚和行为罚三大类。

1. 申诫罚

申诫罚又称精神罚或声誉罚，是指行政主体对违反行政法律规范的公民、法人或其他组织的谴责和警戒。申诫罚主要是警告。

《税收征管法》第37条规定，对未按照规定办理税务登记的从事生产、经营的纳税人以及临时从事经营的纳税人，由税务机关核定其应纳税额，责令缴纳。

《税收征管法》第38条规定，税务机关有根据认为从事生产、经营的纳税人有逃避纳税义务行为的，可以在规定的纳税期之前，责令限期缴纳应纳税款。

《税收征管法实施细则》第73条规定，从事生产、经营的纳税人、扣缴义务人未按照规定的期限缴纳或者解缴税款的，纳税担保人未按照规定的期限缴纳所担保的税款的，由税务机关发出限期缴纳税款通知书，责令缴纳或者解缴税款的最长期限不得超过15日。

《税收征管法实施细则》第76条规定，县级以上各级税务机关应当将纳税人的欠税情况，在办税场所或者广播、电视、报纸、期刊、网络等新闻媒体上定期公告。

2. 财产罚

财产罚是指行政主体依法对违法行为人的剥夺财产权的处罚形式。财产罚包括罚款、没收财物和违法所得。

《税收征管法》第 60 条至 74 条中，针对违法情节的轻重，对罚款数额及罚款幅度进行了详细界定。

《税收征管法》第 71 条规定，非法印制发票的，由税务机关销毁非法印制的发票，没收违法所得和作案工具，并处以 1 万元以上 5 万元以下的罚款。

3. 行为罚

行为罚是指税务机关对违反行政法律规范的行政相对人所采取的限制或者剥夺特定行为能力的制裁措施，是一种较严厉的行政处罚。行为罚主要是指停止出口退税权。

《税收征管法》第 66 条第 2 款规定，对骗取国家出口退税款的，税务机关可以在规定期间内停止为其办理出口退税。

(二)税务行政处罚的实施主体与管辖

1. 税务行政处罚的实施主体

《中华人民共和国行政处罚法》第 20 条规定，行政处罚由违法行为发生地的县级以上地方人民政府具有行政处罚权的行政机关管辖。法律、行政法规另有规定的除外。

税务行政处罚的实施主体主要是县级以上的税务机关。税务机关是指各级税务局、税务分局、税务所和省以下税务局的稽查局。这些税务机关都具有税务行政处罚的主体资格。各级税务机关的内设机构、派出机构不具有税务行政处罚的主体资格，但《税收征管法》第 74 条规定，罚款额在 2 000 元以下的，可以由税务所决定。

2. 税务行政处罚的管辖

除税收法律、行政法规、规章另有规定外，税务行政处罚实行地域管辖，即税务行政处罚实行行为发生地管辖原则。只有当事人违法行为发生地的税务机关才有权对当事人实施处罚，其他地方的税务机关则无权实施。

各地国家税务局和地方税务局按照国务院规定的税收征收管理范围分别进行征收管理，税务行政处罚也应当在各自的税收征收管理范围内实施。

(三)税务行政处罚的时效

《中华人民共和国行政处罚法》第 29 条第 1 款规定，违法行为在 2 年内未被发现的，不再给予行政处罚，法律另有规定的除外。

《税收征管法》第 86 条规定，违反税收法律、行政法规应当给予行政处罚的行为，在 5 年内未被发现的，不再给予行政处罚。

【案例 11-1】超过时效无法追征与处罚

某企业成立于 2005 年 3 月 1 日，成立当月办理了税务登记，并开始依法纳税。2010 年 2 月，税务机关接到群众举报，称该企业在 2004 年已经开始偷偷营业，其销售额达到 3 万

> 元，但没有申报纳税。税务机关接到举报后，进行核实。虽然对该企业在 2004 年取得销售额 10 万元的事实取得了足够的证据，但依照现行税法的规定，无法对该企业追征相关的税款、加收滞纳金和罚款。其理由主要有：一是该企业的行为难以认定为偷税行为。企业没有实施伪造、编造、隐匿、擅自销毁账簿、记账凭证等行为，也没有经税务机关通知申报而拒不申报或进行虚假纳税申报。二是虽然违反了税务登记的有关规定，但该企业在成立当月办理了税务登记。即使相关税法规定了罚款标准，但已经超过 5 年才被发现，不再给予罚款。税款的追征期应为 3 年，也已经大大超过。故无法对该企业追征相关的税款、加收滞纳金和罚款。

二、税务行政处罚的程序

(一)税务行政处罚的简易程序

税务行政处罚的简易程序是税务机关对公民个人处以 50 元以下罚款、对法人和其他组织处以 1 000 元以下罚款适用的程序。其可以分为"当场处罚当场收缴罚款"和"当场处罚当场不收缴罚款"两种方式。

税务行政处罚的简易程序，应按照以下程序进行。

(1) 税务机关对公民个人处以 50 元以下罚款、对法人和其他组织处以 1 000 元以下罚款的，在作出行政处罚决定之前，应当当场告知当事人作出行政处罚决定的事实、理由及依据，并告知当事人依法享有的权利。税务机关的执法人员应当场听取当事人的陈述、申辩，对当事人提出的事实、理由和证据，应当进行复核；当事人提出的事实、理由或者证据成立的，应当采纳。

(2) 税务行政执法人员当场作出税务行政处罚决定的，应当向当事人出示执法身份证件，填写预定格式、编有号码的税务行政处罚决定书。税务行政处罚决定书应当载明当事人的违法行为、行政处罚依据、罚款数额、时间、地点以及税务机关的名称，并由执法人员签名或者盖章。税务行政处罚决定书应当当场交付当事人。税务行政执法人员当场制作的税务行政处罚决定书，应当报所属税务机关备案。

(3) 当事人应当自收到税务行政处罚决定书之日起按照规定的期限到指定的银行缴纳罚款。但有下列情形之一的，执法人员可以当场收缴罚款：①依法给予 20 元以下的罚款的；②不当场收缴事后难以执行的；③在边远、水上、交通不便地区，当事人向指定的银行缴纳罚款有困难，经当事人提出当场缴纳的。

(4) 执法人员当场收缴罚款的，必须向当事人出具省、自治区、直辖市财政部门统一制发的罚款收据；不出具财政部门统一制发的罚款收据的，当事人有权拒绝缴纳罚款。

(二)税务行政处罚的一般程序

税务机关对公民个人处 50 元以上，对法人或者其他组织处 1 000 元以上罚款的税务行政处罚，或者虽未超过上述标准但需要对其违法违章行为做进一步调查取证的，均适用一般程序。

税务行政处罚的一般程序通常包括立案与调查取证、告知与听证、审查、决定与执行等子程序。

第十一章 税务行政处罚与税务行政救济

1. 立案与调查取证

税务机关通过行政管理或者社会公众的举报、上级税务机关指定和税收专项检查安排的检查对象，以及经过计算机分析、人工分析、人机结合分析等方法进行筛选，发现有税收违法嫌疑的，一般都要立案查处。

调查取证是指税务机关对当事人发生的税收违法行为经过检查、勘验、鉴定等手段获取证据、查清事实的过程。经过必要的调查，掌握当事人税收违法行为的事实，并获取充分的证据，如《税务检查报告》。提交相关的审理部门审理后，制作《审理报告》，对需要给予行政处罚的，还需要履行告知义务。

2. 告知与听证

1) 告知

税务机关在对当事人的税收违法行为调查终结后，必须及时以税务机关的名义向当事人发出《税务行政处罚事项告知书》，告知当事人已查明的违法事实、处罚的法律依据、种类、范围、幅度及其享有的陈述、申辩权；同时，对公民处以 2 000 元以上、对法人或其他组织处以 10 000 元以上罚款的税务行政处罚，还应告知当事人有要求举行听证的权利。

2) 听证

要求听证的当事人，应当在《税务行政处罚事项告知书》送达后 3 日内向税务机关书面提出听证；逾期不提出的，视为放弃听证权利。

当事人要求听证的，税务机关应当组织听证。税务机关应当在收到当事人听证要求后 15 日内举行听证，并在举行听证的 7 日前将《税务行政处罚听证通知书》送达当事人，通知当事人举行听证的时间、地点，听证主持人的姓名及有关事项。

当事人由于不可抗力或者其他特殊情况而耽误提出听证期限的，在障碍消除后 5 日以内，可以申请延长期限。申请是否准许，由组织听证的税务机关决定。

除涉及国家秘密、商业秘密或者个人隐私的不公开听证外，对于公开听证的案件，应当先期公告案情和听证的时间、地点，并允许公众旁听。对不公开听证的案件，应当宣布不公开听证的理由。

听证开始时，听证主持人应当首先声明并出示税务机关负责人授权主持听证的决定，然后查明当事人或者其代理人、本案调查人员、证人及其他有关人员是否到场，宣布案由；宣布听证会的组成人员名单；告知当事人有关的权利义务。记录员宣读听证会场纪律。

听证过程中，由本案调查人员就当事人的违法行为予以指控，并出示事实证据材料，提出行政处罚建议。当事人或者其代理人可以就所指控的事实及相关问题进行申辩和质证。

听证主持人可以对本案所涉及的事实进行询问，保障控辩双方充分陈述事实，发表意见，并就各自出示的证据的合法性、真实性进行辩论。辩论先由本案调查人员发言，再由当事人或者其代理人答辩，然后双方相互辩论。

听证主持人认为证据有疑问无法听证辨明，可能影响税务行政处罚的准确、公正的，可以宣布中止听证，由本案调查人员对证据进行调查核实后再另行听证。

当事人或者其代理人可以申请对有关证据进行重新核实，或者提出延期听证；是否准许，由听证主持人或者税务机关作出决定。

听证过程中，当事人或者其代理人放弃申辩和质证权利，声明退出听证会；或者不经听证主持人许可擅自退出听证会的，听证主持人可以宣布听证终止。

听证过程中，当事人或者其代理人、本案调查人员、证人及其他人员违反听证秩序，听证主持人应当警告制止；对不听制止的，可以责令其退出听证会场。

当事人或者代理人有前款规定严重行为致使听证无法进行的，听证主持人或者税务机关可以终止听证。

辩论终结，听证主持人可以再就本案的事实、证据及有关问题向当事人或者其代理人、本案调查人员征求意见。当事人或者其代理人有最后陈述的权利。

当事人或者其代理人应当按照税务机关的通知参加听证，无正当理由不参加的，视为放弃听证权利，听证终止。

听证的全部活动，应当由记录员写成笔录，听证笔录应交当事人或者其代理人、本案调查人员、证人及其他有关人员阅读或者向他们宣读，他们认为有遗漏或者有差错的，可以请求补充或者改正。在确认没有错误后，他们应当签字或者盖章；拒绝签名或者盖章的，记明情况附卷。

经听证主持人审阅并由听证主持人和记录员签名后，封卷上交税务机关负责人审阅。

听证结束后，听证主持人应当将听证情况和处理意见报告税务机关负责人。

对应当进行听证的案件，税务机关不组织听证，行政处罚决定不能成立；当事人放弃听证权利或者被正当取消听证权利的除外。

听证费用由组织听证的税务机关支付，不得由要求听证的当事人承担或者变相承担。

3. 审查

对于当事人的陈述、申辩或者听证情况，审查机构应当进行审查，填写《税务案件审查登记簿》。审查机构应在自收到调查机构移交案卷之日起10日内审查终结，制作审查报告，并连同案卷材料报送税务机关负责人审批。

4. 决定与执行

审查机构作出审查意见并报送税务机关负责人审批后，应当根据审批结果制作终结性文书，并送达给案件当事人或相关机关。有应受到行政处罚的违法行为的，制作《税务行政处罚决定书》；决定不予以处罚的，制作《不予税务行政处罚决定书》。对于需要补缴税款、加收滞纳金的，应同时制作《税务处理决定书》；违法行为已构成犯罪的，制作《涉嫌犯罪案件移送书》，报经审批后将违法案件移送公安机关。

税务机关作出罚款决定的同时制作《税务行政处罚决定书》。《税务行政处罚决定书》应当载明下列事项：①当事人的姓名或者名称、地址；②违反法律、法规或者规章的事实和证据；③行政处罚的种类和依据；④行政处罚的履行方式和期限；⑤不服行政处罚决定，申请行政复议或者提起行政诉讼的途径和期限；⑥作出处罚决定的税务机关名称和作出决定的日期；⑦必须盖有作出行政处罚决定的税务机关的印章。

【案例11-2】由一起税务行政处罚听证所引发的几点思考①

接群众举报，南昌市国税稽查局组成检查小组对某从事防盗门生产的个体业主进行了

---

① 刘明宇. 由一起税务行政处罚听证所引发的几点思考. 中国法律教育网. http://www.chinalawedu.com/news/2004/11/ma38501518271721140024560.html.

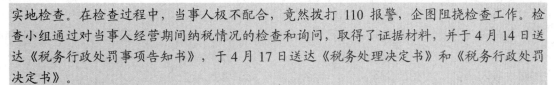

实地检查。在检查过程中,当事人极不配合,竟然拨打 110 报警,企图阻挠检查工作。检查小组通过对当事人经营期间纳税情况的检查和询问,取得了证据材料,并于 4 月 14 日送达《税务行政处罚事项告知书》,于 4 月 17 日送达《税务处理决定书》和《税务行政处罚决定书》。

当事人接文书后于 4 月 17 日下午提出了听证申请,稽查局依法接受了其听证要求。

听证会上,检查人员提出了当事人偷税的事实、证据和税务行政处罚决定,当事人及其代理人则相应对行政处罚决定程序进行了申辩,并对稽查局提出的实际生产经营时间、税款核定、是否属于规定的增值税纳税人、是否属于偷税等相关证据予以了质证。通过召开此次听证会,暴露出我们在当前稽查工作中存在的一些薄弱环节,集中体现在执法程序欠规范,特别是一些重要程序未能到位和有效证据搜集不足等两个方面,教训深刻,发人深省,亟待在今后的稽查工作中加以改进和完善。

一、坚持依法治税,税务稽查执法程序一定要严格依法到位

坚持依法治税,其中严格依法律所规定的各项法定程序办事是规范执法的很重要的方面。以本案为例,根据《中华人民共和国行政处罚法》第 42 条的规定,行政机关作出行政处罚决定之前,应当告知当事人有要求举行听证的权利(收到告知书 3 日内提出)。为此,稽查局稽查员 4 月 14 日向当事人送达《税务行政处罚事项告知书》,并履行了告知程序是合乎法律程序的。但当当事人提出听证申请后,稽查员在未超过法定的当事人申请听证的权利期限内即 4 月 17 日(18 日满 3 天),却错误地送达了《税务行政处罚决定书》,违反了《中华人民共和国行政处罚法》第 43 条关于行政处罚决定应在听证结束后依法作出的规定。为此,该案当事人代理人在听证《申辩书》中也指出了该行政处罚决定程序不合法,并提出了依据《中华人民共和国行政处罚法》第 55 条的规定,要求有关部门改正,撤销这一不当的行政处罚及税务处理决定的建议。

再如,我局稽查员核定其每月应纳税款 600 元所依据的是管理局的证明材料,在听证会上,管理局户管员出示的 2002 年 6 月 17 日的《应纳税款核定书》和《核定(调整)定额通知书》等两份文书均无文号及送达回证,当事人拒不承认接受了该两份文书,按照规定法律文书不能生效,也就自然不能作为核定当事人每月应纳税款的证据使用。

程序上的不到位给稽查工作带来了不利的影响,使工作处于被动的局面。最后我们在听证会上当场收回了无效的《税务行政处罚决定书》,并将重新审理并作出对当事人的税务行政处理、处罚决定。

二、在税务稽查过程中应高度重视有效证据的收集

在法律规定的范围内,依法合理搜集有效证据,是依法治税的要求,也是执法水平高低的体现。以本案为例,稽查员确定当事人生产经营时间的证据是当事人提供的房屋租赁合同复印件、举报人材料、管理局的证明材料和核定税款证明。房屋租赁合同只能反映当事人租用店面的时间,而不能用于确定其从事生产经营的时间;举报人材料所述事实还有待核实,不能作为有效证据;而管理局出具的证明材料称当事人 2001 年 11 月至 2002 年 6 月开办期未办证、未纳税,难以说明当事人就是从 2001 年 11 月开始经营的。为此,本案中证明纳税人生产经营时间的证据并不充分。

又如,根据《税收征管法》第 63 条的规定,纳税人经税务机关通知申报而拒不申报或者进行虚假的纳税申报,不缴或者少缴应纳税款的,是偷税。本案当事人发生了生产经营

行为，属增值税纳税义务人是毫无疑问的，但确定其为偷税要有经税务机关通知申报而拒不申报的证据材料，而稽查员出示的管理局证明材料上称"经我局税管员多次下发限期整改，无效"，但未见有管理局对当事人下达的《限期整改通知书》，关键是没有有效证据证明当事人收到了相关的法律文书，故认定其偷税证据也不充分。

特别需要指出的是：税务机关在运用各种检查手段进行检查时，目的是查清事实、取得有关的证据，为确定纳税人是否有税收违法行为、进行税务行政处理提供依据。因此，检查中取得的证据对税务检查、税务处理是至关重要的。从目前全国的情况来看，税务案件对相关证据的真实、合法、有效收集不够充分是当前执法中最为薄弱的环节，一旦发生税务行政诉讼，胜诉的概率并不很高。1999 年税务部门的败诉率为 66% 左右，远远高于全国行政机关 40% 的平均败诉率，2000 年败诉率更是上升至 82%。虽然我局目前无一例税务行政诉讼案件，但仍有一例税务行政复议案件变更原决定，这实际给我们敲响了警钟。为此，今后在搜集证据时，一定要本着合法性、真实性和证据与案件的关联性原则取证，并且还要注意保存有关的证据。

欢迎观看税务行政处罚的教学视频，请扫描二维码。

第二节　税务行政复议

11-1 税务行政处罚_batch.mp4

一、税务行政复议的概念

行政复议，是指行政相对人认为行政主体的具体行政行为侵犯其合法权益，依法向行政复议机关提出复查该具体行政行为的申请，行政复议机关依照法定程序对被申请的具体行政行为进行合法、适当性审查，并作出行政复议决定的一种法律制度。税务行政复议是指纳税人、扣缴义务人、纳税担保人等税务当事人或其他行政相对人认为税务机关及其工作人员作出的税务具体行政行为侵犯其合法权益，依法向税务行政复议机关提出复查该具体行政行为的申请，由税务行政复议机关对该具体行政行为的合法性和适当性进行审查并作出裁决的制度和活动。税务行政复议机关是指依法受理行政复议申请、对具体行政行为进行审查并作出行政复议决定的税务机关。

税务行政复议是一种行政法律制度，具有纠错的作用，其特征如下：

第一，税务行政复议是由行政机关主持的裁决活动。首先，税务行政复议是国家行政机关主持的活动，而不是由司法机关主持的诉讼活动或由权力机关等主体实施的监督活动。其次，税务行政复议是由有复议权的行政机关主持的活动。复议权是法律授予对引起争议的具体行政行为进行审查并作出裁决的权力，它既不是税务机关的专有权力，也不是任何行政机关都可行使的权力。按照《行政复议法》的规定，能够行使税务行政复议的机关主要是上一级税务机关和本级人民政府。

第二，税务行政复议申请人以不服税务机关及其工作人员作出的税务具体行政行为为前提，即税务行政复议以税务具体行政行为为审查对象。税务具体行政行为是指税务机关及其工作人员针对特定的人、特定的具体事项，作出的有关纳税人等税务当事人或其他行政相对人权利义务的单方行为，可直接作为行政相对人履行义务或行政主体强制执行的依据。对与税务具体行政行为相对应的抽象行政行为，如果属于行政法现、规章等行政立法行为，行政相对人不能申请行政复议，也不能提出审查申请；如果行政相对人认为规章以下的一般抽象行政行为违法，可以在对相应具体行政行为申请复议时，一并提出对该抽象行政行为进行审查的申请。

第三，税务行政复议因不服具体行政行为的利害关系人的申请而发生。当事人提出申请是引起税务行政复议的前提条件。"不告不理"的原则也同样适用于税务行政复议，没有申请人的申请，就启动不了税务行政复议程序，也就无所谓税务行政复议活动。

第四，税务行政复议不仅审查具体行政行为的合法性，而且还审查具体行政行为的适当性。这一特征使行政复议与以审查具体行政行为合法性为原则的行政诉讼区别开来。

第五，税务行政复议与税务行政诉讼衔接方面的特点——复议前置。对于多数行政争议来讲，行政相对人既可以向复议机关申请行政复议，也可以直接向人民法院提起行政诉讼，通过哪种方式，由相对人自由选择。税务行政复议则不同，按照《税收征管法》和《行政复议法》的规定，对于因征税及滞纳金问题引起的争议，税务行政复议是税务行政诉讼的必经程序，未经复议，行政相对人不能向法院起诉。除此之外的税务争议，如因处罚、保全措施及强制执行等引起的争议，行政相对人则可以选择适用复议或诉讼程序。

二、税务行政复议的基本原则

税务行政复议的基本原则是贯穿税务行政复议始终的一些基本指导思想，反映了税务行政复议规律的内在要求。具体讲，税务行政复议应坚持如下原则。

(一)一级复议原则

这一原则的基本含义是：除非法律另有规定，对引起争议的税务具体行政行为一般只经一级税务复议机关复议即可结案，即申请人对复议决定不服，原则上不能再向其他复议机关申请复议，而只能向法院提起行政诉讼。如果申请人在法定期限内不向法院起诉，复议决定即产生终局的法律效力。

(二)合法、公正、公开、及时、便民原则

这一原则是《行政复议法》明文规定的复议原则，包括以下几个具体方面。

1. 合法原则

合法原则包含三层含义。首先，受理税务行政复议申请的机关必须是法律赋予复议权的税务机关或人民政府。其次，税务复议机关审查复议案件适用的依据必须合法。对申请人认为不合法并要求依法处理的依据，以及行政复议机关自己认为不合法的依据，须依照法定权限和法定程序对相关依据进行处理。最后，复议程序必须合法。税务复议机关在受理复议申请、调查取证、审查具体行政行为以及作出行政复议决定的各个环节，都要严格按照法律规定的程序和期限办理。

2. 公正原则

公正原则要求复议机关在案件审理过程中，要严格依法办事，公正、平等地对待双方当事人，不偏不倚，不搞"官官相护"，以事实为依据，以法律为准绳。鉴于在税务行政

管理活动中,纳税人等行政相对人总是处于被管理的劣势,因此,在行政复议活动中,复议机关尤其要确保行政相对人充分行使复议权,切实维护其合法权益,做到有错必究,公正无私。

3. 公开原则

公开原则要求税务复议机关审理复议案件、作出复议决定应当向社会要公开,接受来自社会各方面的监督,确保案件得到合法、公正的处理。首先,复议案件过程要公开。它要求行政复议机关尽可能听取申请人、被申请人和第三人的意见,让他们更多地介入行政复议程序。因此,行政复议法规定行政复议以书面审理为原则,必要时可向有关组织和个人调查情况,听取各方意见。其次,复议案件的材料要公开。它要求行政复议机关在申请人、第三人的请求下,公开与行政复议有关的一切材料,包括被申请人提出的书面答复、作出具体行政行为的证据及其他有关材料。

4. 及时原则

基于行政复议的效率特性以及行政复议与司法监督环节衔接的需要,行政复议机关应当在保障工作质量的前提下,尽可能在法定期限内迅速结案,税务行政复议也不例外。要及时审查复议申请,尽快开展复议审理工作,并按时作出复议决定。

5. 便民原则

便民原则是指在行政复议过程中,要方便于民,尽量为复议申请人着想,考虑到各种情况,在复议的申请、受理、审理等方面,使申请人感到快捷、简便。《行政复议法》通篇都体现了便民原则和对申请人权利的尊重。

(三)书面复议原则

书面复议原则是指行政复议机关对行政复议申请人提出的申请和被申请人提交的答辩,以及其他有关材料一般采取非公开对质的审查,并在此基础上作出行政复议决定。行政复议以书面审理为原则,是基于以下考虑:其一,书面审理有利于提高解决行政争议的效率,减少行政复议成本。其二,行政复议机关对被申请人的具体行政行为所涉及行政事务比较熟悉,在一般情况下通过书面审查完全可以查明事实真相,但书面审查毕竟有其局限性,因此,行政复议法规定,在申请人提出要求或行政复议机关负责法制工作的机构认为有必要时,可以向有关组织和个人调查情况,听取申请人、被申请人和第三人的意见。

(四)复议不停止执行原则

根据《中华人民共和国行政复议法》第21条的规定,除非有特殊情形,具体行政行为在行政复议期间不停止执行。《税务行政复议规则》第51条规定,行政复议期间具体行政行为不停止执行;但是有下列情形之一的,可以停止执行:①被申请人认为需要停止执行的;②行政复议机关认为需要停止执行的;③申请人申请停止执行,行政复议机关认为其要求合理,决定停止执行的;④法律规定停止执行的。

(五)被申请人负举证责任原则

在民事诉讼中,在举证方面奉行"谁主张、谁举证"的原则,即原告必须要提出充分证据来证明自己的主张,否则其主张不成立。与此不同,行政复议法在这方面则奉行举证责任倒置原则,即由行政机关负主要举证责任。税务行政复议也是如此,《税务行政复议规则》第53条规定,在行政复议中,被申请人对其作出的具体行政行为负有举证责任,即作出具体行政行为的税务机关负有举证责任。

税务行政复议证据包括以下类别:①书证;②物证;③视听资料;④电子数据;⑤证人证言;⑥当事人的陈述;⑦鉴定意见;⑧勘验笔录、现场笔录。

三、税务行政复议的受理范围

税务行政复议的受理范围,是指哪些税务行政行为可以成为税务行政复议的受理对象。根据《税收征管法》《行政复议法》《税务行政复议规则》的规定,税务行政复议受理范围主要包括如下内容。

1. 具体行政行为

行政复议机关受理申请人对税务机关下列具体行政行为不服提出的行政复议申请。

(1) 征税行为,包括确认纳税主体、征税对象、征税范围、减税、免税、退税、抵扣税款、适用税率、计税依据、纳税环节、纳税期限、纳税地点和税款征收方式等具体行政行为,征收税款、加收滞纳金,扣缴义务人、受税务机关委托的单位和个人作出的代扣代缴、代收代缴、代征行为等。

(2) 行政许可、行政审批行为。

(3) 发票管理行为,包括发售、收缴、代开发票等。

(4) 税收保全措施、强制执行措施。

(5) 行政处罚行为。

① 罚款;

② 没收财物和违法所得;

③ 停止出口退税权。

(6) 不依法履行下列职责的行为。

① 颁发税务登记;

② 开具、出具完税凭证、外出经营活动税收管理证明;

③ 行政赔偿;

④ 行政奖励;

⑤ 其他不依法履行职责的行为。

(7) 资格认定行为。

(8) 不依法确认纳税担保行为。

(9) 政府信息公开工作中的具体行政行为。

(10) 纳税信用等级评定行为。

(11) 通知出入境管理机关阻止出境行为。
(12) 其他具体行政行为。

2. 抽象行政行为

申请人认为税务机关的具体行政行为所依据的下列规定不合法,对具体行政行为申请行政复议时,可以一并向行政复议机关提出对有关规定的审查申请;申请人对具体行政行为提出行政复议申请时不知道该具体行政行为所依据的规定的,可以在行政复议机关作出行政复议决定以前提出对该规定的审查申请。

(1) 国家税务总局和国务院其他部门的规定(不包括规章)。
(2) 其他各级税务机关的规定。
(3) 地方各级人民政府的规定(不包括规章)。
(4) 地方人民政府工作部门的规定。

四、税务行政复议的形式

1. 必经复议

提起行政诉讼前必须先经过行政复议程序,这种行政复议称为必经复议,也称复议前置。

《税务行政复议规则》规定,对征税行为不服的,应当先向税务行政复议机关申请行政复议,对税务行政复议决定不服的,才可以向人民法院提起行政诉讼。

2. 选择复议

由行政行为相对人在行政复议和行政诉讼中可以任意选择,这种行政复议称为选择复议。

《税务行政复议规则》规定,对征税行为以外的其他具体行政行为不服的,可以向税务行政复议机关申请行政复议,也可以直接向人民法院起诉。

五、税务行政复议的管辖

行政复议管辖,是指哪一类行政争议应由哪一个或哪一级行政机关进行复议并作出决定的权限划分,以此来确定行政复议机关受理行政复议案件的分工和权限。

(一)税务行政复议的一般管辖

一般管辖分为上一级税务机关管辖、国家税务总局本机关管辖三种情况。
(1) 对各级税务机关作出的具体行政行为不服的,向其上一级税务机关申请行政复议。
(2) 对国家税务总局的具体行政行为不服的,向国家税务总局申请行政复议。对行政复议决定不服的,申请人可以向人民法院提起行政诉讼,也可以向国务院申请裁决。国务院的裁决为最终裁决。

第十一章 税务行政处罚与税务行政救济

(二)税务行政复议的特殊管辖

对一般管辖以外的行政主体作出的税务具体行政行为,实行特殊管辖,具体如下。

(1) 对计划单列市税务局的具体行政行为不服的,向国家税务总局申请行政复议。

(2) 对税务所(分局)、各级税务局的稽查局的具体行政行为不服的,向其所属税务局申请行政复议。

(3) 对两个以上税务机关共同作出的具体行政行为不服的,向共同上一级税务机关申请行政复议;对税务机关与其他行政机关共同作出的具体行政行为不服的,向其共同上一级行政机关申请行政复议。

(4) 对被撤销的税务机关在撤销以前所作出的具体行政行为不服的,向继续行使其职权的税务机关的上一级税务机关申请行政复议。

(5) 对税务机关作出逾期不缴纳罚款加处罚款的决定不服的,向作出行政处罚决定的税务机关申请行政复议。但是对已处罚款和加处罚款都不服的,一并向作出行政处罚决定的税务机关的上一级税务机关申请行政复议。

对于上述 5 种情形,除第 1 种情形外,申请人也可以向具体行政行为发生地的县级地方人民政府提交行政复议申请,由接受申请的县级地方人民政府依法予以转送。

六、税务行政复议的参加人

税务行政复议的参加人,是指依法参加税务行政复议活动、保护自己合法权益或者维护法定职权的申请人、被申请人、第三人等。

(一)申请人

1. 申请人及其法律特征

税务行政复议申请人是指对税务机关作出的税务具体行政行为不服,依据法律、法规的规定,以自己的名义向行政复议机关提起复议申请的纳税人、扣缴义务人、纳税担保人等税务当事人及其他行政相对人。

复议申请人具有如下法律特征。

一是申请人必须是行政相对人,即处于被管理地位的公民、法人或其他组织。在税务行政复议中,申请人主要是指纳税人、扣缴义务人、纳税担保人等税务当事人,也包括其他行政相对人。

二是申请人是认为合法权益受到具体行政行为侵害的人。

2. 特殊情况下的复议申请人

(1) 合伙企业申请行政复议的,应当以核准登记的企业为申请人,由执行合伙事务的合伙人代表该企业参加行政复议;其他合伙组织申请行政复议的,由合伙人共同申请行政复议。

(2) 不具备法人资格的其他组织(合伙企业除外)申请行政复议的,由该组织的主要负责人代表该组织参加行政复议;没有主要负责人的,由共同推选的其他成员代表该组织参加行政复议。

(3) 股份制企业的股东大会、股东代表大会、董事会认为行政机关作出的具体行政行为侵犯企业合法权益的,可以以企业的名义申请行政复议。

(4) 非具体行政行为的行政管理相对人,但其权利直接被该具体行政行为所剥夺、限制或者被赋予义务的公民、法人或其他组织,在行政管理相对人没有申请行政复议时,可以单独申请行政复议。

(5) 有权申请行政复议的公民死亡的,其近亲属可以申请行政复议;有权申请行政复议的公民为无行为能力人或者限制行为能力人,其法定代理人可以代理申请行政复议。

(6) 有权申请行政复议的法人或者其他组织发生合并、分立或终止的,承受其权利义务的法人或者其他组织可以申请行政复议。

(7) 行政复议期间,行政复议机关认为申请人以外的公民、法人或其他组织与被审查的具体行政行为有利害关系的,可以通知其作为第三人参加行政复议。行政复议期间,申请人以外的公民、法人或其他组织与被审查的税务具体行政行为有利害关系的,可以向行政复议机关申请作为第三人参加行政复议。 第三人不参加行政复议,不影响行政复议案件的审理。

(8) 同一行政复议案件申请人超过 5 人的,推选 1 至 5 名代表参加行政复议。

3. 申请人的权利和义务

申请人在行政复议中享有充分的程序性权利,并通过行使程序性权利维护自己的合法权益。申请人在行政复议中的权利包括以下几个方面:①申请复议权;②委托代理权;③申请行政赔偿权;④撤回复议申请权;⑤对已经发生法律效力的决定申请执行权;⑥查阅被申请人提交给复议机关的书面答复、作出具体行政行为的证据和依据及其他有关材料(国家机密、商业秘密、个人隐私除外);⑦对复议裁决不服,提出行政诉讼或申请国务院裁决权。

在享有权利的同时,申请人也必须履行其应尽的义务。申请人在行政复议中应履行下列义务:①向复议机关提供有关材料的义务;②按复议机关的要求参加复议的义务;③履行已发生法律效力的复议决定的义务。

《税务行政复议规则》第 31 条规定,申请人、第三人可以委托 1 至 2 名代理人参加行政复议。申请人、第三人委托代理人的,应当向行政复议机构提交授权委托书。授权委托书应当载明委托事项、权限和期限。公民在特殊情况下无法书面委托的,可以口头委托。口头委托的,行政复议机构应当核实并记录在卷。申请人、第三人解除或者变更委托的,应当书面告知行政复议机构。

(二)被申请人

1. 被申请人

被申请人是指其具体行政行为被税务行政复议申请人指控违法,侵犯其合法权益,并被税务行政复议机关通知参加复议的行政主体。被申请人的具体规定如下。

(1) 申请人对具体行政行为不服申请行政复议的,作出该具体行政行为的税务机关为被申请人。

(2) 申请人对扣缴义务人的扣缴税款行为不服的,主管该扣缴义务人的税务机关为被申请人；对税务机关委托的单位和个人的代征行为不服的，委托税务机关为被申请人。

(3) 税务机关与法律、法规授权的组织以共同的名义作出具体行政行为的，税务机关和法律、法规授权的组织为共同被申请人。税务机关与其他组织以共同名义作出具体行政行为的，税务机关为被申请人。

(4) 税务机关依照法律、法规和规章规定，经上级税务机关批准作出具体行政行为的，批准机关为被申请人。申请人对经重大税务案件审理程序作出的决定不服的，审理委员会所在税务机关为被申请人。

(5) 税务机关设立的派出机构、内设机构或者其他组织，未经法律、法规授权，以自己名义对外作出具体行政行为的，税务机关为被申请人。

2. 被申请人的权利和义务

被申请人在行政复议中的权利和义务包括以下几个方面。
(1) 复议期间不停止具体行政行为执行的权利。
(2) 进行答辩的义务。
(3) 接受审查的义务。
(4) 向复议机关提供作出具体行政行为的证据、依据和其他有关材料的义务。
(5) 履行发生法律效力决定的义务。
(6) 被申请人不得委托本机关以外人员参加行政复议。

(三)税务行政复议第三人

税务行政复议中的第三人，是指因与被申请复议的具体行政行为有利害关系而参加到税务行政复议中去的行政相对人。在税务行政复议中，第三人具有独立的法律地位，不依附于申请人或被申请人，享有与申请人基本相同的申请复议权利。

(1) 税务行政复议期间，行政复议机构认为申请人以外的公民、法人或者其他组织与被审查的具体行政行为有利害关系的，可以通知其作为第三人参加行政复议。

(2) 税务行政复议期间，申请人以外的公民、法人或者其他组织与被审查的具体行政行为有利害关系的，可以向行政复议机关申请作为第三人参加行政复议。

(3) 第三人不参加税务行政复议，不影响行政复议案件的审理。

七、税务行政复议的程序

(一)税务行政复议的申请

税务行政复议申请，是指公民、法人或其他组织向法定复议机关提出的要求其对某一具体行政行为进行审查并作出裁决的意思表示。申请人在税务行政复议决定提出前自愿撤回行政复议申请的，经行政复议机构同意，可以撤回。申请人撤回行政复议申请的，不得再以同一事实和理由提出行政复议申请。但是，申请人能够证明撤回行政复议申请违背其真实意思表示的除外。

1. 申请方式及其要求

申请人申请行政复议，可以书面申请，也可以口头申请。

(1) 书面申请的,申请人可以采取当面递交、邮寄或者传真等方式提出行政复议申请。有条件的行政复议机构可以接受以电子邮件形式提出的行政复议申请。对以传真、电子邮件形式提出行政复议申请的,行政复议机关应当审核、确认申请人的身份、复议事项。

申请人书面申请行政复议的,应当在行政复议申请书中载明下列事项:①申请人的基本情况,包括公民的姓名、性别、出生年月、身份证件号码、工作单位、住所、邮政编码、联系电话;法人或者其他组织的名称、住所、邮政编码、联系电话和法定代表人或者主要负责人的姓名、职务。②被申请人的名称。③行政复议请求、申请行政复议的主要事实和理由。④申请人的签名或者盖章。⑤申请行政复议的日期。

(2) 申请人口头申请行政复议的,行政复议机构应当依照前述书面申请规定的事项,当场制作行政复议申请笔录交申请人核对或者向申请人宣读,并由申请人签字确认。

有下列情形之一的,申请人在提起行政复议时候应当提供证明材料:①认为被申请人不履行法定职责的,提供曾经要求被申请人履行法定职责而被申请人未履行的证明材料;②申请行政复议时一并提出行政赔偿请求的,提供受具体行政行为侵害而造成损害的证明材料;③法律、法规规定需要申请人提供证据材料的其他情形。

申请人提出行政复议申请时错列被申请人的,行政复议机关应当告知申请人变更被申请人。申请人不变更被申请人的,行政复议机关不予受理,或者驳回行政复议申请。

2. 申请期限

申请人可以在知道税务机关作出具体行政行为之日起60日内提出行政复议申请。因不可抗力或者被申请人设置障碍等原因耽误法定申请期限的,申请期限的计算应当扣除被耽误时间。

行政复议申请期限的计算,一般依照下列规定办理。

(1) 当场作出具体行政行为的,自具体行政行为作出之日起计算。

(2) 载明具体行政行为的法律文书直接送达的,自受送达人签收之日起计算。

(3) 载明具体行政行为的法律文书邮寄送达的,自受送达人在邮件签收单上签收之日起计算;没有邮件签收单的,自受送达人在送达回执上签名之日起计算。

(4) 具体行政行为依法通过公告形式告知受送达人的,自公告规定的期限届满之日起计算。

(5) 行政机关作出具体行政行为时未告知公民、法人或者其他组织,事后补充告知的,自该公民、法人或者其他组织收到行政机关补充告知的通知之日起计算。

(6) 被申请人能够证明公民、法人或者其他组织知道具体行政行为的,自证据材料证明其知道具体行政行为之日起计算。

行政机关作出具体行政行为,依法应当向有关公民、法人或者其他组织送达法律文书而未送达的,视为该公民、法人或者其他组织不知道该具体行政行为。行政机关作出的具体行政行为对公民、法人或者其他组织的权利、义务可能产生不利影响的,应当告知其申请行政复议的权利、行政复议机关和行政复议的申请期限。

对行政机关应作为而未作为的,根据《行政复议法实施条例》第16条的规定,公民、法人或者其他组织依照《行政复议法》第6条第8项、第9项、第10项的规定申请行政机关履行法定职责,行政机关未履行的,行政复议申请期限依照下列规定计算。

第一,有履行期限规定的,自履行期限届满之日起计算。

第二,没有履行期限规定的,自行政机关收到申请满60日起计算。

公民、法人或者其他组织在紧急情况下请求行政机关履行保护人身权、财产权的法定职责,行政机关不履行的,行政复议申请期限不受前述规定的限制。

3. 申请条件

一般税务行政复议申请条件仅限于以下三种:一是申请的行为属于税务行政复议的受理范围,如对公务员进行处分的内部行政行为不能申请复议;二是申请必须在法定期限内提出,如无特殊情况不能超过60日提出复议申请;三是申请人必须具备主体资格。是否属于复议机关管辖,不是复议申请的条件。收到复议申请书的复议机关因无管辖权可以拒绝受理,但是它必须告知申请人向哪个复议机关申请复议。

对必经行政复议的具体行政行为申请行政复议的,申请人必须依照税务机关根据法律、法规确定的税额、期限,先行缴纳或者解缴税款和滞纳金,或者提供相应的担保,才可以在缴清税款和滞纳金以后或者所提供的担保得到作出具体行政行为的税务机关确认之日起60日内提出行政复议申请。 申请人提供担保的方式包括保证、抵押和质押。作出具体行政行为的税务机关应当对保证人的资格、资信进行审查,对不具备法律规定资格或者没有能力保证的,有权拒绝。作出具体行政行为的税务机关应当对抵押人、出质人提供的抵押担保、质押担保进行审查,对不符合法律规定的抵押担保、质押担保,不予确认。

对必经行政复议以外的其他具体行政行为不服,可以申请行政复议,也可以直接向人民法院提起行政诉讼。 申请人对税务机关作出逾期不缴纳罚款加处罚款的决定不服的,应当先缴纳罚款和加处罚款,再申请行政复议。

申请人向行政复议机关申请行政复议,行政复议机关已经受理的,在法定行政复议期限内申请人不得再向人民法院提起行政诉讼;申请人向人民法院提起行政诉讼,人民法院已经依法受理的,不得再申请行政复议。

(二)税务行政复议的受理

纳税人认为税务机关的具体行政行为侵犯其合法权益提出行政复议申请,除不符合《行政复议法》和《行政复议法实施条例》规定的申请条件的,税务机关必须受理。

行政复议申请符合下列规定的,行政复议机关应当受理。

(1) 属于本规则规定的行政复议范围。
(2) 在法定申请期限内提出。
(3) 有明确的申请人和符合规定的被申请人。
(4) 申请人与具体行政行为有利害关系。
(5) 有具体的行政复议请求和理由。
(6) 符合《税务行政复议规则》第33条和第34条规定的条件。
(7) 属于收到行政复议申请的行政复议机关的职责范围。
(8) 其他行政复议机关尚未受理同一行政复议申请,人民法院尚未受理同一主体就同一事实提起的行政诉讼。

行政复议机关收到行政复议申请以后,应当在5日内审查,决定是否受理。对不符合本规则规定的行政复议申请，决定不予受理，并书面告知申请人。对不属于本机关受理的行政复议申请，应当告知申请人向有关行政复议机关提出申请。行政复议机关收到行政复议申请以后未按照前款规定期限审查并作出不予受理决定的，视为受理。

对符合规定的行政复议申请，自行政复议机关收到行政复议申请之日起即为受理；受理行政复议申请的，应当书面告知申请人。

行政复议申请材料不齐全、表述不清楚的，行政复议机关可以自收到该行政复议申请之日起5日内书面通知申请人补正。补正通知应当载明需要补正的事项和合理的补正期限。无正当理由逾期不补正的，视为申请人放弃行政复议申请。补正申请材料所用时间不计入行政复议审理期限。

上级税务机关认为行政复议机关不予受理行政复议申请的理由不成立的，可以督促其受理；经督促仍然不受理的，责令其限期受理。上级税务机关认为行政复议申请不符合法定受理条件的，应当告知申请人。

上级税务机关认为有必要的，可以直接受理或者提审由下级税务机关管辖的行政复议案件。

有下列情形之一的，行政复议机关应当决定驳回行政复议申请：①申请人认为税务机关不履行法定职责申请行政复议，行政复议机关受理以后发现该税务机关没有相应法定职责或者在受理以前已经履行法定职责的。②受理行政复议申请后，发现该行政复议申请不符合行政复议法及其实施条例和本规则规定的受理条件的。上级税务机关认为行政复议机关驳回行政复议申请的理由不成立的，应当责令限期恢复受理。行政复议机关审理行政复议申请期限的计算应当扣除因驳回耽误的时间。

对应当先向行政复议机关申请行政复议，对行政复议决定不服再向人民法院提起行政诉讼的具体行政行为，行政复议机关决定不予受理或者受理以后超过行政复议期限不作答复的，申请人可以自收到不予受理决定书之日起或者行政复议期满之日起15日内，依法向人民法院提起行政诉讼。按规定延长行政复议期限的，以延长以后的时间为行政复议期满时间。

行政复议机关受理行政复议申请，不得向申请人收取任何费用。

(三)税务行政复议的审查

1. 审查的准备

税务行政复议机构应当自受理行政复议申请之日起7日内，将行政复议申请书副本或者行政复议申请笔录复印件发送被申请人。被申请人应当自收到申请书副本或者申请笔录复印件之日起10日内作出书面答复，并提交当初作出具体行政行为的证据、依据和其他有关材料。对国家税务总局的具体行政行为不服申请行政复议的案件，由原承办具体行政行为的相关机构向行政复议机构作出书面答复，并提交当初作出具体行政行为的证据、依据和其他有关材料。

行政复议机构审理行政复议案件，应当由两名以上行政复议工作人员参加。

行政复议原则上采用书面审查的办法，但是申请人提出要求或者行政复议机构认为有必要时，应当听取申请人、被申请人和第三人的意见，并可以向有关组织和人员调查了解情况。

对重大、复杂的案件,申请人提出要求或者行政复议机构认为必要时,可以采取听证的方式审理。行政复议机构决定举行听证的,应当将举行听证的时间、地点和具体要求等事项通知申请人、被申请人和第三人。第三人不参加听证的,不影响听证的举行。听证应当公开举行,但是涉及国家秘密、商业秘密或者个人隐私的除外。行政复议听证人员不得少于 2 人,听证主持人由行政复议机构指定。听证应当制作笔录,申请人、被申请人和第三人应当确认听证笔录的内容。行政复议听证笔录应当附卷,作为行政复议机构审理案件的依据之一。

在行政复议过程中,被申请人不得自行向申请人和其他有关组织或个人收集证据。

申请人和第三人可以查阅被申请人作出的书面答复、作出具体行政行为的证据、依据和其他有关材料,除涉及国家秘密、商业秘密或者个人隐私外,行政复议机关不得拒绝。

行政复议机关应当为申请人、第三人查阅案卷资料、接受询问、调解、听证等提供专门场所和其他必要条件。

2. 审查的内容

行政复议机关应当全面审查被申请人的具体行政行为所依据的事实证据、法律程序、法律依据和设定的权利义务内容的合法性、适当性。

申请人在行政复议决定作出以前撤回行政复议申请的,经行政复议机构同意,可以撤回。申请人撤回行政复议申请的,不得再以同一事实和理由提出行政复议申请。但是,申请人能够证明撤回行政复议申请违背其真实意思表示的除外。

行政复议期间被申请人改变原具体行政行为的,不影响行政复议案件的审理。但是,申请人依法撤回行政复议申请的除外。

申请人在申请行政复议时,一并提出对所作出的具体行政行为所依据的有关规定的审查申请的,行政复议机关对该规定有权处理的,应当在 30 日内依法处理;无权处理的,应当在 7 日内按照法定程序逐级转送有权处理的行政机关依法处理,有权处理的行政机关应当在 60 日内依法处理。处理期间,中止对具体行政行为的审查。

审查证据的合法性、真实性和关联性。

行政复议机关应当根据案件的具体情况,从以下方面审查证据的合法性。

(1) 证据是否符合法定形式。
(2) 证据的取得是否符合法律、法规、规章和司法解释的规定。
(3) 是否有影响证据效力的其他违法情形。

行政复议机关应当根据案件的具体情况,从以下方面审查证据的真实性。

(1) 证据形成的原因。
(2) 发现证据时的环境。
(3) 证据是否为原件、原物,复制件、复制品与原件、原物是否相符。
(4) 提供证据的人或者证人与行政复议参加人是否具有利害关系。
(5) 影响证据真实性的其他因素。

行政复议机关应当根据案件的具体情况,从以下方面审查证据的关联性。

(1) 证据与待证事实是否具有证明关系。

(2) 证据与待证事实的关联程度。
(3) 影响证据关联性的其他因素。
下列证据材料不得作为定案依据。
(1) 违反法定程序收集的证据材料。
(2) 以偷拍、偷录和窃听等手段获取的侵害他人合法权益的证据材料。
(3) 以利诱、欺诈、胁迫和暴力等不正当手段获取的证据材料。
(4) 无正当事由超出举证期限提供的证据材料。
(5) 无正当理由拒不提供原件、原物，又无其他证据印证，且对方不予认可的证据的复制件、复制品。
(6) 无法辨明真伪的证据材料。
(7) 不能正确表达意志的证人提供的证言。
(8) 不具备合法性、真实性的其他证据材料。
(9) 行政复议机构依据规定的职责(向有关组织和人员调查取证，查阅文件和资料)等。所取得的有关材料，不得作为支持被申请人具体行政行为的证据。

行政复议机构认为必要时，可以调查取证。行政复议工作人员向有关组织和人员调查取证时，可以查阅、复制和调取有关文件和资料，向有关人员询问。调查取证时，行政复议工作人员不得少于 2 人，并应当向当事人和有关人员出示证件。被调查单位和人员应当配合行政复议工作人员的工作，不得拒绝、阻挠。需要现场勘验的，现场勘验所用时间不计入行政复议的审理期限。在行政复议的过程中，被申请人不得自行向申请人和其他有关组织或者个人收集证据。

3. 审查的中止和终止

行政复议期间，有下列情形之一的，行政复议中止。
(1) 作为申请人的公民死亡，其近亲属尚未确定是否参加行政复议的。
(2) 作为申请人的公民丧失了参加行政复议的能力，尚未确定法定代理人参加行政复议的。
(3) 作为申请人的法人或者其他组织终止，尚未确定权利义务承受人的。
(4) 作为申请人的公民下落不明或者被宣告失踪的。
(5) 申请人、被申请人因不可抗力原因，不能参加行政复议的。
(6) 行政复议机关因不可抗力原因，暂时不能履行工作职责的。
(7) 案件涉及法律适用问题，需要有权机关作出解释或者确认的。
(8) 案件审理需要以其他案件的审理结果为依据，而其他案件尚未审结的。
(9) 其他需要中止行政复议的情形。

行政复议中止的原因消除以后，应当及时恢复行政复议案件的审理。
行政复议机构中止、恢复行政复议案件的审理，应当告知申请人、被申请人、第三人。
行政复议期间，有下列情形之一的，行政复议终止。
(1) 申请人要求撤回行政复议申请，行政复议机构准予撤回的。
(2) 作为申请人的公民死亡，没有近亲属，或者其近亲属放弃行政复议权利的。
(3) 作为申请人的法人或者其他组织终止，其权利义务的承受人放弃行政复议权利的。

(4) 申请人与被申请人依照《税务行政复议规则》第87条的规定，经行政复议机构准许达成和解的。

(5) 行政复议申请受理以后，发现其他行政复议机关已经先于本机关受理，或者人民法院已经受理的。

(6) 中止行政复议的前3种情形之一的，满60日行政复议中止的原因未消除的，行政复议终止。

4. 和解与调解

对下列行政复议事项，按照自愿、合法的原则，申请人和被申请人在行政复议机关作出行政复议决定以前可以达成和解，行政复议机关也可以调解：①行使自由裁量权作出的具体行政行为，如行政处罚、核定税额、确定应税所得率等；②行政赔偿；③行政奖励；④存在其他合理性问题的具体行政行为。

1) 和解

申请人和被申请人达成和解的，应当向行政复议机构提交书面和解协议。经行政复议机构准许和解、终止行政复议的，申请人不得以同一事实和理由再次申请行政复议。

调解应当符合下列要求：①尊重申请人和被申请人的意愿；②在查明案件事实的基础上进行；③遵循客观、公正和合理原则；④不得损害社会公共利益和他人合法权益。

2) 调解

行政复议机关按照下列程序调解：①征得申请人和被申请人的同意；②听取申请人和被申请人的意见；③提出调解方案；④达成调解协议；⑤制作行政复议调解书。

行政复议调解书应当载明行政复议的请求、事实、理由和调解结果，并加盖行政复议机关的印章。行政复议调解书经双方当事人签字，即具有法律效力。

调解未达成协议，或者行政复议调解书不生效的，行政复议机关应当及时作出行政复议决定。

申请人不履行行政复议调解书的，由被申请人依法强制执行，或者申请人民法院强制执行。

(四)税务行政复议决定

税务行政复议决定，是指税务行政复议机关在查清复议案件事实的基础上，依法对税务具体行政行为是否合法和适当作出具有法律效力的决定。

1. 复议决定的期限

根据《行政复议法》的规定，税务行政复议机关应当自收到受理复议申请之日起60日内作出行政复议决定。情况复杂，不能在规定期限内作出行政复议决定的，经行政复议机关负责人批准，可以适当延长，并告知申请人和被申请人，但是延长期限最多不得超过30日。

2. 复议决定的种类

税务行政复议机关负责法制工作的机构应当对被申请人作出的具体行政行为进行审查，提出意见，经行政复议机关的负责人同意或者集体讨论通过后，作出行政复议决定。

行政复议机关在申请人的行政复议请求范围内,不得作出对申请人更为不利的行政复议决定。具体决定种类如下。

(1) 维持决定。具体行政行为认定事实清楚,证据确凿,适用依据正确,程序合法,内容适当,决定维持。

(2) 履行决定。被申请人不履行法定职责的,决定其在一定期限内履行。

(3) 撤销、变更、确认决定。具体行政行为有下列情形之一的,决定撤销、变更或者确认该具体行政行为违法;决定撤销或者确认该具体行政行为违法的,可以责令被申请人在一定期限内重新作出具体行政行为:①主要事实不清、证据不足的;②适用依据错误的;③违反法定程序的;④超越或者滥用职权的;⑤具体行政行为明显不当的。

(4) 被申请人不按照规定作出书面答复,提交当初作出具体行政行为的证据、依据和其他有关材料的,视为该具体行政行为没有证据、依据,决定撤销该具体行政行为。

行政复议机关责令被申请人重新作出具体行政行为的,被申请人不得以同一事实和理由作出与原具体行政行为相同或者基本相同的具体行政行为;但是行政复议机关以原具体行政行为违反法定程序决定撤销的,被申请人重新作出具体行政行为的除外。 行政复议机关责令被申请人重新作出具体行政行为的,被申请人不得作出对申请人更为不利的决定;但是行政复议机关以原具体行政行为主要事实不清、证据不足或适用依据错误决定撤销的,被申请人重新作出具体行政行为的除外。

有下列情形之一的,行政复议机关可以决定变更: ①认定事实清楚,证据确凿,程序合法,但是明显不当或者适用依据错误的。②认定事实不清,证据不足,但是经行政复议机关审理查明事实清楚,证据确凿的。

责令被申请人重新作出具体行政行为的,被申请人应当在法律、法规、规章规定的期限内重新作出具体行政行为;法律、法规、规章未规定期限的,重新作出具体行政行为的期限为 60 日。情况复杂,不能在规定期限内重新作出具体行政行为的,经行政复议机关批准,可以适当延期,但是延期不得超过 30 日。税务行政复议机关责令被申请人重新作出税务具体行政行为的,被申请人不得以同一事实和理由作出与原具体行政行为相同或者基本相同的具体行政行为;但行政复议机关以原具体行政行为违反法定程序而决定撤销的,被申请人重新作出具体行政行为的,不受上述限制。行政复议机关责令被申请人重新作出具体行政行为的,被申请人不得作出对申请人更为不利的决定;但是行政复议机关以原具体行政行为主要事实不清、证据不足或适用依据错误决定撤销的,被申请人重新作出具体行政行为的除外。

被申请人不按照规定对申请书副本或申请笔录提出书面答复、提交当初作出具体行政行为的证据、依据和其他有关材料的,视为该具体行政行为没有证据、依据,决定撤销该具体行政行为。

有下列情形之一的,行政复议机关可以决定变更:①认定事实清楚,证据确凿,程序合法,但是明显不当或者适用依据错误的;②认定事实不清,证据不足,但是经行政复议机关审理查明事实清楚,证据确凿的。

行政复议机关在申请人的行政复议请求范围内,不得作出对申请人更为不利的行政复议决定。

申请人对行政复议决定不服的,可以依法向人民法院提起行政诉讼。

3. 复议决定的赔偿

申请人在申请行政复议时可以一并提出行政赔偿请求，复议机关对符合《国家赔偿法》的有关规定应当给予赔偿的，在决定撤销、变更具体行政行为或者确认具体行政行为违法时，应当同时决定对被申请人依法给予赔偿。

申请人在申请税务行政复议时没有提出行政赔偿请求的，税务复议机关在依法决定撤销或者变更税款、滞纳金、罚款以及对财产的扣押、查封等强制措施时，应当同时责令被申请人退还税款、滞纳金和罚款，解除对财产的扣押、查封等强制措施，或者赔偿相应的价款。

4. 复议决定书

税务行政复议机关作出税务行政复议决定，应当制作行政复议决定书，并加盖印章。

复议决定书一经送达即发生法律效力，申请人和被申请人应当履行。如申请人对复议决定不服，可以在收到复议决定书之日起 15 日内向法院起诉。

八、税务行政复议决定的执行

被申请人不履行、无正当理由拖延履行行政复议决定的，行政复议机关或者有关上级税务机关应当责令其限期履行。

申请人逾期不起诉又不履行行政复议决定的，税务机关可以区分情况进行处理。

(1) 维持原具体行政行为的复议决定，由最初作出具体行政行为的税务机关申请法院强制执行，或者依法强制执行。

(2) 改变原具体行政行为的复议决定，由复议机关申请法院强制执行，或者依法强制执行。

第三人逾期不起诉又不履行行政复议决定的，依照上述规定处理。

欢迎观看税务行政复议的教学视频，请扫描二维码。

欢迎观看税务行政复议及案例的教学视频，请扫描二维码。

11-2 税务行政复议
_batch.mp4

11-3 税务行政复议
及案例_batch.mp4

第三节　税务行政诉讼

一、税务行政诉讼的概念及特点

税务行政诉讼是指公民、法人或其他组织认为税务机关及其工作人员的具体税务行政行为，侵犯其合法权益，依法向人民法院提起行政诉讼，由人民法院对具体税务行政行为的合法性进行审查,并作出裁决的司法活动。

税务行政诉讼具有以下特点。

第一,税务行政诉讼以审理税务行政案件、解决税务行政争议为内容。这是税务行政诉讼区别于其他行政诉讼的根本标志。

第二,税务行政诉讼的当事人具有恒定性。税务行政诉讼的原告必须是认为自己的合法权益受到侵害的公民、法人或其他组织。税务行政诉讼的被告必须是税务机关或经法律、法规授权的行使国家税务行政管理权的机关、组织或是改变原具体税务行政行为的复议机关。因此,海关、财政等部门也可能成为税务行政诉讼的被告。

第三,税务行政诉讼所要解决的争议,必须是由税务机关在行使税务行政管理职能中引起的税务纠纷,而不是其他争议,即税务行政诉讼的标的只能是税务行政行为。《行政诉讼法》第53条规定,公民、法人或者其他组织认为行政行为所依据的国务院部门和地方人民政府及其部门制定的规范性文件不合法,在对行政行为提起诉讼时,可以一并提请对该规范性文件进行审查。

二、税务行政诉讼的基本原则

税务行政诉讼的基本原则,是指由《行政诉讼法》规定的,用以指导整个税务行政诉讼活动或者诉讼主要阶段活动的基本准则。税务行政诉讼的基本原则主要有:选择复议与复议前置相结合原则、具体行政行为合法性审查原则、行政诉讼期间具体行政行为不停止执行原则、税务机关负举证责任原则、不适用调解原则。

(一)选择复议与复议前置相结合原则

选择复议是指在法律、法规没有明确规定必须经过复议的情况下,当事人对税务机关作出的具体行政行为不服时,既可以选择先向上一级税务机关或法律规定的特定机关申请税务行政复议,对复议决定不服,再向人民法院提起税务行政诉讼;也可以选择不经复议,直接向人民法院提起税务行政诉讼的制度。

复议前置是指当事人对税务机关作出的具体行政行为不服时,不能直接向人民法院提起税务行政诉讼,而必须先向上一级税务机关申请行政复议,对复议决定不服的,才能向人民法院提起税务行政诉讼的制度。

根据《税收征管法》的规定,当事人同税务机关在征税行为上发生争议时,必须先申请行政复议,对税务行政复议决定不服的,才可以向人民法院起诉,未经复议而直接向人民法院起诉的,人民法院将不予受理。除了征税行为产生争议外,其他的税务具体行政行为,当事人可以选择申请行政复议,也可以不经复议直接向人民法院起诉。因此,税务行政诉讼采用的是选择复议与复议前置相结合的原则。

(二)行政行为合法性审查原则

《行政诉讼法》第6条规定,人民法院审理行政案件,对行政行为是否合法进行审查。与刑事诉讼和民事诉讼相比,行政行为合法性审查原则是行政诉讼最具特色的基本原则。

1. 税务行政行为合法性审查的范围

第一，从客体来看，人民法院审查税务行政机关的行政行为，不单独审查行政诉讼原告(即行政相对人)行为的合法性。

第二，从内容来看，人民法院以审查税务行政行为的合法性为原则，以审查税务行政行为的合理性为例外。

2. 税务行政行为合法性审查的内容

人民法院审查税务行政行为的具体内容包括：①主体是否合法，即税务机关是否享有作出行政行为的权限，是否超越法定的职责权限以及是否依法享有税收征收管理权、级别管理权和地域管理权，上述任何一方面违法都构成主体无权限或超越职权。②税务行政行为的证据是否确凿充分、事实是否清楚，证据是否具有客观性、合法性和关联性。③税务行政行为适用法律是否正确。④程序是否合法，即税务机关不得违反法定程序，税务机关遗漏程序步骤、颠倒顺序、超越时限以及违反法定行为方式，所作出的税务行政行为无效。⑤税务行政行为的目的是否合法。⑥税务行政行为所依据的规范性文件是否合法。

(三)行政诉讼期间行政行为不停止执行原则

行政诉讼期间行政行为不停止执行原则，是指在行政诉讼中，当事人争议的行政行为不因原告提起诉讼而停止执行。这是由国家行政管理的特殊性决定的。现代国家的行政管理，要求效率性和连续性，如果行政行为一经当事人起诉即予停止执行，势必破坏行政管理的效率性和连续性，使社会秩序处于不稳定状态。

但是，这一原则也有例外。根据《行政诉讼法》第56条的规定，诉讼期间，不停止行政行为的执行。但有下列情形之一的，裁定停止执行：①被告认为需要停止执行的；②原告或者利害关系人申请停止执行，人民法院认为该行政行为的执行会造成难以弥补的损失，并且停止执行不损害国家利益、社会公共利益的；③人民法院认为该行政行为的执行会给国家、社会公共利益造成重大损害的；④法律、法规规定停止执行的。

(四)税务机关负举证责任原则

税务机关负举证责任，是指作为被告的税务行政机关负有提供赖以作出行政行为的证据和所依据的规范性文件的责任。《行政诉讼法》第34条规定，被告对作出的行政行为负有举证责任，应当提供作出该行政行为的证据和所依据的规范性文件。《最高人民法院关于执行〈中华人民共和国行政诉讼法〉若干问题的解释》第6条进一步规定：原告可以提供证明被诉具体行政行为违法的证据。原告提供的证据不成立的，不免除被告对被诉具体行政行为合法性的举证责任。因此，在我国，行政诉讼法确立了被告行政机关在行政诉讼中承担主要举证责任的基本原则，这使行政诉讼举证责任的分配明显区别于民事诉讼举证责任的分配。

(五)不适用调解原则

不适用调解原则，是指人民法院审理行政案件不得采用调解作为审理程序和方式。这是因为行政管理权是国家权力的重要组成部分，行使行政职权既是行政机关的权力，也是行政机关的职责，行政机关必须履行。如果行政机关处分这种权力和职责(因为调解必定涉及对权力的放弃或让步)，则意味着违法失职。此外，在行政诉讼中，人民法院主要审查行政行为的合法性，行政机关作出的行政行为或者合法，或者违法，没有第三种可能。

人民法院审理行政案件，不适用调解。但是，行政赔偿、补偿以及行政机关行使法律、法规规定的自由裁量权的案件可以调解。调解应当遵循自愿、合法原则，不得损害国家利益、社会公共利益和他人合法权益。

三、税务行政诉讼的受案范围

根据《行政诉讼法》关于受案范围的规定，结合税务行政行为的实际情况，税务行政诉讼受案范围主要有以下几种。

(1) 税务机关作出的征税行为(复议前置)。

这类行为包括征收税款的行为、加收滞纳金行为、税务机关委托征收的单位作出的代扣代缴和代收代缴的行为。根据《税收征收管理法》第88条的规定：纳税人、扣缴义务人、纳税担保人同税务机关在纳税上发生争议时，必须先依照税务机关的纳税决定缴纳或者解缴税款及滞纳金或者提供相应的担保，然后可以依法申请行政复议；对复议决定不服的，可以依法向人民法院起诉。即这类行为必须复议前置，未经行政复议，不得向人民法院起诉。纳税争议是指纳税人、扣缴义务人、纳税担保人对税务机关确定的纳税主体、征税对象、征税范围、减税、免税及退税、适用税率、计税依据、纳税环节、纳税期限、纳税地点以及税款征收方式等具体税务行政行为有异议。

(2) 税务机关作出的责令纳税人提供纳税担保的行为。

(3) 税务机关作出的税收保全措施。

(4) 税务机关作出的税收强制执行措施。

(5) 税务机关未及时解除税收保全措施，使纳税人的合法权益遭受损失的行为。

(6) 税务机关作出的行政处罚行为。这包括罚款，没收违法所得及非法财物，停止出口退税权，停止发售发票、收缴发票，法律、行政法规规定的其他税务行政处罚等。

(7) 税务机关不予依法办理或答复的行为。这包括不予审批减免税或出口退税，不予抵扣税款，不予退还税款，不予颁发税务登记证、发售发票，不予开具完税凭证和出具票据，不予认定为增值税一般纳税人，不予核准延期申报、批准延期缴纳税款等。

(8) 税务机关作出的取消增值税一般纳税人资格的行为。

(9) 税务机关作出的通知出境管理机关阻止出境的行为。

(10) 税务机关作出的其他行政行为。

四、税务行政诉讼的管辖

税务行政诉讼的管辖，是指上下级人民法院之间和同级人民法院之间受理第一审税务行政案件的分工和权限。管辖分为级别管辖、地域管辖和裁定管辖。

管辖与受案范围不同。受案范围解决的是人民法院与其他行政机关之间处理行政案件的分工和权限，而管辖解决的是法院系统内部上下级法院或同级法院之间处理第一审税务行政案件的分工和权限。对当事人而言，受案范围确定了当事人对税务机关的哪些税务行政行为不服可以向人民法院提起诉讼，管辖则明确了当事人在与税务机关发生税务行政争议时应向哪一地的哪一级法院起诉的问题。

(一)级别管辖

级别管辖，是指在法院组织系统内，划分上下级法院之间受理第一审税务行政案件的分工和权限。级别管辖是从纵向上解决哪些第一审税务行政案件应由哪一级人民法院受理和审理的问题。根据《行政诉讼法》的规定，最高人民法院管辖全国范围内重大、复杂的第一审税务行政案件；中、高级人民法院管辖本辖区内重大、复杂的第一审税务行政案件；基层人民法院管辖除上级法院管辖的第一审税务行政案件以外的所有的第一审税务行政案件，即一般的税务行政案件均由基层法院管辖。

(二)地域管辖

地域管辖又称区域管辖，是指同级人民法院之间受理第一审税务行政案件的分工和权限。它是根据法院的辖区与当事人所在地或者与行政诉讼标的所在地的关系确定的第一审税务行政案件的管辖。地域管辖分为一般地域管辖和特殊地域管辖。

1. 一般地域管辖

一般地域管辖，是指按照最初作出具体行政行为的行政机关所在地确定的管辖。根据《行政诉讼法》的规定，凡未经复议而直接向法院起诉的，或者经过复议，复议机关维持原决定，当事人不服向人民法院起诉的，均由最初作出具体行政行为的行政机关所在地法院管辖。

2. 特殊地域管辖

特殊地域管辖，是指根据行政行为的特殊性或者标的物所在地来确定管辖的法院。行政诉讼法规定了三种特殊地域管辖：第一种是经过复议，复议机关改变原行政行为的；第二种是对限制人身自由强制措施提起的诉讼；第三种是对不动产提起的诉讼。税务行政诉讼中涉及的特殊地域管辖主要是第一种情况，即复议机关改变了原行政行为的案件。案件经过复议，而复议机关改变原行政行为，当事人可以选择复议机关所在地人民法院管辖，也可以选择由最初作出行政行为的税务机关所在地人民法院管辖。当事人可以向任何一个有管辖权的法院起诉，由最先收到起诉书的人民法院为第一审法院。

(三)裁定管辖

裁定管辖是指人民法院在某些特殊情况下，以裁定方式确定税务行政案件的管辖。裁定管辖有移送管辖、指定管辖和管辖权的转移三种。

1. 移送管辖

移送管辖是指某一法院受理税务行政案件后，发现自己对该案件没有管辖权，而将案件移送给有管辖权的法院的一种管辖方式。移送管辖必须具备三个条件：一是移送法院已经受理了该案件；二是移送法院对该案件没有管辖权；三是接受移送的法院必须对该案件有管辖权。一般情况下，接受移送的法院不得再自行移送，但如果认为移送的案件确实也不属于自己管辖的，应当报请上级法院指定管辖，不得再自行移送。

2. 指定管辖

指定管辖是指上级法院以裁定的方式指定下级法院管辖某一税务行政案件。指定管辖有以下两种情况：一是由于特殊原因，有管辖权的法院不能行使管辖权。所谓特殊原因，是指导致有管辖权的人民法院不能公正、及时审理案件的情况。这包括事实原因，如自然灾害、战争、意外事故等不可抗力事实，还包括法律原因，如法院与该案有利害关系等。二是法院之间对管辖权发生争议，协商不成的，应报请共同的上一级法院决定管辖。

3. 管辖权的转移

管辖权的转移是指由上级法院决定或者同意，上级法院审理下级法院管辖的第一审税务行政诉讼。《中华人民共和国行政诉讼法》第24条规定，上级人民法院有权审理下级人民法院管辖的第一审行政案件。下级人民法院对其管辖的第一审行政案件，认为需要由上级人民法院审理或者指定管辖的，可以报请上级人民法院决定。

五、税务行政诉讼的程序

(一)税务行政诉讼的起诉与受理

1. 税务行政诉讼的起诉

税务行政诉讼起诉是指公民、法人和其他组织认为自己的合法权益受到税务机关行政行为的侵害，而向人民法院提起诉讼请求，要求法院通过行使审判权，依法保护自己合法权益的诉讼行为。

纳税人、扣缴义务人等税务管理相对人在提起税务行政诉讼时，必须符合下列条件：①原告是认为税务行政行为侵犯其合法权益的纳税人、纳税担保人或扣缴义务人等；②必须要有明确的被诉税务机关；③有具体的诉讼请求和事实、法律根据；④属于人民法院的受案范围和受诉人民法院管辖；⑤必须符合法定的期限和必经的程序。

经复议的案件，复议机关决定维持原具体行政行为的，作出原具体行政行为的行政机关和复议机关是共同被告；复议机关改变原具体行政行为的，复议机关是被告。

针对复议案件，公民、法人或者其他组织不服复议决定的，可以在收到复议决定书之日起15日内向人民法院提起诉讼。复议机关逾期不作决定的，申请人可以在复议期满之日起15日内向人民法院提出诉讼。法律另有规定的除外。

公民、法人或者其他组织直接向人民法院提起诉讼的，应当自知道或者应当知道作出行政行为之日起6个月内提出，法律另有规定的除外。因不动产提起诉讼的案件自行政行为作出之日起超过20年，其他案件自行政行为作出之日起超过5年提起诉讼的，人民法院不予受理。

2. 税务行政诉讼的受理

受理是指人民法院对公民、法人和其他组织的起诉进行审查，对符合法定条件的起诉立案审理的行为。

(1) 对于符合起诉条件的，受诉法院必须在收到诉状之日起 7 日内立案，并通知原告。

(2) 对不符合起诉条件的，受诉法院应在收到起诉状之日起 7 日内作出不予受理的裁定。起诉人对不予受理的裁定不服的，可在接到裁定书之日起 10 日内向上一级法院提出上诉。

(3) 对起诉条件有欠缺的，受诉法院可以要求起诉人限期补正。起诉人补正后，经审查，符合法定条件的，人民法院应当受理。

(4) 根据《最高人民法院关于执行〈中华人民共和国行政诉讼法〉若干问题的解释》的规定，受诉法院在收到起诉状之日起 7 日内，不能决定是否受理的，应当先予受理；受理后经审查不符合起诉条件的，裁定驳回起诉。

人民法院在接到起诉状时对符合规定的起诉条件的，应当登记立案。对当场不能判定是否符合本法规定的起诉条件的，应当接收起诉状，出具注明收到日期的书面凭证，并在 7 日内决定是否立案。不符合起诉条件的，作出不予立案的裁定。裁定书应当载明不予立案的理由。原告对裁定不服的，可以提起上诉。起诉状内容欠缺或者有其他错误的，应当给予指导和释明，并一次性告知当事人需要补正的内容。不得未经指导和释明即以起诉不符合条件为由不接收起诉状。对于不接收起诉状、接收起诉状后不出具书面凭证，以及不一次性告知当事人需要补正的起诉状内容的，当事人可以向上级人民法院投诉，上级人民法院应当责令改正，并对直接负责的主管人员和其他直接责任人员依法给予处分。

人民法院既不立案，又不作出不予立案裁定的，当事人可以向上一级人民法院起诉。上一级人民法院认为符合起诉条件的，应当立案、审理，也可以指定其他下级人民法院立案、审理。

(二)税务行政诉讼的第一审程序

税务行政诉讼中的审理，是指人民法院对税务行政案件进行实质性审查，并裁决行政机关的行政行为是否合法、正确的诉讼活动。审理的核心是审查被诉行政行为是否合法，即作出该行为的税务机关是否依法享有税务行政管理权，该行为是否具有事实依据和法律依据，是否符合法定的程序要求等。

第一审程序是人民法院自立案至作出第一审判决的诉讼程序。行政诉讼中的第一审程序具体包括以下几个步骤：①审理前的准备；②开庭审理(包括宣布开庭、法庭调查、法庭辩论；③合议庭评议和宣告判决。

被诉行政机关负责人应当出庭应诉。不能出庭的，应当委托行政机关相应的工作人员出庭。

人民法院在审理下列第一审行政案件时，认为事实清楚、权利义务关系明确、争议不大的，可以适用简易程序：①被诉行政行为是依法当场作出的；②案件涉及款额二千元以下的；③属于政府信息公开案件的。

人民法院在审理过程中，发现案件不宜适用简易程序的，裁定转为普通程序。

第一审判决，是人民法院在第一审程序中所作出的判决，是人民法院对案件初次作出的判决。《行政诉讼法》第 81 条规定，人民法院应当在立案之日起六个月内作出第一审判决。有特殊情况需要延长的，由高级人民法院批准，高级人民法院审理第一审案件需要延长的，由最高人民法院批准。

(三)税务行政诉讼的第二审程序

行政诉讼的第二审程序,是指当事人不服地方各级人民法院尚未生效的第一审判决或裁定,依法向上一级人民法院提起上诉,上一级人民法院据此对案件进行再次审理所适用的程序。当事人不服人民法院第一审判决的,有权在判决书送达之日起15日内向上一级法院提起上诉;当事人不服第一审裁定的,有权在裁定书送达之日起10日内向上一级法院提起上诉,逾期不提起上诉的,人民法院的第一审判决或裁定发生法律效力。

二审法院收到上诉状之后,应当对以下三项内容进行审查:①诉讼主体适合。凡第一审程序中的原告、被告、第三人及其法定代理人、经授权的委托代理人,都有权提起上诉。②未超过法定的上诉期限。③上诉必须递交符合法律要求的上诉状。经审查,符合以上条件的,应当予以受理。

人民法院对上诉案件,应当组成合议庭,开庭审理。经过阅卷、调查和询问当事人,对没有提出新的事实、证据或者理由,合议庭认为不需要开庭审理的,也可以不开庭审理。

人民法院审理上诉案件,应当对原审人民法院的判决、裁定和被诉行政行为进行全面审查。

人民法院审理上诉案件,应当在收到上诉状之日起三个月内作出终审判决。有特殊情况需要延长的,由高级人民法院批准,高级人民法院审理上诉案件需要延长的,由最高人民法院批准。

人民法院审理上诉案件,按照下列情形,分别处理。

(1) 原判决、裁定认定事实清楚,适用法律、法规正确的,判决或者裁定驳回上诉,维持原判决、裁定;

(2) 原判决、裁定认定事实错误或者适用法律、法规错误的,依法改判、撤销或者变更;

(3) 原判决认定基本事实不清、证据不足的,发回原审人民法院重审,或者查清事实后改判;

(4) 原判决遗漏当事人或者违法缺席判决等严重违反法定程序的,裁定撤销原判决,发回原审人民法院重审。原审人民法院对发回重审的案件作出判决后,当事人提起上诉的,第二审人民法院不得再次发回重审。

人民法院审理上诉案件,需要改变原审判决的,应当同时对被诉行政行为作出判决。

(四)再审情形

当事人对已经发生法律效力的判决、裁定,认为确有错误的,可以向上一级人民法院申请再审,但判决、裁定不停止执行。当事人的申请符合下列情形之一的,人民法院应当重审。

(1) 不予立案或者驳回起诉确有错误的;
(2) 有新的证据,足以推翻原判决、裁定的;
(3) 原判决、裁定认定事实的主要证据不足、未经质证或者系伪造的;
(4) 原判决、裁定适用法律、法规确有错误的;
(5) 违反法律规定的诉讼程序,可能影响公正审判的;

(6) 原判决、裁定遗漏诉讼请求的；
(7) 据以作出原判决、裁定的法律文书被撤销或者变更的；
(8) 审判人员在审理该案件时有贪污受贿、徇私舞弊、枉法裁判行为的。

(五)税务行政诉讼裁决的执行

税务行政诉讼裁决的执行是指人民法院依靠国家力量，按照法院程序，采取强制措施，实现人民法院对税务行政诉讼案件所做的已经发生法律效力的判决或裁定的诉讼活动，是行政诉讼程序的一个重要组成部分，如果不执行就不能彻底解决税务行政争议。因此税务行政诉讼的执行具有十分重要的意义。

税务行政诉讼的执行需要具备以下条件。
(1) 必须有人民法院的判决书或裁决书。
(2) 判决书或裁决书所确认的给付义务必须是尚未完成的。
(3) 必须是已经发生法律效力的判决或裁定。
(4) 必须是对判决或裁定负有履行义务的当事人拖延或拒绝履行生效的判决或裁定中所确定的义务。

根据《行政诉讼法》第94条的规定，当事人必须履行人民法院发生法律效力的判决、裁定。《行政诉讼法》第95条规定，公民、法人或者其他组织拒绝履行判决、裁定、调解书的，行政机关或者第三人可以向第一审人民法院申请强制执行，或者由行政机关依法强制执行。《行政诉讼法》第96条规定，行政机关拒绝履行判决、裁定、调解书的，第一审人民法院可以采取以下措施：①对应当归还的罚款或者应当给付的款项，通知银行从该行政机关的账户内划拨；②在规定期限内不履行的，从期满之日起，对该行政机关负责人按日处五十元至一百元的罚款；③将行政机关拒绝履行的情况予以公告；④向检察机关或者该行政机关的上一级行政机关提出司法建议。接受司法建议的机关，根据有关规定进行处理，并将处理情况告知人民法院；⑤拒不履行判决、裁定、调解书，社会影响恶劣的，可以对该行政机关直接负责的主管人员和其他直接责任人员予以拘留；情节严重，构成犯罪的，依法追究主管人员和直接责任人员的刑事责任。《行政诉讼法》第97条规定，公民、法人或者其他组织对行政行为在法定期限内不提起诉讼又不履行的，行政机关可以申请人民法院强制执行，或者依法强制执行。

【案例11-3】北京首起涉外税收行政诉讼案审结①

1996年4月3日，泛美公司与中央电视台签约，泛美公司向央视提供压缩数字视频服务，央视于1996年5月3日向泛美公司支付相当于196.1万余美元的保证金。1999年1月，北京市国税局对外分局在税务检查中认为，央视在支付上述款项时应当履行代扣代缴所得税义务，故作出了要求央视于1999年1月28日前申报缴纳相应税款的行政通知。泛美公司得知后，于1999年3月26日按已收款额的7%缴纳了外国企业所得税，并向国税局对外分局申请行政复议，后将国税局对外分局告上法庭。审理中，国税局对外分局于2000年6

---

① 转引自中国法院网．http://www.chinacourt.org/html/article/200212/31/28623.shtml；赵中鹏，何谢忠，马军．北京首起涉外税收行政诉讼案审结 美国公司输了官司．北京晨报．2002年12月31日

月26日撤销了此通知,泛美公司遂撤诉。

2000年6月30日,北京市国税局对外分局又作出通知,央视与泛美公司签订的电视卫星传送协议所支付的费用,应由央视履行代扣代缴的义务,并将该决定内容告知泛美公司。泛美公司对此不服,经行政复议后又将北京市国税局诉至法院。

市高级人民法院认为,税务机关认定泛美公司据此收取的费用符合《中美税收协定》的规定。根据我国《外商投资企业和外国企业所得税法》和《中美税收协定》的规定,税务机关对泛美公司收取的款项征收预提所得税是合法的。因此,市一中院一审所作驳回泛美公司诉讼请求的判决合法,依法驳回泛美公司的上诉请求。

欢迎观看税务行政诉讼的教学视频,请扫描二维码。

11-4 税务行政诉讼.mp4

第四节 税务行政赔偿

一、税务行政赔偿概述

(一)税务行政赔偿的概念

税务行政赔偿,是指税务机关及其工作人员违法行使职权,侵犯公民、法人或其他组织的合法权益并造成损害的,由税务机关代表国家承担赔偿责任的制度。

(二)税务行政赔偿的构成要件

1. 侵权行为主体是税务机关及其工作人员或法律、法规授权的组织

侵权行为主体是构成税务行政赔偿的必要条件之一,行为主体要件解决的是谁实施的侵权行为才能引起国家赔偿责任的问题。在税务行政赔偿中,侵权主体为税务机关及其工作人员,或法律、法规授权的组织。

2. 行为须为职务违法行为

这是构成税务行政赔偿责任的核心要件,具体包括以下两点:一是税务机关及其工作人员或法律法规授权的组织执行职务的行为。如果不是职务行为,而是行政机关工作人员的个人行为或行政机关以机关法人身份进行的买卖、租赁等其他民事行为,则不能引起行政赔偿。二是该执行职务的行为违法。职务行为违法,主要是指在执行公务中,确认事实的主要证据不足,适用法律、法规错误,违反法定程序,超越职权,滥用职权,依法应当作为而不作为等。如果税务机关及其工作人员合法行使职权,对纳税人和其他税务当事人的合法权益造成损害的,可以给予税务行政补偿,而不是税务行政赔偿。

3. 有具体的损害事实

税务行政赔偿最主要的目的在于对行为侵权的受害人进行赔偿,因此损害事实的发生,即税务机关及其工作人员执行职务的行为对纳税人和其他税务当事人合法权益造成实际损害,是税务行政赔偿承担责任的首要条件。如税务人员在实施税收保全措施时,由于没有尽到注意义务,致使被查封的纳税人的财产丢失的,对纳税人而言就造成了损害的事实。

如果税务机关违法行使职权但又及时进行了纠正,没有造成损害事实发生的,则不发生赔偿责任。

需要注意的是,税务职务违法行为必须是对当事人的合法权益造成了损害事实,对违法权益,则不在赔偿之列。例如赌博获得的收入、偷盗得来的财产等,不受法律保护,对违法权益的侵害,不能要求赔偿。

4. 侵权行为与损害事实之间存在因果关系

因果关系的存在是税务行政赔偿的另一个重要构成要件,即当事人所受到的损害是税务机关及其工作人员违法执行职务的行为造成的,行为与结果之间存在逻辑上的直接关系。如果税务机关及其工作人员在行使职务时虽有违法行为,纳税人和其他税务当事人合法权益也受到了损害,但这种损害却不是税务机关及其工作人员的职务违法行为引起的,则税务机关没有赔偿义务。

上述四个要件同时存在是税务行政赔偿的前提,缺乏任何一个要件,则税务机关就不必承担赔偿责任。

《税收征管法》第43条规定,税务机关滥用职权违法采取税收保全措施、强制执行措施,或者采取税收保全措施、强制执行措施不当,使纳税人、扣缴义务人或者纳税担保人的合法权益遭受损失的,应当依法承担赔偿责任。

二、税务行政赔偿的程序

(一)税务行政赔偿程序的概念

税务行政赔偿程序是指税务机关作为履行国家赔偿义务的机关,对本机关及其工作人员的职务违法行为给纳税人和其他税务当事人的合法权益造成的损害,代表国家予以赔偿而确定的非诉税务行政赔偿和诉讼税务行政赔偿的步骤。

(二)税务行政赔偿的请求方式

税务行政赔偿的请求方式主要有以下两种。

(1) 单独提出税务行政赔偿。根据《国家赔偿法》的规定,赔偿请求人要求赔偿,应当先向赔偿义务机关提出。赔偿义务机关应当自收到申请之日起 2 个月内依照《国家赔偿法》的规定给予赔偿;逾期不予赔偿或者赔偿请求人对赔偿数额有异议的,赔偿请求人可以自期限届满之日起 3 个月内向人民法院提起诉讼。

(2) 在申请行政复议时一并提出赔偿请求。赔偿请求人在申请税务行政复议时,同时提出赔偿申请的,应当按照复议程序办理。

(三)非诉税务行政赔偿的程序

非诉税务行政赔偿程序,是指不通过司法程序而由税务机关来处理行政赔偿问题的程序。它包括请求的提起、初步审查、受理、审理、决定和执行等步骤。

1. 税务行政赔偿请求的提起

提起赔偿请求,是行政赔偿程序得以开始的重要活动,《国家赔偿法》规定,提起赔偿请求,应当满足以下条件。

(1) 提起赔偿请求的实质要件。从实质上看,提起税务行政赔偿必须符合以下条件:①请求人必须有赔偿请求权;②赔偿请求必须向赔偿义务机关提起;③必须在法定期限内提出赔偿请求;④赔偿请求属于应当赔偿的范围。

(2) 提起赔偿请求的形式要件。从形式要件来看,赔偿请求人提起赔偿请求时,原则上应当递交由本人书写的申请书,若其书写确有困难的,可以委托他人代书。在特殊情况下,赔偿请求人书写申请书确实有困难,也可以口头提出申请,由赔偿义务机关记入笔录。

申请书应当记载以下内容:①受害人的姓名、性别、年龄、工作单位和住所,法人或者其他组织的名称、住所和法定代表人或主要负责人的姓名、职务;②具体的要求、事实根据和理由;③申请的年、月、日。

2. 税务行政赔偿请求的初步审查

赔偿义务机关收到赔偿请求人的赔偿申请书后,应按照法律规定的要求对申请书进行相应的审查。

(1) 审查申请是否符合税务行政赔偿的要件,包括实质性要件和形式性要件。

(2) 如果经审查发现以下情况的,则应另行处理:①申请书的内容、形式有缺漏的,应告知申请人予以补充。②如果申请人不具备行政赔偿请求人资格,应告知由具有行政赔偿请求人资格的人申请。③行使行政赔偿请求权已超过法定期限的,该请求权灭失,应告知赔偿请求人不予受理的原因。

3. 税务行政赔偿请求的受理

赔偿义务机关对赔偿申请书进行审查后,填写《赔偿申请审查表》,应自收到赔偿申请书之日起 10 日内,分别作出如下处理。

(1) 对符合赔偿范围及有关申请规定的应当受理,并制作《受理通知书》,送达赔偿申请人。

(2) 对不符合赔偿范围及有关申请规定的决定不予受理,并制作《不予受理决定书》,说明不予受理的理由,告知赔偿请求人对不予受理决定享有的行政复议权利和诉讼权利。

(3) 赔偿申请书中主要证据材料不足的,要以书面形式通知赔偿请求人限期补正,制发《限期补正通知书》,赔偿请求人逾期不补正的,视为未提出赔偿申请。

4. 税务行政赔偿的审理

税务机关自受理之后,应当对赔偿申请进行全面审查,这种审查不以赔偿请求人请求赔偿的范围为限。如在审查、确认过程中发现新的依法应予赔偿的事实,赔偿义务机关应主动将其列入赔偿范围。

在审理阶段,税务机关应当根据法律法规和申请人的请求,对损害事实的情况、违法行为与损害结果之间是否有因果关系等进行审理。在审理过程中,如请求人撤回赔偿申请,经税务机关同意,应终止审理,资料归档。

5. 决定和执行

税务机关应在收到赔偿申请书之日起 2 个月内制作《赔偿决定书》，决定予以赔偿或不予赔偿。《赔偿决定书》的内容包括赔偿方式、赔偿数额、计算数额的依据和理由、履行期限等。

(四)诉讼税务行政赔偿的程序

税务行政赔偿诉讼程序，是指把税务行政赔偿争议交由法院审理，由法院作出裁决的活动。这是保护因税务机关及其工作人员的违法行为受到损害的公民、法人或其他组织的合法权益的又一项重要措施。税务行政赔偿诉讼与一般的税务行政诉讼不同，两者在起诉和审理时存在一定的差别。

1. 税务行政赔偿诉讼的起诉条件

根据《行政诉讼法》第 49 条以及《国家赔偿法》第 9 条、第 13 条的规定，税务行政赔偿诉讼请求提起应当具备如下条件。

(1) 原告是税务行政侵权行为的受害人。

(2) 有明确的被告。

(3) 有具体的诉讼请求和相应的事实根据。

(4) 属于人民法院受案范围及受诉人民法院管辖。

(5) 原告单独提出赔偿请求的，必须经过赔偿义务机关先行处理，这是提起税务行政赔偿诉讼的前提条件；凡未经税务机关先行处理的行政赔偿请求，不得直接向人民法院请求诉讼裁决。

(6) 在法律规定的时效内起诉。国家赔偿法规定，当事人提出赔偿请求的时效为 2 年，从侵害行为被确认违法之日起计算；对赔偿义务机关逾期不予赔偿或对赔偿数额有异议的，应当在赔偿义务机关处理期限届满后的 3 个月内向人民法院提起诉讼；一并请求赔偿的时效按照行政诉讼的规定进行。

2. 税务行政赔偿诉讼的审判

在行政赔偿诉讼中，原告应当对被诉具体行政行为造成损害的事实提供证据。被告有权提供不予赔偿或减少赔偿额方面的证据。

3. 税务行政赔偿诉讼的审理方式

根据《行政诉讼法》第 67 条第 3 款的规定，赔偿诉讼可以采用调解的方式。受害人和赔偿义务机关达成协议，应当制作行政赔偿调解书，写明赔偿请求、案件事实和调解结果，应由审判人员、书记员署名，加盖法院印章，送达双方当事人，调解书在双方当事人签收后，即具有法律效力。

(五)税务行政赔偿的追偿制度

税务行政赔偿的追偿制度，是指税务机关工作人员违法行使职权给纳税人和其他税务当事人合法权益造成损害的，如故意和重大过失，税务机关赔偿其造成的损害后，再追究其责任的制度。它解决的是税务机关与其工作人员之间的关系。《国家赔偿法》第16条规定，赔偿义务机关赔偿损失后，应当责令有故意或者重大过失的工作人员或者受委托的组织或者个人承担部分或者全部赔偿费用。对有故意或者重大过失的责任人员，有关机关应当依法给予处分；构成犯罪的，应当依法追究刑事责任。可见，税务行政追偿实际上是一种制裁，它是对违法行使职权的工作人员的惩罚。

国家行政机关行使追偿权，必须具备两个条件：一是赔偿义务机关已经向受损失的公民、法人或其他组织进行了赔偿。在赔偿义务机关向受害人赔偿之前，追偿权是不存在的。二是行政机关工作人员及受委托组织及其工作人员必须对职务侵权行为有故意或重大过失。故意是指致害人实施加害行为时，主观上认识到自己的行为违法并可能造成相对人合法权益的损害，却仍然一意孤行，导致损害结果的发生。重大过失是相对一般过失而言的，是指行政机关工作人员行使职权时，没有达到其职务上的一般要求，未能预见和避免一般情况下能够预见或避免的侵害后果，也就是说没有达到税务公务员的一般业务要求。

三、税务行政赔偿的方式与费用标准

(一)税务行政赔偿的方式

税务行政赔偿的方式，是指税务机关承担行政赔偿责任的具体形式。《国家赔偿法》第25条规定，国家赔偿以支付赔偿金为主要方式，能够返还财产或者恢复原状的，予以返还财产或者恢复原状。

1. 支付赔偿金

支付赔偿金是指税务机关以支付金钱的方式，补偿受害人所受损害的方式。支付赔偿金作为行政赔偿的主要方式，可操作性强，简便易行。

2. 返还财产

返还财产，是指税务机关将违法取得的财产返还给受害人的赔偿方式。返还财产一般是指原物，这是一种辅助性的赔偿方式，只适用于财产权的损害。但它的实施，需要具备一些特定的条件，一般而言应当注意以下几个方面。

(1) 原物是否存在。如果被非法追缴、没收或者征收的财产是特定物的话，在原物已经灭失的情况下返还财产将无从谈起，只有原物存在才能采用返还财产的赔偿方式。

(2) 是否比以金钱赔偿更为有利或便捷。返还财产虽然能够直接使损害得到赔偿，但往往不如金钱赔偿便捷，如某物因放置时间已久对受害人来说可能已经丧失价值，或因下落不明需要赔偿义务机关花费大量时间与精力寻找，以致贻误赔偿时机。在这种情况下，就不应当采用返还财产的方式赔偿。

(3) 是否影响公务活动。若原物已用于公务活动，返还会给公务活动带来很多影响，则不应采用这种方式。

3. 恢复原状

恢复原状，是指税务机关对受害人受损害进行修复，使之恢复到损害前的形式和性能的赔偿方式。只要税务机关认为恢复原状既有可能，又有必要时，就可以采取这种方式进行赔偿。一般而言，恢复原状须具备以下条件。

(1) 必须是能够恢复原状的。
(2) 通常有受害人恢复原状的请求。
(3) 应当不违反法律规定，不会产生违法结果的情况下采用恢复原状的形式赔偿。
(4) 应当在尽可能不影响公务的情况下采用。

(二)税务行政赔偿的费用标准

1. 侵害人身权的赔偿标准

(1) 侵犯公民人身自由的，每日赔偿金按照国家上年度职工日平均工资计算。
(2) 造成公民身体伤害的，应当为其支付医疗费，以及赔偿因误工减少的收入。减少的收入每日的赔偿金按照国家上年度职工日平均工资计算，最高额为国家上年度年平均工资的5倍。
(3) 造成部分或者全部丧失劳动能力的，应当支付医疗费，以及残疾赔偿金。残疾赔偿金根据丧失劳动能力的程度确定，部分丧失劳动能力的最高额为国家上年度职工年平均工资的10倍，全部丧失劳动能力的为国家上年度职工年平均工资的20倍，造成全部丧失劳动能力的，对其扶养的无劳动能力的人，还应支付生活费。
(4) 造成死亡的，应当支付死亡赔偿金、丧葬费，总额为国家上年度职工年平均工资的20倍。对死者生前扶养的无劳动能力的人，还应支付生活费。

上述规定的生活费发放标准参照当地民政部门有关生活救济的规定办理。被扶养的人是未成年人的，生活费给付至18周岁为止；其他无劳动能力的人，生活费给付至死亡之日为止。

2. 侵害财产权的赔偿标准

(1) 违法征收税款、加收滞纳金的，应当返还税款及滞纳金，并以税务机关及其工作人员征收税款、加收滞纳金的行为依法确认为违法行为之日的银行活期存款利率给付赔偿金。赔偿金的计算自赔偿请求人收到税务机关开具的缴款凭证之日起，至税务机关及其工作人员征收税款、加收滞纳金的行为依法确认为违法行为之日止。
(2) 违法对应予出口退税而未退税的，除应予退税外，并以税务机关拒绝退税的行为依法被确认为违法行为之日银行活期存款利率给付赔偿金。赔偿金的计算自税务机关应予退税之日起，至税务机关拒绝退税的行为依法确认为违法行为之日止。
(3) 罚款、没收非法所得或违反国家规定征收财物、摊派费用的，返还财产。
(4) 查封、扣押、冻结财产的，解除对财产的查封、扣押、冻结，造成财产损坏或者灭失的，应当恢复原状或者给付相应的赔偿金。
(5) 应当返还的财产损坏的，能恢复原状的恢复原状，不能恢复原状的，按照损坏程度给付赔偿金。

  (6) 应当返还的财产灭失的，给付相应的赔偿金。

  (7) 财产已经拍卖的，给付拍卖所得的款项。

  (8) 对财产权造成其他损害的，按照直接损失给予赔偿。

  按照国家赔偿法和国家赔偿费用管理办法的规定，税务行政赔偿费列入各级财政预算，由各级财政按财政管理体制分级负担。

  欢迎观看税务行政赔偿的教学视频，请扫描二维码。

11-5 税务行政赔偿.mp4

本 章 小 结

  本章主要介绍了税务行政处罚的种类、税务行政处罚的实施主体与管辖、税务行政处罚的时效、税务行政处罚的简易程序、税务行政处罚的一般程序、税务行政复议的概念、税务行政复议的基本原则、税务行政复议的受理范围、税务行政复议的形式、税务行政复议的管辖、税务行政复议的参加人、税务行政复议的程序、税务行政复议决定的执行、税务行政诉讼的概念、税务行政诉讼的基本原则、税务行政诉讼的受案范围、税务行政诉讼的管辖、税务行政诉讼的程序、税务行政赔偿的概念和构成要件、税务行政赔偿的程序、税务行政赔偿的方式与费用标准。

复习思考题

1. 什么是税务行政处罚？它与税务刑事处罚有何区别？
2. 税务行政处罚通常包括哪些种类？
3. 税务行政处罚简易程序与一般程序的区别何在？
4. 什么是税务行政复议？它的基本特征有哪些？
5. 税务行政复议的基本原则有哪些？
6. 税务行政复议的受理范围有哪些？
7. 什么是税务行政诉讼？
8. 简述税务行政诉讼程序。
9. 什么是税务行政赔偿？
10. 简述非诉税务行政赔偿程序和诉讼税务行政赔偿程序的区别。

延 展 阅 读

  1. 袁森庚，周忠明. 一起税务稽查局行政诉讼败诉案剖析[J]. 税务研究，2016(07): 75～78. (见二维码)

  2. 曹胜新，杨忠. 税务行政复议与诉讼衔接中的有关问题探析[J]. 注册税务师，2016(10):23-25. (见二维码)

  3. 肖路. 对税务行政诉讼中若干争议问题的思考[J]. 税务研究，2019(10): 58-61. (见二

维码)

4. 郭昌盛. 一般反避税条款的司法适用——兼评最高院再审儿童投资主基金诉杭州西湖区国税局税务征收案[J]. 经济法论丛，2017(02)：348～375. (见二维码)

5. 中华人民共和国行政诉讼法(2017 修正) (见二维码)

一起税务稽查局行政诉讼败诉案剖析_袁森庚.pdf

税务行政复议与诉讼衔接中的有关问题探析_曹胜新.pdf

对税务行政诉讼中若干争议问题的思考_肖路.pdf

一般反避税条款的司法适用_兼评最_省略_基金诉杭州西湖区国税局税务征收案_郭昌盛.pdf

中华人民共和国行政诉讼法(2017 修正).pdf

第十一章 税务行政处罚与税务行政救济.ppt

第十二章 国际税收管理

学习目标：通过本章的学习，主要了解国际税收管理目标和基本原则，熟悉 BEPS 与特别纳税调整和我国"走出去"税收服务与管理、国际税收征管协作机制等知识，掌握非居民纳税人税收管理、税收情报交换与 CRS 协议实施。

关键概念：非居民纳税人　税收情报交换　特别纳税调整　税收居民身份证明

第一节 国际税收管理概述

一、国际税收的定义

国际税收是指两个或两个以上的国家或地区，基于各自的课税主权，在对跨国纳税人分别课税而形成的征纳关系中，所发生国家(地区)间的税收分配关系。

国际税收管理是指税务机关依据国内税法和国际税法，对跨境纳税人行使税收管辖权的税收管理活动。国际税收管理与国内税收管理的最大不同点之一是两者遵循的税法不完全相同，前者遵循国际税法，后者遵循国内税法。当然，国际税收管理也离不开国内税法。在国际税收管理的过程中，当国内税法与国际税法相冲突时，一般以国际税法优先，以不违反协定的规定为准。这里所称的国际税法主要是指国际税收协定。

截至 2018 年底，我国与 110 个国家和地区签署了双边税收协定或安排。

二、国际税收管理的目标

国际税收管理是全球经济治理的重要组成部分，加强国际税收管理的主要目标如下。

(1) 国家税收主权得到维护。对非居民企业及个人准确行使来源地税收管辖权，对"走出去"企业及个人完整行使居民税收管辖权，加强反避税管理，防范我国税基受到侵蚀和税款流失。

(2) 国际税收管理质量和效率明显提升。要按照依法行政的要求，落实组织收入原则，实行分类分级管理机制，增强国际税收法律制度执行的规范性，进一步提高纳税人的税收遵从度。

(3) 服务跨境纳税人的水平不断提高。要增强国际税收法律制度的透明度，加大税法宣传辅导和咨询力度，强化预约定价管理和双(多)边磋商，为跨境纳税人提供税收确定性，避免和消除国际重复征税；保护好跨境纳税人合法税收权益。

(4) 增强在世界税收领域的影响力。要进一步加强国际税收交流与合作，积极对外宣传我国税收工作成果，主动参与国际税收规则的制定，增强我国在世界税收领域的话语权。

三、国际税收管理的基本原则

(1) 坚持开放包容。遵循"和平、发展、合作、共赢"的理念，以"一带一路"建设为重点，构建多边税收合作长效机制，通过加强政策沟通，促进设施联通、贸易畅通、资金融通、民心相通和投资便利化。

(2) 坚持创新发展。对标国际先进经验，创新理念与方法，提升国际税收管理效能和服务水平。落实好减税降费政策，激发微观主体活力，促进我国经济从要素驱动向创新驱动转变。

(3) 坚持内外统筹。统筹国内国际两个大局，坚持"引进来"与"走出去"并重。对内完善跨境税制，持续优化税收营商环境；对外升级税收服务，不断提升我国"走出去"企业的全球竞争力。

(4) 坚持依法行政。建立健全国际税收法律法规体系，严格、规范、公正、文明执法，提高执法透明度，保持执法一致性，确保国际税收法律法规得到有效遵从，纳税人合法权益得到有效保护。

第二节 非居民纳税人税收管理

一、非居民纳税人的定义

非居民纳税人，是指按照中华人民共和国政府签署的避免双重征税协定(以下简称"税收协定")居民条款和国际运输协定税收条款规定应为缔约对方税收居民的纳税人，具体分非居民企业和非居民个人两类。

二、非居民纳税人税收管理事项分类

(一)非居民纳税人的自主办理事项

非居民纳税人的自主办理事项，是指由非居民纳税人依法自行办理的事项。自主办理事项具体包括：非居民纳税人享受税收协定待遇、非居民纳税人间接转让财产事项报告、非居民企业股权转让适用特殊性税务处理备案、非居民企业的企业所得税预缴申报、非居民企业的企业所得税年度申报、非居民个人所得税自行申报、非居民个人所得税代扣代缴申报等业务事项。

(二)非居民纳税人的税务管理基础事项

非居民纳税人的税务管理基础事项，是指非居民纳税人申请税务机关审核确认的事项以及税务机关依职权发起的日常基础性管理事项，具体包括：非居民企业所得税核定、非居民企业所得税汇算清缴审核、非居民享受税收协定待遇日常审验、非居民欠税追缴等业务事项。

三、非居民纳税人享受税收协定待遇管理

在中国境内发生纳税义务的非居民纳税人符合享受协定待遇条件的，可在纳税申报时，或通过扣缴义务人在扣缴申报时，自行享受协定待遇，并接受税务机关的后续管理。非居

民纳税人自行申报的，应当自行判断能否享受协定待遇，如实申报并报送相关报告表和资料；在源泉扣缴和指定扣缴情况下，非居民纳税人认为自身符合享受协定待遇条件，需要享受协定待遇的，应当主动向扣缴义务人提出，并向扣缴义务人提供相关报告表和资料。

需要指出的是，所谓享受协定待遇条件是指按照税收协定或国际运输协定可以减轻或者免除按照国内税收法律规定应当履行的企业所得税、个人所得税纳税义务。国际运输协定包括中华人民共和国政府签署的航空协定、海运协定、道路运输协定、汽车运输协定、互免国际运输收入税收协议或换函以及其他关于国际运输的协定。

非居民可享受但未享受税收协定待遇，且因未享受该本可享受的税收协定待遇而多缴税款的，可在税收征管法规定的期限内自行或通过扣缴义务人向主管税务机关要求退还，同时提交相关报告表和资料，以及补充享受协定待遇的情况说明。

非居民纳税人在享受协定待遇后，情况发生变化，但仍然符合享受协定待遇条件的，应当在下一次纳税申报时或扣缴义务人在下一次扣缴申报时重新报送相关报告表和资料。非居民纳税人情况发生变化，不再符合享受协定待遇条件的，在自行申报情况下，应当自情况发生变化之日起立即停止享受相关协定待遇，并按国内税收法律规定申报纳税。在源泉扣缴和指定扣缴情况下，应当立即告知扣缴义务人，扣缴义务人得知或发现非居民纳税人不再符合享受协定待遇条件，应当按照国内税收法律规定履行扣缴义务。

非居民纳税人在申报享受协定待遇前已根据其他非居民纳税人管理规定向主管税务机关报送相关合同、协议、董事会或股东会决议、支付凭证等权属证明资料的，可免于向同一主管税务机关重复报送，但是应当在申报享受协定待遇时说明前述资料的报送时间。

第三节　税收情报交换与CRS协议实施

一、税收情报交换的定义

税收情报交换是指我国与相关税收协定缔约国家(地区)，以及与《多边税收征管互助公约》缔约方税务机关之间交换涉税信息或开展税务检查合作的行为，包括专项情报交换、自动情报交换、自发情报交换、同期税务检查和境外税务检查。税收情报交换是当前国际税收征管互助的主要形式，是维护国家税收权益和国际税收征管秩序的重要手段，是缔约方应当承担的一项国际义务。

税收情报交换通过税收协定确定的主管当局或其授权代表进行，我国主管当局为国家税务总局。省以下税务机关(含省)协助总局负责管理本辖区内的情报交换工作，具体工作由国际税务管理部门或其他相关管理部门承办。我国税务机关收集、调查或核查处理税收情报，适用税收征管法的有关规定。

二、税收情报交换的种类与范围

(一)税收情报交换的类型与定义

税收情报交换的类型包括专项情报交换、自动情报交换、自发情报交换以及同期税务检查、授权代表访问和行业范围情报交换等。

专项情报交换是指缔约国一方主管当局就国内某一税务案件提出具体问题，并依据税收协定请求缔约国另一方主管当局提供相关情报，协助查证的行为。包括：获取、查证或核实公司或个人居民身份，收取或支付价款、费用，转让财产或提供财产的使用等与纳税有关的情况、资料、凭证等。

自动情报交换是指缔约国双方主管当局之间根据约定，以批量形式自动提供有关纳税人取得专项收入的税收情报的行为。专项收入主要包括：利息、股息、特许权使用费收入；工资薪金，各类津贴、奖金，退休金收入；佣金、劳务报酬收入；财产收益和经营收入等。

自发情报交换是指缔约国一方主管当局将在税收执法过程中获取的其认为有助于缔约国另一方主管当局执行税收协定及其所涉及税种的国内法的信息，主动提供给缔约国另一方主管当局的行为，包括公司或个人收取或支付价款、费用，转让财产或提供财产使用等与纳税有关的情况、资料等。

同期税务检查是指缔约国主管当局之间根据同期检查协议，独立地在各自有效行使税收管辖权的区域内，对有共同或相关利益的纳税人的涉税事项同时进行检查，并互相交流或交换检查中获取的税收情报的行为。

授权代表访问是指缔约国双方主管当局根据授权代表的访问协议，经双方主管当局同意，相互间到对方有效行使税收管辖权的区域进行实地访问，以获取、查证税收情报的行为。

行业范围情报交换是指缔约国双方主管当局共同对某一行业的运营方式、资金运作模式、价格决定方式及偷税方法等进行调查、研究和分析，并相互交换有关税收情报的行为。

(二)税收情报交换的基本范围

除缔约国双方另有规定外，情报交换的范围一般如下。

(1) 国家范围：应仅限于与我国正式签订含有情报交换条款的税收协定并生效执行的国家或地区。

(2) 税种范围：应仅限于税收协定规定的税种。

(3) 人的范围：应仅限于税收协定规定的居民。

(4) 地域范围：应仅限于缔约国双方有效行使税收管辖权的区域。

三、税收情报交换的管理程序

(一)专项情报、自动情报或自发情报

国家税务总局向缔约国主管当局请求、提供或者总局收到缔约国主管当局提供、请求的专项情报、自动情报或自发情报(以下统称三类情报)，应按下列程序办理。

(1) 登记建档。内容包括三类情报涉及的缔约国主管当局名称、份数、日期和介质等。登记可以采取纸质形式，也可以电子形式进行。登记完毕后，应将缔约国主管当局来函、复函原件或向缔约国主管当局发函、复函复印件以及情报原件立卷归档。

(2) 分类审核。审核三类情报是否满足收集或调查的要求，包括信息是否完整，特别是收集或调查的事项和年度是否明确、线索是否清晰等。

(3) 转发查证。对可用的三类情报，转发至省税务局进行查证。

(4) 请求(提供)情报。向缔约国主管当局请求(提供)的三类情报以及核查情况。

(二)同期税务检查、授权代表访问或行业范围情报交换

省以下税务机关确因税款征收、管理和检查的需要，需向缔约国主管当局提出同期税务检查、授权代表访问或行业范围税收情报交换请求的，应逐级上报总局批准。总局应对申请事项的必要性和可行性进行调查研究，并履行审批手续。申请获得批准的，由总局与缔约国主管当局协商组织实施。

四、CRS协议实施

(一)CRS协议的产生与发展

为各国加强国际税收合作，打击跨境逃避税提供强有力的工具，2014年7月，经济合作与发展组织(OECD)受二十国集团(G20)委托发布了金融账户涉税信息自动交换标准(Common Reporting Standard，CRS)，截至2019年7月，已有106个国家(地区)在签署《多边税收征管互助公约》的基础上签署了《金融账户涉税信息自动交换多边主管当局间协议》，其中，92个国家(地区)已开展相关信息交换。

(二)我国实施CRS协议的发展历程

(1) 承诺。2014年9月，经国务院批准，我国在G20财政部长和央行行长会议上承诺将实施CRS，首次对外交换信息的时间为2018年9月。

(2) 法律基础。2015年7月，《多边税收征管互助公约》由第12届全国人大常委会第15次会议批准，于2016年2月1日对我国生效并自2017年1月1日起执行，为实施CRS奠定了多边法律基础。

(3) 协议签署。2015年12月，经国务院批准，国家税务总局签署了《金融账户涉税信息自动交换多边主管当局间协议》，为我国与其他国家(地区)间相互交换金融账户涉税信息提供了操作层面的多边法律工具。

(4) 实施准备。2017年，国家税务总局会同有关部门制定并发布了《非居民金融账户涉税信息尽职调查管理办法》《非居民金融账户涉税信息报送规范》《银行业存款类金融机构非居民金融账户涉税信息尽职调查细则》。

(5) 全面实施。2018年9月，国家税务总局与其他国家(地区)税务主管当局第一次交换信息。2018年12月31日前，金融机构完成对存量个人低净值账户和全部存量机构账户的尽职调查。

(三)CRS的交换程序

首先由一国(地区)金融机构通过尽职调查程序识别另一国(地区)税收居民(包括个人和企业)在该金融机构开立的账户；然后按年向金融机构所在国(地区)税务主管部门报送账户持有人名称、纳税人识别号、地址、账号、余额、利息、股息以及出售金融资产的收入等信息；再由该国(地区)税务主管当局与账户持有人的居民国税务主管当局开展信息交换，最终为各国(地区)进行跨境税源监管提供信息支持。

第四节　BEPS 与特别纳税调整

一、税基侵蚀和利润转移

(一)税基侵蚀和利润转移的定义

税基侵蚀和利润转移(Base Erosion and Profit Shifting，BEPS)是指利用不同税收管辖区的税制差异和规则错配进行税收筹划的策略，其目的是人为造成应税利润"消失"或将利润转移到没有或几乎没有实质经营活动的低税负国家(地区)，从而达到不交或少交税的目的。

(二)BEPS 行动计划的主要内容

BEPS 项目是二十国集团(G20)委托经济合作与发展组织(OECD)启动实施的国际税收改革项目，旨在修改国际税收规则、遏制跨国企业规避全球纳税义务、侵蚀各国税基的行为。

2015 年 10 月 10 日，国家税务总局发布了 OECD/G20 税基侵蚀和利润转移(BEPS)项目 2015 年最终报告中文版，BEPS 项目成果包括 15 项行动计划报告和一份解释性声明。具体行动计划报告如下。

第 1 项《应对数字经济的税收挑战》

第 2 项《消除混合错配安排的影响》

第 3 项《制定有效受控外国公司规则》

第 4 项《对利用利息扣除和其他款项支付实现的税基侵蚀予以限制》

第 5 项《考虑透明度和实质性因素，有效打击有害税收实践》

第 6 项《防止税收协定优惠的不当授予》

第 7 项《防止人为规避构成常设机构》

第 8～10 项《无形资产转让定价指引》

第 11 项《衡量和监控 BEPS》

第 12 项《强制披露规则》

第 13 项《转让定价文档和国别报告》

第 14 项行动计划《使争议解决机制更有效》

第 15 项《制定用于修订双边税收协定的多边协议》

上述 15 项行动计划报告和一份解释性声明，其中文版及英文版链接一并在国家税务总局网站(www.chinatax.gov.cn)上正式对外公布。

(三)《BEPS 多边公约》

《BEPS 多边公约》是指实施税收协定相关措施以防止税基侵蚀和利润转移(BEPS)的多边公约。2017 年，我国与 66 个国家和地区共同首批签署了《BEPS 多边公约》，有利于促进主要经济体之间协调一致，开展务实高效合作，构建公平和现代化的国际税收体系，促进世界经济包容性增长。同时,它的签署也标志着二十国集团(G20)国际税收改革项目 BEPS 所有行动计划完成。

《BEPS 多边公约》共设七章三十九条。税收条约措施包括了混合错配、滥用协定、常设机构和相互协商程序等。主要框架如下。

(1) 公约范围和术语解释。
(2) 混合错配。
(3) 滥用协定。
(4) 规避常设机构构成。
(5) 改进争议解决。
(6) 仲裁。
(7) 最终条款。

《BEPS 多边公约》要求签约国(地区)须执行 BEPS 关于防止协定滥用和改进争议解决的最低标准,但同时签约国(地区)在实施上赋予了一些弹性。

二、特别纳税调整

(一)特别纳税调整的定义

特别纳税调整是指税务机关出于实施反避税目的而对纳税人特定纳税事项所作的税收调整,包括针对纳税人转让定价、成本分摊、资本弱化、受控外国企业及其他避税情形而进行的税收调整。

(二)特别纳税调整的基本原则

1. 独立交易原则

《企业所得税法》第 41 条所称独立交易原则,是指没有关联关系的交易各方,按照公平成交价格和营业常规进行业务往来遵循的原则。

2. 转让定价合理方法的原则

《企业所得税法实施条例》第 111 条明确,《企业所得税法》第 41 条所称合理方法,包括可比非受控价格法、再销售价格法、成本加成法、交易净利润法、利润分割法、其他符合独立交易原则的方法。

3. 关联方成本分摊的原则

《企业所得税法实施条例》第 112 条规定,企业可以依照《企业所得税法》第 41 条第 2 款的规定,按照独立交易原则与其关联方分摊共同发生的成本,达成成本分摊协议。

4. 达成预约定价安排的原则

《企业所得税法》第 42 条所称预约定价安排,是指企业就其未来年度关联交易的定价原则和计算方法,向税务机关提出申请,与税务机关按照独立交易原则协商、确认后达成的协议。

(三)预约定价安排

1. 预约定价安排的种类

企业可以与税务机关就其未来年度关联交易的定价原则和计算方法达成预约定价安排。预约定价安排包括单边、双边和多边三种类型。

2. 预约定价安排谈签与执行的阶段

预约定价安排的谈签与执行经过预备会谈、谈签意向、分析评估、正式申请、协商签署和监控执行六个阶段。

3. 预约定价安排的适用条件

企业送达接收其谈签意向的《税务事项通知书》之日所属纳税年度起 3 至 5 个年度的关联交易,一般适用于主管税务机关向企业送达接收其谈签意向的《税务事项通知书》之日所属纳税年度前 3 个年度每年度发生的关联交易金额 4000 万元人民币以上的企业。

预约定价安排的谈签不影响税务机关对企业不适用预约定价安排的年度及关联交易的特别纳税调查调整和监控管理。

4. 预约定价安排的适用期限

预约定价安排适用于主管税务机关向企业送达接收其谈签意向的《税务事项通知书》之日所属纳税年度起 3~5 个年度的关联交易。

(四)特别纳税调整相互协商程序

(1) 根据中国政府与其他国家和地区签订的避免双重征税协定,中国内地与中国香港地区、中国澳门地区签订的避免双重征税安排(以下统称税收协定)的有关规定,国家税务总局可以依据企业申请或者税收协定缔约对方税务主管当局的请求启动相互协商程序,与税收协定缔约对方税务主管当局开展协商谈判,避免或者消除由特别纳税调整事项引起的国际重复征税。

相互协商内容包括:双边或者多边预约定价安排的谈签;税收协定缔约一方实施特别纳税调查调整引起另一方相应调整的协商谈判。

(2) 有下列情形之一的,国家税务总局可以拒绝企业申请或者税收协定缔约对方税务主管当局启动相互协商程序的请求。

① 企业或者其关联方不属于税收协定任一缔约方的税收居民;
② 申请或者请求不属于特别纳税调整事项;
③ 申请或者请求明显缺乏事实或者法律依据;
④ 申请不符合税收协定有关规定;
⑤ 特别纳税调整案件尚未结案或者虽然已经结案但是企业尚未缴纳应纳税款。

(3) 有下列情形之一的,国家税务总局可以暂停相互协商程序。

① 企业申请暂停相互协商程序;
② 税收协定缔约对方税务主管当局请求暂停相互协商程序;
③ 申请必须以另一被调查企业的调查调整结果为依据,而另一被调查企业尚未结束

调查调整程序;

④ 其他导致相互协商程序暂停的情形。

(4) 有下列情形之一的,国家税务总局可以终止相互协商程序。

① 企业或者其关联方不提供与案件有关的必要资料,或者提供虚假、不完整资料,或者存在其他不配合的情形;

② 企业申请撤回或者终止相互协商程序;

③ 税收协定缔约对方税务主管当局撤回或者终止相互协商程序;

④ 其他导致相互协商程序终止的情形。

欢迎阅读《实施税收协定相关措施以防止税基侵蚀和利润转移的多边公约》及其解释性声明(中文译本),请扫描二维码。

实施税收协定相关措施以防止税基侵蚀和利润转移的 多边公约（中文译本）.pdf

第五节 我国"走出去"企业税收管理

一、"走出去"企业的定义

"走出去"企业是指实施境外投资(包括中国港、澳、台地区)以及在境外开展营业活动的中国居民企业。

二、"走出去"企业税收管理的内容

由于来源国和居住国对"走出去"企业境外所得均享有征税权,易产生国际重复征税,因此现行《企业所得税法》及其实施条例明确我国采取限额抵免制度消除境外所得国际重复征税。"走出去"企业税收管理具体内容如下。

(一)税收政策方面

1. 企业所得税

对于"走出去"企业的境外所得税收抵免,《财政部 国家税务总局关于企业境外所得税收抵免有关问题的通知》(财税〔2009〕125号)、《国家税务总局关于发布〈境外所得税收抵免操作指南〉的公告》(国家税务总局公告2010年第1号)等文件从境外所得的适用范围、收入确认、投资损失和业务盈亏弥补的处理、境外缴纳税款的抵扣、特殊扶持政策、申报管理及违规处罚措施等方面对法律法规规定的境外所得税收抵免制度作了较为全面和细致的规定。

2. 进出口税收

进一步完善与企业境外投资有关的出口退税政策,加大对境外投资企业的政策支持力度。

3. 其他税收

要研究完善个人所得税法,解决企业境外投资中涉及的有关个人所得税问题;根据企业境外提供服务的特点,研究完善有关增值税政策,避免重复征税。

(二)宣传辅导方面

(1) 完善网站建设。税务总局网站开辟税收服务"一带一路"专题,专题涵盖税收协定、工作动态、政策法规、相关案例、媒体资讯、国际税讯、国别(地区)投资税收指南、"走出去"税收指引、"一带一路"税收征管合作论坛等内容。专题内容将及时更新,帮助企业全面了解"一带一路"的税收信息。

(2) 政策宣传咨询。各地税务机关要多渠道宣传税收政策和提供咨询,充分利用网站、报纸、刊物、"12366"税收服务热线、办税服务厅等载体,拓宽税收宣传和涉税信息的发布途径,更好地为企业境外投资提供全方位、多领域的税收政策指引。2016年1月,国家税务总局12366上海(国际)纳税服务中心正式挂牌成立,2016年11月,开通中国国际税收服务热线,可为国内外纳税人提供中英文专业税收咨询、办税指引等纳税服务。

(3) 税收问题辅导。各地税务机关要加强对我国境外投资企业的税收辅导,建立有效的境外投资企业涉税问题信息反馈机制,根据不同企业境外投资的特点,提高税收服务的针对性和实效性。对于普遍性问题,应在纳税服务热线提供可随时查询到的答案;对于不具有普遍性的问题,应在准确把握的基础上给出有针对性的解答,暂时不能解答的,应尽快研究或报上级税务机关。

(三)规范管理方面

(1) 服务与管理有机结合。各地税务机关要加强和规范境外投资企业管理,帮助企业防范税收风险,促进企业境外投资健康发展。

(2) 掌握基础信息。各地税务机关要通过各种渠道了解本地区企业在境外投资的情况,建立企业境外投资信息档案,并及时更新,为做好税收服务与管理打好基础。

(3) 完善征管措施。各地税务机关要进一步加强对"走出去"企业的纳税登记、境外所得申报、税款缴纳和抵免、关联交易申报、转让定价调整和同期资料准备的税收管理,同时引导企业自觉遵守投资目的地国家或地区的法律法规,防范国内和国外的税法遵从风险。

(4) 政策执行到位。各地税务机关要切实执行促进企业境外投资的有关税收政策,特别是关于境外所得税收抵免和进出口退税等方面的规定,规范具体操作规程,增加确定性,减轻企业税收负担。

(四)协定证明方面

(1) 税收协定的谈签。税收协定是协调国家间税收管辖权的法律依据,其主要目的是避免重复征税、促进国际经济合作。各地税务机关应及时了解企业在税收协定谈签方面的需求,对于"走出去"企业希望中国与其投资目的地国家或地区谈签税收协定的,各地要及时向税务总局反映,为税务总局制订税收协定谈签计划提供依据。

(2) 税收协定的解释。各地税务机关要根据税收协定的规定和税务总局关于税收协定条款的解释,做好对企业的税收协定宣传和辅导工作,使税收协定各条款的具体内容切实为企业所熟悉、掌握和使用。对于企业提出的有关问题,应认真研究并及时解答,不清楚的应尽快上报税务总局予以明确。

(3) 居民身份证明的开具。各地税务机关要进一步做好中国税收居民身份证明开具工作，使"走出去"企业能够在外国及时享受到有关税收协定待遇。各地要根据税务总局关于开具税收居民身份证明的规定，认真做好申请的受理、居民身份的确认、证明的开具和统计汇总工作。企业投资目的地国家或地区对税收居民身份证明的开具有不同要求的，各地应及时研究解决，以保证"走出去"企业及时享受到应有的税收协定待遇。

(4) 跨国税收争议的解决。各地税务机关要主动向纳税人宣传、解释税收协定相关条款以及税务总局关于我国居民(国民)提起税务相互协商程序的规定。对于我国企业认为外国税务机关违反税收协定规定进行征税而提起相互协商的，各地要及时为企业办理申请受理、初审、上报等手续，以便税务总局尽快与对方进行协商。在相互协商过程中，各地税务机关应根据税务总局的要求提供必要的协助。

欢迎阅读《"走出去"税收指引》，请扫描二维码。

三、中国税收居民身份证明管理

(一)申请范围

企业或者个人为享受中国政府对外签署的税收协定(含内地与香港地区、澳门地区，大陆与台湾地区签署的税收安排或者协议)、航空协定税收条款、海运协定税收条款、汽车运输协定税收条款、互免国际运输收入税收协议或者换函待遇，可以向税务机关申请开具《中国税收居民身份证明》。

居民企业是指依法在中国境内成立，或者依照外国(地区)法律成立但实际管理机构在中国境内的企业。在中国境内成立的企业，包括依照中国法律、行政法规在中国境内成立的企业、事业单位、社会团体以及其他取得收入的组织。依照外国(地区)法律成立但实际管理机构在中国境内的企业，包括依照外国(地区)法律成立的企业和其他取得收入的组织。

居民个人是指在中国境内有住所，或者无住所而一个纳税年度内在中国境内居住累计满183天的个人。个人所得税法所称在中国境内有住所，是指因户籍、家庭、经济利益关系而在中国境内习惯性居住。

(二)开具程序

申请人应向主管其所得税的县级税务机关(以下称主管税务机关)申请开具《税收居民证明》。中国居民企业的境内、境外分支机构应由其中国总机构向总机构主管税务机关申请。合伙企业应当以其中国居民合伙人作为申请人，向中国居民合伙人主管税务机关申请。

申请人申请开具《税收居民证明》应向主管税务机关提交以下资料。

(1) 《中国税收居民身份证明》申请表；

(2) 与拟享受税收协定待遇收入有关的合同、协议、董事会或者股东会决议、相关支付凭证等证明资料；

(3) 申请人为个人且在中国境内有住所的，提供因户籍、家庭、经济利益关系而在中国境内习惯性居住的证明材料，包括申请人身份信息、住所情况说明等资料；

(4) 申请人为个人且在中国境内无住所，而一个纳税年度内在中国境内居住累计满183

走出去税收指引(2019年修订版).pdff

天的,提供在中国境内实际居住时间的证明材料,包括出入境信息等资料;

(5) 境内、境外分支机构通过其总机构提出申请时,还需提供总分机构的登记注册情况;

(6) 合伙企业的中国居民合伙人作为申请人提出申请时,还需提供合伙企业登记注册情况。

上述填报或提供的资料应提交中文文本,相关资料原件为外文文本的,应当同时提供中文译本。申请人向主管税务机关提交上述资料的复印件时,应在复印件上加盖申请人印章或签字,主管税务机关核验原件后留存复印件。

四、"一带一路"税收征管合作机制

2019年4月,第一届"一带一路"税收征管合作论坛在浙江乌镇召开。论坛期间,34个国家、地区的税务部门共同签署了《"一带一路"税收征管合作谅解备忘录》,正式建立了"一带一路"税收征管合作机制。论坛参与各方共同发布了《乌镇声明》以及《乌镇行动计划(2019—2021)》。本次合作论坛形成了以下四项成果。

(1) 构建了"一带一路"税收征管合作机制。论坛期间,34个理事会成员、22个观察员和19个税收征管能力促进联盟成员,共同签署了首个《"一带一路"税收征管合作谅解备忘录》,正式建立了"一带一路"税收征管合作机制。该机制是由"一带一路"国家和地区的税务部门共同倡议、共同商议、共同建立的规范化、制度化的官方多边税收合作平台,对于消除税收壁垒、促进经贸畅通和实现联合国2030年可持续发展目标等具有积极作用。

(2) 建立了"一带一路"税收征管能力促进联盟。19个国家和地区共同组建的"一带一路"税收征管能力促进联盟,将通过开展税收培训、税务技术援助、税收前沿问题研究和知识产品开发等活动,帮助"一带一路"国家和地区共同提高税收征管能力。作为联盟的载体,中国税务部门依托现有税务培训机构,设立了北京和扬州两个"一带一路"税务学院,今年将针对"一带一路"国家和地区开展12期培训项目。哈萨克斯坦、中国澳门等国家和地区的"一带一路"税务学院也将陆续挂牌成立。

(3) 深化了"一带一路"税收征管合作共识。论坛参与各方欢迎并支持"一带一路"倡议,强调"一带一路"税收征管合作是"一带一路"国际合作的重要内容,并将致力于开展合作、分享经验,建立透明、高效、稳定、可预期的税收合作机制,构建增长友好型税收环境,促进"一带一路"国家和地区的经济发展。

(4) 制定了"一带一路"税收征管合作行动计划。围绕《乌镇声明》,论坛参与各方在细化具体措施,明确路线图、时间表的基础上,形成了《乌镇行动计划(2019—2021)》,确保合作机制参与方共同采取行动,实现阶段性目标。

参与"一带一路"税收征管合作机制的国家和地区将通过不断深化国际税收合作,持续推动国际税收秩序朝着更加公平合理的方向发展,不断推动"一带一路"国家和地区在营商环境、税收治理等领域持续改善、共同进步。

欢迎阅读《乌镇声明》,请扫描二维码。

《乌镇声明》.pdf

本章小结

本章主要介绍了国际税收管理目标和基本原则、非居民纳税人税收管理事项及其享受税收协定待遇管理、税收情报交换的种类与范围，以及税收情报交换的管理程序、我国签署 CRS 协议和实施情况、我国"走出去"税收管理内容、税收居民身份证明管理和一带一路税收征管合作机制等知识。

复习思考题

1. 国际税收的定义是什么？
2. 国际税收管理的目标是什么？
3. 国际税收管理的基本原则是什么？
4. 非居民纳税人的定义是什么？税收管理事项如何分类？
5. 非居民纳税享受税收协定待遇管理的主要内容是什么？
6. 税收情报交换的定义是什么？种类和范围如何划分？
7. CRS 协议的主要内容和交换程序是如何规定的？
8. 走出去企业税收管理的主要内容是什么？
9. 中国税收居民身份证明是如何管理的？

延展阅读

1. 大国税务：深度参与全球税收治理[J]. 中国税务，2019(10)：73～75.（见二维码）
2. 张志勇. 近期国际税收规则的演化——回顾、分析与展望[J]. 国际税收，2020(01)：3～9.（见二维码）
3. 李金艳，陈新. 国际税收关系中的法治[J]. 国际税收，2020(01)：14～19.（见二维码）
4. 国家税务总局河南省税务局课题组，智勐."一带一路"视野下"走出去"企业面临的税收风险及应对[J]. 税务研究，2019(12)：68～70.（见二维码）

大国税务_深度参与全球税收治理_.pdf

近期国际税收规则的演化_回顾_分析与展望_张志勇.pdf

国际税收关系中的法治_李金艳.pdf

一带一路_视野下_走出去_企业面临的税收风险及应对_国家税务总局河南省税务局课题组.pdf

第十二章 国际税收管理.ppt

参 考 文 献

[1] 吴旭东. 税收管理[M]. 3版. 北京：中国人民大学出版社，2008.
[2] 李大明. 税务管理[M]. 北京：中国财政经济出版社，1995.
[3] 李青. 税收管理[M]. 大连：东北财经大学出版社，2006.
[4] 李晓红. 税务管理方法与实务[M]. 北京：机械工业出版社，2009.
[5] 朱青. 税收管理[M]. 北京：中国税务出版社，2008.
[6] 赖先云. 税收征收管理实务[M]. 北京：中国财政经济出版社，2008.
[7] 王向东. 税务管理[M]. 北京：经济科学出版社，2008.
[8] 中国注册税务师协会. 税法[M]. 北京：经济科学出版社，2010.
[9] 吴旭东，田雷. 税收管理：第7版.[M]. 北京：中国人民大学出版社，2019.

税务管理习题.docx